AI시대, 인간과 일

AI 시대 인간과 일

토머스 대븐포트 · 줄리아 커비
강미경 옮김

ONLY HUMANS
NEED
APPLY

: Winners and Losers
in the Age of
Smart Machines

김영사

AI시대, 인간과 일

1판 1쇄 발행 20217. 6. 12.
1판 3쇄 발행 2023. 4. 26.

지은이 토머스 대븐포트 · 줄리아 커비
옮긴이 강미경

발행인 고세규
편집 고우리 | 디자인 홍세연
발행처 김영사
등록 1979년 5월 17일 (제406-2003-036호)
주소 경기도 파주시 문발로 197(문발동) 우편번호 10881
전화 마케팅부 031)955-3100, 편집부 031)955-3200, 팩스 031)955-3111

값은 뒤표지에 있습니다. ISBN 978-89-349-7813-8 03320

홈페이지 www.gimmyoung.com   블로그 blog.naver.com/gybook
인스타그램 instagram.com/gimmyoung   이메일 bestbook@gimmyoung.com

좋은 독자가 좋은 책을 만듭니다.
김영사는 독자 여러분의 의견에 항상 귀 기울이고 있습니다.

—

우리 둘 다 이 책을 우리 아이들에게, 그러니까 톰의 경우에는 헤이스와 체이스에게, 줄리아의 경우에는 데이비드와 제인, 테드에게 바친다. 줄리아는 자기 아이들이 저마다 다르지만 매우 인간적인 방법으로 이 세상을 더 살기 좋은 곳으로 바꿀 수 있을 거라고 믿어 의심치 않는다. 톰 역시 끊임없이 뭔가 재미있고 유용한 일을 찾아낼 거라고 확신하며, 아이들이 언젠가 손주들을 안겨주고 이 책에서 다루는 이론들을 검증받을 수 있는 날이 오기를 희망한다.

서문

웨스트버지니아의 조그만 도시 탤컷 외곽에 가면 자신의 일자리를 위협하는 기계를 물리치는 데 아주 잠깐 성공한 남자의 동상이 서 있다. 체서피크&오하이오 철도회사에서 굴착기사로 일하던 존 헨리John Henry는 1870년 경영진이 증기동력 착암기를 도입할 당시 빅벤드 산에 1.6킬로미터에 걸친 터널을 뚫는 공사를 하고 있었다. 헨리는 작업 능력으로 따지면 자기가 증기 착암기보다 더 낫다고 장담했고, 실제로도 그 말을 증명해 보였지만 과로 끝에 곧 사망하고 말았다. '색다른 관광명소'를 소개하는 《로드사이드 아메리카Roadside America》는 이 사건을 이렇게 요약한다. "노동자라면 누구나 감동할 법한 그의 이야기는 뭔가 아쉬운 점을 남긴다."

기계와 싸워 이기는 것이 헨리에게 왜 그렇게 중요했는지 궁금해하는 사람이 있을지도 모르겠다. 하지만 더 큰 의문이 있다. 기계를 상대로 거둔 그의 승리가 오늘날까지도 우리의 마음에 반향을 일으키는 이유는 과연 뭘까? 이 전설 같은 이야기는 다 뭐고, 이야기 주인공을 동상으로까지 만든 이유는 과연 뭘까? 학생들에게 여전히 그의 무용담을 가르치는 이유는 대체 뭘까?

사람들의 일자리를 잠식하는 기계에 대한 불안은 그 뿌리가 상당히 깊다. 그레이트벤드 터널이 완공되기 60여 년 전, 러다이트(초창기 기계 파괴운동을 주도했던 네드 러드Ned Ludd에서 유래한 이름)들은 섬유 노동자를 불필요한 존재로 만드는 자동방적기와 직조기를 파괴했다. 존 헨리가 사망한 지 80여 년이 흐른 1955년, 포드 자동차회사Ford Motor Company 노동자들은 오하이오 주 브룩파크 조립라인의 대대적인 자동화에 맞서 들고 일어났다. 지역 노조 지도자 앨프리드 그레이너키스Alfred Granakis는 그들의 불법 파업을 적극 지지하며 생산 자동화를 '경제계의 프랑켄슈타인'이라고 불렀다.

자동화의 여파는 사람들이 상상한 것보다 훨씬 더 긍정적이었다. 우리는 경제학자들이 말하는 이른바 '러다이트의 오류'가 거짓임을 보여주는 경제학 논문을 수도 없이 댈 수 있다. 실제로 생산성 증가는 당장은 아닐지라도 결국엔 더 적은 일자리가 아니라 더 많은 일자리를 가져온다. 물론 많은 일이 인간의 손을 떠나지만, 그와 동시에 과학기술이 한층 더 고차원적인 일을 대량으로 창출한다. 쉽게 말해 지금껏 인간이 대피할 수 있는 고지대는 늘 있어왔다. 따라서 '숙련편향적 기술진보'로 인한 일자리 상실은 어쩔 수 없는 현실이지만 일시적인 현상에 지나지 않는다는 것이다. 심지어 최근 옥스퍼드 대학교 연구에서 보듯이 미국 전체 일자리의 47퍼센트가 코앞에 닥친 컴퓨터화 때문에 없어질 위기에 처했다고 주장하는 오늘날에도 경제학자(그리고 수많은 과학기술 벤처사업가)들은 앞으로의 추이 또한 똑같을 것으로 확신한다.

그러나 이번에는 상황이 다르게 전개된다면? 더는 대피할 수 있는 고지대가 없다면? 현재 사라지고 있는 일자리는 과거와는 유형이 다르다는 점에 주목할 필요가 있다. 실제로 기계가 대신 넘겨받은 일자리의 유형에 따라 자동화를 세 시기로 분류할 수 있다. 1차 자동화 시기에 기계는 우리 인간에게서 심신을 지치게 하는 일을 덜어주었다. 이는 농장 인부들을 공장으로 불러들였다가 자동방적기와 자동직조기 같은 기계로 그들 대부분을 무용지물로 만들고 만 산업혁명 후기의 이야기다. 그리고 그 과정은 지금도 전 세계에서 계속 진행되고 있다. 애플Apple 같은 세계적인 전자제품회사에 부품을 공급하는 중국계 하청업체 폭스콘Foxconn을 예로 들어보자. 2011년 초 이 회사는 생산라인에 로봇을 투입해 용접과 광택 작업을 비롯해 첫 해에만 1만여 가지 일을 맡기기 시작했다. 2013년 폭스콘 회장 테리 궈Terry Gou는 연례 주주총회에서 현재 회사가 고용한 인력이 100만 명을 넘는다고 보고했다. 하지만 곧이어 그는 이렇게 덧붙였다. "앞으로 로봇 노동자 100만 명을 추가로 배치할 예정입니다."[1]

그 목표가 실현된다면 수만 명에 이르는 인간 노동자들이 영영 일자리를 얻지 못할 테고, 그렇게 되면 지역경제 또한 큰 타격을 입게 될 것이다. 하지만 노동자 개개인의 입장에서 보면 상실감을 덜 느낄지도 모른다. 로봇에게 빼앗기는 일이 그리 대단한 일은 아니기 때문이다. 예를 들어 아마존Amazon의 거대한 물류창고에서 일하는 노동자들은 얼마 전까지 건물 이쪽 끝에서 저쪽 끝까지 뛰어다니며 고객들이 주문한 제품을 찾아 포장해야 했다. 그 일이 얼마나 힘들었냐면 신분을 숨기고 그곳에 위장 취업하는 기자들이 너나 할 것 없이 그들에게 부과되는 비인간적인 요구를 주제로 통렬한 기사를 써왔을 정도다. 그래서 현재 이 회사는 키바 시스템스Kiva Systems(지금은 아마존 로보틱스Amazon Robotics)의 로봇을 배치해 노동자들에게 선반을 통째로 날라다주게 하고 있다. 그 덕분에 인간들은 아직까지 로봇보다 잘할 수 있는 일, 즉 창고 한구석에 머물며 특정 제품을 찾아내 포장하는 일에만 집중한다. 그래서 일이 쉬워졌을까? 물론이다. 아마존은 더 적은 인력으로도 주어진 주문량을 소화할 수 있을까? 당연하다.

2차 자동화 시기에 이르러 기계가 단순노동을 앗아가자 노동자들은 더 높은 지대로 올라섰다. 이곳에선 더럽고 위험한 일을 더는 하지 않아도 되는 대신 지루한 일이 기다리고 있었다. 예를 들어 사무실에서 하루 종일 타자기 앞에 앉아 상사가 휘갈겨 쓴 글이나 불러주는 말을 깔끔한 메모로 옮기는 1960년대의 비서를 생각해보라. 체력보다는 머리가 필요하다는 이유로 이런 일을 '지식노동'이라고 부르는 사람도 있을지 모르겠지만 어느 모로 보나 의사결정까지 필요하진 않다. 컴퓨터가 발명된 뒤로 이런 일은 기계가 더 높은 생산성을 발휘할 수 있는 영역으로 들어갔다.

비서 업무 가운데 몇 가지는 그 정도가 특히 더 심하다. 저자 톰은 이 부분에 관한 글을 쓰느라 바쁜 와중에, 주말을 이용해 친구를 만나 커피를 마시기로 했다. 그는 컨설턴트인 친구가 참조하라고 보낸 이메일 내용에서 친구가 에이미라는 비서를 채용했음을 확인하고 약간 놀랐다.

> 안녕 에이미,
> 매사추세츠 주 케임브리지의 하이라이즈 카페에서 9월 19일 금요일 오전 9시 30분에 톰과 만날 예정이니 자리 예약 좀 부탁해요.
> 그럼 이만,
> 주다

톰은 호기심을 주체하지 못하고 에이미의 이메일 주소에 있는 @x.ai라는 확장자가 어떤 회사인지 알아보았다. 확인 결과 x.ai는 자연언어처

리natural language processing(NLP) 소프트웨어를 사용해 이메일로 오가는 문자
와 일정표를 판독하는 회사였다. 그사이 이메일과 보이스메일, 워드프로
세서, 온라인 여행사이트, 인터넷 검색 애플리케이션 같은 기타 도구들
도 그나마 남아 있던 비서 업무를 야금야금 잠식해 들어왔다.

2차 자동화는 사무직 노동자들에게만 영향을 미치는 것이 아니다. 엄
청난 생산성 증가로 농업에 이어 제조업 일자리까지 없어진 후 생겨난
서비스업 중심의 경제 전체에 영향을 미치고 있다. 오늘날의 직업은 고
객들이 복잡한 사업 체계에 쉽게 접근할 수 있도록 도와주는 중개 서비
스가 주를 이룬다. 그런데 항공권을 구매하는 일이든 식사를 주문하는
일이든 약속을 정하는 일이든 이런 중개 업무는 아주 일상화되어 있어
코드로 전환하기가 쉽다. 주변에 보면 셀프서비스를 가능케 하는 새로운
컴퓨터 시스템 때문에 일자리를 잃은 은행 직원이나 항공사 예약 직원,
콜센터 안내원이 한둘이 아닐 것이다. 적어도 어떤 회사에 전화했을 때
기계음을 접하고 그 사람들의 부재를 실감하는 일이라도 있을 것이다.

1차 자동화 시대가 아직 끝나지 않았듯이 2차 자동화 시대도 계속 전
개되고 있다. 현재 인간이 하는 일 중에는 갈수록 똑똑해지는 기계로 대
체할 경우 비용은 덜 들면서 더 잘 처리할 수 있는 일이 여전히 많다. 예
를 들어 장거리 트럭 운전사의 외로움을 생각해보자. 장거리 트럭 운전
사는 산업화 시대 초기에는 존재하지 않다가 과학기술이 발전하면서 생
겨난 직업이다. 인간 운전기사는 여전히 도로의 왕이지만 그렇게 군림할
수 있는 기간이 얼마 남지 않은 듯하다. 얼마 전 톰은 페덱스FedEx의 한
임원에게 회사에서 운영하는 현행 트럭 체계를 조만간 자율주행 체계로
교체할 생각이 없는지 물었다. 그러자 그 임원은 별로 고민하는 기색도

없이 이렇게 대답했다. "글쎄요, **지방** 도로에서는 아무래도 어렵겠지요." 트럭 운전사 노조에서 듣고 싶어할 소리는 아닌 것 같다.

우리 둘 다 대학 시절 여름방학 기간을 이용해 온갖 종류의 단순 서비스 일을 찾아 하곤 했다. 그런데 그때도 오늘날처럼 자동화기기가 있어 예를 들어 톰이 하던 제강공장 바닥 청소는 초강력 청소 로봇 룸바가, 줄리아가 하던 점원 일은 셀프계산대가 맡아 했더라면 훨씬 잘하지 않았을까 싶다. 톰의 아르바이트 경력을 통틀어 가장 잘나갔던 주유소 시절도 정기적으로 점검만 해주면 알아서 척척 일하는 주유 로봇에 밀려 곧 막을 내렸을지 모른다.

그리고 이제 자동화는 제3기로 접어든 가운데 지능까지 갖추고 (주택담보대출 잔액을 확인하는 일까지 척척 해내면서) 우리 숨통을 짓누르고 있다. 바야흐로 컴퓨터가 다양한 환경에서 인간보다 더 나은 **결정**을 내리기 시작했다. 과학기술 분야의 리서치기업 가트너Gartner의 전망대로라면 우리는 향후 20년 안에 역사상 가장 혼란스러운 시기를 맞이할 것이다. 그때가 되면 컴퓨터 시스템이 "초창기 정보과학기술이 꾸었던 꿈 가운데 일부를 실현해 한때 사람만 할 수 있고 기계는 할 수 없다고 생각했던 일을 보란 듯이 해내게 될 것이다."[2]

과학기술의 눈부신 발전과 더불어 3차 자동화 시대는 희망과 위험을 동시에 가져올 것이다. 반가운 소식은 새로운 인지 과학기술이 산적한 사업 및 사회 문제를 해결해줄 것이라는 점이다. 예를 들어 동네병원 의사는 세계적인 권위자의 전문지식을 활용할 수 있게 될 것이다. 또한 미로처럼 복잡하게 뒤얽힌 온라인의 제품과 서비스의 숲을 지금처럼 비효율적으로 헤매고 다니지 않아도 될 것이다. 어떤 직업을 가지고 있든 누구나 손끝만 까딱하면 얻을 수 있는 전문지식을 바탕으로 생산적이고도 효율적으로 각자 맡은 일을 수행하게 될 것이다.

단 직업을 가지고 있다면 말이다. 3차 자동화 시대의 명백한 위험은 실직이 많아진다는 점이다. 이번 피해자는 은행 창구 직원도 도로 통행료 징수원도 아니다. 하물며 농부와 공장 노동자는 더더욱 아니다. 이번에 피해를 입는 사람들은 기계가 밀고 들어와도 끄떡없다고 생각했던 '지식노동자들'이다. 우리 두 저자와 이 책의 독자 같은 사람들 말이다.

위험에 처한
지식노동자

경영컨설팅 기업 매킨지McKinsey는 지식노동자들에 대해 많은 관심을 갖고 있다. 이 기업의 경우 고객뿐만 아니라 직원 전체가 사실상 지식노동자다. 이 기업 산하 리서치기관 매킨지 글로벌인스티튜트McKinsey Global Institute가 향후 10년 안에 "생활, 사업, 세계 경제를 통째로 바꿔놓을"파급력 강한 과학기술을 주제로 발행한 보고서에는 지식노동의 자동화도 포함되어 있었다. 지식노동자를 일곱 가지 범주(교수, 경영인, 엔지니어, 과학자, 교사, 분석가, 행정지원 인력)로 구분하는 전통적인 직업 구성을 면밀히 살펴본 뒤 매킨지는 2025년이면 이미 엄청난 변화가 일어나 있을 것이라고 예측한다. 그러면서 이렇게 결론 내린다. "지식노동을 자동화하는 도구와 시스템은 1억 1,000만에서 1억 4,000만에 이르는 정규직 환산 인력full-time equivalents(FTEs)의 산출량과 맞먹는 수준의 업무를 수행할 수 있을 것으로 추산된다."[3]

앞으로 '지식노동자'라는 용어를 계속, 그것도 아주 많이 사용할 예정이므로 여기서 잠시 이 사람들이 누군지 정의할 필요가 있을 듯하다. 2005년 저서 《직업을 위한 사고 *Thinking for a Living*》에서 톰은 지식노동자를 "지식과 정보 조작 업무를 주로 하는" 직업인으로 묘사했다.[4] 그와 같은 정의에 따르면 지식노동자는 (개개인이 선호하는 나라, 정의, 통계에 따라 편차를 보일 수 있지만) 선진 경제권 전체 노동자의 4분의 1에서 절반을 차지하며 "경제발전의 견인차 역할을 담당한다". 이어 그는 대기업에서 일하는 지식노동자들은 혁신과 성장의 주역이라고 설명했다. 그들은 새로운 제품과 서비스를 발명하고, 마케팅 계획을 세우고, 각종 전략을 창안한다.

그러나 지식노동자들은 기업 사무실에만 있는 게 아니다. 의사, 변호사, 과학자, 교수, 회계사 등 고도의 교육을 받고 전문 자격증을 갖춘 사람들은 모두 이 범주에 들어간다. 비행기 조종사, 선박 선장, 사설탐정, 출판 관계자를 비롯해 업무를 수행하려면 끊임없이 공부해야 하는 사람, 남다른 기지와 재치로 성공하는 사람은 누구나 지식노동자에 해당한다. 그리고 중요한 요소가 또 있다. 다름 아니라 이 모든 일을 자동화 시스템도 할 수 있다는 점이다.

그런데 지식노동자의 범주는 경계가 불분명하다. 예를 들어 면허를 따려면 익히 알려진 대로 '지식 The Knowledge'이라는 이름의 시험을 통과해야 하는 영국 택시 운전사도 이 범주에 들어갈까? 통역사는? 문서 정리원은? 관광 가이드는? 이 책의 목적에 충실하려면 그런 질문은 남겨둬야 할 듯하다. 정확히 어디서부터 어디까지 선을 긋느냐는 하등 중요하지 않다. 어떤 직업이 위협받고 있는지 생각할 때 앞에 언급한 모두를 고려해야 하기 때문이다.

일자리 상실을
걱정해야 하는 이유

오늘날 기계는 갈수록 유능해지고 있다. 그래서 사람들이 옮겨갈 만한 더 높은 수준의 인지 능력을 요하는 일자리를 찾기가 여간 어렵지 않다. 사정이 그렇다보니 아주 똑똑한 사람들까지 걱정하고 있다. 예를 들어 매사추세츠 공과대학(MIT) 교수 에릭 브린욜프슨Erik Brynjolfsson과 앤드루 매카피Andrew McAfee는《제2의 기계 시대The Second Machine Age》라는 유명한 공저에서 노동시장의 회복력이 장기간에 걸쳐 거의 제자리걸음 상태에 있다는 점에 주목한다. 서구 경제권의 높은 실업률이 좀처럼 수그러들지 않고 있는 것은 숙련편향적 기술진보가 야기한 최근의 혼란이 영원히 계속될 수도 있다는 것을 뜻한다. 폴 보드리Paul Beaudry, 데이비드 그린David Green, 벤저민 샌드Benjamin Sand는 고숙련 노동자에 대한 미국의 총수요를 다년간 연구해왔다.[5] 이들은 그 수요가 2000년을 기점으로 정점에 이르렀다가 계속 감소하는 추세라고 말한다. 그런데도 대학교에서 쏟아내는 공급량은 갈수록 늘어나고 있다.

좋은 일자리가 점점 줄어드는 경제에서 소득불균형은 갈수록 문제가 되고 있다. 오늘날의 경제에서 고액 연봉은 다수의 지식노동자가 아니라 한 줌밖에 안 되는 '슈퍼스타' 즉 CEO, 헤지펀드나 사모펀드 관리자, 투자은행가 등 자동화된 의사결정에 능숙한 사람들에게 주로 돌아간다. 그런 가운데 선진 경제권의 경제활동 참가율은 꾸준히 감소 추세에 있다. 실리콘밸리 투자자 빌 데이비도Bill Davidow와 과학기술 전문 기자 마이크 말론Mike Malone은 얼마 전 〈하버드 비즈니스 리뷰Havard Business Review〉에 기고한 글에서 "조만간 경제적 가치가 0인 사람들이 엄청나게 많아질 것으로 보인다"고 전망했다.[6] 그러면서 이러한 국면이 자유시장경제에 가져올 파장을 해소할 방법을 찾는 것이 금세기의 가장 큰 난제가 될 것이라고 말했다. 많은 사람들이 이에 동의하는 듯하다. 세계경제포럼(WEF)은 2014년 스위스 다보스에서 열리는 연례 회의를 앞두고 이 시대를 주도하는 사상가 700여 명을 대상으로 설문조사 작업을 벌였다. 사상가들은 향후 10년 안에 세계경제가 마주하게 될 가장 큰 문제로 '소득불균형과 부수적 사회불안'을 꼽았다.

'부수적 사회불안'과 관련해 WEF 수석 경제학자 제니퍼 블랭크Jenifer Blanke는 "특히 젊은이들이 미래가 없다고 생각할 경우 불만은 사회 기본 구조의 와해로 이어질 수도 있다"고 설명했다.[7] 이 밖에도 다양한 연구들이 실업과 범죄의 연관성에 주목한다. (그 가운데 18년에 걸쳐 미국에서의 범죄율을 관찰한 브루스 웨인버그Bruce Weinberg와 그 동료들의 2002년 분석이 가장 눈에 띄지 않나 싶다.[8] 그들은 범죄율 증가를 대학교육을 받지 않은 사람들 사이에서의 실업 증가와 임금 하락 때문으로 설명했다.)

좋은 일자리에서 나오는 소득이 줄어들 경우 사람들이 불만을 갖기만 하는 것은 아니다. 직업을 갖는 것 자체를 그리워하게 된다. 노벨 경제학상 수상자 로버트 실러Robert Shiller가 갈수록 진화하는 기계 지능을 가리켜 "오늘날 세계가 안고 있는 가장 큰 문제"라고 지적한 이유는 바로 이 때문이다. 그의 설명을 들어보자.

> 이 문제는 물론 소득불균형과 관련되어 있지만 그 이상일 수도
> 있다. 우리는 우리의 지적 능력을 통해 스스로를 정의하는 경향이
> 있다. 따라서 이는 개인의 정체성 문제이기도 하다. 나는 누구인
> 가? 그런데 컴퓨터가 지적 능력을 대체하고 있다. 대부분의 사람
> 들에게 이는 끔찍한 일이다. 이는 철학적으로 깊은 의미를 지니는
> 문제다.[9]

직업은 단지 급료를 떠나 사람들의 삶에 많은 이점을 가져다준다. 동
료들과 함께 일하면서 느끼는 사회적 유대감, 목표 설정과 달성에 따르
는 만족감, 규칙적인 일상 등이 그렇다. 2005년 갤럽Gallup은 세계여론조
사World Poll라는 명칭 아래 전 세계의 여론을 수집하는 작업에 착수했다.
조사 결과 이른바 '좋은 직장'을 가진 사람들, 갤럽의 정의에 따르면 주
당 평균 30시간 이상씩 꾸준히 일하며 급료를 받는 사람들이 그렇지 않
은 사람들에 비해 현재와 미래의 삶에 긍정적으로 반응하는 것으로 나
타났다.

이 여론조사의 또 다른 항목에서는 응답자들에게 '사람들이 중요하다
고 여기는 삶의 측면'을 제시하고, 없이는 살 수 없는 가장 기본적인 것,
매우 중요한 것, 유용하지만 없어도 살 수 있는 것의 범주로 나눠보라고
요청했다. 이와 관련해 갤럽 회장 짐 클리프턴Jim Clifton은 2011년 시점에
서 '좋은 직장을 갖는 것'이 예를 들어 가정, 민주주의와 자유, 종교, 평화
같은 가치를 제치고 전 세계에서 1순위에 올랐다고 말했다.[10]

그렇다면 지식노동자들이 일자리를 잃을까봐 불안해하는 게 당연하다. 기계가 더럽고 위험하고 단조로운 일을 밀어낸 데 이어 의사결정 업무까지 넘보기 시작하면서 노동자들은 핵심 정체성과 자존감을 의미하는 영역에서 점점 밀려나고 있다. 엄청난 생산성을 자랑하는 체제의 부를 나눠 가질 방법은 찾을 수 있다 하더라도, 그 체제에 일조하면서 그 안에서 의미를 끌어낼 방법은 찾지 못할지도 모른다고 생각하면 힘이 빠진다.

하지만 바로 그 점이 우리가 이 책을 출간하는 이유다. 브린욜프슨과 매카피가 "기계와의 경주"라고 부르는 싸움에서 우리 인간이 이길 방법은 아직 분명히 **있다.** 우리가 관찰한 결과 지식노동의 자동화를 둘러싼 현재의 논쟁에 참여하고 있는 전문가들은 크게 두 진영으로 나뉜다. 즉 우리는 영원한 고실업률을 향해 가고 있다는 말하는 진영과, 새로운 형태의 일자리가 생겨나 사라지는 일자리를 대체할 것이라고 말하는 진영으로 나뉜다. 하지만 이러한 입장 차이에도 불구하고 현재의 상황과 관련해 노동자들이 개인적으로 할 수 있는 일은 그리 많지 않다는 점에서는 두 진영 모두 생각이 같다. 이 책에서 우리의 주된 임무는 지식노동자인 독자들을 설득해 자신의 운명은 자신이 책임지도록 하는 것이다. 이제 여러분은 날로 발전하는 자동화에 어떻게 대처할 것인가와 관련해 주인의식을 가지고 스스로 결정을 내려야 한다.

최근 몇 년 사이에 기계학습machine-learning[인공지능의 한 분야로 방대한 데이터를 분석해 미래를 예측하는 기술—옮긴이주. 이하 대괄호 안의 설명은 모두 옮긴이의 것이다]이나 자연언어처리, 영상 인식 분야에서 새로운 돌파구를 마련했다는 소식이 일주일 단위로 쏟아져 나오고 있지만 지식노동자들은 여전히 건재하다. 그들은 인간만이 지니는 장점을 고수하면서 컴퓨터보다 유능하다는 말의 의미를 다시 정의하고 있다. 곧 알게 되겠지만 인공지능보다 더 빨리 정보를 처리하거나 로봇처럼 흠잡을 데 없이 반복 업무를 수행하는 이 사람들은 슈퍼휴먼이 아니다. 그저 자신의 일을 좋아하고 거기에 뭔가 특별한 점을 부여하는 보통사람들일 뿐이다. 똑똑한 기계들의 틈바구니에서 살아남기 위한 오늘날의 싸움에서 그들은 진정한 용기를 보여준다. 그들, 즉 여러분이야말로 제2의 존 헨리다.

CONTENTS

서문 **6**

1. 컴퓨터가 여러분의 일자리를 노리고 있는가?   23

컴퓨터가 여러분의 일자리를 빼앗아갈까? | 주위를 돌아봐야 하는 열 가지 이유 | 실직이
발생하는 과정 | 우리에게 남은 시간은 얼마나 될까? | 그런데 인간은 무엇에 유리한가? |
자동화 이후 인간의 일

2. 스마트 기기는 얼마나 스마트할까?   57

인공지능 붐 예찬 | 이 모든 일이 시작된 지점 | 인간을 지원하는 더욱 새로워진 체계 | 고
난도 기계학습 | 상황인식과 학습은 이미 무르익었다 | 자기인식이 그토록 중요한 이유 |
인간은 어디에 적합할까?

3. 자동화하지 말고 증강하라   95

증강이 답이다 | 인간의 두뇌를 위한 바퀴 | 증강의 형태: 초능력과 추진력 | 주당 15시간
노동에 대한 케인스의 예측 | 증강의 두 가지 상반된 효과 | 프리스타일 체스가 주는 교훈
| 증강을 달성하는 다섯 가지 방법 | 보험 손해사정사에 대한 짧지만 흥미로운 여정 | 교
사를 위한 다섯 가지 조치 | 금융설계사와 중개인을 위한 다섯 가지 조치

4. 위로 올라서기   139

위로 올라선다는 것의 의미 | 위로 올라서는 사람들이 내리는 결정 | 자동화된 저널리즘
에서 위로 올라서는 사례 | 큰 그림 보기 | 생태계 구축하기 | 가까이 머물되 위로 올라서
라 | 자동화 비즈니스 기능에 맞춘 신중한 직무 설계 | 균형 달성하기 | 위로 올라서는 사
람들의 특징

5. 옆으로 비켜서기   167

인간에게 필요한 자질 | 다중지능에 기대는 사람들 | '비인지적' 기술은 과연 습득 가능한
가? | 점점 늘어나는 장인의 일 | 사람들을 자유롭게 해방하는 증강 | 인공지능에게 인간
의 강점은 난공불락인가? | 가치를 결정하는 인간의 손길 | 인간의 강점을 확대하는 데
자동화보다 증강이 유리한 이유 | 옆으로 비켜서는 사람들의 특징

6. 안으로 파고들기   203

파고들기는 전부터 있었다 | 자동화 기술 안으로 파고들기 | 안으로 파고드는 사람들이
하는 일 | 안으로 파고드는 사람들은 어떤 가치를 제공할까? | 안으로 파고드는 사람들의
유형 | 안으로 파고드는 사람들의 공통점 | 파고드는 사람들의 미래는 밝다 | 안으로 파고
드는 사람들의 특징

7. 틈새로 움직이기   237

기계를 싫어하는 경제학 | 좁은 문을 통과하려면 어떻게 해야 할까? | 전문 영역 발굴 |
좁은 영역에서의 전문지식 추구 | 기술로 인한 전문 영역의 증강 | 동기 부여 또는 집착의
문제 | 틈새 사람들과 틈새 사업 | 좁은 경로의 설정 | 틈새로 움직이는 사람들의 특징

8. 앞으로 나아가기   271

앞으로 나아가는 직업의 종류 | 앞으로 나아가는 직업의 의미 | 앞으로 나아가는 사람들
은 시간을 어떻게 보내고 있을까? | 앞으로 나아가기, 요약 | 앞으로 나아가는 사람들의
특징

9. 증강을 관리하는 방법   309

코델코가 주는 교훈 | 사람들을 증강해야 하는 이유 | 증강의 실행 | 피할 수 없는 골칫거리

10. 유토피아인가, 디스토피아인가?   343

목표는 증강이어야 한다 | STEM 교육이 유일한 답인가? | 교육은 증강을 강조해야 한다
| 일자리 창출 정책은 증강을 장려해야 한다 | 핵심에서 벗어난 기본소득 보장 | 일자리
외의 문제들 | 누가 결정하게 되는가? | 기계를 관리하는 데도 증강이 필요하다

감사의 글   **383**
주   **384**

1

컴퓨터가
여러분의 일자리를
노리고 있는가

뉴욕증권거래소를 실제로 방문해본 적이 없다 하더라도 경제뉴스에 배경으로 나오는 그곳을 본 적은 있을 것이다. 텔레비전 화면 속의 그곳은 벽에 회사 로고가 찍힌 상장사별 부스가 줄지어 있고 시시각각 달라지는 주식 시세를 보여주는 전자 스크린으로 가득하다. 그 사이에서 하늘색 재킷 차림의 중개인들이 시장 전문가들 주변으로 모여들어 종잇조각이나 지시봉을 머리 위로 흔들어대며 희망 거래 가격을 제시한다. 주식 가격이 곤두박질치는 날이면 이마를 감싸 쥐는 그들의 모습이 종종 눈에 띄기도 한다. 한마디로 그곳은 자본주의를 상징하는 장소다.

실제로도 그럴까? 2014년 우리가 마지막으로 방문한 뉴욕증권거래소는 약간 썰렁하다는 인상을 주었다. 알고 보니 그새 분위기가 바뀐 모양이었다. 1980년에는 5,500명이었던 중개인이 지금은 500명 남짓으로 줄어들었다. 경기가 좋던 시절 중개인들은 1인당 연간 100만 달러가 넘는 수입을 올릴 수 있었지만 지금은 1년에 4만 달러인 거래소 사용료를 내기도 어려운 형편이다.

그 방문에서 우리가 본 중개인은 몇 명 되지도 않았을뿐더러 그나마 할 일이 별로 없는지 이리저리 서성이며 잡담을 나누고 있었다. 왜 그렇게 한가해 보이냐는 우리의 질문에 그들은 거래 대부분이 뉴저지 데이터 센터의 컴퓨터로 이루어지고 있다고 설명했다. 그중 한 명은 요즘은 월요일이나 금요일에는 아예 일손을 놓는다고 말했다. 뉴욕증권거래소가 인간 중개인들이 '공개 호가' 방식으로 거래하는 모습을 볼 수 있는 마지막 장소 중 한 곳이라고는 해도 이제 더는 고함소리가 난무하지 않는다. 이곳이 텔레비전 방송에 적합한 이유는 바로 그 때문이다.

다른 거래소들에서는 상황이 훨씬 더 심하다. 거의 모든 주식이 전산으로 거래된다. 시카고상품거래소는 2015년 초반 들어 상품 거래 방식을 전면 자동화로 전환했다. 복잡한 가격 책정과 거래 조건 때문에 자동화에 저항해온 채권 거래도 현재 절반 가까이 전자화된 상태다. 매도인과 매수인을 연결하는 알고리즘과 디지털 매칭이 인간 중개인을 대체하고 있다. 그 결과 거래는 빠르고 효율적으로 진행되지만 주식 거래에 따르는 이윤 수수료는 급격하게 줄어들고 있다. 이런 추세대로라면 앞으로 몇 년 안에 인간이 하는 거래는 완전히 사라질 전망이다.

뉴욕증권거래소는 자본주의를 상징하는 곳이기도 하지만 자동화의 전형을 보여주는 곳이기도 하다. 저속으로 촬영한 사진을 보면 이곳 인구가 매년 줄어들고 있다는 사실을 실감할 수 있을 것이다. 일자리는 하루아침에 갑자기 없어진 것이 아니라 지난 40년에 걸쳐 서서히 자취를 감췄다. 여러분의 일자리는 2055년까지 안전할까?

여기서 분명히 해둬야 할 점이 있다. 인간은 노동자로 부리기에 문제가 많다. 무엇보다도 비용이 비싸게 먹힌다. 게다가 그 비용은 계속 높아진다. 고용주는 기본임금 말고도 근로소득세, 유급휴가, 건강보험, 퇴직연금, 기타 수당 등의 형태로 그 3분의 1을 다시 더 부담해야 한다. 그런데 그게 다일까? 시설 관리자 아무나 붙잡고 물어보라. 인간은 인체공학적으로 설계한 일터와 난방과 조명을 필요로 한다. 수도 설비도 필요하다. 모두 비용이 많이 든다. 하지만 이게 끝이 아니다. 기업 고문 아무나 붙잡고 인간은 소송을 벌이길 좋아하는 것 같지 않냐고 물어보라. 보안 관리자 아무나 붙잡고 횡령 사건은 없는지 물어보라. 재고 관리자 아무나 붙잡고 없어진 물품은 없는지 물어보라. 인사 관리자 아무나 붙잡고 자기 업무에 집중하는 직원이 과연 몇 퍼센트나 되는지 물어보라(미국에서는 평균 13퍼센트다). 그러나 인간 노동자의 문제는 이보다 훨씬 더 심각하다. 2장에서 살펴보겠지만 과학기술은 날로 똑똑해지는데다 값도 싸지고 있다. 하지만 인간은 그렇지 못하다. 인간은 기존의 지식을 한꺼번에 다운로드하지 못한다. 인간은 원점에서 시작해야 한다.

따라서 증권거래소는 의욕을 잃게 만드는 동시에 기운을 북돋우기도 한다. 그곳은 '일자리'는 아직 그대로 남아 있으며, 다만 문제는 이제 기계가 그중 일부를 앗아갈 수도 있다는 점이라고 말한다. 이는 우리가 하는 일을 기계에 맡기면 안 되는 이유를 수도 없이 댈 수 있는 우리 모두에게 위안이 아닐 수 없다. 그러나 진실은 일자리가 줄어들 수도 있다는 데 있다. 사실 모든 일이 업무와 업무의 결합이며, 오늘날의 직업은 모두 자동화가 가능한 요소를 조금씩 지니고 있다. 물론 기계는 디자인 업계가 2015년 올해의 색으로 '마르살라'를 선택할 것으로 확신하는 팬톤 컬러인스티튜트Pantone Color Institute 전무이사처럼 결정을 내릴 수도, 회사 경영진처럼 기업 인수를 앞두고 인수할 회사의 최고 인재들이 합병된 문화 속에서 무럭무럭 커나갈지 아니면 시들어버릴지를 미리 진단할 수도, 우리처럼 작고한 소설가 데이비드 포스터 월러스David Foster Wallace와 글솜씨를 견주며 문법에 어긋나지 않으면서도 복잡하기 짝이 없는 문장을 만들어낼 수도 없다. 하지만 그렇다고 해서 기계가 그런 드문 업무와

는 대부분 거리가 먼 지식노동자들의 일을 넘겨받을 수 없다는 뜻은 아니다.[1]

컴퓨터 프로그램이 자신이 할 수 있는 일에 집중하면서, 지식노동의 일부는 점차 사라지고 있다. 이런 업무 잠식은 한 번에 한 가지씩 일어난다. 이는 10퍼센트만 자동화할 수 있는 일은 없어지지 않는다는 뜻이다. 다만 예전에 열 명이 하던 일을 지금은 아홉 명이 할 뿐이다. TV 시리즈 〈환상특급〉 속 세상과 달리 현실세계에서는 사무실로 불려 가 이제 자신의 일을 하게 될 컴퓨터를 소개받는 사람이 사실상 아무도 없는 이유가 바로 이 때문이다. 대신 사람들은 차츰차츰 문 쪽으로 밀려난다.

위험하고 더럽고 단조로운 일에 싫증났던 육체노동자와 마찬가지로, 계속 일을 하는 그 아홉 명은 자기 일 가운데 10퍼센트가 없어지는 것을 보고 대체로 더 행복해한다. 사람이 군이 하지 않아도 되는 일들은 이제 아주 많다. 예를 들어 변호사 업무에서 소송과 관련된 '사실 조사'는 골칫거리가 아닐 수 없다. 각종 서류와 증언 녹취록을 일일이 살펴야 하는 지루한 과정이기 때문이다. '전자증거개시'와 '예측 코딩'이 현장에 도입되면서 이러한 자료 검토 업무 대부분이 자동화되자, 이의를 제기하는 사람은 거의 없었다. 우리 모두 우리의 기술이 쓸모 있기를 바란다. 일에서 우리는 모두 셜록 홈스와 비슷하다. 즉 우리는 지루한 일상을 혐오한다.

이와 관련해 직장인 대부분은 시간만 잡아먹을 뿐 지식에 아무 보탬이 되지 않는 일상의 잡무에서 해방시켜주는 기계를 열렬히 환영한다. 만약 그렇지 않았다면 회사의 IT 부서에서 'BYOD'(직원들이 개인 소유의 컴퓨터나 스마트 기기를 업무에 활용하는 것Bring your own device)라는 애물단지를 용인하는 일은 없었을 것이다. 사람들은 최첨단 도구가 제공하는 잉여 생산성을 원한다. 좀더 흥미로운 일에 도전할 수 있는 시간을 벌어주기 때문이다. 사람들은 자기 호주머니를 털어서라도 기꺼이 구입할 만큼 그런 도구에 열광한다.

그래서 직장인들은 순차적으로 이루어지는 업무 자동화를 잠입하는 적으로 바라보지 않는다. 그리고 고객들 또한 이를 문제로 인식하지 않는다. 기계가 업무를 잘 수행하면 고객들도 좋아한다. 더욱이 높은 생산성이 가격 인하를 의미할 경우 고객들은 고마워하기까지 한다. 물론 장인의 손끝에서 탄생하는 고가의 명품을 선호하는 사람들도 더러 있겠지만, 고객 대부분은 가능한 한 저렴한 가격의 제품을 원한다. 그러나 단순히 가격을 떠나, 자동화는 품질, 신뢰성, 편의성 향상으로 이어질 때가 많다. ATM이 처음 등장했을 때 고객들은 자동화라는 옵션에 대해 불평하지 않았다. 이제 이 기계가 없는 삶은 거의 상상할 수 없다.

그렇다면 우리가 하는 일 가운데 자동화에 넘어가지 않고 계속 우리 차지로 남게 될 일은 뭐가 있을까? 오랜 시간이 걸려 배운 일이나 수행하는 데 특별한 능력을 필요로 하는 일이었으면 하고 바랄지도 모르겠다. 다시 말해 우리 일자리를 노리는 기계들보다 인간에게 근본적으로 유리한 일이기를 바랄 것이다. 하지만 그렇게 간단한 문제는 아니다. 계속 우리 차지로 남게 될 일은 **코드화할 수 없는 일**, 즉 예측 불허의 돌발 상황이 많아 단계별로 나누어 매뉴얼화하기에는 무리가 따르는 일이다. 코드화가 가능한 업무는 규칙과 알고리즘으로 특정할 수 있으며, 따라서 자동화가 가능하다.

이것이 우리가 이 책에서 계속 다루게 될 정리定理다. 어떤 일을 코드화할 수 있다는 것은 곧 자동화가 가능하다는 뜻이다. 자동화는 필연적인 결과다. 경제적으로 따져 자동화가 유리하다면 그렇게 될 수밖에 없다. 우리는 이미 직업의 급속한 해체와 코드화할 수 있는 업무 대부분의 자동화를 목격하고 있다. 더욱이 그중에는 한때 거창한 교육과 경험을 필요로 했던 업무도 더러 있다.

병원 행정과 보험 처리에서 중요한 역할을 하는 '의료자문'이라는 직업을 예로 들어보자. 의료 환경에서 의사는 환자를 진찰하고 환자의 증상에 맞는 치료 계획을 내놓지만, 건전한 자원 관리라는 병원의 요구에도 주목해야 한다. 불필요한 검사나 입원은 한정된 자원을 축낼 뿐만 아니라 보험 적용을 받지 못할 수도 있고, 그렇게 되면 환자에게도 피해가 갈 수 있다. 이때 의료자문은 주치의가 제출한 치료 계획서를 검토해 부적절하다고 판단되면 수정을 제안한다. 이 사람이 고도의 교육을 받은 전문의가 내린 판단에 의문을 제기하려면 얼마나 많은 지식을 습득해야 했을지 상상해보라. 게다가 수완도 필요하다. 한 의학 잡지는 그 일의 자격요건을 다음과 같이 묘사한다. "숙련된 의료자문은 권위보다 영향력을 행사하는 법을 배워야 한다. 이 일을 하려면 동료들과 원만한 관계를 유지하되 다루고 있는 사안과 관련해서는 확고한 입장을 견지해야 한다. 아울러 해서는 안 되는 일을 지적하기보다 합리적인 대안을 제시하는 능력 또한 필요하다."[2]

이는 분명히 컴퓨터는 맡을 수 없는 역할처럼 들린다. 하지만 최근 들어 앤섬Anthem 같은 건강보험회사들은 IBM의 슈퍼컴퓨터 왓슨과 기타 자동화 시스템을 의료자문으로 기용하기 시작했다. 여기서 우리가 주목해야 할 점은 의료자문의 인지능력, 즉 과거의 동일한 사례에 대한 방대한 지식을 바탕으로 '합리적인 대안을 제시하는 능력'을 요하는 업무 대부분이 자동화되고 있다는 사실이다. 이전 사례를 왓슨보다 더 많이 기억할 수 있는 의사는 없다. 그러나 그것은 의사라면 누구나 제일 자랑스럽게 여기는 부분, 힘들게 따서 액자에 넣어 벽에 걸어둔 자격증이 인증하는 의사 고유의 업무이기도 하다. 그렇다면 왓슨은 의료자문이라는 직업에서 인간을 완전히 몰아낼까? 그럴 일은 없다, 적어도 아직까지는. 하지만 왓슨이 제공하는 귀중한 지식기반 덕분에 권고 업무에 소요되는 시간이나 간호사 같은 유자격 인력을 줄일 수 있게 되었다. 따라서 앞으로 의료자문을 채용하는 인사 담당자는 성공에 중요한 다른 측면, 예를 들면 '동료들과 원만한 관계를 유지하되 다루고 있는 사안과 관련해서는 확고한 입장을 견지하는' 능력에 초점을 맞추지 않을까 싶다. 그런 능력은 분명 보기 드문 재능이지만 타고난 것도, 그렇다고 따로 훈련받는다고 해서 아무나 습득할 수 있는 성질의 것도 아니다.

여기서 잠시 '탈숙련화deskilling'의 위협을 짚고 넘어가야 할 듯하다. 의료자문의 진화는 이 점에서 아주 중요한 사례를 제시하기 때문이다. 마르크스주의 사회학자 해리 브레이버만Harry Braverman이 처음 만든 이 용어는 자동화가 일자리와 노동인구에 미치는 영향을 설명할 때 주로 쓰인다. 과학기술의 도입으로 전에는 필요했던 기술이 더는 필요 없어지면, 다시 말해 숙련 노동자가 하던 일을 반숙련 노동자나 비숙련 노동자가 해도 상관없어지면 직업의 탈숙련화가 진행된다. 결국 특정 업무를 넘겨받는 기계가 점점 많아져 노동인구가 탈숙련화하면 그 기술은 '사라진 기예'가 된다. 멀리 갈 것 없이 2014년 영국에서 실시한 설문조사를 예로 들어보자. 조사 결과 전체 응답자의 40퍼센트가 일상적으로 문서를 작성할 때 전적으로 자동교정 기술에 의존해 철자를 바로잡는다고 대답했고, 절반 이상이 맞춤법 검사 기능을 사용하지 못하면 '무척 당황할 것 같다'고 대답했다. 그럼에도 아이들에게 맞춤법을 제대로 가르치는 게 여전히 '아주 중요하다'고 대답한 응답자가 90퍼센트에 이르렀다.[3] 브레이버만과 그 뒤를 잇는 수많은 사상가들이 보기에 탈숙련화는 매우 위험한 현상이다. 브레이버만은 1974년에 이미 '화이트칼라 프롤레타리아'의 등장을 우려하면서 지식노동의 불가피한 탈숙련화를 예측했다.

컴퓨터가 채가는 지식노동 업무가 갈수록 늘어나면서 탈숙련화 속도는 더욱 빨라질 전망이다. 예를 들어 교직을 생각해보자. 오늘날 초등학교 교사는 수많은 교육 업무를 수행한다. 학생들이 이미 익힌 내용과 아직 배워야 할 내용을 구분하는 것도 그중 하나다. 학습 내용을 학생들에게 실제로 전달하는 것도 교사의 몫이다. 이 밖에 교실에서 학구열을 배양하는 것도 교사의 역할이다. 컴퓨터는 스물다섯 명의 초등학교 4학년 학생들이 얌전하고 조용하게 행동하도록 하지는 못할 테지만, 그 외 교사가 수행하는 다른 기능은 충분히 해낼 수 있으며 몇몇 경우에는 그런 일이 실제로 일어나고 있다.

사실 학생 개개인에게 필요한 학습 내용을 진단하고 개개인의 요구에 맞춰 그 내용을 최적화하는 일에는 대부분의 교사보다 컴퓨터가 더 낫다. 일반적인 학급 규모를 감안할 때 교사들이 이런 결정을 제대로 내리려면 공과 시간이 너무 많이 든다. 그에 비해 교육용 소프트웨어를 잘 만들기만 하면, 학생들에게 학습 내용을 전달하는 업무에서나 학생들이 그 내용을 숙지했는지 파악하는 업무에서나 컴퓨터가 더 우수하다. 그렇다면 고도로 컴퓨터화된 학교에서 인간의 역할은 감독과 훈육 업무로 제한될 테고, 교육학과 담당 과목에 해박한 전문 인력보다 '교사도우미'나

시험 감독관에 더 가까운 사람들이 그 일을 맡을 가능성이 높다. 당연히 교직원 노조에서는 이런 생각을 달가워하지 않는다. 이 이유가 아니라면 전면적인 변화가 일어나도 벌써 오래전에 일어났을 것이다.

컴퓨터가 여러분의 일자리를
빼앗아갈까?

콧대 높은 지식노동자 여러분, 여러분의 일자리가 그렇게 안전하지 않을지도 모른다는 느낌이 들기 시작하지는 않았는가? 그런 조짐을 좀 더 자세히 알아보기 위해 방사선과 전문의와 상의해보자. 방사선과 전문의도 고학력 직업군에 속한다. 그런데 오랜 시간 힘든 수련 과정을 거쳐 익힌 이들의 업무가 자동화되기 시작하면서 이 직업이 해체되고 있다. 사실 얼마 전까지만 해도 엑스레이나 MRI를 면밀히 검토해 진단을 내리는 능력은 코드화할 수 없을 줄 알았다. 이 직업 종사자들은 어쨌든 '앤트 미니Aunt Minnie'[생김새가 매우 독특해서 한 가지 말고는 달리 추론할 수 없는 병변을 가리키는 방사선과 약어]를 사랑한다. 1940년대에 벤 펠슨Ben Felson이라는 신시내티의 방사선과 전문의가 처음으로 사용했다는 이 말에는 무언의 지식을 찬미하는 의미가 담겨 있다. 방사선과 전문의가 실질적인 경험을 쌓아갈수록 경우에 따라서는 한 번만 슬쩍 보고도 진단이 가능해진다. 똑같은 영상을 전에 수없이 봐왔기 때문이다. 펠슨의 말을 빌리면 방사선과 전문의는 "감별진단법에는 아예 없는 아주 특이하고 흥미로운 방사선 지식을 갖추고" 사례에 접근한다. 시간이 지나면서

방사선과 전문의는 병변처럼 보이면 병변이 틀림없다는 교훈을 배운다.

방사선과는 오랜 수련 기간이 필요한 전공과목으로만 그치지 않는다. 미국에서 방사선과 전문의는 가장 높은 임금을 받는 의료 인력으로 꼽힌다. 지난 20여 년 동안 이루어진 영상 과학기술의 폭발적 성장은 그런 영상을 판독할 수 있는 의사들을 병원과 의료 행위의 '캐시 카우'로 만들어놓았다. 그러나 최근 몇 년 사이에 방사선과 전문의는 숫자도 감소하고 수입도 줄어들기 시작했다. 그렇게 된 이유를 이해하려면 3단계로 진행된 과정을 살펴보는 게 좋을 듯하다. 첫째, 영상 판독 업무가 외국의 방사선 전문의들에게 위탁되었다. 그럴 경우 훨씬 많은 양의 영상을 처리할 수 있었기 때문이다. 이는 영상 디지털화가 이루어지면서 해외로도 즉각 영상을 전송할 수 있을 때만 가능한 일이었다. 둘째, 해외 의사들의 노동시간 대비 비용이 훨씬 낮다는 사실이 알려지면서 더 많은 일이 빠져나갔다. 이처럼 영상 판독 업무가 병원에서 대거 빠져나가자 행정가들은 멀리서 이루어지고 있는 업무 품질을 감독하기 위해 코드화에 박차를 가할 수밖에 없었다. 마지막으로 그와 같은 코드화를 통해 최종 단계, 곧 자동화에 이르기가 훨씬 더 쉬워졌다.

CT와 MRI를 판독해 암일 가능성이 높은 병소를 잡아내는 과학기술은 이미 존재한다. 그런 과학기술은 의사나 간호사가 문제를 잘 볼 수 있도록 눈에 띄는 괄호로 의심스러운 곳을 특정한다. 예측건대 앞으로 영상장치 가격이 계속 떨어지면 언젠가 동네 의원에도 한 대씩 들여놓는 날이 올 것이다. 그렇게 되면 방사선 판독 업무는 철저히 탈숙련화를 겪게 될 것이다. 앤트 미니가 무덤에서 통곡할 일이 일어나고 있는 것이다.

그리 놀랄 일도 아니지만 지난 몇 년 사이에 미국에서 방사선과 인턴에 지원하는 의대생 수가 꾸준히 줄어들고 있다. 그러나 오늘날 종합병원 방사선과 전문의의 업무 중에는 기계가 할 수 없는 부분이 여전히 존재한다(방사선과 전문의보다 방사선사가 주로 하는 일이긴 하지만). 예를 들면 영상 촬영이 가능하도록, 불안해하는 환자의 위치를 똑바로 잡아주는 기술이 그렇다. 더욱이 '개입' 방사선과 전문의는 실시간으로 영상을 판독하면서 조직을 통한 수술도구 삽입을 최소화해야 한다. 이 기술은 자동화가 되려면 아직도 갈 길이 아주 멀다. 물론 이 분야에서도 디지털화가 진행되고 있긴 하지만 여전히 손가락 감각이 필요하다.

우리가 지금 설명하는 과정, 다시 말해 기계가 고난도 인지 업무를 맡아 처리하면서 사람들을 일종의 휴먼 유저 인터페이스로 바꾸어놓는 과정은 전문 직업 영역 전반에 걸쳐 일어나고 있다. 의사결정 기능은 사실상 컴퓨터로 넘어갔으며, 가끔 고장을 일으키긴 하지만 이제 컴퓨터는 그런 역할을 아주 잘 소화해내고 있다. 예를 들어 월가와 금융계에는 (극초단파 매매 또는 알고리즘 매매 또는 양적 매매로도 불리는) 주식과 채권의 '프로그램 매매'가 널리 퍼져 있다. 뉴욕증권거래소가 오늘날 그렇게 조용한 이유는 바로 이 때문이다. 과거에는 인간 중개인들이 어떤 주식과 채권을 얼마에 구입할지 결정했지만 지금은 주로 컴퓨터가 그 일을 하고 있다. 마찬가지로 인간 분석가들이 담당했던 가격책정 또한 지금은 자동화 단계에 이르렀다. 예를 들어 비행기 좌석과 호텔 객실 같은 소멸성 상품에는 가격을 얼마나 매겨야 할까? 이제 가격책정은 제시간에 상품을 판매하기 위해 인간의 두뇌가 처리할 수 있는 것보다 훨씬 더 많은 요소에 의해 좌우된다. 하루에 수천 대의 비행기가 뜨는데다 가격도 항공편에 따라 수백 가지가 넘다보니 1년이면 항공사 운임이 말 그대로 수백만 번 바뀐다. 한 분석가는 모 항공사의 최저가 요금이 잔여 좌석 수와 수요에 따라 139번이나 바뀌었다는 사실에 혀를 내둘렀다.

이야기는 계속된다. 보험료를 납입하는 방법으로 고객에게 대출상품을 권할지 신용카드를 권할지, 미디어 소비자에게 어떤 광고를 보여줄지 같은 사업상의 결정은 현재 누가 내릴까? 이런 결정을 내리려면 엄청난 양의 자료 판독과 치밀한 분석, 원칙 엄수가 필요하다. 인간은 굳이 이런 일에 나서지 않아도 된다. 물론 규칙을 정하고 그런 의사결정을 자동화하는 코드를 작성하는 일에서는 인간의 역할이 여전히 매우 중요하다. 그러나 상대적으로 구조화되고 양적인 성격을 띠는 이런 일상 업무는 이제 더 이상 인간 두뇌의 차지가 아니다.

주위를 돌아봐야 하는
열 가지 이유

H. G. 웰스H. G. Wells의 고전《우주전쟁*The War of the Worlds*》에 보면 주인공이 '인간의 지능보다 훨씬 뛰어난 지능'(이 경우 지구에 착륙한 화성인)의 출현에 좀더 빨리 대처하지 못했던 점을 후회하는 장면이 나온다. 주인공은 자기 둥지에서 편안히 지내던 도도새의 입장에 서서 굶주린 선원들이 도도새들의 섬을 공격했을 때 불운한 그 새들이 우물쭈물하며 말하는 모습을 상상한다. "내일은 그놈들을 쪼아 죽여버리자, 응?"

여러분은 어떤가? 인지 과학기술이 한때 인간이 차지했던 의사결정 영역을 점점 침범해 들어오는 모습을 보면서 어떤 행동을 취하고 있는

가? 뭐라도 해봐야 한다는 생각이 들지 않는가? 본격적인 행동에 들어
가려면 필요할지도 모르니, 여기서 둥지를 떠날 때가 됐다는 징후 몇 가
지를 소개하고자 한다. 모두 지식노동자의 일자리가 자동화의 기로에 놓
여 있다는 증거들이다.

1. 핵심 업무 일부를 처리하는 자동화 체계가 현재 존재한다

핵심 기능 전부 또는 일부를 수행하는 자동화 체계의 존재야말로 자
동화가 갈수록 그 일자리를 위협하게 될 것이라는 가장 강력한 증거다.
예를 들어 우리가 만약 방사선과 전문의나 병리학자라면 유방조영술이
나 자궁경부암 검사에서 영상을 판독하며 병소를 찾아내는 컴퓨터 지원
검진 시스템 때문에 불안할 것 같다. 또한 IT 운영 기술자라면 한꺼번에
2만 5,000개의 서버를 작동할 수 있게 해주는 페이스북Facebook 시스템
때문에 불안할 것 같다. 이런 체계는 아직은 널리 보급되지 않았을지라
도 향후 10년 안에 상용화될 가능성이 높다.

2. 물리적으로 직접 접촉하거나 조작할 필요가 거의 없다

업무를 수행하기 위해 직접 손을 대거나 고객과 만나지 않아도 된다
면 머잖아 업무 자동화가 이루어질 확률이 높다. (예를 들어 변호사처럼 부
동산과 그 외 수많은 형태의) 서류나 (방사선과 전문의처럼) 영상을 주로 다
루는 일을 하고 있다면 조만간 자동화 체계가 그 내용을 소화하고 그 의
미까지 결정할 가능성이 높다. 그에 비해 예측 불허의 상황 속에서 인체
와 직접 씨름해야 하는 일을 하고 있다면 당분간 일자리를 잃을 위험은
없다. 친구 중에 마취과 의사가 있는데, 그가 말하기를 기도를 깨끗이 유

지하려면 환자를 이리저리 수없이 돌려 눕혀야 할 때가 많아서 로봇에게 일자리를 뺏길 걱정은 하지 않아도 될 것 같단다.

3. 간단한 내용 전달이 필요하다

기존의 내용을 다른 사람에게 전달하는 일을 하고 있다면 조만간 실직할 위험이 높다. 예를 들어 교사를 생각해보자. 교사는 학생들에게 필요한 내용이 뭔지 파악한 뒤 주로 (강의와 설명 등의) 인적 노동을 통해 그 내용을 전달한다. 그러나 앰플리파이Amplify, 맥그로힐 에듀케이션 McGraw-Hill Education, 뉴턴Knewton 같은 회사에서는 학생이 배워야 할 내용을 진단하는 '적응형 학습' 시스템을 이미 선보이고 있으며, 칸아카데미 Khan Academy를 비롯해 온라인 교육 자료실도 많다. 그런 교육환경에서 교실 관리와 훈육 등 일부 기능은 컴퓨터가 수행하지 못하지만 그렇다고 해서 그 일을 꼭 지식노동자에게 맡길 필요는 없다.

4. 정확한 내용 분석이 필요하다

IBM의 왓슨 같은 '인지 컴퓨팅' 시스템은 기계도 내용을 분석하고 '이해하는' 일을 얼마나 잘할 수 있는지 이미 입증해 보였다. 그런 체계를 프로그램화하고 수정하려면 물론 사람이 필요할 테지만, 방대한 양의 내용을 분석하는 업무, 예를 들어 제약회사 연구원과 진단 전문의가 주로 하는 일은 점차 기계에게 넘어가게 될 듯싶다. 그 점에서는 변호사도 위험하기는 마찬가지다. 법률 업무라는 게 대개 서류 분석 작업을 필요로 하기 때문이다. 이제 '전자증거개시'라는 도구를 사용하면 '기술보조 검토Technology-Assisted Review(TAR)'와 '예측 코딩' 같은 능력을 통해 수천 장의 서류를 읽어내려가면서 핵심 용어와 문구를 추려내고 인간의 검토가 필요한 서류를 식별해낼 수 있을 뿐만 아니라 심지어는 재판의 승률까지 산정해낼 수 있다.

5. 데이터 관련 질문에 대답해야 한다

익히 알고 있듯이 자료에서 통찰을 끌어내는 데는 애널리틱스와 알고리즘이 대부분의 인간보다 더 낫다. 이 두 기능은 이미 보험설계사와 자산관리사를 대체하기 시작했다. 그러한 추세는 점점 확대될 전망이다. 인간과 기계의 이런 업무 격차는 앞으로 계속 늘어날 일만 남았기 때문이다. 예를 들어 겐쇼 테크놀로지Kensho Technology 같은 회사는 '워런'이라는 인공지능 소프트웨어 시스템을 선보이기 시작했다. 이 시스템은 "원유 가격이 배럴당 100달러가 넘는 상태에서 중동의 정치 상황이 불안해질 경우 에너지기업의 주가 전망은?" 같은 질문에 대답할 수 있다. 겐쇼는 2014년 말 이 소프트웨어가 1억 가지 각기 다른 금융 데이터 관련 질문에 대답할 수 있을 것이라고 발표했다.

6. 양적 분석 작업을 수반한다

'애널리틱스 시대'에 양적 분석 업무에 정통한 애널리스트는 일자리를 잃을 위험이 없을 거라고 생각하는 사람이 있을지도 모르겠다. 그러나 그들의 직업을 위협하는 과학기술 또한 있다. 머잖아 기계학습 시스템이 인간 애널리스트의 양적 분석 업무를 넘겨받거나 적어도 상당 부분 잠식할 가능성이 높다. 기계학습은 인간 애널리스트의 역량을 강화하고 분석 및 모델 개발에서의 생산성을 증대하는 최선의 방법이 될 수 있다. 그러나 온라인 광고 같은 몇몇 환경에서는 기계학습 접근법을 사용해 필요한 속도대로 모델을 형성하는 것이 사실상 불가능하다. 특정 소비자와 특정 광고 기회를 타깃으로 하는 모델은 주당 수천 개에 이르며, 성공적인 변환 가능성(즉 고객이 일주일 안에 해당 제품을 구입할 확률)은 기껏해야 약 1,000분의 1에 지나지 않는다. 다시 말해 인간의 관심을 끌기가 그만큼 어렵다는 이야기다. 기계학습을 통한 모델 생성은 아직은 그저 이 산업의 가능성일 뿐이다. 물론 기계학습 접근법을 설계하려면 양적 분석에 정통한 전문가가 필요하지만, 시간이 지나면 그런 전문가 한 명이 결국 수백만 개의 모델을 생성할 수 있게 될 것이다. 양적 분석에 정통하면서 기계학습을 이해하는 애널리스트라면 실직 걱정은 하지 않아도 될 듯하다. 반면 양적 분석에는 정통하지만 기계학습을 이해하지 못하는 애널리스트는 아마 밀려나게 되지 않을까 싶다.

7. 시뮬레이션과 가상 작동이 가능한 업무와 관련되어 있다

교사와 기타 콘텐츠 전문가들에게 닥친 또 다른 문제다. 업무 시뮬레이션화가 가능할 경우 학생들에게 시뮬레이션 환경을 제공하면 아주 높은 교육 효과를 얻을 수 있다. 이는 일선에서 물러난 비행 교관들에게 물어보면 바로 확인할 수 있다. 요즘은 트레이너들이 활용하면 좋은 시뮬레이션 프로그램도 많이 나와 있다. 경영대학원 교수들이나 경영 코치들도 위험하기는 마찬가지인 듯하다.

8. 업무에서 실행의 일관성이 매우 중요하다

컴퓨터는 늘 한결같다. 예를 들어 금융서비스 기관에서 고객의 신용

등급 결정 업무를 이미 오래전에 컴퓨터에 맡긴 이유는 바로 이 때문이다. 앞으로는 보험금 청구 심사와 재무건전성 평가는 물론 심지어 범죄 판결과 형벌 구형에 이르기까지 일관성이 중요한 그 밖의 직업 분야에서도 컴퓨터의 역할이 갈수록 늘어날 전망이다. 예를 들어 보험금 청구 조정의 경우 '자동심사' 시스템을 활용하면 평가와 승인 업무를 전체 청구 건수의 75퍼센트 이상 소화할 수 있다. 그래서 요즘 인간 손해사정인은 아주 까다로운 일만 처리한다.

9. 데이터에 근거해 이야기를 만든다

데이터와 분석을 이야기로 만들어내는 일은 한때 인간의 영역이었지만 최근 들어 자동화 체계가 그 일을 넘겨받기 시작했다. 언론의 경우, 오토메이티드인사이츠Automated Insights와 내러티브사이언스Narrative Science가 벌써부터 데이터 집약형 콘텐츠를 선보이고 있다. 이 분야의 자동화 영역은 고등학교 운동경기와 판타지 스포츠, 소규모 회사의 수익 보고서 등으로 아직까지는 주변부에 머물러 있지만 스포츠와 금융 쪽 보도 업무는 이미 위험에 처하기 시작했다. 애널리틱스인사이트AnalytixInsight 같은 회사는 '캐피털큐브' 서비스를 이용해 4만 곳이 넘는 공기업을 상대로 투자분석 상담을 하고 있다. 이 경우 위험에 노출된 직업은 투자분석가다. 주로 컴퓨터 체계에 의존해 투자자의 유형에 가장 잘 부합하는 투자 방식을 결정하는 금융서비스 기관의 자산관리 업무 역시 위험에 직면했다. 오늘날 자산관리사와 중개인들은 종종 자동화한 권고를 가져다 고객이 이해할 수 있는 이야기로 풀어 설명한다. 하지만 지식수준이 높고 컴퓨터를 잘 다루는 고객이 늘어나면서 이러한 해석 기능은 수요가 점차 감소할 전망이다.

10. 업무 수행에 필요한 규칙이 일목요연하게 정리되어 있다

규칙이 명백하고 한결같은 분야일수록 자동화하기가 쉽다. 규칙기반 시스템은 이제 점점 더 복잡한 문제를 다룰 수 있게 되었다. 예를 들어 재무감사 분야에서 일하고 있다면 슬슬 불안을 느끼고 있을 것이다. 회계감사의 중요한 측면을 자동화하는 시스템이 나오기 시작했기 때문이다.[4] 시종일관 복잡한 규칙에 따라야 하는 세금 정산을 예로 들면 소비자와 소규모 사업체의 경우에는 '터보택스'와 '택스컷' 같은 시스템이, 기업의 경우에는 '래서트', '프로시스템', '울트라택스' 같은 시스템이 이미 환급 업무 대부분을 넘겨받아 처리하고 있다.

지금까지 '도도새 직업군', 다시 말해 가만히 앉아서 과학기술에 잡아먹히기만을 기다리는 일자리의 특징을 살펴보았다. 이런 일자리는 아주 없어지지는 않는다 하더라도 점점 줄어들 전망이다. 즉 이런 과학기술의 영향을 받는 분야에서도 경험 많은 지식노동자는 그대로 직업을 유지하겠지만 신참 노동자들에게는 아예 기회가 없을 것이다. 그러나 여러분 자신의 행복을 위해, 또는 자녀나 손주의 행복을 위해, 아직 뭔가 할 수 있을 때 상황을 타개할 방법을 모색해야 한다.

실직이 발생하는
과정

방금 우리가 설명한 특징은 대다수의 지식노동자들에게 적용된다. 그렇다, 컴퓨터가 현재까지는 무사한 여러분의 일자리를 노리고 있다. 컴퓨터는 여러분의 일상 업무를 처음에는 야금야금, 그러다 뭉텅뭉텅 훔쳐갈 것이다. 그보다 구조화된 업무는 아예 기계가 넘겨받거나, 아니면 기계가 개입하면서 생산성이 크게 증가할 것이다. 이런 식으로 일자리는 말 그대로 해체될 것이다. 그리고 어떤 동료는 여러분이 지금 하고 있는 일의 열 배에 이르는 업무를 처리할 수 있게 될 것이다.

그렇다면 어떻게 그런 일이 가능할 수 있는지 살펴보자. 누군가의 생산성이 껑충 뛰어오른다는 것은 다음 세대는 일자리를 얻을 기회가 아예 없다는 뜻일 수도 있다. 생산성이 급증하지 않았다면 건재했을 일자리가 사라지는 이러한 과정은 '암묵적 해고'로 불린다. 예를 들어 방사선과의 경우 자동화가 아직 다 완성되지 않았는데도 한때는 육안으로 했던 유방암과 결장암 검사에 컴퓨터 시스템이 '제2의 눈'으로 사용되고 있다. 더디지만 꾸준히 진행되는 이 과정은 직업 범주 전체를 무너뜨리지는 않지만 다량의 일자리를 앗아가 실업률을 높인다. 그 결과 새로 쏟아져 나오는 졸업생들은 처음부터 구직 기회를 박탈당하고 이를 보면서 다른 학생들은 똑같은 전철을 밟지 않기 위해 안간힘을 쓴다.

암묵적 해고의 가장 큰 피해자는 주로 신참 노동자들이다. 지식노동을 지원하는 과학기술이 특별히 '스마트'하지 않다 하더라도 과학기술이 뒷받침하는 생산성 증가는 신참 노동자에 대한 수요를 제한할 수 있다. 예를 들어 건축의 경우 전에는 신참 건축가가 도면 작업을 도맡다시피 했다. 건물 청사진이나 설계도가 바뀌는 경우는 거의 없었기 때문에 대개는 기존 도면을 다시 그리기만 하면 되었다. 오늘날 이런 종류의 작업은 대부분 컴퓨터 이용 설계computer-aided design(CAD) 시스템을 통해 이루어지고 있으며, 그 결과 도면과 설계 작업의 생산성이 몰라보게 증가했다. 최근 들어 건축과 졸업생들이 일자리를 구하는 데 어려움을 겪는 이유는 바로 이 때문이다. 조지타운 대학교 교육노동력센터가 2012년에 발표한 연구 결과는 건축과 졸업생의 실업률을 여러 전공을 통틀어 가장 높은 14퍼센트로 잡았다. 또한 〈뉴욕 타임스 New York Times〉는 1면 머리기사 제목을 직설적으로 이렇게 달았다. "일자리를 원하는가? 그렇다면 대학에 가라, 단 건축은 전공하지 마라."[5]

더욱이 너무 많은 사람이 너무 적은 일자리를 놓고 경쟁하다보니 극심한 임금 하락이 나타나고 있다. 폴 보드리와 그 동료들이 지적한 지식 노동자의 공급 과잉을 떠올려보라. 이는 일부 고학력자들이 눈을 낮춰 자신의 기술 수준에 못 미치는 직업을 구할 가능성이 높으며, 그 결과 상대적 저학력자들이 훨씬 더 아래로 밀려날 가능성이 높다는 뜻이다. 이 모두가 맞물려 결국 고용 상태에 있는 사람들까지 임금 동결이라는 피해를 입게 된다. 이뿐만이 아니다. 어떤 직업에서나 비전문 인력의 움직임이 증가할 것이다. 음악과 저술 분야에서는 그런 경향이 특히 더 심하다. 스스로를 표현하면서 재능을 뽐낼 수 있다는 순수한 기쁨 때문에 보잘것없는 임금을 받고도 너무나 많은 사람들이 기꺼이 일하려 들기 때문이다. 이제 공급 과잉 문제는 다큐멘터리 영화 제작, 회의 기획, 스포츠 해설 등 창의력이 요구되는 분야 어디에나 해당되는 이야기다.

마지막으로 자동화가 진행되면서 주위가 온통 기계들로 둘러싸이더라도 인간은 과연 일을 하길 원할 것인가라는 문제가 남아 있다. 고도로 자동화된 시스템 아래서 인간은 외로움을 느낄 수밖에 없다. 일본에서 그런 사례가 있었다. 과도한 로봇공학의 채택은 최초의 '소등lights-out' 공장 생산으로 이어졌고, 공장을 가동할 노동자는 극히 소수만 필요했다. 프레드릭 쇼트Frederik Schodt는 1988년에 출간한 《로봇 왕국 안에서*Inside the Robot Kingdom*》라는 저서에서 이른바 '자동화의 고립증후군the isolation syndrome of automation'이라는 현상을 다루었다. 고참 노동자들은 그토록 진보한 과학기술의 일부라는 점을 자랑스럽게 여겼지만 신참 노동자들은 인간관계가 제거된 일, 다른 기계를 작동시키고 프로그래밍하느라 스스로가 '로봇처럼 느껴지는' 일에서 의미를 찾기 힘들어했다.

우리에게 남은 시간은
얼마나 될까?

과학기술 현장을 오랫동안 관찰해온 폴 사포Paul Saffo는 미래의 모습을 추측하는 사람들에게 한 가지 큰 원칙을 제시한다. "가까이에서 보이는 것을 곧이곧대로 받아들이지 말라." 변화는 피할 수 없겠지만 변화가 일어나려면 아직 시간이 많이 남아 있다.

지식노동자들에게 광범위한 혼란이 발생하려면 어느 정도 시간이 걸릴 것이다. 그러나 앞으로 10년 안에 달라진 풍경이 차창 밖을 가득 채우게 되지 않을까 싶다. 직업군 전체를 잠식해 들어오는 과학기술은 몇몇 의사결정 업무에서 이미 인간을 능가하고 있다. 아직은 역할 전체를 넘겨받진 않았지만 많은 사례에서 과학기술은 스스로의 유용성을 입증하고 있다. 게다가 해가 갈수록 이런 시스템은 점점 더 유능해지고 있다.

다양한 종류의 관료주의가 자동화의 발전에 어느 정도 제동을 걸지도 모르겠다. 예를 들어 보험회사는 자동화된 의사결정 기술 채택을 거부할 수도 있고, 단속기관은 기존의 업무처리 방식을 고수할 수도 있다. 아울러 소송에 대한 불안도 채택에 신중을 기하게 하는 요인일 수 있다. 실제로 변호사들은 일찌감치 자동화된 의사결정 기술을 받아들인 조직을 상대로 소송을 벌이길 좋아한다. 예를 들어 방사선과의 경우, 의료사고에 대해 보험회사가 제약을 가하지 않았다면 자동화된 암 감지 기술 채택이 훨씬 더 광범위하게 이루어졌을 것이라는 증거가 있다.

한편 과거에는 조직화된 노동력이 변화에 강력하게 이의를 제기해온 것과 달리, 오늘날 기계로 대체되고 있는 쪽에서는 변화를 늦추려는 노력을 아예 기울이지 않는 것 같다. 사실 우리는 전문 직업인 협회들이 자동화된 의사결정은 일자리 상실뿐만 아니라 업무의 질 저하를 가져온다는 이유를 들어 강력하게 반발할 줄 알았다. 그러나 몇몇 협회에서만 아마도 인간 회원을 보호하기 위해서인 듯 생산성 강화 도구를 수용하기를 꺼릴 뿐, 조직화된 저항처럼 보이는 움직임은 전혀 없다. 2015년 사우스 바이 사우스웨스트South by Southwest 축제[정보기술·영화·음악을 아우르는 세계 최대의 창조산업 축제]에서 자칭 '로봇을 멈추자Stop the Robots'라는 단체가 잠시 동안 흥미로운 항의를 벌인 적이 있지만 알고 보니 이마저도 한 과학기술회사가 새로 출시한 애플리케이션을 홍보하려는 목적으로 연출한 깜짝 행사였던 것으로 밝혀졌다.

거의 방해를 받지 않고 지식노동자들의 일자리를 이미 위협하고 있는 자동화된 결정 기술은 계속 승승장구하며 머잖아 혁명적인 충격을 가져올 전망이다. 이와 관련해 실직 걱정이 없어 보이는 전문 직업인들조차 미래 세대는 심각한 도전에 직면할 것으로 예측하고 있다. 자동화된 재무감사에 정통한 한 전문가는 우리에게 이런 말을 했다. "내 일자리에 대해선 걱정이 안 됩니다. 이런 시스템이 발전해온 과정에 주목하면 특히 그렇습니다. 하지만 직업 선택과 관련해 내 아이들에게 무슨 말을 해줘야 할지 생각하면 걱정이 앞섭니다."

지난 수십 년 동안 우리 지식노동자들은 다른 사람들의 노동이 기계로 대체되는 모습을 지켜보면서 이런저런 논평을 해왔다. 그러면서 컴퓨터는 우리가 하는 일을 대신할 수 없을 거라는 낙관론을 펴왔다. 우리는 하고 있는 일이 복잡하다는 이유로, 상당한 전문지식과 경험을 요구한다는 이유로 우리 자신을 단순 수작업 노동자나 육체노동자와 구분한다. 우리의 판단은 수량화하거나 규칙화할 수 없다고 생각한다. 우리가 결정을 내릴 때 사용하는 인문학과 과학의 결합은 모델화하거나 프로그램화할 수 없다고 생각한다. 우리의 협업 과정은 너무나 가변적이고 예측 불가능하기 때문에 컴퓨터화할 수 없다고 굳게 믿는다. 이 모두에서 우리는 틀렸다.

지식노동의 자동화는 필연적이다. 이는 우리 자신에게나, 우리 아이들에게나, 그 아이들의 아이들에게나 마찬가지다. 직업에서의 극적인 변화는 불가피하다. 그 점에서는 우리 대부분이 탐내는 최고 수준의 교육을 요하는 지식노동도 마찬가지다. 따라서 행동을 취해야 한다. 갈수록 기계의 수가 늘어나는 환경 속에서 인간은 어떤 식으로든 적응해야 한다.

컴퓨터가 잘하지 못하는 일을 하거나 이미 컴퓨터가 넘겨받아 하는 일에 어떻게든 가치를 부가해야 한다. 업무현장에 적용할 수 있는 자신의 상대적 강점이 뭔지 올바로 파악할 경우 직업을 유지하는 데 많은 도움이 될 것이다.

그런데 인간은
무엇에 유리한가?

기계가 더 잘해낼 수 있는 일이 업무의 몇 퍼센트를 차지하는가? 우리를 정말 필요로 하는 일을 늘리려면 어떻게 해야 할까? 지금까지 살펴보았듯이 대부분의 지식노동에는 인간의 기술을 필요로 하는 요소가 아직 분명히 있다. 하지만 그 비중이나 중요성은 우리가 생각하는 것과 많이 다를 수도 있다. 자신의 가치를 계속 유지하려면 인간이 기계보다 더 잘할 수 있는 일이 무엇인지부터 파악해야 한다. 하지만 이런 일들에서 앞으로도 인간이 명백히 뛰어날 거라고 생각하면 오산이다. 아울러 몇몇 장점은 일시적일 뿐이라는 점 또한 받아들여야 한다. 기계가 특정 업무에 점점 익숙해지면서 오늘날의 안전지대는 매우 빠르게 붕괴되고 있다.

인간은 무엇에 유리한가? 이 질문은 기계가 처음으로 번득이는 '지성'을 보인 이후로 수많은 사상가들이 제기해온 질문이다. 1950년 《인간의 인간적 활용 *The Human Use of Human Beings*》이라는 책을 출간한 전설적 인물 노버트 위너 Norbert Wiener가 이 논의의 출발점을 마련했다. 그는 진화하는 기계를 통해 인간이 인간성을 더 많이 발현하려면 어떻게 해야 하는지를 보여주고자 했을 뿐 그런 인간의 특성을 너무 좁은 틀 안에 가두어 정의하는 데는 관심이 없었지만, 기계는 공유하지 못하는 인간의 조건으로 창의성과 영성을 꼽았다. 아울러 그는 다른 동물이나 기계와 비교할 때 인간은 적응 범위와 속도에서 강점을 지니고 있다고 보았다.

좀더 최근 들어서는 경제학자 프랭크 레비Frank Levy와 리처드 머네인Richard Murnane이 (《노동의 새로운 분할: 차세대 인력 시장을 창출하는 컴퓨터*The New Division of Labor: How Computers Are Creating the Next Job Market*》라는 공저에서) 인간의 가장 큰 장점은 전문가 사고와 복잡한 의사소통이라고 말해 논의를 한층 더 구체화했다. 패턴을 인식해내는 두뇌의 능력은 컴퓨터에는 없고 인간에게만 있는 이른바 '전문가 사고'의 핵심을 이룬다. 바로 이 사고 기능 덕분에 인간은 새로운 문제해결 방식(다시 말해 아직 발견되지 않았거나 자세히 밝혀지지 않은 방법)을 상상해낼 수 있다. 복잡한 의사소통이란 명쾌하게 전달된 정보보다 광범위한 상황해석 능력을 필요로 하는 의사소통을 말한다. 예를 들어 1년에 한 번씩 돌아오는 검진 기간에 환자에게서 정보를 끌어내고자 하는 의사는 복잡한 의사소통에 기댄다. 2010년 경제협력개발기구(OECD)의 의뢰로 작성한 조사 보고서에서 레비는 이 경우 의사는 환자의 이야기뿐만 아니라 신체언어, 목소리 톤, 눈빛, 불완전한 문장에도 귀 기울여야 한다고 지적한다. 그는 이렇게 썼다. "의사는 면담의 저 유명한 '마지막 순간,' 그러니까 환자가 문을 나서며 어깨 너머로 '그런데 집사람이 위 통증에 대해 선생님께 꼭 말씀드리라고 하지 뭡니까'라고 말할 때 특히 유의해야 한다."[6]

레비의 MIT 동료 에릭 브린욜프슨과 앤드루 매카피도 패턴 인식과 복잡한 의사소통이 인간만의 고유한 특징이라는 점에 동의하면서 세 번째 특징으로 관념화를 추가한다. "과학자들은 새로운 가설을 세운다. 요리사는 새로운 메뉴를 개발한다. 공장에서 일하는 엔지니어는 기계가 더는 제대로 일하지 못하는 이유를 밝혀낸다. 애플의 스티브 잡스Steve Jobs와 그 동료들은 소비자가 어떤 종류의 태블릿 컴퓨터를 원하는지 알아낸다. 이런 활동은 많은 경우 컴퓨터의 지원을 받으며 가속화되지만 컴퓨터가 주도하지는 않는다."

이 모든 사상가들의 견해에는 하나의 공통점이 있으며, 그 공통점은 앞에서 언급한 코드화와 밀접하게 관련되어 있다. 코드화가 가능해지는 순간 지적 활동은 더는 인간만의 고유한 특징이 아니게 된다. 그들이 지적하는 인간의 강점은 알고리즘으로는 특정할 수 없는 무언의 지식이나 판단에 따른 결정과 관계된 모든 활동이다. 적어도 아직까지는.

그러나 지난 60년을 돌이켜볼 때 지식 영역이 명백해지는 순간 알고리즘도 가능해진다는 것을 알 수 있다. 이 지점에서는 어떤 결정을 내리는 데 판단이 요구되지 않는다. 그렇지 않고 여전히 판단이 필요한 극소수의 결정은 어쩔 수 없는 예외로 간주된다. 설사 잘못된 결정을 내린다 해도 그에 따르는 결과와 비용이 아주 미미하기 때문이다. 이 마지막 논점과 관련해 얼마 전 우리는 최근에 은퇴한 후 이자율이 더 낮은 담보대출로 갈아타려던 한 남자의 곤란한 처지를 전해 들었다. 그는 8년 동안 꾸준히 정부에서 일했고, 그전에는 20년 넘게 줄곧 교편을 잡았는데도 대출 신청을 거절당했다. 사실 그는 다양한 일거리를 통해 납입금을 내고도 남을 만큼의 수입을 계속 올리고 있었다. 하지만 결정을 내리는 컴퓨터 입장에선 뒤죽박죽인 이런 소득 활동이 너무 불확실해 보였다. 그래서 재융자 신청은 거절당했다.

이 불운한 사연의 주인공은 미국 연방준비제도이사회 의장을 지낸 벤 버냉키Ben Bernanke였다. 비즈니스 회의를 기획하는 일을 하고 있다면 그의 회당 강연료가 25만 달러를 호가한다는 사실을 잘 알 테고, 출판계에 몸담고 있다면 그가 100만 달러짜리 출판 계약을 체결했다는 소식을 들었을 것이다. 그의 대출 신청을 퇴짜 놓은 결정은 명백하게 어리석었다. 인간이 그의 채무상환 능력을 제대로 보고 판단했더라면 더 나은 결정을 내렸을 것이다. 그러나 그런 결정의 결과가 회사 측에 정말로 중요한 문제일까? 다시 말해 자동화에 대한 의존도를 줄이고 담보대출 결정 업무 전반에 인간의 판단을 다시 도입해야 할 만큼 중요할까? 보나마나 버냉키는 결국 새로운 담보대출을 받았을 것이다. 가끔씩 일어나는 이런 실수 때문에 기업들이 컴퓨터에 더 많은 결정 능력을 부여하길 꺼릴 거라고 생각한다면 그야말로 오산이다.

지적 과정을 모든 돌발사태에 대비해 구체적인 행동을 지정하는 일련의 규칙 또는 알고리즘으로 표현할 수 있다면, 이 과정은 컴퓨터가 넘겨받아도 될 만큼 이미 무르익었다. 우리가 인용해온 사상가들, 즉 위너, 레비와 머네인, 브린욜프슨과 매카피는 인간이 딛고 올라서도 끄떡없을 만큼의 빙산을 남겨놓았을까? 우리는 머릿수가 많다는 점을 명심해야 한다. 어쩌면 현재 노동력의 압도적인 비율이 전문가 사고, 복잡한 의사소통, 관념화에 능할지도 모른다. 게다가 어쩌면 세상은 그런 노동력에 대한 엄청난 수요 부족으로 고통을 겪고 있을지도 모른다. 하지만 과연 그렇다고 확신할 수 있을까? 특히나 컴퓨터가 고도의 지능을 필요로 하는 이런 종류의 업무까지 소화할 수 있는 능력을 얻었다면?

그보다, 인간의 일자리를 가능한 한 많이 확보하려면 경쟁의 성격을 다시 정의해야 할 듯하다. 이런 최고 수준의 인지능력과 논리적 합리성을 갖춘 사람만 기계와의 경주에서 '승리자'가 되란 법이 없다면? 인간에게 적합한 일자리를 고안하면서 인간에게는 있지만 컴퓨터는 모방할 수 없는, 그래서 아예 불가능하지는 않다 하더라도 노동 절약형 자동화 프로그램으로 전환하기에는 아무래도 무리가 따르는 몇 가지 특징을 강조한다면?

그 답은 우리가 인터뷰한 금융전문가의 사례에서 찾을 수 있지 않을까 싶다. 그는 요즘에는 일하면서 금융 감각 못지않게 '정신의학' 관련 지식이 필요한 것 같다고 말했다. 최근 들어 그의 회사는 고객의 수입, 나이, 목표 등에 관한 기본 자료를 입력하면 그 자리에서 바로 최적화한 투자 분산 계획을 토해내는 스마트 시스템을 갖추었다. 이런 자동화 때문에 착잡한 기분이 들지는 않았냐는 질문에 그는 이렇게 대답했다. "힘들지요 뭐. 고객상담 업무는 아직까지 자동화되지 않았지만, 점점 로봇화가 진행되겠지요. 자동화 비율이 날로 늘어나고 있어요." 이 금융 전문가는 회사가 로보-어드바이저robo-advisor 회사 두 곳과 함께 일하기로 결정했다며 훨씬 더 큰 불안감을 드러냈다. "시간이 지나면 로봇이 우리를 완전히 몰아내지 않을까 싶네요." 그는 상황에 주도적으로 대처하고 싶다면서도 창업 준비를 해야 할지, 아니면 지금 밟고 있는 MBA 과정에서 아예 다른 종류의 강좌를 수강해야 할지 갈피를 잡지 못했다.

금융전문가 입장에서는 언덕을 향해 무작정 내달리기보다 현재 하고 있는 일 가운데 자동화가 넘보지 못하는 분야에 집중하는 것이 더 나은 전략일지도 모른다. 예를 들어 로보-어드바이저가 더 많은 돈을 벌어줄 수 있지만 그만큼 위험이 따른다는 점을 잘 아는 고객과 손을 잡는 방법이 있다. "주식 스크립트 판독은 물론 컴퓨터가 더 잘하겠지요. 하지만 고객이 더 많은 돈을 투자하도록 확신을 심어주려면 좀더 복잡한 기술이 필요합니다. 제 경우만 해도 언제부턴가 주식 중개인보다 정신과 의사에 더 가까울 때가 많아요." 그는 이렇게 주장했다.

컴퓨터를 앞지르는 능력(이 경우 최적의 투자자산 분산 계획을 내놓는 능력)을 바탕으로 부가 가치를 만들어내는 자신의 능력을 과신한다면 그 사람은 존 헨리와 같은 길을 걷고 있는 셈이다. 우리의 현재 업무능력 수준이 어디에 와 있든 앞으로 1년만 있으면 컴퓨터도 그 수준에 이를 테고, 그러면 우리는 게임의 수준을 다시 끌어올려야 한다. 안타깝게도 바로 이것이 지식기반 경제에서 우리가 세운 공동 전략이다. 그렇다면 이 전략은 우리에게 어떤 영향을 미치고 있을까? 해가 갈수록 점점 많은 사람이 뒤처지고 있다. 게임에서 밀려나지 않는 데만도 더 많은 교육이 필요하기 때문이다. 더 많은 교육은 곧 더 많은 돈이 필요하다는 뜻이다. 우리는 매우 역설적인 상황에 놓여 있다. 즉 부자가 모든 일자리를 가져가고 있다.

여기서 우리가 제기하려는 논점은 아주 간단하다. 노동자로서 "인간은 무엇에 유리한가?"라는 질문에 대한 대답은 우리 인간은 우리가 코드화한 지능보다 훨씬 돈이 많다는 점이다. 따라서 "무슨 일을 하고 돈을 받는가?"라는 질문 또한 다시 검토해야 한다. 앞에서 언급한 옥스퍼드 논문, 즉 미국 일자리의 47퍼센트가 나그네비둘기의 전철을 밟게 될 것이라는 논문 저자들은 희망의 빛줄기로 이야기를 마무리한다. 그들은 "복잡한 인식과 조작 업무, 창의적 지능 업무, 사회적 지능 업무를 필요로 하는 직업은 적어도 향후 10~20년 안에는 컴퓨터 자본에 밀려날 확률이 거의 없다"고 예측한다. 47퍼센트라는 결론(그리고 이 수치를 실질적인 일자리 상실에 어떻게 적용할 것인지)에 대해서는 좀더 따져봐야 하겠지만 더 크게 떠들어대고 싶을 만큼 듣기 좋은 말이다. 용기와 논리적 사고를 필요로 하는 일은 인간의 손에서 떠나지 않을 것이다. 사람들은 여전히 저마다의 방식으로 다른 사람들의 행동에 긍정적 영향을 미치면서 공감과 수완과 포부라는 인간만의 특징을 마음껏 실현할 것이다. 우리는 여전히 열정, 유머, 기쁨, 훌륭한 취향을 특징으로 하는 삶을 추구할 것이다. 그리고 기계는 지금까지 우리 두뇌의 체력 역할을 했다면, 앞으로는 우리 활력의 두뇌 역할을 하게 될 것이다.

자동화 이후
인간의 일

현재까지 나온 전문가 의견으로 미루어볼 때 심각한 문제는 앞으로 우리가 할 일이 그리 많지 않다는 점이다. 그렇다면 남아 있는 우리 지식노동자들은 그저 컴퓨터나 관리하면서 전에는 인간이 하던 일을 컴퓨터가 잘하고 있는지 확인하는 역할로 만족해야 할까? 한때는 지식노동자였지만 지금은 일종의 사이보그인 채로? 그런 운명을 피하는 데 실질적으로 도움이 될 만한 충고는 찾아보기 어렵다. 대부분의 경우 전문가들이 내놓는 해법은 주눅만 들게 할 뿐이다. 즉 계속 똑똑해지라는 것이다.

어떤 사람들에게는 그 방법이 선택사항이 될 수도 있겠지만 모두에게 맞는 방법은 아닌 듯하다. 그런 전문가가 쓴 책 중에《기계와의 경쟁*Race*

Against the Machine》이 있지만, 사실 우리는 다른 인간들과 경쟁하고 있을지도 모른다. 물론 남보다 똑똑해지면 일자리가 점점 줄어드는 와중에도 남은 자리를 차지할 가능성이 그만큼 높아진다. 이런 이야기를 하고 있으려니 옛날 우스갯소리가 생각난다. 친구와 길을 가다가 곰과 마주치면 곰을 앞질러 달릴 필요 없이 친구만 앞지르면 된다는 것. 자동화라는 곰과 마주쳤을 때도 마찬가지다. 친구만 앞지르면 실직을 피할 수 있다.

우리는 다른 전략들도 있다는 주장을 펴고자 한다. 우리가 소개할 전략들은 모두 기계에 의한 인간 능력의 '증강augmentation'이라는 공통점을 지니며, 크게 다섯 가지 범주로 나뉜다. 간단히 말해 기계와 함께 일하는 시간이 점점 많아지면서 사람들은 위로 올라설 수도, 옆으로 비켜설 수도, 안으로 파고들 수도, 틈새로 움직일 수도, 앞으로 나아갈 수도 있다. (마지막 단계에서는 직접 기계를 설계하는 능력이 필요하다. 아무리 똑똑한 기계라도 아직까지는 똑똑한 인간이 설계하고 있다는 점을 명심하라.)

널리 논의되는 또 다른 대책으로는 재정난에 허덕이는 정부를 어떻게든 설득해 자동화에 밀려 일자리를 잃을 경우 소득을 보장해주게 하자는 의견이 있다. 당연히 정부는 이 시급한 현안을 해결할 방법을 다각도로 모색해야 한다. 하지만 정부 관료들은 문제를 파악해 진지한 조정안을 내놓기까지 시간을 너무 많이 잡아먹는다. 그중에서도 요즘의 미국 정부는 특히 굼뜨고 무능해 보인다. 따라서 이제는 노동자 개개인이 나서서 자신의 일이 어느 정도까지 위험에 처해 있는지 평가하고, 스마트 기기가 결정과 행동을 주도하는 세상에 적응할 방법을 생각해봐야 한다. 이 책 마지막 장에서 살펴보겠지만, 정부가 도와주겠다고 손을 내뻗으면 더 좋을 테지만 말이다.

앞으로 살펴볼 전략들은 기계에 기꺼이 가치를 부가하려는 사람들, 기계가 부가하는 가치를 기꺼이 수용하려는 사람들에게 효과가 있을 것이다. 그런 사람들이 얼마나 많은지는 알 수 없지만, 아마 지금쯤 이 책을 읽고 있거나, 밤을 새워가며 자신만의 기술을 단련하거나, 스마트 기기를 능수능란하게 다루며 기계는 할 수 없는 일을 해낼 방법을 찾고 있을 것이다. 현실 안주는 선택사항이 아니다. 그러나 낙담 또한 필요하지 않다.

과학기술의 능력을 어떻게 바라봐야 할지와 관련해서도 똑같이 낙관적인 태도가 필요하다. 이 장에서는 과학기술이 우리 일의 일부를 넘겨받을 것이라는 점을 강조하는 데 주력했다면, 다음 장에서는 인지 과학기술은 이제 그 일을 감당하고도 남을 수준에 이르렀다는 주장을 펼칠 것이다. 그다음 몇 장도 우울한 내용 일색일 것이다. 하지만 그러고 나면 이 강력한 과학기술과 나란히 일하는 새롭고 더 좋은 직장의 가능성으로 여러분에게 조금이나마 위안을 주고자 한다.

2

스마트 기기는 얼마나 스마트할까?

과학기술이 지식노동자의 일자리에 미치게 될 파급력을 이해하려면 스마트 기기가 과연 얼마나 똑똑한지 아는 게 중요하다. 스마트 기기는 똑똑하다. 그것도 그냥이 아니라 정말 똑똑하다. 한정된 범위의 지적 업무에서는 우리보다 똑똑한 스마트 기기가 이미 많이 포진해 있고, 모든 면에서 우리보다 훨씬 더 똑똑한 기계 또한 결국엔 나오게 되지 않을까 싶다.

스마트 기기의 능력에 대해 생각하기란 좀 막연해서, 우리는 종종 책과 영화에 나오는 그런 기계의 모습에 기댄다. 2015년작 SF 영화 〈엑스 마키나〉의 중심에 서 있는 인공지능 에이바를 예로 들어보자. 에이바는 모든 걸 다 가지고 있다. 화려한 외모에 악마처럼 영민할 뿐만 아니라 호감이 가는 성격에 자가 수리 능력까지 갖추었다. 갈망하는 것도 명확하게 한계가 지어져 있다. 단 사랑에 대한 동경과 안락하지만 감옥처럼 답답한 집에서 벗어나게 해줄 자유에 대한 동경만 빼고. 그녀는 소기의 목적을 달성하기 위해 자신을 튜링테스트[기계가 인간과 얼마나 비슷하게 대화할 수 있는지를 기준으로 기계에 지능이 있는지를 판별하는 테스트]하는 인간을 교묘하게 조종한다. 여기서 핵심은 기계가 언제 어디서나 인간을 능가하려면 지능과 자율성을 하나로 결합해야 한다는 점이다.

이는 물론 현재로서는 불가능한 이야기다. 우리 대부분은 그 가운데 어디까지 실현 **가능할지**, 또 그러려면 시간이 얼마나 걸릴지 알지 못한다. 에이바의 능력 중 빠르게 발전하게 될 능력은 어떤 것이고, 지금으로부터 한참 뒤에나 보게 될 능력은 어떤 것일까? 그 문제와 관련해 스마트 기기의 세계에서 이미 현실로 나타나 상용화되기 시작한 기술은 무엇일까? 이 모두를 이해하는 것은 매우 중요하다. 인지 과학기술과 함께 일하려면 날로 진화하는 인공지능의 능력에 적응해야 하기 때문이다. 우리 인간의 역할이 어떻게 바뀔지 예측하려면 오늘날의 기술 수준에서 출발해 미래의 가능성에 이르는 경로를 예측할 수 있어야 한다.

이 장에서는 컴퓨터의 진화 과정을 **행동능력**과 **학습능력**이라는 두 가지 핵심적인 차원에 비추어 자세히 살펴봄으로써 새로운 과학기술에 대한 이해의 폭을 넓히고자 한다. 기본적인 계산기능을 훌쩍 뛰어넘어 나날이 진화하는 인공지능을 제대로 정의하려면 이 두 가지 능력을 함께 다뤄야 한다. 그 둘을 한데 합치면 매트릭스가 생성된다(표 1 참조).

표 왼쪽 상단은 이미 기계가 정복한 영역이다. 오른쪽 하단, 특히 오른쪽 끄트머리의 업무 대부분은 아직은 안전한 영역에 속한다. 중앙에 흩어져 있는 지대는 가까운 시일 내에 승부를 겨뤄야 할 영역을 나타낸다.

간소화를 위해 우리는 기계의 **행동능력**을 네 단계로 나누어 살펴볼 예정이다. 첫 번째 단계의 가장 기본적 업무는 계산, 즉 간단한 **수치 분석**으로 이루어진다. 두 번째 단계는 **단어 및 이미지 소화**라는 좀더 어려운 분석 업무와 관련된다. 행동의 측면에서 이 처음 두 단계는 오로지 바람직한 결정을 내리기 위한 분석 수행 작업으로 제한된다. 나머지 두 단계에서는 그런 결정을 집행하는 영역으로 옮겨간다. 따라서 세 번째 단계는 **디지털 업무 수행**, 다시 말해 (새로운 패스워드 제시 기능 같은) 디지

표 1 인지 과학기술의 종류와 성숙도(지능 수준)

업무유형	인간 지원	반복적 업무 자동화	상황인식 및 학습	자기인식 기능
수치 분석	비즈니스 인텔리전스, 데이터 시각화, 가설구동 분석	운영 분석, 점수 기록, 모델 관리	기계학습, 중립 네트워크	아직 없음
단어 및 이미지 소화	문자 및 언어 인식	이미지 인식, 기계 시야	왓슨: 자연언어처리	아직 없음 →그레이트 컨버전스
디지털 업무 수행 (행정과 결정)	비즈니스 프로세스 관리	규칙 엔진, 로봇처리 자동화	아직 없음	아직 없음
물리적 업무 수행	원격 운영	산업 로봇, 협동 로봇	완전 자동화 로봇	아직 없음

털 수단을 통해서만 달성 가능한 행동과 관련된다. 네 번째 단계는 (로봇 공학의 경우처럼) 공간에서의 물체 조작을 필요로 하는 **물리적 업무 수행**과 관련된다. 마지막 이 두 가지 업무 유형은 반복적이고 구조화된 업무에 적용하기는 매우 쉽지만 이를 학습이나 인간과의 상호작용과 연계하는 기술은 현재로선 실현 불가능하다.

이와 동시에 우리는 다양한 단계를 거치며 증폭되는 기계의 **학습능력**에 대해서도 살펴볼 예정이다. 순전히 **인간을 지원**하는 역할로만 그치는 첫 번째 단계에서 기계는 내재된 지능이 없으며, 유일한 학습자는 기계의 자료처리 기능이나 검색 기능을 사용해 정보를 얻는 인간이다. 두 번째 단계, 즉 **반복적 업무 자동화** 단계에서 기계는 업무를 확실히 수행하는 법을 배우지만, 경험을 활용하지도 변화하는 환경에 대처하지도 못하기 때문에 지식이 더 늘지는 않는다. 세 번째 단계에서 기계는 자신의 업무 수행 효과나 분석 결과를 관찰하는 한편 더 잘할 수 있는 가능성을 타진하면서 기존의 지식을 수정할 수 있다. 그러나 **상황인식 및 학습**의 이 단계에서 기계는 입력된 데이터의 최적화에만 집중할 뿐 그것을 넘어서는 목표는 물론 그 어떤 것에도 이의를 제기할 수 없다. 그런 능력은 네 번째 학습단계, 즉 **자기인식** 단계에 와서야 비로소 생겨난다. 여기서 기계는 목표를 생각하는 능력과 목표에 이르는 다른 경로를 찾는 능력에 이어 결국에는 목표에 이의를 제기하는 능력까지 얻는다. 이 단계에서 '한정된' 인공지능은 '일반적' 인공지능artificial intelligence(AI)으로 진화하게 되며, 따라서 인간의 통제를 벗어날 수 있는 잠재력을 갖게 된다.

　행동능력과 학습능력이 나날이 진화하면서 어느 순간 양쪽의 최신 성과를 하나로 통합한 놀라운 기계가 등장할 것이다. 어느 한쪽 차원에서 일어나는 점진적 발전을 지켜볼 때는 그러려니 생각하지만 이러한 수렴현상은 그저 놀라울 뿐이다. 이제 진화의 단계가 바뀐 듯하다. 다시 에이바로 돌아가서, 우리가 상상하는 가장 오싹한 형태의 기계는 극치에 이른 양쪽의 발전을 통합해내는 인공지능이다. 편의상 이 기계를 그레이트 컨버전스Great Convergence[원래는 미국과 유럽이 유사한 통화정책을 시행하는 것을 말한다. 여기서는 컴퓨터의 행동능력과 학습능력이 비슷한 수준을 보이며 발전해나가다가 어느 한 지점에 이르러 서로 만나 최고조의 수렴효과를 내게 된다는 의미로 사용되었다]라고 부르자. 자기인식을 갖추고 스스로 정한 목표에 근거해 결정을 내릴 뿐만 아니라 물리적인 세계에서 그 결정을 실행하는 기계. 에이바가 현실이 되는 순간, 우리도 그 자리에 있을 것이다.

우리 세대에 이루어질 가능성이 아주 높은 업무현장의 현실을 미리 들여다볼 수 있다는 점에서 우리가 현재 있는 곳과 저 그레이트 컨버전스가 있는 곳 사이에 놓인 계단을 따라가보는 것도 의미 있는 활동이 되지 않을까 싶다. 곧 살펴보겠지만 스마트 기기와 나란히 일할 수 있는 기회는 아직 많이 남아 있다.

인공지능 봄
예찬

제러드 맨리 홉킨스Gerard Manley Hopkins의 시를 살짝 바꿔 인용하면, 스마트 기기 판매상에게 인공지능 봄AI spring처럼 아름다운 것도 없다[19세기 영국 시인 홉킨스는 시 〈봄Spring〉에서 "봄처럼 아름다운 것은 없다"고 예찬했다]. 인공지능도 계절을 탄다는 것은 이미 널리 알려진 상식이다. 봄처럼 따사로운 활황기가 있는가 하면 겨울처럼 암울한 불황기가 있다. 참고로 '인공지능 겨울'이라는 용어는 1970년대에 대거 등장한 AI 관련 기업들이 1980년대 초반 들어 줄줄이 도산하자 그 황폐화 정도가 핵겨울과 비슷하다고 해서 처음 생겨난 것으로 알려져 있다. 그러다 1980년대 후반 들어 해빙기가 시작되었다(예를 들어 1988년 〈타임Time〉은 '업무에 지식을Putting Knowledge to Work'이라는 제목의 심층 기사로 AI에 다시 관심을 보였다). 그때 이후로 과대광고의 계절이 번갈아 오가고 있다.

그러나 과학기술 분야가 실제로 불황을 맞이했던 적은 단 한 번도 없다. 이와 관련해 레이 커즈와일Ray Kurzweil은《특이점이 온다 *The Singularity is Near*》라는 흥미로운 책에서 다음과 같이 쓰고 있다. "인공지능은 1980년 대에 이미 말라 죽었다고 주장하는 사람들이 아직도 있다. 이는 2000년 대 초반 닷컴이 파산할 때 인터넷도 죽었다는 주장과 다를 바 없다. 인터 넷 과학기술의 대역폭과 성능 대비 가격, 전자상거래의 서버 수와 거래 액 모두 줄도산과 그 이후의 시기뿐만 아니라 활황기를 통해 꾸준히 증 가했다. 이는 인공지능에도 해당되는 이야기다."[1]

스마트 기기는 시기에 상관없이 우리 인간이라는 종이 발전해온 속도 보다 훨씬 더 빠른 속도로 착실히 발전하고 있다. 최근 몇십 년 사이에 인공지능 상용화 속도가 관련 과학의 발전 속도를 훨씬 앞지르면서 점 점 더 많은 회사들이 유용하게 일할 수 있는 도구를 도입해 조용히 실행 하기 시작했다.[2] 그 기간 동안 컴퓨터 프로그램은 자료를 분석하거나 미 리 정해놓은 규칙을 적용해 서류에 담긴 주요 사실은 무엇인지, 환자의 병에 어떤 진단을 내리고 어떻게 치료할지, 최대 이윤을 남기려면 제품 가격을 얼마로 책정해야 할지 같은 문제에 대해 적절한 판단을 내리기 시작했다. 그것도 인간의 도움이 거의 또는 전혀 없이. 그 결과 매우 한 정된 영역에서이긴 하지만 어쨌든 우리는 컴퓨터가 사람보다 더 나은 결정을 내릴 때가 많은 지점에 이르렀다.

인공지능의 주기가 기능이 아니라 열정과 기대와 관련이 있다는 것은 분명하다. 봄이면 과대광고가 수액처럼 흘러나온다. 사람들은 과도한 흥 분에 사로잡혀 곧 더 큰 변화가 일어나지 않을까 생각한다. 그러다 기대 가 실망으로 바뀌면 겨울이 시작된다. 그렇다면 그런 계절의 순환을 결 정하는 요인은 과연 무엇일까? 이 장에서는 그 점도 명확히 짚고 넘어갈 예정이다. 봄은 기계의 학습능력에서 새로운 성과가 나타날 때 오는 경향이 있다. 두 가지 차원 중에서 특히 학습능력은 발전하기가 쉽지 않다. 스스로의 지식을 기반으로 하는 기계의 학습능력에서 일단 진전이 이루어지면 또 다른 차원, 즉 현실세계에서 결정을 실행하는 기계의 행동능력 전반에 걸쳐서도 그러한 진전이 나타나는데 상대적으로 이 속도가 더 빠르다. 새로운 인공지능 개발과 실행에서의 이러한 진전에 사람들은 열광하며 훨씬 더 뛰어난 학습능력의 도래를 곧 보기라도 할 것처럼 잔뜩 기대한다. 그러나 그러려면 한참 기다려야 한다는 게 드러나면서 기온은 뚝 떨어진다.

이 모든 일이
시작된 지점

오늘날 '스마트 기기'라는 용어를 사용하는 사람이라면 아마도 과학기술의 종류를 줄줄이 꿰고 있을 것이다. 예를 들어 '인공지능'이라는 용어 하나만 하더라도 전문가 시스템(재무 설계나 조리시간 계산 같은 특정 영역에서 결정을 용이하게 하는 일련의 규칙 체계), 중립 네트워크(데이터 설정에 적합한 모델 생성과 관련한 수학적 접근법), 기계학습(데이터에 가장 일치하는 모델을 생성하는 반자동semiautomated 통계 모델링), 자연언어처리(인간의 언어를 컴퓨터에 인식시켜 처리) 같은 과학기술을 설명하는 데 사용된다. 위키피디아에 보면 인공지능 관련 항목이 최소한 열 개에 이르며, 이 밖에도 인공지능을 언급하는 자료들은 수없이 많다.

　이런 기계 군대의 실체와 그 군대가 행군하는 방향을 알려면 먼저 이 모든 일이 시작된 출발점부터 살펴보는 것이 좋겠다. 그것은 인간의 의사결정을 돕거나 인간 의사결정자의 도움을 받는 수치 분석이었다. 초창기의 의사결정 시스템은 사업에서 사용하기에는 실용성이 없어 보였지만 1970년대 초부터 회사는 관리자와 분석가의 지능을 증강시키는 도구를 사용하기 시작했다. 1980년대에 톰은 처음으로 학계를 벗어나 '의사결정 지원' 업무를 주로 하는 컨설팅회사에서 일했다.

　이런 컴퓨터 시스템은 (행과 열로 깔끔하게) 구조화된 수리 자료를 분석하고 그 결과를 보고하는 데 발군의 실력을 보였다. 그때부터 이런 업무는 (문제의 틀을 잡고 질문을 제기하는) 전단에 넘어갔고, (결과를 해석하고 사업상의 결정을 내리는) 후단은 인간 분석가와 의사결정자가 맡았다. 많은 경우 의사결정 지원 도구는 사업상의 문제를 꿰뚫어보게 해주는 참신하면서 정교한 통계적 통찰을 제시했지만 이를 사용하려면 대부분 특별한 기술이 필요했다. 따라서 사업가가 청하지도 않은 그런 통찰과 마주할 기회는 거의 없었다. 대신 사업가는 가설을 세워 그 검증을 다른 사람들에게 맡겼다. 그 결과 데이터 분석가와 나중에는 그보다 좀더 전문화된 '데이터과학자'라는 새로운 직업 계층이 분석 업무를 맡게 되었다. 그런데 컴퓨터 혼자 하면 단 몇 초 만에 끝내는 분석 업무에 인간이라는 요소가 섞여 들어가면서 그 과정이 몇 주 또는 몇 달이 걸리기도 했다.

　더욱이 이 똑똑한 도구들은 사업 운영에 사용되는 다른 소프트웨어와는 호환이 되지 않았다. 모든 분석은 즉석에서 이루어졌다. 그러나 스마트 도구를 사용해 결정을 내리고 나면, 관리자는 다른 응용 소프트웨어를 사용해 그 결정을 별개의 프로젝트로 실행해야 했다. 이러저런 이유 때문에 그런 도구는 기본 거래를 통합하도록 설계한 다른 컴퓨터 시스템만큼 큰 인기를 끌지 못했다. 21세기가 밝아오면서 회사들이 '애널리틱스'에 열광할 때도 이 기계들은 한참 뒷전으로 밀려난 채 자료를 처리해 양적 또는 통계적 분석을 수행했고, 사람들은 그 옆에서 결정에 필요한 통찰과 정보를 추려냈다. 그러다 좀더 복잡한 형태의 집적 시스템이 등장하면서 경우에 따라서는 실시간 업데이트도 가능한 데이터 시각화와 심지어는 예측 분석까지도 가능해졌다. 하지만 자료를 분석하고 그 결과를 해석하려면 여전히 인간이 필요했다.

표 1의 왼쪽 상단 구석에 '인간 지원'과 '수치 분석'이 서로 만나는 칸이 나오는 이유는 그 때문이다. 지난 몇십 년에 걸쳐 이루어진 스마트 기기의 발전을 둘러싼 이야기는 바로 여기서 출발한다. 대규모 조직의 의사결정자라면 비즈니스 인텔리전스 소프트웨어, 데이터 시각화 도구, 가설구동 분석과 함께 일하고 있을 가능성이 높다. 자동화가 지식노동에 미치는 전반적인 영향력에서 그러한 도구는 출발점에 해당한다.

이 교차점에서 오른쪽으로 수평 이동하면 사소한 기능에서부터 가장 뛰어난 능력에 이르기까지 갈수록 우리를 주눅 들게 하는 스마트 기기의 역사와 미래가 펼쳐진다.

인간을 지원하는
더욱 새로워진 체계

우리는 표 1의 칸을 일일이 다 살펴보지는 않을 것이다. 이야기에서 빠뜨린 부분은 여러분이 충분히 채울 수 있으리라고 믿기 때문이다. 그러나 인간을 지원하는 기계의 분석능력과 결정 및 실행능력 수준이 어디까지 와 있는지 제대로 파악하려면 첫 번째 열에서 잠시 멈춰야 할 듯하다.

첫 단계에서 기계는 그동안 해온 수치 분석 업무에서 벗어나 처음으로 단어와 이미지를 소화할 수 있는 힘을 얻었다. 단어와 이미지의 의미와 중요성을 결정하는 것은 예나 지금이나 인간의 영역이자 인간 인지능력의 주요한 측면이다. 그러나 이제는 기계도 그 일을 할 수 있다. 기계학습, 자연언어처리, 중립 네트워크, 딥러닝 등의 기술이 점차 단어를 계산하고, 분류하고, 해석하고, 예측하며, '이해'하기 시작했다. 이런 기술은 이미지를 분석하고 식별하는 데도 사용되고 있다. 물론 시어를 해석하거나 인상으로 좋은 이웃과 나쁜 이웃을 구분하는 것처럼 비구조화된 데이터를 근거로 주관적인 판단을 내리는 일은 인간이 훨씬 더 잘할 수 있다. 하지만 컴퓨터는 이런 분야에서조차 진전을 보이고 있다.

그런 가운데 문자, 이미지, 언어 인식을 통합하는 응용 AI가 '인간 지원'에 나서면서 컴퓨터로 의사소통하기가 쉬워졌다. 아마 짐작하겠지만 기계가 각기 다른 억양과 발음, 성량과 배경소음 등을 처리하기란 여간 어렵지 않다. 아이폰의 '시리'를 사용하거나 아마존에서 출시한 음성인식 장치 '에코'를 가지고 있다면 기쁨과 절망을 동시에 경험할 것이다.

그러나 우리가 기대하는 것만큼 빠르진 않다 하더라도 이런 시스템은 줄곧 개선되고 있다. 그 점은 손글씨를 인식하고 얼굴 표정을 식별하는 도구들도 마찬가지다.

이는 우리를 스마트 기기의 그다음 장애물로 안내한다. 즉 분석에 따른 업무를 인간이 하도록 내버려두는 것이 아니라 기기 스스로 수행하는 것이다. 물론 해당 업무의 디지털화가 이루어질 경우 이는 식은 죽 먹기다. 예를 들면 표준 비즈니스 프로세스에서 결정과 실행을 트래킹하는 작업도 그중 하나다. 이른바 비즈니스 프로세스 관리business process management (BPM) 도구는 작업 흐름을 감시하고, 결과를 측정하고, 성과를 분석함으로써 사람들이 복잡한 사업을 원활하게 꾸려나갈 수 있도록 도와준다. '스마트 비즈니스 프로세스 관리'는 성과를 개선하도록 프로그램화한 규칙에 따라 개입까지도 할 수 있다. 그러나 업무 과정을 설계하고 기계가 따를 규칙을 작성하는 일은 여전히 인간의 몫이다.

마지막으로 몇몇 기계는 디지털 환경을 벗어나 물리적 세계에서 물체를 조작하는 업무를 실행할 수 있다. 이는 많은 힘을 필요로 하든 정교한 동작을 필요로 하든, 인간을 도와 수작업을 할 수 있는 로봇의 영역으로 우리를 안내한다. 인간은 원거리에서 감독할 수도, 근거리에서 감독할 수도 있다. 원격으로 작동되는 로봇 장치는 인간 노동자의 안전과 건강을 보장해준다. 예를 들어 칠레의 국영 구리 채굴 회사 코델코Codelco에서는 '원격지시' 굴착기와 기타 장비를 광범위하게 도입해 지상 근무 노동자의 수를 꾸준히 늘리고 있다(이에 대한 자세한 내용은 9장에서 살펴볼 예정이다). 아니면 미국 공군에서 한창 인기몰이를 하고 있는 원격조종 무인 항공기를 생각해보라. 또한 종합병원에서는 로봇 수술이 날로 증가하고 있다. 비디오 화면을 보면서 손잡이만 움직이면 되는 '원격조종기' 덕분에 요즘은 복잡한 외과수술도 트라우마가 덜하게 시행되고 있다. 외과연구소Institute Surgical에서 제작한 로봇과 함께 일하는 외과의 캐서린 모어Catherine Mohr는 한 인터뷰에서 이렇게 말했다. "[로봇은] 외과의에게 초능력을 주고 있는 것 같아요. 예를 들면 더 넓어진 시야와 더 정교해진 손놀림 같은 거요. 이 작은 도구는 외과의의 대리 손이 돼서 인체 안으로 들어가 외과의가 손을 움직이는 대로 정확히 똑같이 움직입니다."[3]

일반적으로 의료는 기술이 급속히 발전한 분야로 꼽힌다. 진보한 기술을 사용함으로써 인간 의사들의 능력이 증강된 것이다. 방사선과의 경우 날로 자동화되는 암 병변 감지 기술이 아직은 방사선 전문의를 완전히 몰아내지는 않았지만 '제2의 눈'으로 확고하게 자리 잡았다. 마취과의 경우 언젠가 마취 비전문가가 자동화된 마취 행정을 감독하는 날이 올 수도 있겠지만 적어도 현재까지는 내과의의 감독이 필요하다. 따라서 여전히 스마트 기기의 역할은 '인간 지원'으로 남아 있다.

그러나 병원들이 초능력을 갖춘 외과의가 과거보다 훨씬 더 많은 환자를 볼 수 있다는 사실에 재빨리 눈을 돌릴 수도 있다. 정교한 손놀림이 필요한 일을 더 빨리 할 수 있게 해주는 로봇, 수술대와의 거리를 상관없게 만드는 스크린과 손잡이만 있다면 대도시 대형 종합병원에 있는 외과의가 다른 곳, 예를 들어 한 지역 전체를 아우르는 위성 종합병원에서 수술을 기다리는 환자들에게도 수술을 시행하지 못하리란 법도 없다. 이와 관련해 과학기술 전문 기자 파르하드 만주Farhad Manjoo는 이렇게 말했다. "이런 식으로 외과의는 원격약국을 통해 일해도 되는 약사와 같은 운명을 맞이할 수도 있다. 그렇게 되면 지금은 여러 명이 달라붙어 하는

일을 외과의 한 명이 맡아 하게 될 것이다."⁴

지금까지 우리는 표의 첫 번째 열에서 걸음을 멈추고 인간 지원의 네 단계를 대표하는 도구들에 대해 살펴보았다. 하지만 그렇다고 해서 노동력을 절약하는 과학기술의 진보가 우리의 표가 보여주는 것처럼 매끄럽고 질서정연하다는 뜻은 아니다. 예를 들어 물리적 업무를 수행하는 로봇 개발자들은 AI 과학자들이 단어와 이미지 처리라는 초기의 목표를 달성할 때 이미 인상적인 성과를 거두었다. 이런 일들은 거의 동시에 진행되어왔다. 하지만 대체로 스마트 기기는 분석에서 출발해 인간을 지원하는 행동 쪽으로 발전해왔다고 볼 수 있다. 앞으로 이 기계들이 점점 독자적으로 일하는 법을 배우게 될수록, 또다시 분석에서 행동으로 발전해가는 모습을 보게 될 것이다.

고난도
기계학습

결정을 실행하는 능력을 얻으면서 기계는 늘어나는 지식 베이스를 기반으로 스스로 더 나은 결정을 내릴 수 있는 능력도 얻게 되었다. (이제 표의 그다음 열로 옮겨가서) 이와 관련해 중요한 점은 기계가 **반복적 업무 자동화**에 필요한 의사결정 자율권을 얻었다는 사실이다. 다시 말해 이는 기계가 매우 한정적이긴 해도 내재된 지식을 갖게 되었다는 뜻이기도 하다.

기업들이 더 나은 결정을 내릴 수 있도록 지원하는 애널리틱스, 즉 광범위한 자료처리 기술을 활용해왔다는 이야기는 이미 앞에서 했다. 초창기만 해도 이는 즉석에서 이루어지는 일괄 활동이었다. 분석가는 의사결정자와 만나 분석의 틀을 잡고 나면 자료를 수집해 분석에 들어갔다. 그리고 그 결과를 의사결정자에게 제출했다. 그러면 의사결정자는 이 분석 결과를 결정 과정에 반영했다. 물론 반영하지 않는 경우도 있었지만. 어쨌든 이 전체 과정은 몇 주 또는 몇 달이 걸리기도 했다.

하지만 오늘날에는 논리적 결정이 자동적·반복적으로 이루어지도록 운영 시스템과 프로세스에 아예 애널리틱스를 내장하는 회사가 늘고 있다. 예를 들어 벤 버냉키나 우리 중 누군가가 대출이나 신용카드, 보험금을 신청한다고 가정해보자. 잘 짜인 시스템과 프로세스에는 이런 소망을 들어줄지 말지를 결정하는 분석 모델이 내장되어 있다. 그런 모델은 각종 변수에 근거해 고객의 신용도에 '점수를 매기는' 경향이 있다. 온라인 스토어에서 발급하는 개별 쿠폰과 할인기회 뒤에도 이와 똑같은 종류의 채점 도구가 있다. 만약 여러분이 그런 혜택을 받았다면 그 이유는 알고리즘이 여러분을 잠재고객으로 평가했기 때문이며, 마찬가지로 다른 고객들에게도 일대일 맞춤형 할인 제안을 하루 종일 자동적, 반복적으로 발송한다.

원래는 인간 분석가가 있던 자리에 이제는 컴퓨터가 들어앉아 자동화된 또는 반자동화semiautomated된 방식으로 스스로 운영한다. 한정된 영역에서 이런 시스템은 인간이 달성할 수 있는 것보다 훨씬 더 훌륭한 결과를 내놓는다. (실제로 시스템과 프로세스 워크플로 안에 알고리즘이나 결정 논리를 심어놓는 경우가 많기 때문에 인간은 그 과정을 감시하기는커녕 이해하기도 어려울 수 있다.) 온라인에서 처음으로 이런 시스템이 적용되기 시작하

자, 모든 분야의 똑똑한 관리자들에게서 반복적 업무 자동화의 조짐이
드러났다. 새로운 봄이 시작되는 순간이었다. 내장형 애널리틱스, 곧 운
영 애널리틱스의 광범위한 사용은 톰이 '애널리틱스 3.0'이라고 명명한
새로운 시대의 탄생으로 이어졌다. 바야흐로 데이터가 엄청난 속도와 규
모로 조직의 업무 현황을 파악하는 시대가 도래한 것이다.[5] IT 분야의
시장조사 기업 가트너는 "도처에 있는 보이지 않는 고도의 애널리틱스"
를 "2015년 10대 전략적 과학기술의 하나"로 꼽았다.[6] 테라데이터Teradata
최고분석책임자 빌 프랭크스Bill Franks도 운영 애널리틱스를 집중적으로
다룬《애널리틱스 혁명The Analytics Revolution》이라는 책에서 이런 변화를 언
급하고 있다.

아마 '빅데이터'와 '사물인터넷'이라는 전문용어를 질릴 정도로 많이
들었을 텐데, 왜냐하면 둘 다 데이터를 필요한 곳에 연결하는 일종의 소
방호스이기 때문이다. 패턴을 찾아내 그 패턴을 기반으로 결정을 내리는
컴퓨팅이 적재적소에 발현되려면 데이터의 소방호스가 엄청나게 중요
해지는 것이다. 이미 인터넷은 사람들보다 스마트 기기를 더 많이 연결
하고 있다(그래서 사물인터넷이라는 이름을 얻게 된 것이다). 통신장비업체
시스코Cisco는 2020년이면 인터넷에 연결된 장치 수가 500억 개에 이를
것으로 추산한다.[7] 이런 장치들이 실시간으로 데이터를 전송하면 빠른
컴퓨터는 지속적인 분석을 기반으로 수시로 결정을 내릴 수 있다. 예를
들어 제트엔진의 센서가 열과 진동 등의 상태에 관한 데이터를 수집해
전송하면, 스마트 기기는 이를 바탕으로 필요하다면 수리 일정을 잡거나
조종사에게 가능한 한 빨리 엔진을 끄라고 충고한다.

반복적 업무 자동화는 기업이 데이터를 분석하면서 수시로 내려야 하

는 전술적 결정에도 적용된다. (물론 그 필요성이 어쩌다 한두 번에 그친다면 프로그램과 프로세스를 만드느라 굳이 애쓰지 않아도 될 것이다.) 데이터 분석을 수치 분석에만 국한할 필요는 없다. 기계는 단어와 영상 처리 결과를 기반으로 자율적으로 행동할 수 있는 능력도 점차 키워나가고 있다. 그러려면 다양한 언어를 번역하고, 사람들이 일상어로 제기하는 질문을 이해하고 대답하고, 텍스트를 충분히 파악해 요약하거나 똑같은 문체를 사용해 새로운 문장을 만들어낼 수 있도록 '독해'하는 능력이 필요할지도 모른다.

기계번역이 꽤 오래 논의되고 있는 가운데 디지털 관련 기술이 다 그렇듯이 이 또한 계속 나아지고 있다. 문어 번역은 실제로 발화된 말을 인식할 필요가 없기 때문에 구어 번역보다 훨씬 더 빠른 진전을 보이고 있지만 어쨌든 둘 다 갈수록 유용해지고 있다. 예를 들어 구글 번역기는 '통계적 기계번역'을 사용함으로써, 다시 말해 기존에 나와 있는 다양한 번역물을 참고해 가장 적합한 안을 결정함으로써 신뢰한 만한 작업 결과를 내놓고 있다.

IBM의 왓슨은 텍스트를 수집하고 분석하고 '이해'할 뿐만 아니라 세세한 질문에까지 대답할 수 있을 만큼 두루두루 능력을 갖춘 최초의 도구다. 이 도구는 너무도 유명한 만큼, 여기서는 간략하게 장점과 단점만 살펴보겠다. 왓슨은 영어 텍스트를 검색하고 분석한다(최근에는 몇 가지 다른 언어를 번역하는 모듈도 추가했다). 하지만 구조화된 수치 자료는 다루지 못한다('왓슨 애널리틱스'는 그런 기능이 있지만 프로그램 체계가 왓슨과 다르다). 즉 변수의 상관관계를 이해하지 못해 예측을 할 수 없다. 또한 규칙을 적용하거나 의사결정수decision tree의 선택사항을 분석하는 데도 적합하지 않다. 게다가 이미지 작업은 이제야 막 시작했을 뿐이다. IBM의 성공적인 마케팅 전략으로 미루어 소비자는 왓슨이 단 한 번의 도약으로 높다란 건물을 뛰어넘을 수 있다고 생각하기 쉽다. 물론 실제로도 IBM(과 이 회사가 자사 생태계의 일부로 여기는 외부 애플리케이션 개발자들)은 왓슨의 인지 컴퓨팅 능력을 다양한 형태의 사업 및 사회 환경에 적용하기 위해 열심히 노력하고 있다. 그중에서도 암 치료 같은 의료 분야에서의 진전이 가장 눈에 띈다. 그러나 지금까지 왓슨이 거둔 주목할 만한 성과는 야심차게 활용되지 못했다. 이는 부분적으로는 새로운 응용 영역이 상당히 많은 양의 맞춤화와 구현을 필요로 하기 때문이다.

왓슨 이후 이런 시스템은 점점 많아지고 있다. 왓슨의 〈제퍼디!Jeopardy!〉 도전처럼 대부분 퀴즈쇼 도전이라는 매우 특별한 용도를 염두에 두고 개발된 이런 시스템은 다른 종류의 인지 환경도 다룰 수 있도록 천천히 수정되어가고 있다. 예를 들어 국가정보 목적의 인지 컴퓨팅 소프트웨어를 개발하던 회사 디지털리즈닝Digital Reasoning은 최근 들어 금융기관 직원들의 부정행위를 감시, 예방하는 소프트웨어를 출시하기 시작했다. 왓슨처럼 이 소프트웨어도 단어를 읽고 이해한다. 〈포춘Fortune〉지 기사에 따르면 이 회사의 목표는 "금융기관의 네트워크를 관통하는 디지털 트래픽망을 분석해 내부의 부당 주식거래, 시장 조작, 증권관리위원회 규칙 위반 혐의자를 추적, 색출"하는 것이다(디지털리즈닝과 이 회사 CEO에 대해서는 8장에서 좀더 자세히 다룰 예정이다).

또 다른 회사 IP소프트IPsoft는 '아멜리아'라는 소비자를 응대하는 인공지능 에이전트로 유명하다. 구어를 분석해 고객서비스의 쟁점을 이해하고 가능하다면 고객의 불만을 해결하는 것이 아멜리아의 역할이다. 아멜리아가 해결에 실패하거나, (드물긴 하지만) 고객의 요구사항을 이해하지 못하면 전화는 인간 상담원에게 넘어간다.

아멜리아, 디지털리즈닝, 왓슨 모두 다음과 같은 요소를 사용한다.

- 언어 분류: 주어와 서술어 등 문장성분을 확인한다.
- 개체 추출: 텍스트의 핵심 단어를 확인한다.
- 관계 추출: 핵심 단어 사이의 관계를 확인한다.
- 사실 추출: 문장에 나오는 사실을 확인한다.
- 관계 그래프: (인간이 검토할 수 있도록) 단어와 사실 사이의 관계를 그래픽 도표로 나타낸다.
- 트레이드오프 분석: 개체와 단어를 목표와 연관 지으면서 가장 가까운 연결고리를 찾아낸다.

대부분의 소프트웨어 제공에서 이런 각각의 서비스는 전체 시스템과 불가분의 관계에 있지만, IBM은 인지 클라우드 플랫폼 '블루믹스'를 통해 이 모두를 따로 이용할 수 있게 했다. 우리가 이 글을 쓰는 시점에서 IBM은 이용 가능한 서비스가 30가지가 넘으며 향후 1년 안에 50여 가지로 늘릴 계획이라고 발표했다. 왓슨이 〈제퍼디!〉에서 인간 경쟁자들을 누를 수 있게 해준 'Q&A' 능력은 이 가운데 하나일 뿐이다. 다른 회사들도 이런 모듈 접근법을 취하고 있다. (IBM 왓슨 사업부서 초대 총괄책임자 마노즈 삭세나Manoj Saxena를 비롯해) 왓슨을 개발한 기술자 몇몇이 텍사스 오스틴에 설립한 인지 과학기술 회사 코그니티브스케일CognitiveScale은 다양한 인지 애플리케이션을 통합하는 '인지 클라우드'를 제공한다. 이 회사는 이 능력을 윈도우 같은 운영체제로, 즉 다양한 인지 애플리케이션을 지원하는 '인지 운영체제'로 본다. 이런 애플리케이션들은 모두 기계학습을 사용하기 때문에 시간이 지날수록 결과의 질이 높아진다.

텍스트를 다루는 다른 시스템들은 '컴퓨터 언어학' 접근법을 채택해 문장과 문단의 기본 문법구조를 이해하는 데 주안점을 둔다. 다양한 컴퓨터 애플리케이션의 신속한 개발에 필요한 툴을 제공하는 회사 레이지 프레임웍스RAGE Frameworks는 컴퓨터 언어학을 사용해 기업과 기업의 운영 및 재무실적에 관한 다양한 정보를 파악하는 도구를 선보인다. 그런 툴은 투자자나 분석가를 대신해 기업 관련 문서를 죽죽 훑어나가면서 주요 내용을 추려내 그 의미를 진단한다.

이런 범주의 애플리케이션은 코드화된 텍스트 정보가 인간이 받아들이고 보유할 수 있는 수준 이상으로 넘쳐나고 급속하게 변화하는 상황에 맞게 최적화된다. 암을 진단하고 치료 계획을 제시하는 애플리케이션이 단적인 예다. 암의 종류는 400가지가 넘는다. 방대한 연구 결과를 분석해 증상과 유전체 패턴, 약물과 치료법의 상관관계를 파악하는 일은 인간의 두뇌로는 감당이 되지 않는다. 메모리얼 슬론 케터링 암센터는 왓슨 개발의 협력사 중 하나로, 이곳 연구진은 치료법을 권고하는 시스템의 능력이 계속 발전하고 있다고 보고한다(비록 아직은 한 가지 암에서도 완전한 성공을 거두지 못했지만 말이다). 그런 가운데 메모리얼 슬론 케터링과 여타 의료기관들이 왓슨뿐만 아니라 다른 인지 기술을 사용해 동일한 유형의 진단을 내리고 있으며, 여기서도 진전이 이루어지고 있다는 점 또한 지적해야 할 듯싶다.

물론 질병 진단은 기술적 능력만의 문제가 아니다. 이 방면의 연구자

들은 늦어도 1970년대 이후로 자동화된 진단과 치료 계획에 공을 들여
왔다(1970년대에 스탠퍼드 대학에서 개발한 마이신MYCIN 전문가 시스템은 혈
액 감염 진단과 치료에 주력했다). 그동안 나온 연구 논문들을 보면 그런 시
스템이 임상의보다 더 일관되고 정확한 충고를 제시한다는 증거가 종종
눈에 띄지만, 구현 단계에 들어서려면 아직 멀었다. 아마도 내과의들의
저항, 의료사고 소송에 대한 불안, 인식 부족이 주요 원인인 듯하다. 앞
으로 인지 기술은 이런 장벽을 극복할 만큼 강력해지고 가시화될 것이
다. 의료가 너무 까다로운 분야라 완전히 정복하는 것은 무리일 수도 있
지만 말이다.

하지만 의료에 유용한 인지 컴퓨팅 도구를 만드는 데 대기업의 막대
한 자원이 필요한 것은 아니라는 점에 주목할 필요가 있다. 플로리다 새
러소타 출신의 브리태니 웽어Brittany Wenger는 고등학교 3학년 때 최소한
의 조직검사만으로 유방암을 악성 또는 양성으로 분류하는 방법을 고안
해냈다. 중립 네트워크 모델에서 아홉 개의 주요 변수를 사용해 유방암
연구 사례를 분석한 결과 웽어는 99퍼센트가 넘는 적중률로 악성 종양
을 판별하는 데 성공했다. 이러한 성과로 2012년 구글 과학경시대회에
서 우승을 차지한 웽어는 자신의 진단 모델이 언젠가 실제 환자들에게
사용되기를 희망한다.

확인과 분류는 이 분야의 또 다른 주요 활동이다. 물론 이 또한 새롭지
는 않다. 코그넥스Cognex 같은 회사는 이미 몇십 년 전부터 생산라인에
'기계 시야machine vision'를 배치해 바코드 판독 작업을 맡기고 있다. 이런
종류의 시스템은 기하학 패턴 매칭 기술을 사용한다. 이 기술은 예를 들
어 드릴프레스를 정확히 어느 곳에 갖다 댈지 파악하는 것 같은 가장 기

본적인 시야 업무에 탁월하다.

그러나 요즘은 얼굴 인식이나 인터넷상의 사진 분류, 충돌로 인한 자동차 파손 정도 평가 등 좀더 민감한 시야 업무에 관심을 보이는 회사가 점점 늘고 있다. 이런 종류의 자동화 시야는 좀더 정교한 툴, 즉 픽셀의 고유한 패턴을 인지 가능한 이미지와 매칭하는 툴을 필요로 한다. 우리의 눈과 두뇌는 이런 일에 아주 뛰어난 능력을 보이지만 컴퓨터도 발군의 능력을 발휘하기 시작했다. 기계학습과 중립 네트워크 분석은 이 응용 분야에서 가장 전도유망한 과학기술이다.

예를 들어 기계학습의 한 분야는 다차원 데이터 분석에 특히 뛰어난 능력을 보인다. 이미지와 비디오는 이런 종류의 데이터를 대표하는 예다. 픽셀은 저마다 x와 y좌표, 색깔, 해상도를 가지고 있다. '딥러닝'은 다차원 데이터를 처리할 목적으로 개발되어왔다. 여기서 '딥'은 '깊다'는 의미가 아니라 데이터의 차원 서열을 뜻한다. 구글 기술자들이 인터넷에서 돌아다니는 고양이 사진을 식별해낼 수 있는 것은 바로 이 기술 덕분이다. 그보다 더 중요한 작업을 떠올리기는 쉽지 않지만, 가까운 미래에 스마트 기기가 무인 항공기와 보안 카메라가 찍은 비디오를 지켜보면서 뭔가 나쁜 일이 일어나고 있지는 않은지 결정하는 일을 하게 될지도 모른다.

똑똑한 사람들이 이 분야에서 새로운 툴을 개발하고 있으며, 개선 또한 매우 빠르게 이루어지고 있다. 인간의 능력으로는 도저히 다 처리할 수 없는 양의 텍스트와 이미지가 수시로 생겨나고 있다. 그 빅데이터를 모두 파악하려면 스마트 기기를 사용하는 수밖에 달리 선택의 여지가 없다. 게다가 인간은 눈앞에 너무 많은 이미지가 있으면 실수를 한다는 점도 기억해야 한다. 이미지 분석의 속도와 정확도 면에서 인간이 기계의 경쟁 상대가 못 되는 날이 그리 멀지 않은 듯하다.

반복적 업무 자동화가 인간에게서 숫자와 단어와 이미지 분석이라는 까다로운 업무를 덜어주는 능력을 보이자, 그러한 분석 결과를 가지고 인간이 하던 일도 덜어주게 된 것은 당연한 결과였을 것이다. 디지털 행정 업무는 이제 스마트 기기가 일상적으로 수행하고 있다. 이 분야에서는 '규칙 엔진rule engine'이 탁월하다. 구조화된 업무, 즉 규칙이 명확하게 정해진 업무(예를 들어 보험적용 처리 업무)의 경우 규칙 엔진을 사용하면 방대한 양의 업무를 한꺼번에 처리할 수 있다. 인간의 개입은 예외적인 경우에만 필요하다. 그러나 그 예외적인 경우도 경제 상황과 고객의 행동 변화를 따라잡을 수 있도록 규칙을 계속 수정함으로써 점점 줄어들고 있다. 예를 들어 건강보험회사의 경우 의료비 청구 처리 자동화 비율이 2002년의 37퍼센트에 비해 20011년에는 79퍼센트로 껑충 뛰어올랐다. 지금은 그 수치가 아마 더 올라갔을 것이다.[8] 이런 종류의 의사결정 자동화는 종이 문서에도 적용될 수 있지만 정보를 디지털화하면 훨씬 쉬워진다.

좀더 최근 들어서는 기업들이 비즈니스 룰과 '로보틱 프로세스 자동화'라는 BPM 관련 기술을 도입하기 시작했다. 이 기술은 다음과 같은 특징을 지닌다.

- 명칭과 달리 로봇을 필요로 하지 않는다.
- 워크플로와 비즈니스 룰 기술을 사용한다.
- 비즈니스 유저들이 쉽게 이해하고 수정할 수 있다.

단순 반복적 트랜잭션[데이터통신 시스템에서 기본적인 정보를 기록한 기본 파일에 대해서 그 내용에 추가, 삭제 및 갱신을 가져오도록 하는 행위(거래) 입하, 출하, 매상, 반품, 임금, 출금, 정정 등의 데이터를 다룬다] 업무를 처리한다.

- 인간의 수정 없이는 수행능력을 학습하거나 개선하지 못한다.
- 인간 사용자처럼 주로 멀티 인포메이션 시스템에 접속한다. 이를 '표현 계층' 통합이라고 부른다.

이 기술은 은행(예를 들어 분실한 ATM 카드 재발급 같은 비영업 부서의 고객서비스 업무), 보험(보험금 청구 및 납입금 처리), IT(시스템 에러 메시지 감시 및 간단한 문제 해결), 공급망 관리(송장 처리 및 고객과 공급자의 일상적 요구 해결) 등의 환경에서 인기가 높다.

인지 과학기술치고 그렇게 신기해 보이진 않지만, 이런 종류의 자동화가 주는 이점은 상당히 많다. 프로세스 자동화 회사 오토메이션 애니웨어Automation Anywhere는 그동안 수집한 사례 연구를 통해 프로세스를 수행하는 비용과 시간을 30~40퍼센트 줄이는 것은 어려운 일이 아니라고 말한다.

프로세스 자동화를 조직 전반에 걸쳐 광범위하게 도입할 경우 놀라운 성과를 거둘 수 있다. 영국에서 두 번째로 규모가 큰 이동통신회사 텔레포니카O2Telefonica O2는 2015년 4월 160개가 넘는 프로세스 영역을 자동화해 40만~50만 개에 이르는 트랜잭션을 처리하기 시작했다.[9] 프로세스 영역 자동화에 사용된 소프트웨어 '로봇'은 블루프리즘Blue Prism에서 공급했다. 이 기술의 투자자본수익률은 대략 650~800퍼센트에 이르렀다. 대부분의 회사가 프로세스 개선을 위해 사용하는 리엔지니어링과 식스시그마Six Sigma[품질혁신과 고객만족을 달성하기 위해 조직 전반에 걸쳐 실시하는 21세기형 기업 경영전략] 등의 다른 접근법과 비교할 때 이는 보기 드문 성과가 아닐 수 없다.

이런 형태의 과학기술은 이미 조직과 행동의 변화를 가져오고 있으며, 결국엔 정리해고로 이어질지도 모른다. 그러나 우리가 지켜본 대부분의 회사는 노동자들에게 다른 역할을 맡기고 있다. 처음에 자동화를 의심의 눈초리로 바라보던 노동자들은 기계가 지루한 일을 대신 처리해주자 안도의 한숨을 내쉬고 있다. 영국의 프로세스 아웃소싱회사 엑스체인징Xchanging에서는 블루프리즘이 공급하는 '로봇'에 포피(기계가 가동에 들어간 날은 때마침 종전기념일이었는데, 이날 영국인들이 꽂고 다니는 꽃 양귀비poppy의 이름을 땄다)와 헨리 같은 귀여운 이름을 붙였다.[10] 이와 같은 스마트 기기의 의인화는 노동자들이 이런 형태의 기술에 특별히 위협을 느끼지 않았다는 점을 암시한다.

마지막으로 반복적 업무 자동화가 물리적 업무 수행에 어떻게 적용되는지 그 과정을 살펴봄으로써 표의 두 번째 열에 대한 설명을 마무리할까 한다. 물론 이는 로봇의 정의와도 관련된다. 여기서 로봇은 전통적인 산업 로봇과 좀더 최근의 협동 로봇 두 가지를 모두 아우른다. 그 둘의 차이는 새로운 반복 업무를 얼마나 빨리 습득하느냐, 그리고 인간과 어느 정도까지 협력하며 일할 수 있느냐 하는 점뿐이다.

먼저 전통적인 로봇은 일을 맡기려면 많은 훈련이 필요하다. 즉 래피드RAPID나 카렐Karel 같은 벤더 고유의 로봇 프로그래밍 언어로 동작 하나하나를 세심하게 지정해야 한다. 그래서 변화가 없는 단순 반복적이고 많은 힘을 요하는 산업용으로 적합하다. 제품 종류가 다양하거나 제품 내용이 자주 바뀌면 이 기술은 별로 도움이 되지 않는다.

협동 로봇은 훈련하기도 훨씬 쉽고 프로그램을 바꾸기도 훨씬 쉽지만, 이 역시 완벽하지는 않다. 이 로봇은 비교적 간단한 애플리케이션, 예를 들어 가벼운 부품을 집어 올려 다른 데로 옮기는 업무에 적합하다. 다시 말해 고도의 정확성을 요구하는 생산 업무에는 맞지 않다. 세계적인 위탁 제조업체 자빌 서킷Jabil Circuit 부회장 존 덜치노스John Dulchinos는 우리와의 인터뷰에서 앞으로는 두 가지 형태의 로봇이 모두 필요할 것이라고 말했다. 그의 이야기를 직접 들어보자. "협동 로봇이 전체 로봇 수에서 차지하는 비율은 여전히 낮습니다. 그 기술은 아직 낯설고 능력도 제한되어 있습니다. 그래서 조립이나 스탬핑 같은 일을 정확하게 해내지 못합니다. 오늘날 로봇은 용접이나 무거운 물체를 다루는 일처럼 더럽고 지루하고 위험한 일, 인간이 하기에는 위험하거나 어려운 일을 주로 하고 있습니다. 그런 일은 앞으로도 계속 있을 테지만 협동 로봇이 하진 않을 겁니다. 어떤 종류의 로봇을 투입하느냐는 응용 업무의 종류에 달려 있습니다."

로봇은 반복적 업무에서 계속 입지를 넓혀갈 것으로 예상된다. 로봇이 반복적 업무에서 급격한 진전을 보이게 되면 산업 로봇의 힘든 작업을 수행하는 능력과 협동 로봇의 프로그래밍 용이성을 결합하는 작업장이 점점 많아질 것이다. 로봇 프로그래밍 언어의 표준화와 대체 오픈소스의 상용화는 코드 재사용과 생산성 향상에도 기여할 것이다.

스마트 기기가 다 그렇듯이 로봇도 점점 자율화되고 있다. 일단 프로그램화된 로봇은 이미 어느 정도 자율성을 발휘하고 있지만 유연성과

뜻밖의 상황에 대처하는 능력은 매우 한정되어 있다. 이에 비해 인지 기능을 갖춘 로봇은 예를 들어 어떤 부품이 정해진 위치에 없으면 주변을 탐색하는 능력까지 선보이게 될 것이다.

지능, 기계 시야, 의사결정 능력에서 로봇의 능력은 갈수록 발전하고 있다. 이런 추세대로라면 여기에 다른 종류의 인지 과학기술, 특히 물리적 환경을 바꾸는 능력이 추가될 확률이 높다(이 장 서두에서 언급한 '그레이트 컨버전스'에 대해 생각해보라). 앞에서 살펴보았듯이 문자와 말을 이해하는 시스템, 인간과 수준 높은 질의응답이 가능한 시스템, 다양한 이미지를 인식하는 시스템은 이미 존재한다. 다만 아직 로봇의 두뇌에 내장되지 않았을 뿐이다. 리싱크 로보틱스Rethink Robotics의 제품 생산 책임자 짐 로턴Jim Lawton은 우리와의 인터뷰에서 다음과 같이 논평했다. "현재 협동 로봇, 빅데이터, 딥러닝이 만나는 지점을 중심으로 중요한 실험이 이루어지고 있습니다. 목표는 물리적 업무와 인지적 업무를 하나로 묶어 자동화하는 것입니다. 예를 들면 나사를 박는 데 얼마나 많은 회전력을 적용해야 하는가와 관련해 모든 정보를 통합해내는 로봇이 그 출발점이 될 수도 있습니다. 결국 로봇은 센서의 결합체니까요. 정말 똑똑한 로봇은 나사를 박는 데 필요한 회전력뿐만 아니라 제품 불량률까지 계산하는 능력을 갖추게 될 것입니다. 다시 말해 센서 데이터를 품질보증 데이터와 패턴 인식 등과 결합할 수 있게 될 거란 이야기입니다."

미국 국방성 고등연구계획국Defense Advanced Research Projects Agency(DARPA)이 2012년부터 매년 개최하는 '다르파 세계 재난로봇경진대회'에 출품되는 로봇들을 보면 해를 거듭할수록 자율성 수준이 높아지고 있다. 로봇 참가자들은 다용도 트럭 운전에서부터 소방호스를 연결해 밸브를 돌리는 작업에 이르기까지 모두 여덟 가지 과제를 수행해야 한다. 대부분의 로봇이 여덟 가지 과제를 모두 수행하는 데 애를 먹지만, 2015년 경진대회에서 참가자 셋이 과제 완수에 성공했다. 우승은 대한민국 카이스트 팀이 차지했다. 하지만 자율적인 로봇이 가야 할 길은 아직도 먼 듯하다. 준우승은 플로리다의 한 로봇회사가 제작한 로봇에게 돌아갔는데 이 로봇은 마지막 과제를 끝낸 뒤 두 손을 치켜들고 춤을 추며 승리를 자축하다 바로 작동을 멈추었다.[11]

현재는 인간에 의해 작동되는 장치들도 시간이 지날수록 자율성 수준을 점점 더 많이 끌어올리게 될 것이다. 예를 들어 종합병원의 로봇 외과수술도 그럴 가능성이 높다. 2010년 캐나다에서는 로봇이 인간의 개입 없이 순전히 혼자 힘으로 환자의 전립선을 제거했으며 수술과정 내내 자동화된 마취 시스템이 환자를 계속 잠재웠다. 캘리포니아 대학교는 버클리에 새로운 연구센터를 개설해 적어도 낮은 수준의 반복적 업무 차원에서는 수술 전 과정을 소화할 수 있는 외과수술용 로봇 개발에 착수했다. 일반적으로 낮은 수준에서나마 일단 자동화가 이루어지면 점차 복잡한 업무로 옮겨가는 경향이 있다. 향후 20년 안에 외과수술에서 그런 일이 일어나지 말라는 법도 없다.

자율주행 자동차는 사물을 조작하는 물리적 업무와 관련된 인지 기술의 또 다른 분야다. 이런 차량은 GPS와 디지털 지도, 경량 레이더light radar, 일명 '라이더lidar'와 비디오카메라, 초음파, 레이더, 차량 위치와 주변 환경에 대한 방대한 양의 데이터를 생성하고 분석하는 주행거리 측정 센서를 사용한다. 이 분야는 언론의 관심을 지나칠 정도로 많이 받고 있으니 굳이 길게 설명할 필요는 없을 듯하다. 다만 향후 10년 안에 자율주행 차량이 거리의 아주 흔한 풍경이 될 것이라는 점만 분명히 해두고 싶다. 그렇게 되지 않는다면 그 이유는 기술력의 한계 때문이 아니라 관련 법규의 더딘 대응 때문일 것이다.

상황인식과 학습은
이미 무르익었다

스마트 기기가 단순히 인간 지원이라는 역할을 뛰어넘어 자율적인 업무 수행 능력까지 급속도로 갖추게 되면서 인간 노동자들은 달라진 상황에 적응하기 위해 고군분투하고 있다. 지식 축적 능력에서 그다음 단계, 즉 상황인식과 학습 단계로 이행하는 기계가 점점 늘어남에 따라 적응은 훨씬 어려워질 전망이다. 아직까지 이런 능력은 성장의 초기 단계에 머물러 있지만, 이를 둘러싼 흥분은 이미 사방에 봄의 기운을 퍼뜨리기 시작했다.

상황인식과 학습은 매우 인간적으로 들리지만 그 말이 정말인지 아닌지는 수행하는 업무의 성격에 달려 있다. 예를 들어 '수치 분석' 업무만 놓고 보면 컴퓨터는 '지금은 피곤하니까 이 자료에나 집중하자'라거나 '그동안의 분석 결과로 미루어볼 때 성별은 옷을 구매하는 행위를 예측하는 지표가 될 수 없어. 여자들은 종종 남자 옷을 사니까' 같은 생각을 할 수 없다.

수치 분석에서 상황인식은 다른 무엇보다도 데이터의 양과 분석 속도와 밀접한 관계를 맺는다. 데이터 흐름이 점점 빨라지고 거대해짐에 따라, 실시간으로 데이터를 분석해 예외를 찾아내고 패턴을 인식하고 앞날을 예측하는 도구가 필요해졌다. 스마트 기기가 인식하는 상황에는 장소나 시간, 사용자의 신분이 포함될 수도 있다. 상황은 모델이 상황 요인을 고려해 내놓는 추천이나 예측의 형태로 업무에 쓰인다. 상황인식 모델은 예를 들어 시간대별로 가장 잘 뚫리는 출근길, 교통 혼잡 정도, 고속도로나 이면도로에 대한 운전자의 선호도 등의 요인을 계산에 넣는다.

교통정보 안내에서 상황인식 추천이 의미가 있으려면 정보제공이 실시간으로 이루어져야 한다. 출근하고 나서야 제일 빠른 길이 어딘지 알아낸다면 정보의 효용성이 떨어질 수밖에 없다. 다행히도 빅데이터 애널리틱스는 고려해야 할 상황 요인이 아무리 광범위하고 다양해도 실시간 추천 정보를 술술 쏟아놓는다. 예를 들어 구글의 웨이즈 애플리케이션을 사용해 교통정보를 검색해본 적이 있다면 이 말이 무슨 뜻인지 잘 알 것이다.

이러한 상황에서 학습은 패턴을 인식해 이를 예측이나 분류에 적용하는 쪽으로 나아가고 있다. 여기서 기계학습 모델은 '감독학습'을 할 수 있다. 즉 교육용 데이터 세트로 교육을 받고 나면 다른 데이터도 똑같은 유형으로 분석할 수 있다. 아니면 자율학습을 할 수도 있다. 이 경우 모델은 데이터에서 불규칙 잡음 말고 일정한 패턴을 찾아내는 법을 스스로 터득한다.

이 지점에서 우리는 두 개의 선이 한 점에서 만나는 현상을 목격하기 시작한다. 가장 복잡한 형태의 인지 기술은 다양한 형태의 문제와 데이터를 처리하는 경향이 있다. 예를 들어 기계학습 모델은 숫자뿐만 아니라 문자(또는 수치화한 문자)도 처리한다. 그리고 상황인식 기계학습 프로그램은 아이폰이나 안드로이드폰에서 사용자가 더듬거리며 찾고 있는 단어를 예측(자동완성 기능)하는 데 사용될 수도 있다. 통계수학 모델은 여전히 숫자 처리에 주력하고 있지만 단어를 수치 표현으로 바꾸는 것쯤은 이제 일도 아니다.

이런 시스템은 대부분 더 많은 데이터를 기반으로 더 나은 결정을 내릴 수 있도록 '학습'하는 능력을 가지고 있으며, 전에 처리했던 정보를 '기억'하기도 한다. 예컨대 왓슨은 시간이 지날수록 더 많은 문서를 처리할 수 있다는 점에서 암 연구를 추적하는 데 적합하다. 이 범주의 다른 시스템들도 교육 목적의 데이터를 더 많이 확보함으로써 인지 업무 수행능력을 끌어올리고 있다. 예를 들어 구글 번역기의 경우 우르두어에서 힌디어에 이르기까지 시간이 갈수록 점점 더 많은 문서를 번역함으로써 기계번역 능력이 날로 개선되고 있다.

이 범주에 속하는 인지 기술의 특징은 '상황인식'이다. 우리가 앞에서 살펴본 시스템 대부분은 아직 이런 기능을 갖추지 못했는데, 그 이유는 단일 인지 업무를 수행하도록 설계되었기 때문이다. 예를 들어 왓슨은 (휴스턴의 MD 앤더슨 암센터에서 하고 있는 것처럼) 백혈병 관련 문서를 수천 건 넘게 수집하고 판독할 수 있을지는 몰라도 그 정보를 환자의 흡연 상태나 백혈병 가족력과 연결 짓지는 못한다(현재 IBM과 클리블랜드 클리닉은 이 능력 개발에 박차를 가하고 있다). 소매점의 얼굴 인식 시스템은 상습 절도범 사진을 수록한 데이터베이스에서 절도 용의자를 식별해낼 수 있다(얼굴 인식 기술을 응용한 소프트웨어를 판매하는 페이스퍼스트FaceFirst에서 하듯이 말이다). 하지만 이 기술을 고객관리 프로그램이나 인적 자원 데이터베이스와 통합해 우수 고객이나 출근하는 직원을 인식할 수 있는 단계에까지는 아직 이르지 못했다.

상황인식이 상용화되려면 기업의 전통적인 시스템과 인지 시스템을 하나로 묶어야 한다. 의료 분야에서는 전자의무기록 시스템을 자동화된 진단 및 치료 권고 툴과 통합해야 한다. 또한 제조 분야에서는 로봇이 자재수급계획material requirements planning(MRP) 시스템의 정보에 접근할 수 있어야 한다. 이는 인지 시스템을 일련의 모듈 요소로 잘게 쪼개거나(곧 살펴보겠지만 현재 몇몇 회사에서 이 작업을 하고 있다) 기존의 시스템에 인지 기능을 추가하는 방법(이 역시 개발중이다)을 통해 달성 가능하다. 전자의 접근법이 성공 확률이 높아 보이지만, 이런 종류의 통합 기술은 아직 걸음마 단계에 있다.

자기인식이 그토록
중요한 이유

이제 기계학습 능력의 다음 단계가 왜 그렇게 중요한지, 이 단계가 어째서 모든 봄꽃이 만개하는 AI의 봄으로 이어지게 되는지 그 이유가 분명해진 듯하다. 인간의 두뇌가 여전히 자동화 시스템을 앞지른다면 그것은 바로 그 폭, 즉 한꺼번에 많은 일을 처리할 수 있는 능력 덕분이다. 우리는 읽고, 덧셈과 뺄셈을 하고, 이미지를 인식하고, 단어를 이해하고, 우아하게 움직이고, 부서지기 쉬운 물품을 집어 올리거나 내려놓을 수 있다. 컴퓨터도 이런 일 중 하나를 우리처럼 잘하거나 우리보다 더 잘할 수 있도록 교육할 수 있을지 모르지만 이 모두를 할 수 있으려면 시간이 꽤 걸릴 것이다. 컴퓨터는 깊이의 측면에서는 일을 잘할 수 있을지 몰라도 폭에서는 우리를 당할 수 없다. 적어도 아직까지는. 대부분의 시스템은 매우 전문화되어 있다. 다시 말해 특정 형태의 암을 진단하거나 최적 투자전략을 세우는 등의 매우 한정된 문제만 다룬다. 최첨단 AI 기술도 이런 한계에서 자유롭지 못하다. 이와 관련해 스페인 국립연구위원회 산하 인공지능연구소 소장으로 있으면서 오랫동안 AI를 연구해온 라몬 로페스 데 만타라스Ramón López de Mántaras의 지적은 매우 적절하다. "예를 들어 체스를 매우 잘 두면서 도미노 게임도 할 수 있는 기계는 없다."[12]

단어와 이미지를 인식하는 시스템은 아직까지 자기인식 능력을 갖추지 못했다. 이런 시스템은 스스로 분석을 시작하지도, 자신이 하고 있는 일의 목적을 이해하지도, 능력에 비해 일이 너무 벅차다는 말도 하지 못한다. 이와 관련해 IBM의 왓슨 사업부서 책임자 마이크 로딘Mike Rodin은 이렇게 말했다. "왓슨은 스스로 생각하는 능력이 없다. 그 점에서는 지금까지 나온 다른 인지 시스템도 마찬가지다."[13]

그러나 스마트 기기가 내놓는 결과물이 유용하고 신뢰할 만한지를 인간에게 알려주는 분야에서 약간의 전전이 이루어지고 있다. 단어와 이미지 분석에 사용되는 통계기반 시스템이 공신력 면에서 점차 능력을 발휘하고 있다. 실제로 몇몇 시스템은 우리가 언제 그 결과를 믿어야 하고 믿으면 안 되는지를 이미 구분하기 시작했다. 2011년 〈제퍼디!〉에서 우승한 왓슨의 경우를 생각해보자. 당시 왓슨은 가장 가능성 높은 대답 세 개를 찾아낸 뒤 '신뢰도 바'를 깜빡거리며 각각의 신뢰도 수준에 순위를 매겼다. 대답의 신뢰도 수준이 50퍼센트를 넘지 않으면 왓슨은 대체로 버저를 누르지 않았다. 이 신뢰도 바는 왓슨의 창조자들이 나중에 생각해낸 기능으로 마지막 순간에야 추가되었다. 그러나 그 기능은 왓슨과 그 밖의 스마트 기기들에게 정말 중요한 것으로 드러났다.

예를 들어 왓슨은 결승전 두 번째 날 마지막에 어처구니없는 실수를 저질렀다. 왓슨은 "이 도시의 가장 큰 공항에는 2차대전 영웅의 이름이, 두 번째로 큰 공항에는 2차대전 전투의 이름이 붙었다"는 설명을 듣고 당황하며 자신 없게 "토론토"를 대답으로 내놓았다(정답은 시카고였고, 인간 경합자 둘 다 그 답을 써냈다). 그러나 왓슨의 신뢰도 수준은 겨우 30퍼센트에 그쳤다. 그게 〈제퍼디!〉 결승전 문제가 아니었다면 왓슨은 절대 대답하지 않았을 것이다. 게다가 왓슨은 이 정답에 947달러로 아주 적은 금액만 베팅했다.

확장형 시스템과 프로세스에서는 추천의 신뢰도 수준을 파악하는 것이 중요하다. 그 추천을 신뢰할지 말지, 받아들이지 말지 결정하는 것은 그다음의 일이다. 물론 인간이 그런 추천의 신뢰도를 평가하려면 인과관계의 개연성 수준에 대한 지식이 필요하다. 예를 들어 KRAS 유전자 때문에 생기는 폐암 진단이 90퍼센트의 신뢰도를 보인다면 의사는 진단의 신뢰도 수준이 30퍼센트 수준일 때와는 매우 다른 느낌을 받을 것이다.

실시간 성격을 띠는 결정 상황에서는 경우에 따라 결정의 신뢰도 보고가 아예 불가능할 수도 있다. 예를 들어 구글 번역기나 스카이프 번역기의 경우, 단어나 어구에 대한 신뢰도 수준을 안다고 해도 번역에 크게 도움이 되지 않는다. 하지만 일반적으로 자동화된 대답이나 결정의 신뢰도 수준을 파악해 보고하는 기능은 스마트 기기의 발전 단계에서 중요한 비중을 차지한다. 이를 통해 우리는 이런 시스템을 신뢰해도 될 때가 언제인지 알 수 있다. 그에 비해 인간의 결정은 신뢰해도 될지 모를 때가 많으며, 결과가 종종 좋지 않은 이유는 바로 그 때문이다.

표에서 보듯, 자기인식 시스템이라는 이 범주는 아직 빈칸으로 남아 있다. 따라서 여기서는 자기인식 능력과 앞으로 10년쯤 지나면 그 능력이 어떻게 발전했을지 보여주는 사례를 잠시 살펴보는 것으로 만족하는 수밖에 없다.

무엇보다도 로봇은 아직 자기인식 단계에 오지 못했다. 다르파 세계 로봇경진대회에서 자축 세리머니(아마도 인간 주인이 자축하는 동작을 미리 프로그램화해놓았거나 아니면 원격으로 조종했던 듯하다)를 선보인 뒤 작동을 멈춘 로봇은 당혹스러워하지도 않았고, 자기가 왜 경진대회에 출전하는지를 궁금해하지도 않았다. 그런 일은 절대 일어나지 않겠지만, 물리적 업무를 수행하는 장치가 어느 정도 자기인식 능력을 갖춘다고 상상해보자. 예를 들어 정말 똑똑한 로봇은 생산과정의 다른 곳에서 일하는 게 더 효율적이라고 판단되면 그곳으로 자리를 옮겨 스스로 새로운 업무를 익힐지도 모른다. 다양한 인지 기술이 융합된다면 그런 능력이 아주 실현 불가능한 이야기가 아닐 수도 있다. 아직 실험 단계이긴 하지만 IBM은 왓슨의 두뇌에 각기 기능이 다른 로봇 장치를 이미 여러 개 심어놓았다.

이는 세계 최대의 로봇 제조업체로 꼽히는 일본계 기업 화낙Fanuc이 새로 추진하는 사업 목표와도 일치한다. 얼마 전 일본의 딥러닝 소프트웨어 회사를 인수한 화낙은 학습능력을 사용해 좀더 자율적으로 행동하는 로봇을 만들 계획이다. 한 기사에서 화낙은 회사의 입장을 이렇게 밝혔다. "우리가 원하는 네트워크 전문가는 고객들이 새로운 방식으로 로봇과 연결될 수 있게 해야 한다. 아울러 기계가 스스로 문제를 인식해 피

하거나, 아니면 다른 기계들과 결합해 제2의 해결책을 찾아낼 수 있도록
해야 한다."[14]

로봇이 서로 힘을 합쳐 문제를 해결한다는 이 다소 섬뜩한 전망은 당
분간은 실현 가능성이 없지만, 자율성과 의식은 물리적 업무를 수행하는
장치의 장기적 목표이며 인공지능 소프트웨어 세계와 로봇의 세계가 융
합될 날이 가까워지고 있음을 암시한다.

한편 우리는 긴 겨울을 맞이할 수도 있다.

인간은 어디에
적합할까?

"스마트 기기는 얼마나 똑똑한가?"라는 질문에 대한 답은 계속 진전
을 보이고 있다. 날로 발전하는 알고리즘 관련 기술과 점점 빨라지고 복
잡해지는 컴퓨터 네트워크에 힘입어, 기본 소프트웨어가 처리할 수 있는
정보는 훨씬 더 많아지고 다양해졌다. 그리고 이러한 현상은 계속 일어
나고 있다. 기계는 착실하게 한 발 한 발 앞으로 내디디며 의사결정과 자
율적인 행동 능력에서 유능해지고 있다. 애널리틱스 소프트웨어 회사 울
프럼리서치Wolfram Research를 설립한 스티븐 울프럼Stephen Wolfram은 영상 인
식 분야의 오랜 고민과 이제 중립 네트워크가 그 고민을 해결할 수 있게
된 사실에 대해 다음과 같이 논평했다.

최근 들어 '이크! 컴퓨터에 두뇌에는 없는 이렇게 신기한 능력이

있다니!'라고 감탄하지 않을 수 없게 만든 굵직한 사건들이 몇 차
례 있었는데, 이번 일도 그렇다. 이제 우리는 창의력이면 창의력,
언어면 언어, 이거면 이것, 저거면 저것 등등 온갖 것에 대해 검색
할 수 있으며, 그 모든 것의 중심에는 기본적으로 '자동화'라는 요
소가 있다.[15]

그 결과 컴퓨터와 로봇의 결정과 행동의 질이 나날이 개선되고 있다.

이 두 가지 차원에서 일어나고 있는 진척 상황을 자세히 들여다보면,
그런 이질적인 과학기술과 도구가 스마트 기기라는 동일한 주제 아래
나란히 언급되는 이유를 알 수 있다. 아울러 사람들이 가치 창조에 기여
할 수 있는 환경과 사용 사례가 여전히 많다는 매우 긍정적인 사실 또한
알 수 있다.

우리가 만든 표는 모두 16칸으로, 그 가운데 절대 다수가 인간의 일과
관련되어 있다. 궁극적으로 이 기계들이 얼마나 똑똑해지든 상관없이 인
간 능력의 증강이 가치 창출로 이어질 가능성은 여전히 존재한다. 인간
은 이 자기인식 시스템을 창조하기도 하겠지만 시간을 두고 지켜보면서
그 성능을 개선할 것이다. 아울러 이런 인지 시스템의 능력 순위를 정하
는 것 또한 인간의 몫일지 모른다.

그런 가능성을 놓고 이러니저러니 길게 이야기할 생각은 없다. 그러
나 이 점만은 짚고 넘어가고 싶다. 즉 스마트 기기 시대에 승리는 다양한
형태를 띠게 될 것이다. 왜냐하면 스마트 기기와의 협업을 필요로 하는
환경이 다양할 것이기 때문이다. 우리가 만든 표의 각 칸은 다양한 유형
의 과학기술을 보여주면서, 다양한 유형의 인간의 일을 제안하고 있다.

앞으로 40~50년 뒤 〈엑스 마키나〉의 에이바 같은 기계가 등장하면 인간과 스마트 기기의 관계는 지금과는 완전히 달라질 것이다. 하지만 그사이 인간이 기계와 협력하면서 잘 지낼 수 있는 길은 얼마든지 많다.

3

자동화하지
말고
증강하라

독일의 안경 제작자 한스 리페르셰이Hans Lippershey는 1608년 네덜란드 남부 도시 미델뷔르흐에서 장사를 하던 중 두 아이가 자신이 만든 렌즈를 가지고 노는 모습을 우연히 보고 역사에 길이 남을 아주 기발한 생각을 떠올렸다. 렌즈 두 개를 겹쳐 가게 유리창 밖을 내다보던 아이들은 멀리 있는 건물의 풍향계가 마치 바로 앞에 있는 것처럼 불쑥 모습을 드러내자 깜짝 놀라 소리쳤다. 리페르셰이가 최초의 망원경에 대한 특허 출원서를 제출한 직후 인간의 인식력과 이해력은 크게 확장되었다. 그러고 나서 몇 년 뒤 갈릴레이Galileo Galilei는 새로운 장치를 천체 쪽으로 향하게 해 인류 최초로 달의 분화구와 산들을 관찰하기 시작했다.

그리고 2012년, 그 순간의 먼 메아리가 되울렸다. 독일 포츠담의 라이프니츠 천체물리학연구소에서 프란치스코 기타우라Francisco Kitaura와 그 동료들이 KIGEN이라는 인공지능에 기반하는 새로운 알고리즘을 개발해 우주의 '암흑물질' 지도를 만든 것이다. 별, 행성, 먼지, 가스의 5퍼센트만을 구성하는 '보통물질'에 비해 암흑물질은 우주의 23퍼센트를 차지한다. 그리고 나머지 72퍼센트는 '암흑에너지'가 차지한다. 우주역학에 대해 좀더 깊은 지식을 얻으려면 빅뱅 이후 암흑물질이 어디서 어떻게 분포해왔는지를 이해해야 하지만 그러려면 어마어마한 양의 컴퓨터 작업이 필요하다. 기타우라는 새로운 알고리즘의 기여를 다음과 같이 간단히 요약해 설명한다. "인공지능 덕분에 우리는 이제 그 어느 때보다도 정확한 우주 모형을 제작해 우주의 가장 큰 구조가 어떻게 생겨났는지 연구할 수 있게 되었다."[1]

KIGEN은 정말 스마트한 기기인데, 증강을 가능하게 한다는 점에서 우리 모두가 사랑할 만하다. KIGEN 코드가 연구소에 도입되었다고 해서 일자리를 잃은 천체물리학자는 단 한 명도 없었다. 대신 이 베이시언 네트워크 기계학습 알고리즘은 사람들이 말 그대로 끝도 없이 이어지는 일을 더 빨리 할 수 있게 해준다.

이는 암 치료제 연구 분야에도 똑같이 적용되는 이야기다. 매사추세츠 프레이밍엄에서는 (이 회사에 돈을 댄 부동산 갑부의 이름을 딴) 버그Berg 라는 회사가 일반적인 신약 개발 과정에 반기를 들고 있다. 고도의 교육을 받은 약리학자들과 종양학 연구자들에게 어떤 치료약이 효과가 있을지와 관련해 가설을 세우는 첫 번째 단계를 건너뛰게 한 것이다. 대신 버그의 강력한 컴퓨터가 보스턴의 베스 이스라엘 디코니스 의료원 같은 의학 파트너가 제공하는 종양조직 샘플과 병력 기록을 분석해 좀더 면밀한 조사가 필요한 패턴을 찾아낸다. 버그 회장 겸 최고기술경영자(CTO) 니븐 나레인Niven Narain이 '질문하는 생물학interrogative biology'이라고 부르는 이 과정은 치료제 후보를 생산하는 시간을 단축하는 효과를 가져왔다. BPM 31510이라는 이 회사의 전도유망한 치료제는 일반적으로 신약 개발에 소요되는 시간을 절반 넘게 줄이면서 벌써 Ib와 IIb 단계 임상실험에 들어갔다.

신약 후보물질 결정은 고도의 교육을 받은 과학자들의 일처럼 들린다. 따라서 그 일을 더 잘할 수 있는 기계가 나오면 과학자들의 역할이 크게 줄어들 가능성이 높다. 그러나 나레인은 가장 큰 문제는 무엇보다도 그 박사학위 소지자들의 사고가 가망 없는 일에 너무 많이 낭비되고 있었다는 점이라고 지적한다. 유망한 가능성을 찾는 일은 AI가 맡는다고 해도, 데이터가 드러내는 현상의 '이유'를 밝히려면 과학자들이 해야 할 일이 여전히 많다. "컴퓨터 모의실험이 끝나면 다시 고도의 협력과 능력이 필요한 타당성 검증에 들어가 세포 생물학에서 어떤 일이 일어나고 있는지 확인한다. 예를 들면 활동의 메커니즘은 무엇인지, 이 타깃이 우리가 연구하고 있는 질병에 어떤 영향을 미치는지를 살피는 것이다." 나레인은 〈바이오-IT 월드_Bio-IT World_〉 기자와의 인터뷰에서 이렇게 말했다. 인간으로서 그의 재능이 가장 빛을 발하는 순간은 실험실에서 이루어지는 임상 이전 단계 연구에서 살아 있는 병소에 화합물을 적용해 독성 감수성과 내약 용량을 확인하며 인체 적합성 여부를 평가할 때다.[2]

천체물리학과 의약학은 둘 다 스마트 기기가 부상하고 있지만 일자리를 위협하지는 않는 영역이다. 그 이유는 목표가 너무 원대해서, 오늘날의 노동 공급으로는 자동화되지 않은 상태의 업무 요건을 충족하지 못하기 때문이다. 사실 버그에는 약리학자들이 그렇게 많지 않다. 그런데도 엄청난 양의 데이터를 소화할 수 있다는 것은 곧 AI 시스템이 조직 샘플을 분석 처리하고 있다는 뜻이기도 하다. 지금까지 전 세계 대학교에서 쏟아져 나온 천체물리학자들을 모두 불러 모은다고 해도 5만 4,000개로 알려진 우주 은하계 사이사이에 숨어 있는 암흑물질의 실체를 밝히지는 못한다.

추측건대 그런 분야에서 스마트 기기를 파괴하려는 신러다이트 운동은 아마 없지 싶다. 그렇다면 다음과 같은 질문이 제기된다. 스마트 기기의 응용이 다 이렇게 도움이 되지만은 않는 이유는 뭘까? 인간과 기계의 이런 결합이 다른 점은 뭘까? 그 답을 찾을 수만 있다면 지식노동 자동화를 둘러싼 끓어오르는 불안을 떨쳐내고, 기계로 가득한 세상에서 인간에게 더 좋은 일자리를 더 많이 만들어낼 수 있을지도 모른다.

증강이
답이다

앞 장을 읽고 일자리를 바짝 추월해오는 기계가 백미러로 보는 것보다 실은 더 가까이 있다는 생각이 들어 불안했다면 지금부터는 희망을 보게 될 것이다. 스마트 기기의 새로운 물결에는 부정적인 면도 분명 있지만, 진보하는 기술은 '증강'이라는 긍정적인 면에 대한 잠재력도 지닌다. 이로써 인간과 컴퓨터가 서로 힘을 합친다면 따로따로 일할 때보다 훨씬 더 바람직한 결과를 달성할 수 있을 것으로 전망된다.

디지털 지능의 적용이 앞에서 살펴본 사례와 달리 행복하지 않을 때가 많은 이유는 단순하게 말해 '자동화' 때문이다. 다시 말해 기계가 등장하지 않았다면 인간이 하고 있을 일을 인간 없이 기계 혼자 하기 때문이다. 자동화와 증강은 동전의 양면처럼 여겨질 수도 있는데, 몇몇 경우에는 실제로 그렇다. 그러나 노동자들은 증강을 사랑하고 자동화를 증오한다는 것 또한 명백한 사실인 만큼 그 둘의 차이는 사전적 의미 차이에만 국한되지 않는다.

자동화가 불안과 원망을 낳고 있는 수많은 사례를 살펴보면, 자동화의 문제점을 다음과 같이 요약할 수 있다. 우선 사람들이 자동화를 증오하는 이유는 경영자 입장에서 직원의 단점이나 한계, 또는 기계에 비해 상대적으로 약한 곳을 찾아내 그 약점을 빌미로 불이익을 주기 때문이다. 불이익은 대개 인원 감축이나 임금 삭감의 형태를 띤다.

사실 불이익은 당장의 타깃이 된 직원들뿐만 아니라 그 동료들과 심지어는 그 기업의 고객들에게까지 확대될 수 있다. 식료잡화점 계산대 직원의 업무가 자동화되는 과정을 살펴보자. 해당 직원의 약점은 인건비인데, 자동화는 그 직원의 자리를 없애고 대신 셀프계산대를 들여놓음으로써 그 직원에게 불이익을 준다. 하지만 고객도 그로 인한 피해를 고스란히 받는다. 전에 비해 물건을 사면서 해야 할 일이 많아졌기 때문이다. 저자인 우리 둘 다 식료잡화점에서 줄을 서서 보낸 시간이 많은 만큼 카트 가득 들어찬 물건들을 우리가 전에 알던 계산원만큼 능숙하게 스캔하는 고객은 단 한 명도 보지 못했다고 자신 있게 말할 수 있다. 그런 만큼 선택사항에 인간 계산원도 포함된다면 셀프계산대를 고를 사람은 아무도 없을 것이다. 업무 자동화 이후 비서가 사라진 사무실에서도 똑같은 종류의 불이익이 목격된다. 한때 비서의 도움을 받았던 경영진도 일을 제대로 처리하지 못한다. 자동화만으로는 다 해결할 수 없는 잔여 업무는 늘 조금씩 있기 마련이고, 그래서 이제는 안 그래도 할 일이 산더미 같은데 비서가 하던 일까지 해야 한다. 달라진 환경을 달가워하는 인간은 아무도 없다.

반면 증강은 인간의 약점이나 한계를 찾아내 보완한다. 더욱이 해당 직원에게 아무런 고통도 주지 않고. 1980년대 들어 스캔 기술이 등장하면서 단행된 식료잡화점 계산대 1차 자동화가 그랬다. 그 기술은 가격에 대한 계산원들의 불완전한 기억력과 때로 멈칫거리는 손가락을 보완해 생산성을 증대하는 효과를 가져왔다. 최선을 다하려는 지식노동자에게 증강은 든든한 버팀목이다.

게다가 증강은 약점 보완이라는 목표에만 머물지 않고 인간의 상대적 '강점'을 찾아내 더욱 증폭하거나 잘 활용할 수 있게 도와준다.

카밀 니키타Camille Nicita는 디트로이트에 본부를 두고 제너럴모터스General Motors와 리복Reebok 같은 기업고객이 소비자의 욕구와 행동을 더욱 잘 꿰뚫어볼 수 있게 도와주는 회사 곤고스Gongos의 CEO다. 빅데이터가 구매활동에 관한 모든 것을 드러내 보임에 따라, 이 회사가 하는 일을 위기에 처한 업무로 분류하는 사람도 있다. 이와 관련해 니키타 또한 빅데이터를 기반으로 하는 복잡한 결정분석이 자신의 동료들이 놓칠 수도 있는 새롭고도 중요한 통찰력을 제시할 것이라는 점을 인정한다. 그러나 그녀는 오히려 바로 그 점이 직원들이 더욱 깊이 파고들어 고객사들에게 "빅데이터 뒤에 숨은 상황과 인간화, 그리고 '왜'"를 보라고 제안할 수 있는 기회를 줄 것이라고 말한다. 앞으로 이 회사는 "단순히 분석에만 국한되지 않고, 그 데이터를 종합하고 위대한 이야기의 힘을 통해 사업 결정을 알려주는 방향으로 옮겨놓을" 예정이다. 이는 경제학자 프랭크 레비와 리처드 머네인이 인간의 강점이라고 말한 복잡한 의사소통의 끔찍한 운명 같다. 또한 그와 동시에 각자가 창출하는 가치를 서로 증폭하는 인간과 기계의 이상적인 동반자관계, 다시 말해 증강처럼 보이기도 한다.

니키타는 인공지능의 올바른 활용이야말로 증강 전략에서 핵심 신념이라고 생각한다. 즉 그녀는 기계 때문에 사람들을 문 밖으로 밀어내서는, 더더구나 로봇의 심부름이나 하는 처지로 전락하게 해서는 안 된다고 생각한다. 증강은 사람들이 지금껏 포기해온 그 어떤 일보다 더 의미 있는 일, 즉 더 큰 성취감을 주는 일, 인간의 강점에 더 잘 부합하는 일, 더 많은 가치를 창출하는 일을 하게 해준다.

그렇다면 과학기술에도 똑같은 이야기를 적용할 수 있지 않을까. 자동화 도구와 증강 도구는 서로 다른 범주가 아니다. 다만 기술을 적용하는 의도가 다를 뿐이다. 자동화는 무엇보다도 사람들이 주어진 일에서 무엇을 하고 그 결과 무엇을 끌어낼 수 있느냐에 초점을 맞춘다. 그리고 코드화가 가능해지는 순간 컴퓨터를 배치해 인간이 하는 일을 최대한 잘게 쪼갠다. 오로지 경비 절감이 목표이기 때문에 자동화는 경영진의 생각을 현재 달성되고 있는 성과에만 연연하게 제한한다.

이에 비해 증강은 인간과 기계가 현재 각각 무슨 일을 하고 있는지에 초점을 맞춘다. 그리고 그 둘의 협력을 통해 일거리를 줄이기보다 일을 심화할 수 있는 방법을 모색한다. 그렇게 하는 의도는 유지비가 많이 드는 저 인간들에게 어떻게든 일을 덜 주기 위해서가 절대 아니다. 그보다 인간들이 좀더 의미 있는 일을 할 수 있는 환경을 마련하는 것이 증강의 목표다.

인간의 두뇌를 위한
바퀴

기계는 인간을 쓸모없는 존재로 만드는 게 아니라, 인간이 더 많은 능력을 발휘할 수 있도록 설계되어야 한다고 생각하는 사람이 우리가 처음은 아니다. 예를 들어 스티브 잡스는 청년시절 애플을 세우면서 이 철학을 바탕으로 "영장류와 우리의 차이는 우리는 도구를 사용한다는 점"이라는 말의 의미를 곰곰이 되씹어보았다. 그전에 잡스는 운동의 효율성 측면에서 다양한 종을 비교한 논문을 읽은 적이 있었다. 그에 따르면 예를 들어 1킬로미터를 이동하는 데 최소한의 에너지를 사용하는 종은 콘도르였다. 상중하로 순위를 매기면 하위권에 속하는 인간은 거의 눈길을 끌지 못했다. "하지만 그러고 나서 〈사이언티픽 아메리칸Scientific American〉에서 누군가가 자전거를 탄 인간의 운동능력을 실험해볼 생각을 했다. 그러자 자전거를 탄 사람이 콘도르를 쉽게 따돌렸다. 비교할 수도 없을 만큼 완전한 승리였다. 내게 컴퓨터란 바로 그런 것이다. 컴퓨터는 우리가 지금까지 만들어낸 도구 중에서 가장 주목할 만한 도구이다. 말하자면 우리의 두뇌를 위한 자전거와 같다." 잡스의 설명이다.[3]

이 점에서 잡스는 (MIT의 컴퓨터 개척자 바네바 부시Vannevar Bush의 영향을 받은) 고 더글러스 엥겔바트Douglas Engelbart의 영향을 받은 것이 확실하다. 컴퓨터 마우스를 발명한 엥겔바트는 생각과 의견 공유의 기계적 측면을 수행하는 기계를 구상하면서 처음으로 '증강'이라는 용어를 썼다. 1962년 그는 〈인간 지능의 증강: 개념적 틀Augmenting Human Intellect: A Conceptual Framework〉이라는 유명한 논문을 발표했다.[4] 그는 또 증강연구소를 세우기도 했는데, 1969년 이 연구소는 세계 최초의 인터넷 링크 한쪽 끝을 이루기도 했다(나머지 한쪽 끝은 캘리포니아 대학교 로스앤젤레스 캠퍼스였다). 잡스는 엥겔바트의 인터페이스 개념뿐만 아니라 '두뇌를 위한 바퀴'를 만들고 싶다는 그의 꿈도 빌렸다.

바네바 부시의 MIT 동료이자 앞에서 언급한《인간의 인간적 활용》의 저자 로버트 위너는 이보다 앞서 1950년에 이미 기계가 힘들고 단조로운 반복 업무에서 인간을 해방해 좀더 창의적인 일에 집중할 수 있게 해줄 것이라는 희망을 표출했다. 컴퓨터(그는 '계산기계computing machine'라고 불렀는데, 당시 '컴퓨터'라는 용어는 어느 MIT 교수의 저술에서도 확인할 수 있듯이 계산 업무를 전담하는 인간을 지칭했다)는 최근에야 수학적 기능을 빨리 정확하게 수행함으로써 그 가치를 입증해 보였을 뿐이지만, 시간이 지나면 다른 측면에서 인간의 지능을 앞지르게 될 것이라는 점 또한 명확해졌다. 이와 관련해 위너는 "육체노동과 화이트칼라 노동에 대한 선호가 없는 기계"라는 표현을 사용해 남다른 선견지명을 과시했다.[5]

이렇듯 증강 측면에서 생각해온 사람들의 역사는 풍부하지만 그 용어를 좀더 구체적으로 정의할 필요가 있을 듯하다. 첫째, 우리가 증강을 언급할 때는 인간과 기계의 상호보완적 관계를 전제로 한다(이 점에 대해서는 아래에서 자세히 살펴볼 예정이다). 둘째, 우리는 증강을 인간 노동자가 기계의 도움으로 더 많은 가치를 창출할 수 있을 때, 나아가 그렇게 함으로써 개인이 훨씬 비약적인 성과를 거둘 수 있을 때만 존재하는 것으로 정의하고자 한다. 참고로 영국의 다국적 컨설팅그룹 딜로이트Deloitte는 스마트 기기의 스마트 기기에 의한 증강을 '증폭된 지능'으로 정의한다. 우리가 생각하는 증강과 의미가 비슷하지만 '자동화'와 뚜렷하게 대비되는 용어는 아니다.

아울러 우리가 증강 개념을 좋아하는 이유는 경제학자들이 즐겨 사용하는 '상보성complementarity'이라는 용어를 뛰어넘기 때문이다. 경제학자들은 과학기술을 인간의 노동을 대신하거나 보완해줄 수 있는 것으로 바라본다. 인간은 쓸모없는 존재가 되는 것을 싫어하기 때문에, 인간에게 남아 있는 선택은 상보적 방식, 즉 인간은 인간대로 가장 잘할 수 있는 일을 계속하고 컴퓨터는 컴퓨터대로 가장 잘하는 일을 하면서 함께 큰 가치를 생산해내는 방식이다. 물론 이 방식도 그럭저럭 괜찮다. 인간은 계속 일을(적어도 일의 일부를) 하면서 그 일을 더욱 즐긴다. 과학기술이 인간의 기술과 지식을 효율적으로 지원하고 개선해주기 때문이다. 그러나 그 관계는 거기서 더 발전해야 한다. 인간과 기계가 짝을 이룸으로써 인간이 지금 잘하는 일을 '더' 잘할 수 있게 해준다면, 마찬가지로 기계가 지금 하는 일을 훨씬 더 잘할 수 있게 해준다면? 그렇다면 그것은 증강이 될 것이다. 단순히 노동의 분할을 넘어 가치의 증식이 될 것이다.

증강의 형태:
초능력과 추진력

지식노동의 영역에서 컴퓨터를 통한 증강은 크게 네 가지 형태를 띠며, 이는 다시 두 가지 범주로 나눌 수 있다. 우리는 처음 두 가지 형태는 초능력으로, 그다음 두 가지 형태는 추진력으로 분류하고자 한다.

기계가 우리의 '정보검색' 능력을 크게 증강하면서 우리는 이른바 초능력을 얻었다. 사실 영화 〈터미네이터〉 시리즈에서 스카이넷이 고안한 '사이보그'의 초인적 능력 가운데 영화 팬들이 가장 부러워하는 능력은 만나는 인간에 대한 이력 정보를 그 자리에서 바로바로 검색해내는 능력이다. 실례로 구글 글라스는 바로 여기서 영감을 얻었다고 기술 책임자 태드 스타너Thad Staner는 말한다.[6] (우리는 이 제품에 안녕을 고해야 했지만 구글은 다시 돌아올 것이라고 확언한다.)

10년 전 톰이 지식노동자에 대한 책을 쓸 때 이미 그런 정보검색 능력이 얼마나 큰 힘을 발휘하는지 보여주는 사례가 몇몇 있었다. 예를 들어 그는 보스턴의 비영리 의료네트워크 파트너스 헬스케어Partners HealthCare에서 사용하는 이런 유형의 시스템에 초점을 맞춰 '컴퓨터 지원 의료지시computer-aided physician order entry' 개념을 자세히 다루었다. 의사가 환자에게 필요한 의학적 지시(약 처방, 검사, 이관 등)를 입력하면 시스템은 그 지시가 과연 최선의 의학적 처치인지 확인하는 작업에 들어간다. 그래서 아니라고 판단되면 시스템은 의사에게 지시를 바꿔야 하지 않느냐고 묻는다(최종결정은 의사의 몫이다). 파트너스의 주요 종합병원 두 곳에 이 시스템을 도입한 뒤로 의약품 처방에서의 심각한 실수가 55퍼센트나 줄어들었다. 현재 많은 병원에서 이 시스템을 사용하고 있으며, 앞으로는 비용과 환자의 건강행태도 점차 파악해나갈 예정이다. 언젠가는 이 시스템이 의사의 진단 업무도 보조하게 되겠지만 그러려면 해결해야 할 문제가 한두 가지가 아니다. 어쨌든 이 시스템은 '초능력' 증강의 명백한 성공 사례이며, 그 때문에 일자리를 잃은 인간 의사는 단 한 명도 없다.

그런데 이런 기계들이 어느 순간 극히 **중요한 의사결정**을 하기에 이르렀고, 그 결과 결정이 갈수록 정확해지고 빨라졌다. 이 또한 인간의 능력을 증강할 수 있는 두 번째 형태의 초능력이다. 많고 많은 결정이 인간의 도전의식을 자극하지만 논쟁의 여지는 없다. 예를 들어 온도조절장치가 온도가 내려갈 때마다 변화를 감지해 그 결과를 바탕으로 용광로를 재가동해야 할지 말아야 할지 알려준다면? 업무현장에서는 이런 식으로 결정을 기다리는 일이 끝도 없이 발생하기 때문에 기계의 업무가 프로세스 제어에만 국한되어서는 안 된다. 즉 기계는 인간의 질문에도 답할 수 있어야 한다. 스마트 기기가 일상의 수많은 문제를 1,000분의 1초 단위로 처리하고 고려하고 해결하면서, 인간은 훨씬 더 유리한 위치에서 좀더 복잡한 문제에 집중할 수 있게 되었다. 미국 국방부가 차세대 제트 전투기에 인공지능을 탑재하고 싶어하는 이유는 바로 이 때문이다. 미국 국방부는 조종사들이 비행기 조종이라는 만만치 않은 업무에 신경을 쓰기보다 인간의 재량을 필요로 하는 일에 집중함으로써 전투에서 인지적 우위를 점하기를 바란다.

인간 능력을 증강하는 영역과 기계가 전담하는 영역의 경계는 계속 바뀌고 있으며 그러한 경계 변화가 늘 타당하지만은 않지만, 나름대로 그럴 만한 사정이 있다. 1960년대 말과 1970년대 초 아폴로의 달 탐사가 좋은 사례다. 당시 로켓과 캡슐 조종을 컴퓨터에 맡기고자 했던 공학자들과 통제권을 계속 지키고 싶어했던 우주비행사들은 그 문제로 끊임없이 싸웠다. 물론 우주비행사들도 항로를 안내해줄 아폴로 가이던스 컴퓨터가 필요하다는 점은 인정했다. 이와 관련해 우주비행사 데이비드 스콧David Scott은 훗날 이렇게 말했다. "야구공과 농구공을 4미터 거리로 떨어뜨려놓는다고 생각해보자. 야구공은 달이고, 농구공은 지구를 나타낸다. 그리고 종잇장을 하나 세운다. 이 얇디얇은 단면이 우리가 지구로 돌아오려면 반드시 거쳐야 하는 통로이다."[7] 그러나 그들은 달 표면에 우주선을 착륙시키는 일만은 직접 하고 싶어했다. 왜 그랬을까? 아마도 순전히 자존심 문제였던 듯하다. 사실 고도의 훈련을 받은 이 조종사들에게 착륙은 비행이라는 업무에서 언제나 가장 까다로운 부분이었다. 공학자들은 인간이 굳이 착륙에 관여하지 않아도 되며, 비행 컴퓨터가(오늘날의 수준에서 보면 그야말로 원시적이었지만) 적어도 착륙만큼은 잘해낼 수 있다고 주장했다. 하지만 결국은 우주비행사들이 이겼다. 아폴로의 역사를 기록한 데이비드 민델David Mindell에 따르면 총 여섯 차례의 착륙 내내 우주비행사들은 컴퓨터로부터 통제권을 넘겨받아 달착륙선을 무사히 착륙시켰다. 그들은 처음으로 음속비행을 한 공군 조종사 척 예거Chuck Yeager의 유명한 말처럼 '캔 속의 햄'이 되고 싶지는 않았다.[8]

처음 두 가지 형태의 증강이 사람들에게 있었으면 하는 것을 준다면, 나머지 두 가지 형태의 증강은 사람들에게게서 없었으면 하는 것을 치워 없앤다. 여기서 우리는 초능력이 아니라 추진력에 대해 이야기하고 있다. 지식노동자의 일 중에는 오래전에 손에 익힌 지루한 일상 업무도 많다. 그래서 그런 일은 어디 다른 데 맡기고 좀더 고차원적인 일을 했으면 싶다. 특히 지출내역서 작성처럼, 주된 업무여야 하는 가치 창출과는 아무 상관이 없는 잡무는 정말 어디 다른 데로 치워버리고 싶다.

자기관리self-administerd 형태를 띠는 이런 종류의 증강의 예로는 우리를 비롯해 수백만 명이 세금 환급 신청서를 작성할 때 사용하는 터보택스 같은 세금 정산 소프트웨어를 들 수 있다. 우리가 각자의 세금 내역과 그에 대한 자료 출처를 제공하면 터보택스는 규칙과 계산을 제공하고, 프로세스 전반에 걸쳐 적절한 세금신고 서식을 추천하고, 잘못 기재된 항목은 없는지 확인하고, 국세청의 감사를 받을 가능성은 얼마나 되는지 알려준다. 우리는 뭔가 보여주는 것이 좋다고 생각하는 경향이 있다. 하지만 이 경우 우리 인간은 예를 들어 자선단체에 얼마를 기부할지만 결정하면 된다. 그러면 터보택스가 충실하게 기부금을 공제한다. 외국납부 공제세액 신청의 경우에도 우리가 컨설팅 요금에 대한 세금을 브라질에서 이미 냈다는 사실만 기억하고 있으면 터보택스가 알아서 처리해준다. 이처럼 우리가 너무 많은 것을 보여주지 않도록 예방해주는 컴퓨터 프로그램의 지능 수준을 알면 훨씬 더 안도가 된다.

마찬가지로 법률회사에서 변호사가 하는 많은 일들도 판단과 공감, 창의력을 필요로 한다. 예를 들면 사건에서 다루어야 할 법이 어느 분야에 속하는지 결정하고, 고객을 안심시키고, 새로운 법적 쟁점이 될 만한 사안이나 사건을 예의주시해야 한다. 그러나 서류 확인, 계약서 작성, 유언신탁 서식 작성 같은 업무는 여간 지루하지 않다. 스마트 기기가 이런 업무를 빠르게 넘겨받고 있는 것은 당연한 결과다. 그래도 미국에만 여전히 130만 명의 변호사가 있으며, 그 수는 매년 늘어난다. 따라서 아직은 '변호사를 구하자'는 캠페인을 벌이지 않아도 될 듯하다. 보나마나 대부분의 변호사는 단조롭고 고된 업무에서 벗어나 엄청난 해방감을 느끼고 있을 것이다.

역시 추진력의 일종으로서, 증강의 마지막 형태는 우리가 더 나은 자신이 될 수 있게 도와주는 스마트 기기다. 최근 들어 소비가 폭증한 장치, 즉 개인적 목표를 정하고 그 목표를 향해 얼마나 나아가고 있는지 확인할 수 있게 해주는 장치를 생각해보자. 일명 '자가측정quantified self' 운동의 일환인 이 장치는 피드백 고리를 형성해 우리가 중요하다고 생각하는 (주로 업무 외적인) 목표, 예를 들어 마라톤 완주에 필요한 체력 단련이나 집중력 개선, 좌절 후유증 극복 요법 실천 같은 목표에 얼마나 가까이 다가가고 있는지 알려준다. 어떤 면에서 이런 종류의 추진력은 지원을 통해서가 아니라 의지력 결핍이나 자기수양 부족 같은 우리 인간 자아의 유감스러운 경향을 거스름으로써 효과를 나타낸다. 앞으로 업무현장의 기술은 개인적 목표를 세우고 야심차게 밀고나가려는 노동자들을 위해 점차 이런 역할을 수행해나갈 것이다.

다시 한 번 강조하건대 인간-기계 관계에서 과학기술의 사용은 자동화가 아니라 증강하는 방향으로 나아가야 한다. 가장 자율적인 스마트 기기조차 아직은 인간의 증강에 크게 기여하지 못한다. 이 네 가지 범주에서 어떤 기술을 사용했을 때의 결과는 쉽게 상상할 수 있을 텐데, 같은 기술이 초능력과 추진력이 아니라 감시와 제약의 도구가 될 수도 있다. 그 차이는 어떤 의도로 사용하느냐에 달려 있다. 인간 능력을 증강하려는 의도라면, 어떤 종류의 디지털 지능이든 업무에 사용할 수 있다. 기계와 협력해 일하면서 우리는 우리 자신, 나아가 더 나은 우리 자신이 될 수 있다. 그리고 일자리도 계속 유지하면서 그 안에서 나날이 발전해나갈 수 있다.

주당 15시간 노동에 대한
케인스의 예측

만약 여러분이 반세기 전에 이 책을 읽고 있었다면, 우리가 일자리를 없애는 게 아니라 유지하는 데 도움이 될 방법으로 증강을 언급하는 것을 보고 무척 놀랐을지도 모르겠다. 1928년 존 메이너드 케인스John Maynard Keynes는 〈우리 손주들을 위한 경제 전망Economic Prospect for Our Grandchildren〉이라는 제목의 논문을 썼다. 거기서 그는 몇십 년 뒤면 생산성과 과학기

술의 진보가 후손들에게 새로운 종류의 문제를 안겨주게 될 것이라고
주장했다. 즉 남아도는 여가시간을 어떻게 활용하느냐 하는 문제였다.
이와 관련해 그는 다음과 같이 썼다. "창조 이후 처음으로 인간은 실질
적이면서 영원한 문제, 즉 시급한 경제적 근심에서 벗어나 얻은 자유를
어떻게 활용할지, 과학과 자본의 복리가 가져온 여가시간을 어떻게 보내
야 할지 하는 문제들과 직면하게 될 것이다."[9]

케인스는 지금쯤이면 우리 모두가 주당 15시간씩 일하고 있으리라 예
상했다. 물론 그 예상은 완전히 빗나갔다. 그러나 스마트 기기의 출현은
눈에 띄게 늘어난 여가시간이 곧 수평선 위로 떠오를지도 모른다고 다
시금 말한다. 이런 기계들이 우리가 매일 직장에서 수행하는 업무의 많
은 부분을 자동화할 수 있다면 과연 우리의 여가시간이 많아질까?

그럴 것 같지 않다. 그 이유는 다양하다. 몇몇 경제학자들은 생산성이
증가한 만큼 소비도 증가했으며, 따라서 사람들은 더 많이 사들이기 위
해 계속 일할 수밖에 없다고 주장한다. 사회학자들은 분주한 삶이 그 자
체로 목적인 상태에 이르렀다고 주장한다. 심리학자들은 일이 우리가 생
각하는 것보다 본질적으로 더 큰 만족을 준다고 주장한다.

스마트 기기가 노동을 현격하게 줄이지 못하고 있고 앞으로도 그러기
가 쉽지 않아 보이는 이유는 사람들이 그런 기계를 증강이라는 사고방
식을 가지고 제대로 활용하고 있지 못하기 때문이다. 저자인 우리는 둘
다 노동자이면서 노동자를 고용하는 조직이기도 하다. 우리는 스마트 기
기를 업무 자동화가 아니라 업무능력 증강에 필요한 도구로 바라본다.
스마트 기기는 일자리 대체보다 일자리 확충에 도움을 주어왔고, 앞으로
도 그럴 것이다.

예를 들어 간단한 스프레드시트를 생각해보자. 이 도구는 재무예산 편성, 기획, 보고서 작성 업무를 훨씬 빠르고 훨씬 생산적으로 수행해낸다. 조직이 사람들이 스프레드시트를 사용한다는 이유로 그 업무를 자동화할 생각이었다면, 스프레드시트가 발명된 뒤로 같은 규모의 예산, 기획, 보고 업무를 더 적은 사람들이 더 낮은 임금을 받으면서 이 도구를 가지고 해냈을 것이다.

하지만 대부분의 조직과 개인은 스프레드시트를 점점 늘어나는 분석 업무에 필요한 도구로 생각하는 듯하다. 재무분석가가 어쩌다 스프레드시트로 대체되는 경우가 있긴 했어도, 대체로 분석 업무 자체가 많아졌다. 스프레드시트와 기타 생산성 기술은 일자리라는 정해진 파이를 먹어 치우기보다 더 많이 늘렸다.

갈수록 더 새로운 지능화 시스템이 쏟아져 나옴에 따라 업무 수행에서 인간의 역할이 아예 없어지거나 대폭 줄어들지도 모른다고 생각할 수도 있다. 결국 주당 15시간의 노동으로 이어질지도 모른다. 그러나 우리는 그런 시스템 또한 스프레드시트가 밝혀놓은 길을 따라갈 것이며, 또 그래야 한다고 믿는다. 그런 시스템은 지식노동자를 대체하기보다 그들에게 생각할 거리를 더 많이 던져줘야 한다. 몇몇 결정과 행동은 자동화 시스템에 넘어갈 수도 있겠지만 그런 시스템은 지식노동자들을 해방해 더 원대하고 더 중요한 일을 달성할 수 있도록 해야 한다.

물론 오늘날 (특히 미국의) 지식노동자들은 일에서 불리한 입장에 놓여 있다. 그러나 일을 마음껏 하지 못하거나 아예 못한다면 훨씬 더 불리해질 것이다. 우리가 하루빨리 일에 대해 발전적으로 생각해야 하는 이유는 시간이 별로 없기 때문이다.

증강의 두 가지
상반된 효과

MIT 경제학자 데이비드 오터David Autor는 컴퓨터가 노동에 미치는 영향을 다룬 최근 논문에서 오늘날 인간의 노동 중에 스마트 기기의 영향을 받지 않는 노동은 거의 없다고 주장한다. 그의 말을 들어보자. "컴퓨터화할 수 없는 업무라고 해서 컴퓨터화가 그 업무에 아무 영향도 미치지 못한다는 뜻은 아니다. 반대로 컴퓨터화로 대체할 수 없는 업무도 대개 컴퓨터화를 통해 완수된다. 다만 사람들이 이 기본적인 사실을 간과하고 있을 뿐이다."[10]

여기서 오터는 증강 개념을 염두에 두고 있는 만큼, 증강은 두 방향으로 나아갈 수 있다는 점을 덧붙여야 할 듯하다. 컴퓨터와 로봇이 인간의 일을 증강하듯 인간도 컴퓨터와 로봇의 일을 증강한다. 지적인 작업은 때로는 기계가 주로 하고, 때로는 인간이 주로 한다. 다시 말해 그 둘이 의사결정에서 차지하는 비율은 50대 50이 아닌 경우가 많으며, 수시로 바뀐다.

따라서 우리가 지금까지 해온 증강 논의의 방향을 반대쪽으로 틀어보자. 만약 우리가 기계라면 어떤 단점을 순순히 인정하고 인간이 보완해주길 바라겠는가? 기계가 인간과의 긴밀한 협업을 통해 스스로의 한계를 뛰어넘을 수 있는 방법은 여러 가지가 있다. 최소한 기계는 다음의 주된 능력을 채우기 위해 인간을 필요로 한다.

기계의 사고능력 설계와 창조

대부분의 경우 컴퓨터 프로그램과 분석 알고리즘 등을 설계하고 작성하는 일은 인간의 몫이다. 그리고 이를 바탕으로 자동화 결정 시스템이라는 건물을 지어 올리는 일 역시 인간의 몫이다. 기계학습과 자동화 프로그래밍 등의 발전에도 불구하고 가까운 미래에 인간의 노동과 지도 없이 그런 시스템이 탄생하기는 매우 어려울 듯하다. 자동화 도구가 앞으로도 계속해서 이 분야에서의 인간의 생산성을 높여주겠지만 창조 과정은 우리 인간이 주도하고 감독해야 할 것이다.

'큰 그림'을 볼 수 있는 시야 제공

인간은 큰 그림을 잘 본다. 그러려면 특정한 해결책이 전체에도 잘 맞는지 파악하고, 세상의 변화를 예의주시하고, 똑같은 문제에 여러 가지 접근법을 적용해보면서 그 결과를 비교할 수 있어야 한다. 우리는 새로운 정보를 언제 어디서 찾을지 안다. 뭔가가 이치에 맞는지 아닌지도 안다. 시스템의 경계 조건이 언제 바뀌었는지도 안다. 이런 종류의 사고능력은 구조화하기가 어렵기 때문에 컴퓨터는 이런 일에 서툴 수밖에 없다.

다양한 시스템과 결과의 집약과 통합

우리 인간은 어느 하나의 시스템이나 의사결정 접근법이 유일한 정답이 아닐 수도 있다는 점을 늘 염두에 둔다. 우리는 자료의 정확도를 평가하거나 여러 가지 가능성을 비교해 답을 유추해내는 능력에서도 아주 뛰어나다. 곧 살펴보겠지만 프리스타일 체스 선수들은 말을 움직일 때마다 수많은 가능성을 계산에 넣는다. 분석 전문가들은 다양한 모델을 시험해보고 설득력과 타당성 측면에서 가장 뛰어난 조합을 추려낸다. IBM 의 왓슨 사용자 몇몇은 대체 시스템을 개발해 특정 인지 업무를 더 잘 수행할 수 있는지 알아보기도 했다. 실제로 다양한 방법을 시험해보면서 어떤 방법이 가장 적합한지 알아내도록 프로그램된 기계가 더러 있다 (기계학습에서는 이를 종종 앙상블 방법이라고 부른다). 하지만 인간이 그런 작업을 더 많이 한다.

기계의 원활한 업무 수행 감독

분석 모델과 인지 시스템은 특정 상황에 맞게 설계된다. 따라서 상황 이 달라지면 기능이 떨어질 가능성이 높다. 대부분의 경우 시스템은 자 신이 더는 일을 제대로 하지 못하게 되었다는 것을 알지 못하며, 설사 안 다 해도 그 일에서 스스로 물러나지 못한다. 따라서 인간이 시스템을 관 찰하면서 더 이상 높은 품질의 답을 제공하지 못하면 업데이트를 하거나 교체해줘야 한다. 오랫동안 일을 잘해왔다면 기계를 해고하기가 망설여 질 수도 있겠지만 기계가 효용을 발휘할 수 있는 수명을 고려해야 한다.

기계의 약점과 강점 파악

인간과 마찬가지로, 모든 인지 시스템은 약점을 가지고 있다. 이런 시 스템은 알고리즘이 품질이 낮은 데이터에 기반하고 있거나 의사결정 과 정에 결점이 있다. 예를 들어 보험회사의 사업장보험 자동심사 시스템은 꽃집 주인은 단번에 고위험군으로 분류하겠지만 미용실의 위험을 평가 하는 데는 취약할 수 있다. 이 경우 시스템이 산정한 보험금액에 허점이 없는지 파악하는 일은 인간 손해사정사의 몫이다.

시스템이 필요로 하는 정보 도출

자동화된 결정 시스템이 일하는 데 필요한 정보를 얻기가 늘 쉬운 것만은 아니다. 예를 들어 자동화된 재정계획 시스템에서 부자 고객에게 가장 바람직한 주식투자 계획을 알아내는 것은 비교적 쉽다. 그러나 한 가정의 은퇴 대비책을 결정하려면 현재의 소비수준과 투자위험 감수도, 은퇴예정 시기 등을 입력해야 한다. 물론 고객 스스로 그 정보를 기입할 수 있지만, 그런 자료를 내놓기가 어려울 때가 많다. 이 경우 인간 재무설계사가 고객을 응대하며 까다로운 정보를 끌어낼 수 있다. 인간이 이런 역할을 할 수 있는 상황은 이 밖에도 많다.

자동화된 추천에 따라 행동하도록 인간을 설득하기

컴퓨터는 결정은 잘 내릴 수 있지만, 그런 결정을 실행하려면 많은 경우 인간이 필요하다. 앞에서 언급한 재무설계 시나리오에서 컴퓨터는 은퇴 목표를 충족하려면 저축을 더 많이 해야 한다고 권고할 수 있지만, 고객에게 동기를 부여해 저축을 늘리도록 하려면 설득력 있는 인간이 필요할 것이다. 마찬가지로 컴퓨터는 의학적 진단과 치료 계획을 제시할 수는 있지만, 이를 실행하려면 그 계획을 이해하고, 환자가 알아듣기 쉽게 풀어 설명하고, 새로운 건강행동을 채택할 수 있게 동기를 부여할 수 있는 의사와 간호사가 필요할 것이다.

인간이 컴퓨터의 능력을 증강하는 방법은 이 밖에도 많다. 몇몇 증강 기회는 특정 응용 영역에서 나올 전망이다. 앞에서 우리는 자동 대출심사 시스템이 연방준비제도이사회 의장을 지낸 벤 버냉키의 담보대출 전환 신청을 거절했다는 이야기를 했다. 은행과 보험회사처럼 언뜻 판에 박힌 듯한 결정을 수없이 내려야 하는 업계에서는 정상 범주와 규칙에서 벗어나는 버냉키 같은 사람들이 종종 있다. 버냉키 같은 우수 고객을 붙잡으려는 은행에서는 예외 상황을 빠르고 쉽게 처리할 수 있어야 한다. 다시 말해 언제든 그런 상황에 대처할 수 있는 사람들을 확보해둬야 한다. 이보다 훨씬 중요한 문제는 건강보험회사들이 생명이 걸린 치료에 보험 적용을 줄여나가고 있다는 점이다. 기계가 그런 결정에 도움이 될 기회는 분명 있지만, 인간의 생명을 둘러싼 결정은 기계에 맡기기에는 너무도 중요하다는 점 또한 분명하다. 따라서 여기서 내릴 수 있는 결론은 **규칙과 구조화된 논리에 중요한 예외가 발생할 경우** 자동화가 아니라 증강을 해야 한다는 점이다.

마지막으로 **정말 예외적이고 차별화된 제품과 서비스를 대량으로 제공**하는 게 목표라면 증강만이 그 목표를 달성할 수 있다. 우리 모두 완전히 자동화된 고객서비스에 익숙하지만, 우리 대부분은 우리의 문제에 대해 이야기할 인간을 찾는(즉 0을 누르거나 상담원을 연결하는) 전략을 개발해왔다. 콜센터의 안내 옵션 메뉴는 만족스럽지 못할 때가 많다. 서비스 품질을 높이고 싶다면, 또는 경쟁사와 차별화된 제품을 선보이고 싶다면 컴퓨터가 프로세스를 대량으로 찍어내게 돼서는 그런 목표를 달성하기 어렵다. 우리는 시장에서 평판이 좋은 회사에 대해 이야기할 때 자동화에 대해서는 거의 언급하지 않는다. 대신 수석 디자이너의 창의성이나 고객서비스 담당자의 '인간적 손길'을 주로 화제에 올린다. 우리 인간은 기계가 형성하는 개인화나 표준화된 의사소통을 간파해내는 데 아주 뛰어나다. 기계의 능력이 점점 나아진다 하더라도 기계를 간파해내는 우리의 능력 또한 진화할 것이다.

기계를 증강하는 역할 가운데 몇 가지는 인간 노동자에게 잠정적일 수밖에 없지만, 일자리나 직업을 제공하기에는 충분할 것이다. 사실상 우리가 살펴본 증강 전략에서 사람들은 다르게 일하는 법을 배워야 한다. 스마트 기기 시대에 계속 직업을 유지하면서 번성하기를 희망하는 지식노동자라면 많이 배우고, 일하는 방식을 바꾸고, 때로 오만을 버리고 기계의 조력자가 되어야 한다.

프리스타일 체스가 주는
교훈

몇몇 저자들은 우리가 상호증강이라고 부르는 인간과 기계의 상호작용을 체스에 비유한다. 체스가 인간에게 겸손을 요구하는 영역임은 분명하다. 잘 알다시피 요즘 일대일 경기에서 최고의 승률을 자랑하는 체스 선수들은 모두 컴퓨터다. 하지만 우리가 생각하듯 컴퓨터가 일방적으로 완승을 거두는 것은 아니다. 경제학자 타일러 코언Tyler Cowen(젊었을 때 체스 챔피언이었다)과 《제2의 기계시대》의 저자 에릭 브린욜프슨과 앤드루 매카피는 인간 체스 선수가 원하는 대로 컴퓨터의 도움을 마음껏 사용하는 '프리스타일 체스'의 예를 활용한다.[11] 저자인 우리는 둘 다 체스를 썩 잘 두지는 못하지만(그렇게 열심히 생각한 대가로 돈을 받는다는 것은 마음에 든다) 사람들이 종종 최고의 프로그램을 눌러 이기는 이유를 다음과 같이 정리해보았다. 물론 프리스타일 체스가 독특한 상황이긴 하지만, 왜 그런지 이유를 자세히 들여다보면 다른 형태의 증강 가능성도 생각해볼 수 있지 않을까 싶다.

- 각기 다른 컴퓨터 프로그램이 각기 다른 체스 상황에 특화되어 있으며, 따라서 인간은 각 프로그램의 강점을 파악해 그 강점들을 하나로 통합해낼 수 있다. (컴퓨터 체스 프로그램은 자기보다 더 우수한 프로그램이 있다는 사실을 잘 인식하지 못하기 때문에 상황이 불리하게 돌아가도 여간해선 물러날 줄 모른다.)
- 인간은 언제 이동이 쉽고 언제 어려운지에 대한 상황 지식이 뛰어나며, 따라서 기회를 노렸다가 컴퓨터가 빨리 움직이도록 몰아붙일 수 있다.
- 전문 체스 선수가 아니더라도 말의 움직임만 잘 파악하면 되기 때문에 컴퓨터를 능가할 가능성이 매우 높다.
- 애초에 컴퓨터 체스 프로그램을 설계하려면 인간이 필요하며, 프로그램 성능 개선도 인간이 한다.

이 마지막 논점과 관련해 세계 최고의 프리스타일 체스 선수로 꼽히는 앤슨 윌리엄스Anson Williams와 그의 팀 동료 넬슨 에르난데스Nelson Hernandez는 30억 개가 넘는 말 위치를 내장한 체스 포지션 데이터베이스를 개발했다. 에르난데스는 (일대일로는 그 누구도 만나려 들지 않는) 윌리엄스에 대해 이렇게 말했다. "그 친구의 부가가치는 최적화된 결정 지원 시스템을 만드는 방법을 알고 있다는 점입니다. 하지만 실전에서 그 친구가 갖는 경쟁우위는 그때그때 펼쳐지는 상황에서 우위를 점하려면 시스템을 어떻게 구조화해야 하는지를 멀리까지 내다보며 파악하는 시야에 있습니다." 이는 우리에게 증강의 본보기처럼 들린다.

하지만 증강 접근법의 모범사례로 체스를 적극 권하는 데는 신중을 기해야 할 듯하다. 그 안에는 순열의 수가 엄청나게 많긴 하지만(우주의 원자 수보다 훨씬 더 많다고 알려져 있다) 체스는 분명히 대부분의 실제 상황보다 더 구조화되어 있으며, 그 구조는 시간이 지나도 상대적으로 변함이 없다. 그래서 덜 구조화되고 덜 고정된 영역에 맞는 프로그램을 설계하기보다는 체스를 두는 컴퓨터 프로그램을 설계하기가 더 쉬울 뿐 아니라 이해하고 비교하기도 한결 쉽다. 게다가 체스를 두거나 게임을 해서 생계를 꾸리는 사람은 별로 없기 때문에 고용을 유지하든 상실하든 그 여파는 아주 미미하다.

그러나 다른 분야에서 일하고 있다 하더라도, 체스의 유추를 통해 우리가 배울 점이 분명히 있다. 아주 똑똑한 스마트 기기를 상대로 게임에서 계속 이기려면 그런 기계와 손잡고 일해야 한다. 기계가 잘하는 일과 못하는 일을 모두 알아야 한다. 현재 사용하고 있는 것보다 더 우수한 컴퓨터 프로그램을 계속 찾아내야 한다. 업무 능력을 끌어올리려면 데이터와 애널리틱스 자산에 투자해야 할지도 모른다. 그리고 가능하다면 컴퓨터 프로그램에 대해 많이 배워 직접 그 성능을 개선할 수 있어야 한다. 거기서 더 나아가 컴퓨터 프로그램을 설계하는 능력까지 갖춘다면 우리의 가치를 확실히 입증해 보일 수 있다.

체스에서든 다른 어떤 분야에서든 증강 상황에서 누가 무엇을 증강하고 있는지, 또는 무엇이 누구를 증강하고 있는지 구분하기가 어려울 때도 더러 있기 때문에 그 결과에 대한 공과를 따지는 데 신중을 기해야

한다. 인간으로서 컴퓨터보다 자신이 더 유능하다고 말해선 안 된다. 그
랬다가는 낭패를 보기 십상이다. 다행히 컴퓨터는 자아가 없기 때문에
우리를 지배하려 들 가능성이 거의 없다. 어쩌면 〈2001 스페이스 오디
세이〉의 할HAL처럼, 언젠가 컴퓨터는 우리에게 플러그를 뽑지 말라고
충고할 수도 있다. 그러나 우리가 컴퓨터와 함께 일하는 한, 그리고 우리
가 게임에서 이기는 한 그럴 일은 없을 것이다.

증강을 달성하는
다섯 가지 방법

자동화의 위협에 연연하는 사람들이 취할 수 있는 조치는 사실상 하
나밖에 없다(그리고 갈수록 소수의 사람들만이 할 수 있게 된다). 즉 인지 면
에서 더 고지대로 올라서는 것이다. 고용 상태의 유지 여부는 아직까지
컴퓨터가 정복하지 못한 합리적인 의사결정이라는 극히 드문 영역을 차
지하는 능력에 달려 있다. 그런데 그러한 도전을 증강으로 재정의할 경
우 이미 일을 하고 있는 사람이나 일을 찾는 사람 모두에게 훨씬 폭넓은
전략 범위가 열린다. 실행 가능한 대안은 이제 한 가지가 아니라 여러 형
태로 모습을 드러낸다.

1. 위로 올라서기
자동화 시스템보다 더 높은 곳으로 올라간다. 너무 복잡하고 광범위
해서 컴퓨터나 로봇이 감당하기에는 벅찬 '큰 그림' 시야와 판단력을 개

발한다.

2. 옆으로 비켜서기

의사결정이 필요 없는 직업군으로 옮겨간다. 판매하거나 동기를 부여하는 일, 또는 컴퓨터가 이미 내린 결정을 쉬운 말로 풀어 설명하는 일 등이 여기에 해당한다.

3. 안으로 파고들기

컴퓨터 시스템의 자동 의사결정에 관여해 시스템을 이해하고 감시하고 개선한다. 여기 소개하는 다섯 가지 전략 모두 증강을 지향하지만, 이는 그중에서도 증강의 핵심이 되는 전략이다.

4. 틈새로 움직이기

현재의 직업분야에서 전문 영역을 찾는 것이다. 범위가 너무 한정되어 아무도 자동화를 시도하지 않는 영역, 자동화로 인한 경제적 실익이 전혀 없을 것 같은 영역 말이다.

5. 앞으로 나아가기

특정 영역에서 기계의 결정과 행동을 지원하는 새로운 시스템과 과학 기술을 개발한다.

우리는 이 다섯 가지 범주가 컨설턴트들이 즐겨 사용하는 'MECE', 즉 상호배제와 전체포괄mutually exclusive and collectively exhaustive에 부합하기를

희망하지만 더 추가할 항목이 있으면 언제든 알려주기 바란다. 여기서
핵심은 스마트 기기와 사이좋게 지낼 방법은 많으며, 스마트 기기는 인
간에게 각기 다른 강점을 요구한다는 점이다. 거의 모든 직업군에서 사
람들은 저마다 다른 조치를 취한다. 이 장의 나머지 부분에서는 몇몇 직
업을 예로 들어 사람들이 일자리를 지키기 위해 어떤 노력을 기울이고
있는지 둘러보고자 한다. 자동화에 위협받는 대표적인 직업인만큼 먼저
보험 손해사정사에 대해 살펴볼 것이다. 그런 다음 큰 맥락에서 교사와
금융전문가들은 어떻게 올라서고, 비켜서고, 파고들고, 틈새로 움직이
고, 나아가고 있는지도 간략히 알아볼 예정이다.

보험 손해사정사에 대한
짧지만 흥미로운 여정

예의를 찾아보기 어려운 웹사이트Careersearch.com에서 하는 이야기를 들
으면 보험 손해사정사라는 직업이 별로 인기가 없었나보다고 생각하기
쉽다. 이 사이트에서는 잠재적인 구직자들에게 이 직업을 다음과 같이
소개한다.

> 프로 야구선수, 발레리나, 우주비행사, 보험 손해사정사. 모두 사
> 람들이 어릴 때부터 꿈꿔온 직업이다. 의지력과 결단력만 조금 있
> 으면 어린 시절의 꿈대로 살 수 있다. 500호 홈런을 치는 것이든
> 화성에 첫발을 내딛는 사람이 되는 것이든 그 꿈을 인식하고만

있으면 반드시 이룰 수 있다. 물론 그 점에서는 보험 손해사정사
도 마찬가지다. 많은 사람들이 이 직업이 손 닿기에는 너무 먼 곳
에 있다고 생각할지도 모르겠지만 어느 정도 끈기와 헌신만 있다
면 얼마든지 닿을 수 있다.[12]

뭔 헛소리인지 원. 그러나 노동통계국에 따르면 10만 명이 넘는 미국
인이 이 일을 하고 있으며, 평균 6만 2,820달러를 연봉으로 받는다. 보험
손해사정사는 정보기반 산업의 중심에 있는 화이트칼라 직업의 그야말
로 전형이라고 할 수 있다.

그런 만큼 이 직업은 위기감을 느끼기 시작했다. 이미 10년 전에 그
평균연봉이 실질달러가치로 의미심장하게 올랐기 때문이다. 노동통계
국은 앞으로 이 직업 종사자 수는 감소할 일만 남았다고 전망한다. 이와
관련해 노동통계국은 2002년과 2012년 사이에 종사자 수가 6퍼센트 하
락했다고 추정했지만, 집배원(32퍼센트)이나 데이터 입력원(25퍼센트),
시체 방부 처리사(15퍼센트)의 예상치에 비하면 그렇게 가파르지 않다.
그렇긴 해도 인력 감소는 보나마나 임금 하락 압력으로 이어질 것이다.
이 모두는 스마트 기기의 출현과 관련 있다. 2009년 초 딜로이트가 설문
조사를 실시한 결과 대형 생명보험회사의 30퍼센트가 자동심사 시스템
을 사용하고 있으며, 나머지 60퍼센트도 그 시스템을 도입할 계획인 것
으로 나타났다.[13]

손해사정사는 정확히 어떤 직업일까? 엄밀하게는 자산이나 벤처와 관
계된 위험을 떠맡기로 동의하는 사업자를 가리킨다. 영어로 손해사정사
를 뜻하는 'underwriter'라는 명칭은 1600년대에 원양 항해에 나서는 상

선에 보험을 팔던 사람들이 화물 선적증 밑에 서명을 적었던 데서 유래했다. (그런 항해를 알리는 공고는 주로 런던에 있는 에드워드 로이드Edward Lloyd의 커피하우스에 게시되었다. 이 커피하우스가 바로 우리가 오늘 알고 있는 로이드Lloyd's 보험협회의 기원이다.) 그러나 오늘날 대형 보험사(그리고 은행, 부동산회사) 안에서 손해사정사는 위험을 평가하고 손실 가능성을 차단해주는 대가로 자산 소유주가 (대개 보험료의 형태로) 지불해야 하는 비용을 산정하는 핵심 업무를 전담하는 사람들에게 주어지는 직함이다. 이 일을 하려면 해박한 수학 지식이 필요하다. 이상적인 가격, 즉 회사에 이윤을 남기면서 경쟁사보다 낮은 가격을 제시하려면 각기 비중이 다른 수많은 요인을 감안해 계산해야 하기 때문이다. 물론 요즘에는 컴퓨터가 그 일을 가장 잘하며, 바로 그런 이유 때문에 위험에 익숙한 사람이라면 손해사정사라는 직업이 흥미로워 보일 수도 있다. 침몰하는 배의 특징은 모두 지니고 있기 때문이다.

　손해사정사의 세계로 들어가 다섯 단계를 본격적으로 소개하기 전에 이 자리를 빌려 마이클 버나스키Michael Bernaski에게 감사의 인사를 전하고 싶다. 베테랑 경영 컨설턴트 버나스키는 금융서비스 분야에서 20년 넘게 자동화 시스템을 고안하고 실행해왔다. 그는 우리와 만난 자리에서 "우리가 커리어를 망친 보험 손해사정사 모두에게" 죄책감을 느낀다며, 자동화를 경험하고 있는 환경에서 인간은 어떤 역할을 해야 하는지와 관련해 평소 가지고 있던 생각을 자세히 들려주었다. 그는 인간 손해사정사가 어떻게 여전히 가치를 제공하는지에 대해 설명하면서 우리의 다섯 가지 용어를 그대로 사용하진 않았지만, 그의 관찰과 견해는 우리에게 많은 도움이 되었다. 그리고 위로가 될진 모르겠지만, 그는 "이 새로운 도구들이야말로 위험을 해결할 진정한 혁신이 가능함을 의미하기"
때문에 손해사정을 가라앉는 배라고 생각하지 않는다.

버나스키가 강조한 대로, 이 상황에서 인간이 직면하는 근본적 문제
는 그 일의 전통적인 핵심, 즉 사업의 다양한 변수가 서로 영향을 미쳐
보험금을 청구하게 될 가능성과 그 가능성이 보험료 변화에 미칠 영향,
다시 말해 '위험의 미시구조'를 파악하는 업무가 컴퓨터로 완전히 넘어
갈 수도 있다는 점이다. 정교한 자동 손해사정 시스템은 각기 다른 가격
이 책정된 셀을 말 그대로 수백만 개나, 그것도 아주 쉽게 만들어낼 수
있다. 오로지 논리 규칙과 방정식만 따르면 되기 때문이다. 게다가 자동
차, 트럭, 보일러처럼 센서가 부착된 장치가 주행거리나 사용시간 등을
정기적으로 보고하기 시작하면서 컴퓨터 시스템은 훨씬 더 유리해졌다.
고려해야 할 데이터 양이 그야말로 어마어마해지면서 인간은 리그에서
점점 밀려나고 있다. '사물인터넷' 관리는 컴퓨터가 특히 잘할 수 있는
일이다. 인간은 그렇게 잘하지 못한다.

하지만 이야기가 거기서 끝나란 법은 없다. 일에서 다른 강점을 발휘
할 수 있는 손해사정사는 컴퓨터가 핵심 업무를 장악하더라도 굳건히
살아남을 수 있으며, 오히려 더 잘될 수도 있다. 경력이 중단된 프로 야
구선수나 발레리나, 우주비행사처럼 아쉬워할 필요 없이.

위로 올라서는 손해사정사

우리의 일을 잠식해 들어오는 컴퓨터에 대응하는 한 가지 방법은 컴
퓨터를 보험업의 영역에서 위로 올라서게 해주는, 예를 들면 '자산관리'
를 책임지게 도와주는 아주 유능한 조수로 바라보는 것이다. 이 일을 하

려면 위험의 미시구조가 아니라 '거시구조', 다시 말해 회사는 물론 심지어는 지역이나 세계를 불안에 빠뜨리는 위협, 사업 결정에 뒤따르는 위험의 성격을 통째로 바꾸어놓는 위험을 판단할 수 있어야 한다. 구체적으로 말하면 회사의 투자 방향이 어느 한쪽으로 쏠리고 있지는 않은지, 또는 더 넓은 세상의 변화를 반영하려면 조정이 필요하지는 않은지 등을 판단할 수 있어야 한다. 예를 들어 상업보험에서 위로 올라선다는 것은 제조업체의 장비 대여 서비스를 사용하는 농부가 점점 늘어나자 자기 소유 농기계를 대상으로 하는 보험의 비중이 높아졌다는 데 주목하는 것일 수 있다. 이 경우 한때 버나스키가 그랬듯이 '재도시화' 시기(1960년대와 2000년대)의 도시 지역에는 일거리가 거의 없었다는 점을 염두에 둬야 할지도 모른다.

이런 종류의 사고에는 코드화된 논리가 아니라 예감이 필요하다. 적어도 자산관리를 구상하는 초기 단계에서는 그렇다. 컴퓨터는 잘해낼 수 없는 일이다, 적어도 이 단계에서는. 자산관리의 초기 단계에서는 분석할 자료도 설명할 규칙도 없다.

옆으로 비켜서는 손해사정사

10년 전 톰은 우연한 기회에 자동 손해사정 시스템에 주로 의존하는 소규모 보험회사를 방문한 적이 있었다. 그곳 관리자는 이렇게 말했다. "우리는 인간 손해사정사도 몇 명 계속 두고 있습니다. 누군가는 우리가 왜 고객의 요청을 거절했는지 그 이유를 중개인들에게 설명해야 하기 때문입니다." 부정적인 소식을 전달하는 일은, 컴퓨터가 그 일을 할 수 있느냐 없느냐를 떠나서, 공감할 수 있는 능력이 필요하다. 적어도 중개인들의 주장에 따르면 그렇다. 더욱이 훌륭한 손해사정사는 사는 곳처럼 바꾸기 어려운 요소보다 운전기록처럼 고객이 다룰 수 있는 요인을 강조함으로써 중개인을 도와준다.

이런 동료의식은 관련 자료를 자동화 시스템에 입력할 때도 중요하다. 자료를 입력하려면 먼저 고객이나 중개인에게서 정보를 끌어내야 하기 때문이다. 이와 관련해 마이클 버나스키는 이 일에 정확한 타자 실력만 필요한 것은 아니라고 지적한다. 자료를 입력할 때 인간 손해사정사는 입력한 내용에 모순은 없는지 자주 확인한다. 영리한 손해사정사라면, 예컨대 고객이 자동차보험 신청서에 기재한 우편번호가 대중교통에는 적용이 안 된다는 사실을 확인하고 대중교통을 이용해 출퇴근한다는 고객의 진술이 거짓말 같다고 알아차릴 수 있을 것이다[미국의 경우 교통카드를 신용카드로 구매하려면 자동화기기에 우편번호를 입력해야 한다]. 더 일반적으로, 그는 "금융상품에 대한 고객의 선호 표현은 유동적이고 양적"이라고 지적한다. 다시 말해 고객이 내미는 정보와 어떤 종류의 금융상품을 원하는지를 파악하려면 많은 경우 예민함이 필요하다. 우리는 때로 남편과 아내의 우선순위가 달라 이견을 조정하느라 애먹는다는 금융 전문가들의 하소연을 자주 듣는다. 컴퓨터라고 해서 그런 차이가 어떤 부분의 더 심각한 문제를 드러내는지를 곧 알아낼 것 같지는 않다. 만약 그런 날이 온다면 정말 위험해지는 직업은 결혼 상담사가 될 것이다.

안으로 파고드는 손해사정사

과학기술에 특별히 친숙한 손해사정사라면 결정과 행동을 자동화하는 스마트 시스템 '안으로 파고들어' 시스템의 성능을 개선하는 쪽을 선호할지도 모르겠다. 보험회사에는 자동 손해사정 시스템이 어떻게 작동하는지 잘 아는 전문가, 즉 필요할 경우 시스템을 수정하고 개선하면서 시간이 지나도 계속 잘 작동할 수 있도록 관리하는 직원이 있어야 한다. 버나스키 같은 컨설턴트들이 이런 역할을 맡을 때가 많지만, 규모가 큰 조직은 이를 정당하게 하려면, 그리고 비싼 컨설팅 비용을 영구적으로 내고 싶지 않다면, 그런 사람들을 직원으로 고용해야 한다.

이 역할을 맡으려면 손해사정이라는 직업에 대한 지식뿐만 아니라 그 방면의 전문지식을 규칙과 알고리즘 안에 집어넣는 기술에 대한 지식도 필요하다. 아울러 장기적인 보험료 수입과 보험금 청구를 비교 분석해 보험상품의 전반적인 성공 여부를 평가하는 능력도 있어야 한다. 버나스키는 이렇게 지적한다. "지속적인 피드백 고리가 있어야 하는데, 이 고리를 작동하는 데 없어서는 안 될 요소가 바로 전문성을 갖춘 손해사정사입니다." 최고의 손해사정사는 불완전한 논리와 누락된 조건, 시스템 수정이 필요할 수도 있는 기타 환경을 식별해낼 수 있다.

틈새로 움직이는 손해사정사

다른 직업에서도 마찬가지지만 이 업계에서도 끊임없는 노력을 통해 자동화는 아직 손대지 못하는 한정된 분야의 전문지식을 쌓아나간다면 얼마든지 승산이 있다. 이와 관련해 버나스키는 어떤 사업장에도 적용 가능한 자동화 시스템은 아직 보지 못했다고 말한다. 예를 들어 보험 가입 대상이 소규모 소매상들일 경우에는 문제가 없지만, 세탁소 체인이 보험을 신청할 경우 그와 관련된 복잡한 환경 위해성에 대한 이해가 부족할 수도 있다.

그런 한정된 전문지식을 인간 전문가에게 업데이트하는 것이 추가 상황이 발생할 때마다 의사결정 컴퓨터에 내장하는 것보다 일반적으로 싸게 먹힌다. 물론 손해사정사가 이 조치를 취하려면 매우 특정한 영역에서 전문지식을 축적하며 늘 앞서나가야 한다. 컴퓨터와 함께 일하되 과학기술은 지원하는 역할로 남아 있게 해야 한다.

앞으로 나아가는 손해사정사

어떤 분야에서든 앞으로 나아간다는 것은 차세대 노동절약형 도구를 설계한다는 뜻이다. 이는 손해사정 업무처럼 자동화가 순조롭게 진행되는 분야의 많은 직업에 해당하는 이야기다. 이번 조치는 보험회사 직원들이 취할 확률이 높은데, 이 업계에서는 직접 시스템을 개발하는 경우가 많기 때문이다(뮌헨 레Munich Re와 스위스 레Swiss Re처럼 다른 기업에 자체 개발한 시스템을 판매하는 경우도 더러 있다). 이 밖에 액센추어Accenture와 CSC 같은 대규모 시스템 외주업체에서 일하는 직원들도 이 조치를 취할 가능성이 높다. 사실 이런 종류의 일을 하는 사람들 대부분이 컨설팅 회사와 보험회사에서 일한다. 그러나 기업가들 중에도 앞으로 나아가는 타입이 많다. 그들은 새로운 해결책의 필요성을 빨리 포착할 뿐만 아니라 그 해결책을 홍보·판매·지원하는 데 필요한 기술을 두루 갖추고 있다.

똑같은 다섯 가지 조치가 다른 분야에서는 어떻게 적용되는지 살펴보기 전에, '상호배제'를 기준으로 정의했지만 개인의 직업에 따라 두 가지 이상의 조치가 동시에 행해지기도 한다는 점을 밝혀두고 싶다. 예를 들어 안으로 파고들기도 하고 위로 올라서기도 하는 리사 투어빌Lisa Tourville의 경우를 살펴보자. 그녀는 의료 전문 보험계리사로 근무시간 대부분을 의학적 위험이 의료비에 미치는 영향을 연구하고 필요할 경우 대책을 세우며 보낸다. 하지만 대부분의 보험계리사들은 의료비를 자동으로 분석하고 결정하는 컴퓨터 시스템에 깊이 관여하지 않는다. 투어빌은 눈에 띄는 예외다.

대학을 졸업한 뒤 그녀는 보험 통계자료를 분석하는 일뿐만 아니라 자동 가격결정 시스템을 관리하는 일도 했다. 그녀는 그 결과를 주로 사원복지, 치과보험, 허리케인 재난보험, 그리고 가장 최근에는 건강보험에 적용했다. 건강보험업계의 거인 유나이티드헬스케어UnitedHealthCare에서 그녀는 위로 올라서기 시작했다. 구체적으로 말하면 개별 보험상품을 검토하는 일뿐만 아니라 새로운 과학기술과 거시경제 환경이 의료비에 미치는 영향을 예측하는 일도 하기 시작했다. (최근 애트나Aetna에서 인수한) 또 다른 대형 건강보험회사 휴매나Humana로 자리를 옮긴 뒤에도 그녀는 분석과 데이터 기반 의사결정 업무뿐 아니라 외부 동향 모델링 업무에 계속 집중했다. 거기서 투어빌은 비즈니스인텔리전스 및 정보역량센터 책임자로 있으면서 5,000만 달러에 이르는 분석 지향 프로젝트와 시스템을 총괄했다.

현재 그녀는 미국에서 두 번째로 규모가 큰 건강보험회사 앤섬Anthem에서 일하고 있는데, 여기서도 그녀는 여전히 안으로 파고들기도 하고 위로 올라서기도 한다. 구체적으로 말하면 상업적인 보건경제 직무를 총괄하며 의료비 동향을 분석하고 파악해 해당 주제에 대해 보고하는 시스템을 관리한다. 이 일을 맡기 전 그녀는 앤섬의 노인의료보험 관련 보건경제 직무를 주도하기도 했다.

투어빌의 경우처럼 지식노동자들의 업무 내용과 역할은 자주 바뀐다.

시간이 갈수록 컴퓨터가 하는 일은 변화할 테고, 인간의 영역은 줄어들 것이다. 스마트 기기 시대의 업무는 끊임없는 변화와 적응을 뜻한다.

교사를 위한
다섯 가지 조치

이제 다섯 가지 전략의 차이를 분명히 이해했을 테니 지식노동의 다른 두 가지 영역, 즉 교사와 금융전문가는 이런 전략을 어떻게 구사하는지 살펴보자. 이미 지적했듯이, 학생 개개인의 수준에 맞춰 커리큘럼을 짜고 학습 내용을 전달하는 교사의 역할은 위협받고 있다. 과학기술이 이 두 가지 일 모두를 아주 잘할 수 있기 때문이다. 몇몇 대중선동가(특히 헤지펀드 매니저 출신의 앤디 케슬러Andy Kessler)들은 이런 과학기술의 출현으로 교사들은 사라질 것이며 사라져야 한다고 주장하지만, 단지 교사의 역할만 바뀔 가능성이 높다. 이와 관련해 우리는 교육계의 혁신을 주로 연구하는 토머스 아넷Thomas Arnett을 믿고 싶다. 그는 과학기술이 "출석 확인, 숙제 확인, 객관식이나 단답형 시험과 간단한 쪽지시험의 정답 확인 같은 업무를 자동화"하게 될 것이며, 심지어는 "기본적인 설명도 일부 맡아 처리하면서 교사들에게 일대일 맞춤형 수업에 필요한 실시간 데이터를 제공"할 테지만, 교직의 많은 측면이 대체하기에는 너무도 중요하고 또 본질적으로 인간의 일인 만큼 그대로 남아 있을 것으로 내다본다.[14]

과학기술이 풍부한 환경에서 **위로 올라서는** 교사는 예를 들어 커리큘럼 단위의 장기 계획과 전반적인 학습목표를 세울 것이다. 아울러 어떻게 하면 기술이 그런 목표를 가장 적절하게 지원할 수 있을지도 결정할 것이다. 주입식 교육의 부담에서 벗어나면 교사들은 관계자들과 함께 교육계의 문제와 동향을 파악하고, 학교별 현황과 학생들의 성취도 데이터에 대응하는 조치를 취할 수 있다. 그중 몇몇은 시간제 교사나 컨설턴트 또는 '데이터 팀' 구성원 자격으로 이 일을 하게 될 것이다.

교직의 상황에서 스마트 기기를 피해 **옆으로 비켜선다**는 것은 학습의 욕 고취와 학생과의 관계라는 기술에 집중한다는 뜻일 때가 많다. 학습의욕 유발은 단순한 지식 전달보다 학생들의 집단 지혜 함양을 목표로 삼는다. 학생들이 서로 도우며 배우고, 그렇게 하면서 더 많은 것을 배우고 싶다는 욕구를 갖도록 본보기를 제시한다. 또한 경우에 따라서 비켜서기는 목표 설정과 학생들의 행동 교정, 교실 내 학습문화 정착에 더 집중한다는 뜻일 수도 있다. 내용 중심의 교육과 시험을 옹호하는 사람들은 이런 종류의 소프트스킬을 무시할지도 모르지만, 사실 학교를 졸업한 후의 성공은 학생의 사회성과 높은 상관관계가 있다.

안으로 파고들려면 업무를 잠식해 들어오는 스마트 기기와 친해져야 한다. 안으로 파고드는 교사는 혼합 학습을 수용할 가능성이 높다. 이는 필요할 때마다 교육용 기술과 면대면 학습 및 학습의욕 유발을 번갈아 사용하는 학습 형태다. 이런 혼합을 통해서 교사는 학교의 자원으로서 널리 활용될 수 있다. 그런가 하면 교육용 기술 벤더에 기용되어 온라인 학습 컨설턴트로 활동할 가능성도 배제할 수 없다. 많은 교사들이 과학기술의 맹습에 압도되다 못해 주눅이 들어 있다. 그러나 안으로 들어가는 교사는 기술 연수를 환영하며, 스마트 도구를 업무에 효율적으로 활용할 뿐 아니라 또 다른 용도를 더 찾아내기 위해 열심히 배운다.

교직 상황에서 **틈새로 움직이려면** 특이한 요구사항이 있는 학생들, 예를 들면 학습능력이 떨어지거나, 재능이 남다르거나, 다른 언어를 모국어로 쓰는 학생들을 상대해야 할지도 모른다. 실제로 몇몇 학교에서는 언어전문가를 채용해 난독증이나 그 외 학습장애가 있는 학생들에게 소리 원리부터 배우게 한다. 또한 몽족 말과 맘족 말을 모국어로 사용하는 학생들을 도와줄 전문가를 채용하는 학교도 있다. 이런 전문가들의 경우, 수요도 매우 적고 교육적 접근법도 제각각으로 구조화가 어려워서 자동화 소프트웨어가 나올 가능성은 거의 없다.

교육계에서 **앞으로 나아가는** 사람들은 학교용 소프트웨어를 개발하는 이른바 에드테크ed-tech 회사에서 일할 가능성이 매우 높다. 이 중에는 신생 스타트업이 있는가 하면 출판사 같은 전통적인 교재 공급업체 자회사도 있다. 출판기업 맥그로힐의 스핀아웃인 맥그로힐 에듀케이션은 보스턴과 시애틀에 디지털 제품을 전담하는 사무실을 새로 열어 일반 출판사나 교육환경에서는 흔히 찾아볼 수 없는 인재들을 대거 채용했다. 데이터과학자, 소프트웨어 기술자, 데이터 시각화 전문가, 분석에 능숙한 제품생산 관리자, 콘텐츠 개발자 등이다. 이 부서 수석 매니저들은 경영 컨설턴트, 최고정보책임자, 데이터과학자로 일한 경력을 가지고 있지만 대부분 교육산업에서도 일한 경험이 있으며, 일선 학교 교사 출신도 몇몇 있다.

자동화 기술이 이제 막 도입되기 시작했다는 점에서 교직은 우리가 제시하는 다섯 가지 조치를 하나하나 따져보기에 아주 좋은 직업이다. 물론 현직 교사는 스마트 기기 시대에 누가 승자가 되고 누가 패자가 될지를 놓고 심각하게 고민할 필요가 없다고 생각할지도 모른다. 그러나 나쁜 징후가 있다. 이러한 과학기술은 결국 심대한 영향을 미칠 것이다. 전통적인 교직 업무가 양적인 면에서나 질적인 면에서나 감소하기 시작 하면서 우리가 설명한 조치는 점점 일반화될 것으로 보인다.

금융설계사와 중개인을 위한
다섯 가지 조치

전통적으로 금융설계사와 중개인들이 해온 일, 즉 고객이 금융자산을 어디에 투자해야 할지 결정하는 일은 이제 컴퓨터가 점점 더 잘하고 있 다. 이러한 추세는 '로보-어드바이저'라는 신조어까지 만들어냈다. 그러 나 손해사정사와 교사들에게 적용되는 다섯 가지 조치는 이 직업군에도 유효하다.

먼저 **위로 올라서는** 것부터 살펴보자. 금융자문의 업무에는 자동화 시스템이 자산 배분에서 어떤 형태의 투자를 고려해야 할지 결정하는 일도 포함된다. 전 세계적으로 금융환경(이자율, 경제성장 등)이 수시로 바뀌면서, 위로 올라선다는 것은 자동 조언 시스템이 그런 변화를 따라 잡으려면 어떻게 달라져야 하는지를 제시한다는 뜻이기도 하다. 예를 들 어 로보-어드바이저 업계의 촉망받는 스타트업 베터먼트Betterment에는 다섯 명의 전문가로 구성된 '행동재무학과 투자' 부서가 있다. 여기서 이 전문가들은 시스템의 투자조언을 개선할 방안을 모색하고, 올바른 자산 배분을 결정하고, 장기적 투자관리 전략을 수정하고, 고객들이 투자와

관련해 좀더 합리적이고 경제적으로 행동하도록 '행동을 설계하는' 일
을 한다.

옆으로 비켜서 컴퓨터가 잘하지 못하는 일을 한다는 전략은 금융전문
가들에게 성공 가능성이 높은 대안이다. 산업분석가로 금융기술 회사에
서 일한 그랜트 이스터브룩Grant Easterbrook(지금은 금융기술 스타트업으로 옮
겼다)은 투자계획 수립 업무를 자동화하기는 비교적 쉽지만, 자산가 개
개인에게 맞춘 복잡한 금융설계를 제공하려면 여전히 인간의 손길이 필
요하다고 말한다. 그런 광의의 금융설계에는 세금 계획, 부동산 계획, 생
명보험, 그 밖의 결정이 포함된다. 그러려면 미묘한 뉘앙스까지 포착할
수 있도록 서로 밀접하게 연관된 정보들을 수집하는 것이 필요하다. 이
스터브룩은 인간 자문은 "고객이 그런 정보를 빠짐없이 수집하도록 동
기를 부여"할 뿐만 아니라 고객이 "자신의 재정상태에 대해 지나치게
낙관적일 때가 많고 추후 조치에 대해 무성의하다"는 사실을 바로잡을
수 있다고 말한다. 로보-어드바이저의 출현을 주제로 글을 써온 데이비
트 포트David Port도 고객의 목표에 관심을 갖는 자문의 가치를 강조한다.
포트는 다음과 같이 지적한다. "인간 자문이 지니는 가치의 핵심은 금융
설계의 영역에서뿐만 아니라 인간의 손길로 전달되는 객관적 정보와 충
고의 출처로서 고객에게 신뢰를 주는 능력이다."[15]

안으로 파고드는 설계사와 중개인은 로보-어드바이저를 슈퍼스마트
한 동료로 십분 활용한다. 회사에서 특별한 툴을 채택하고 나면, 해당 툴
이 결정을 내릴 때 의존하는 논리를 재빨리 숙지하고, 툴의 수정과 개선
에 대해 회사와 외부 공급업체의 기술 전문가에게 의견을 피력한다. 이
경우 소신이 뚜렷한 자문은 고객에게 어떤 과학기술이 주어진 질문에

최적의 안내를 제공하는지 충고해준다.

금융자문 분야에서 **틈새로 움직이는** 전략, 즉 한정된 투자 주제에 대한 전문지식을 축적해 자신만의 전문성을 확보하는 전략은 그 역사가 길고도 풍부하다. 그런 전략을 구사한다는 것은 완납형연금보험이나 전환성채권 같은 단일종목 투자나, 특정한 유형의 고객에 대해 정통하게 된다는 뜻일 수도 있다. 예를 들어 전현직 군인 대상의 보험과 투자를 전문으로 취급하는 금융서비스 회사 USAA는 그런 고객의 요구를 전담하는 금융자문 팀을 따로 두고 있다. USAA는 자동화 조언 시스템을 갖추고 있지만 그 시스템이 전현직 군인들의 요구를 다 채워주지는 못하기 때문이다.

마지막으로 새로운 투자 과학기술 애플리케이션을 개발함으로써 **앞으로 나아갈** 수 있는 기회는 무궁무진해 보인다. 교육의 경우와 마찬가지로 이런 진취적인 인재들이 이 분야의 스타트업에 대거 포진하고 있다. 이와 관련해 이스터브룩은 그동안 분석가로 일하며 지켜본 결과 로보-어드바이저 범주에만 100개가 넘는 스타트업이 있다고 말한다. 하지만 찰스 슈왑Charles Schwab 같은 대형 금융자문 회사도 자동 조언 시스템을 직접 개발하고 있다. (뱅가드 그룹Vanguard Group의 증강 전략에 대해서는 10장에서 자세히 다룰 예정이다.)

이 장에서 우리는 증강이라는 개념과 사람들이 스마트 기기를 활용해 우위를 점할 수 있게 하는 다섯 가지 '조치'를 개략적으로 살펴보았다. 그리고 보험 손해사정사, 교사, 금융자문이라는 각기 다른 분야에서 이런 조치가 어떻게 나타나는지에 대해서도 간략히 살펴보았다. 이제 이 조치들을 하나하나 깊이 들여다볼 차례다. 이후 다섯 장에서는 더 많은 사례를 통해 여러분이 특별히 마음에 드는 조치가 있다면 어떻게 접근하는 것이 좋은지 자세히 안내할 예정이다. 어떤 조치를 취하든 여러분은 갈수록 업무현장으로 밀고 들어오는 스마트 기기와의 관계를 다시 고려해봐야 한다. 그러나 그중 어떤 것도 항복처럼 느껴지지는 않는다. 다섯 가지 중 어떤 조치든 여러분을 이전보다 더 행복해지는 방향으로, 고용주에게나 고객에게나 더 가치 있는 방향으로 데려다줄 것이다.

4

위로
올라서기

론 캐스카트Ron Cathcart는 시애틀로 이사하는 게 행복하지 않았다. 도시 자체는 괜찮았다. 그가 은행가로서 대부분의 시간을 보낸 토론토보다 훨씬 따뜻했으니까. 하지만 그의 새 직장은 문제가 많았다. 사실 그는 대형(실은 미국에서 제일 크다) 저축대부은행 워싱턴뮤추얼Washington Mutual의 리스크관리최고책임자로 취임할 예정이었다.

2005년 12월 그 일을 수락한 직후 그는 기업 위기관리 기능을 대폭 개선했다는 약속이 빈말뿐이었다는 사실을 깨달았다. 나중에 있은 의회 청문회에서 그는 위기는 "나머지 사업과 효율화 노력에서 소외되어 있었다"고 증언했다.[1] 캐스카트는 자신이 입사하기 전 이 은행이 서브프라임 대출자들에게 변동이자모기지adjustable-rate mortgates(ARMs)와 주택담보 대출을 판매할 목적으로 '고위험 융자 전략'을 채택했다는 사실도 알게 되었다. 당시에는 흔히 그랬듯, 금융증권화 과정에 있는 월스트리트에 대출상품을 판매하는 것이 이 전략의 목표였다.

조직의 상황으로 미루어 전면 지원을 받기는 어려울 듯했지만 캐스카트는 워싱턴뮤추얼의 위기 감시 기능을 개선해 궁극적으로 그런 위험부담을 줄이기 위한 일련의 조치를 취하기 시작했다. 먼저 그는 사업부서 네 곳에 위기 관리자들을 배치했다. 그리고 신용정책과 신용한도를 검토하기 시작했다. 아울러 신용위기 모델 개발자들을 추가로 채용해 은행의 대출 포트폴리오와 신용 프로세스에 무슨 문제는 없는지 확인하는 다양한 종류의 양적 모델 제작에 착수했다. 이 작업에는 '중립 네트워크' 모델을 비롯해 정교한 모델이 광범위하게 필요했다. 그 가운데 일부는 외주업체에서 공급받았고, 일부는 기존 모델을 개조했다.

캐스카트는 다트머스 대학에서 영어를 전공했을 뿐만 아니라 컴퓨터 언어 BASIC을 만든 교수 존 케메니John Kemeny에게 직접 그 언어를 배우기도 했다. 그런 만큼 컴퓨터 시스템과 통계 모델에 대해 훤히 꿰고 있었다. 무엇보다도 그는 그런 시스템과 모델을 언제 믿어야 하고 믿지 말아야 하는지를 잘 알고 있었다.

모델과 분석이 심각한 문제를 드러내기 시작했다. 캐스카트는 모델의 자동화와 정교화 수준이 아무리 뛰어나다 하더라도 시간이 지나면 경제와 은행 기후의 변화에 대한 대처능력이 점점 떨어진다는 사실을 인정할 수밖에 없었다. 예를 들어 모기지 모델은 대부분 5년간의 자료에 기반하고 있었다. 그러나 2007년 그날에 이르기까지 경제가 점점 악화되었으므로 5년간의 모델은 급격히 지나치게 낙관적이게 바뀐 셈이었다. 캐스카트는 은행 총재로부터 이 고통스러운 사실을 덮으라는 지시를 받았다.

짐작하겠지만 거기서부터는 오로지 내리막길로 내려갈 일만 남아 있었다. 캐스카트의 노력에도 불구하고 회사의 위기 모델이 근거하고 있는 데이터에는 문제가 너무 많았다. 워싱턴뮤추얼을 비롯해 미국의 대부은행들이 '무서류' 대출을 채택하자 그는 대출자의 소득자료를 더는 믿을 수 없음을 깨달았다. 캐스카트와 그의 박사 분석가 군단은 면밀한 검토 끝에 한때 부의 상징이었던 두 채 이상의 주택 소유가 높은 채무불이행

가능성을 보여주는 지표로 전락했다는 결론을 내리기도 했다. 캐스카트는 신용도와 대출심사 기준을 높이기 위해 고군분투했지만 이 문제로 은행의 모기지 자회사들을 통제하기에는 역부족이었다.

캐스카트가 워싱턴뮤추얼의 위기 수준에 대해 경고할수록 경영진은 그를 점점 따돌렸다. 경영진은 그와의 만남을 계속 피했을 뿐만 아니라 이사회 출석까지 막았다. 캐스카트는 이사회와 미국 저축은행감독국에 위기 수준이 위험할 정도로 높아졌다는 사실을 알리기로 결심했다. 그렇게 한 직후 워싱턴뮤추얼 CEO 겸 회장 케리 킬링어Kerry Killinger는 그를 해임했다. 그러나 몇 달 뒤 킬링어도 해임되었다. 2008년 9월 워싱턴뮤추얼은 연방예금보험공사Federal Deposit Insurance Corporation(FDIC)의 법정관리에 들어갔다. 이 사건은 미국 역사상 가장 규모가 큰 은행파산 사례로 기록되었다.

캐스카트는 회사를 구할 수는 없었지만 자신의 경력은 구했다. 그는 우리가 지금까지 살펴본 워싱턴뮤추얼 사태를 다룬 미국 상원 소위원회에 나가 증언했다. 현재 그는 뉴욕 연방준비은행 기업위기감독국 국장으로 재직하면서 미국 은행들의 '스트레스 테스트'를 설계하는 한편 미국을 대표해 자금 수요와 위기를 주제로 열리는 국제 금융회의에 참석하고 있다. 그 일을 겪은 후로 그보다 기업 위기를 더 잘 감지해낼 수 있는 은행가는 아마 어딜 가도 거의 없지 싶다.

어쨌든 론 캐스카트는 자동화 시스템 위로 올라섰다. 본인은 좀더 성공적인 기관에서 그랬더라면(워싱턴뮤추얼에 들어가기 전에 그랬더라면) 하고 바랄지도 모르겠지만 말이다. 그는 위기관리 기능을 대폭 개선해야 한다는 점을 인식하고 자동화와 반자동화 분석 모델 개발에 박차를 가했다. 그리고 거기서 그치지 않고 그런 모델이 몇 가지 측면에서 부족하다는 사실을 깨닫고 수정을 지시하기도 했다. 또한 그는 그런 모델을 언제 믿을 수 있고 언제 믿을 수 없는지도 파악했다. "수학은 너무 멀리만 가니까요." 그의 말이다. 그는 분석과 분석이 제공하는 결과를 바탕으로 중요한 결정을 내리고 행동을 취했다. 그는 큰 그림을 보는 시야에서 자신이 몸담은 기관의 위기와 변화 필요성을 바라보았다.

위로 올라선다는 것의
의미

인지 과학기술과 더불어 위로 올라선다는 것은 특정 스마트 시스템과 직접 일하는 수준이 한 단계 높아진다는 뜻이다. 그러려면 증강과 관련 과학기술에 대해 높은 수준의 결정을 내려야 한다. 즉 이런 종류의 시스템을 어디에 사용할지, 이미 있는 시스템은 제대로 돌아가고 있는지, 새로운 시스템이 사업이나 조직 프로세스의 전반적인 상황에 잘 맞는지 등을 결정해야 한다. 그러려면 많은 경우 특정 자동화 시스템과의 직접적인 접촉을 줄이고 자동화 시스템이 내리는 다양한 결정을 좀더 면밀하게 평가해야 한다. 자동화 시스템이 소규모의 반복적 결정을 내리면, 위로 올라서는 사람들은 더 크고 더 광범위한 결정을 내린다.

위로 올라서는 역할은 자동화가 진행될수록 일자리가 줄어들지도 모르며, 실제로 대부분의 조직은 그런 역할을 하는 사람을 몇 명밖에 두지 않지만 수에 비해 매우 중요한 비중을 차지한다. 이 역할은 증강 피라미

드의 꼭대기에 위치한다. 사실 자동화 시스템과 관련된 인간의 다른 역할에 영향을 미치는 고수준 결정을 내리는 것이 주로 이 역할을 맡는 사람들이다. 쉽게 말해 이들은 인간은 무슨 일을 하고 스마트 기기는 무슨 일을 할지, 나아가 그 둘은 어떤 식으로 협업할지를 결정한다.

위로 올라서는 일을 하는 현직자의 상당수가 론 캐스카트처럼 최고 중역의 자리에 있다. 어떤 환경에서 어떤 자동화를 사용할지 결정하는 사람들이 조직의 위계질서에서 아주 높은 위치에 있는 것은 놀라운 일이 아니다. CEO 수준의 결정까지는 아니더라도 대부분의 경우 이들은 일부 자원과 인력을 통제하고 실적 향상이나 비용 절감, 인간 직원들의 활용도 개선 같은 조직의 성과에 책임을 진다.

이 위로 올라서는 역할에 대해서는 서로 다른 맥락에서의 설명이 유용할 것이다. 앞 장에서 보험금 손해사정 시스템이나 대출심사 시스템을 사용하는 보험회사나 은행의 예를 통해 살펴보았듯이, 그런 자동화된 결정을 유도해내려면 위로 올라서는 역할은 전반적인 리스크나 여신 포트폴리오 한도를 정해야 한다. 그런데 이런 산업에서 리스크와 신용 승인을 둘러싼 매일매일의 결정은 대부분 자동화되어 있기 때문에 남아 있는 일은 주로 개별적 결정 자동화보다 한 단계 높은 '포트폴리오 관리'의 성격을 띤다. 다시 말해 거래량 성장, 수익성, 전반적인 위기 수준의 균형을 맞추면서 자동화 시스템의 성과를 최적화할 누군가가 필요하다. 그 누군가가 바로 이 역할을 맡은 사람들이다.

물론 투자에도 포트폴리오 관리가 필요하며, 위로 올라서는 역할은 여기서도 매우 중요한 비중을 차지한다. 투자은행과 헤지펀드에서 주식이나 채권 구입을 둘러싼 세세한 결정은 이제 컴퓨터가 내린다. 그러나 컴퓨터가 그런 결정을 내리게 하는 기준은 위로 올라서는 투자가가 정한다. 세계 최대 규모를 자랑하며 가장 잘나가는 헤지펀드로 꼽히는 브리지워터 어소시에이츠Bridgewater Associates에서는 컴퓨터가 매일매일 수많은 결정을 내리며 투자 포트폴리오를 조정한다. 이 회사는 인공지능 기반의 투자에 주력하는데, 새로운 인공지능 기반 모델을 만들기 위해 IBM에서 왓슨 개발을 주도한 데이비드 페루치David Ferrucci까지 영입했다.

그런데 이 회사 설립자이자 현재 공동 최고투자책임자인 레이 달리오Ray Dalio는 세상을 넓게 바라보는 큰 그림 시야로 유명하다. 투자에서 제일 본질적인 요소가 무엇인가 하는 질문을 받을 때면 그는 "나는 경제 기계가 돌아가는 방식을 이해한다"고 말하는데, "옆으로 비켜서 사물을 한 단계 더 높은 곳에서 바라보는 것"이야말로 그의 성공 비결이다. 이와 관련해 달리오를 다룬 한 기사는 이렇게 설명했다. "헤지펀드 관리자들은 대개 밤낮으로 컴퓨터 모니터 앞에 바짝 붙어 앉아 시장 동향을 주시한다. 달리오는 다르다. 그는 대부분의 시간을 경제계와 금융계의 사건들이 서로 어떤 연관관계가 있는지 파악하며 보낸다."[2]

브리지워터는 매주 회의를 열어 "세상이 어떻게 돌아가고 있는지"에 대해 토의하며, 거기서 얻은 통찰력을 바탕으로 포트폴리오와 모델을 수정한다. 달리오가 페루치를 영입한 목적은 그 큰 그림을 구조화된 시스템으로 옮기기 위해서일 가능성이 높다. 페루치의 팀이 하는 일과 관련해 브리지워터에서 나온 공식 입장은 그 일이 자동화보다는 증강을 수반하는 프로세스가 될 것이라는 데 초점을 맞춘다. "1983년 이후로 브리지워터 어소시에이츠는 컴퓨터화된 의사결정 프로세스를 만들어왔다. 논리적인 인과관계를 고려할 때 앞으로도 계속 같은 일이 일어날 것이며, 인간이 원리를 작성해 이를 컴퓨터화하면 GPS가 의사결정에 효과적인 길잡이 역할을 하는 것처럼 컴퓨터 또한 고품질 결정을 내릴 수 있다. GPS를 사용할 때와 마찬가지로 인간은 컴퓨터가 내놓는 조정안에 근거해 안내에 따를지 말지 선택하기만 하면 된다."[3]

한편 마케팅 분야에서 위로 올라서려면 마케팅 결정의 자동화에 필요한 수많은 기회를 조정하고 추구해야 할지도 모른다. 세계 최대의 비즈니스 인맥관리 서비스 사이트 링크트인LingkedIn은 "세일즈/마케팅 자동화 전문가"라는 직업을 설명하면서 "자동화와 고객관계관리custom realationship management(CRM)를 활용해 마케팅 전략을 관리하고 실행하는" 것을 특징으로 꼽았다. 또한 마케팅 자동화 전문가는 "전략, 영업, 제품개발, 회계관리 같은 다양한 부서와 긴밀하게 협조하며 성공적인 수요창출 전략을 세우고 이를 자동화하고 감시하는" 역할을 할 것으로 기대된다.

여기에는 기업과 마케팅에 대한 전문적인 개념이 많지만, 분명한 아이디어를 얻을 수 있다. 이런 역할은 조직 전반에 걸쳐 공통으로 나타나며, 이 역할을 맡은 사람은 다각적인 자동화 시스템과 함께 일해야 한다. 이는 그런 시스템을 조작하며 더 나은 마케팅 성과를 달성해야 한다는 뜻이기도 하다.

법률 분야에서 위로 올라선다는 것은 전자증거개시 같은 자동화 조치를 감독한다는 뜻일 수도 있지만 법률회사에서 이런 역할에 공식 직함을 부여하는 경우는 아직까지 본 적이 없다. 그 이유는 아마도 과학기술이나 지식을 관리하는 부서 책임자가 그 역할도 도맡기 때문이 아닐까 싶다.

위로 올라서는 사람들이
내리는 결정

위로 올라서는 사람들이 내리는 자동화 결정은 크게 세 가지 형태로 나뉜다. 하나는 자동화 기회의 확인과 평가다. 조직의 주요 기능 중에서 코드화된 지식을 필요로 하는 곳은 어디일까? 기존의 소프트웨어 중에 똑같은 기능을 하는 소프트웨어는 없을까? 자동화를 통해 얻는 경제적 기회는 어디에 있을까? 위로 올라서는 사람들은 자동화와 관련해 이런 안건을 처리해야 한다. 자동화 과학기술을 수용하는 것은 간단한 문제가 아니다. 자동화 시스템은 주로 매우 제한된 업무와 결정을 지원하는데, 조직 내에서의 실행과 관련해서도 수많은 결정을 내려야 한다.

두 번째 형태의 결정은 고수준 직무 설계와 관련된다. 일단 스마트 기기에 투자하고 나면 업무 처리방식을 어떻게 바꾸는 게 좋을까? 컴퓨터는 어떤 일을 하고 인간은 어떤 일을 하게 될까? 까다롭고 복잡한 사례를 인간에게 맡겨야 하나? 인간은 시스템이 감당하지 못하는 예외 상황만 다루어야 하나? 컴퓨터가 내린 결정은 언제, 어떻게 검토해야 하나? 마지막으로 이 과정에서 더는 필요가 없는 사람들은 어떻게 해야 하나? 직무 설계를 둘러싼 이런 쟁점들은 매우 중요할 뿐만 아니라 두고두고 발생한다. 그런 만큼 심사숙고와 계획 수립이 필요하다.

올스테이트Allstate는 보험 손해사정 업무에 일찌감치 자동화를 광범위하게 채택한 회사다. 이 회사에서 근무한 전직 컨설턴트의 설명에 따르면, 1990년대 중반에 단행된 이 조치에서 직무 설계는 '가계보험'(주로 자동차와 주택에 대해 개인에게 제공하는 손해보험과 상해보험) 사업부문 책임자가 맡아 진행했다. 자동 손해사정 시스템을 도입하기로 결정하고 나서 몇몇 사람들은 상류로 이동해 포트폴리오 관리와 기업 위기관리 업무를 배정받았다. 하지만 사업 책임자가 볼 때 손해사정 조직의 전 직원을 포트폴리오 관리로 올려보내도 잘해낼 것 같았다. 그리고 몇몇 손해사정사는 대리점과의 의사소통과 협업에 정말 뛰어났으므로, 그 기능을 전담하는 역할을 새로 만들었다. 사업 책임자는 사람들이 이 조치에 적응할 수 있도록 준비하기 시작했다. 업무전환 대상자는 약 1,000여 명이었다. 결론적으로 말해서 그 가운데 3분의 1은 포트폴리오와 시장 관리로, 또 3분의 1은 대리점 관리로 옮겨갔고, 두 가지 기술 중 하나도 갖추지 못한 나머지 3분의 1은 직장을 잃었다.

세 번째 형태의 결정은 달라진 업무 방식에 따라 나타난 장기간의 결과를 평가하고, 시스템이 세상의 변화를 따라가지 못했다고 인식하는 데서 출발한다. 투자 포트폴리오는 어떻게 작동하고 있는가? 회사의 전반적인 위기는 어떤 수준인가? 다양한 웹사이트에 게재하는 디지털 광고는 우리 브랜드를 어떻게 대표하고 있는가?

이는 론 캐스카트가 위싱턴뮤추얼에서 일할 때 활용했던 사고 형태다. 모기지 신용 환경이 전반적으로 악화되자, 그는 문제의 심각성을 파악하기 위해 분석 모델이 더 많이 필요하다고 판단했다. 아울러 그는 자신들이 사용하는 모델이 경영진에게는 '블랙박스'라는 점에도 주목했다. 즉 데이터가 들어가면 위기 경고가 나오긴 하는데, 관련 논리에 대해서는 알 길이 없었다. 경영진을 설득해 주택가격 폭락에 대비하게 하려면 도구가 훨씬 더 명료해야 했다.

모델과 결정 규칙은 모두 특정한 사업 및 경제상황, 그리고 일련의 기본 전제에 근거한다. 때로 이런 전제는 분명히 표현되기도 하지만 그렇지 못할 때가 더 많다. 훌륭한 프로그램 운영자는 기존의 결정 규칙과 알고리즘이 세상의 변화에 뒤처지고 있지는 않은지 끊임없이 질문한다.

이는 사소한 역할일 수도 있고 아주 중요한 역할일 수도 있다. 언젠가 톰은 하버드 총장과 버락 오바마Barack Obama 대통령의 수석 경제자문을 지낸 래리 서머스Larry Summers에게 투자분석회사 디이쇼D. E. Shaw에 있을 때 주로 어떤 일을 했냐고 물은 적이 있다. 그러자 그는 자동화 거래 모델을 개발하는 금융시장 분석가들 주변을 맴돌며 그런 모델 뒤에 있는 전제는 무엇인지, 나아가 그런 모델이 타당성을 확보하려면 세상이 어떻게 변해야 하는지 물어봤다고 대답했다. 이런 일을 일주일에 하루 하는 대가로 그는 연봉 520만 달러를 받았다. 여러분도 얼마든지 위로 올라설 수 있다.

자동화된 저널리즘에서
위로 올라서는 사례

스마트 기기가 조직에 적합하다고 판단하고 이를 도입하는 사람들은 대개 과학기술 혁신가들이다. 기술의 종류가 무엇이든, 그 방면에서 위로 올라서려면 도구의 잠재적 가치를 이해하는 데서 출발해 하청업체 물색, 사업자금 확보, 새로운 업무 방식 설계, 문화와 행동 개조, 주변 인프라 수정까지 포괄할 수 있어야 한다. 자신의 분야에서 위로 올라서는 사람들의 특징은 구체적인 예를 통해 살펴보는 것이 가장 좋을 듯하다.

　루 페라라Lou Ferrara는 금융 관련 연구와 정보를 제공하는 뱅크레이트 닷컴Bankrate.com의 최고콘텐츠관리자로 현재 이 회사의 일부 콘텐츠 생성을 자동화하는 방안을 타진하고 있다. 하지만 그가 콘텐츠 제작에 자동화를 처음으로 도입한 것은 2014년과 2015년, 그가 전 세계 방송국과 신문사, 웹사이트에 뉴스 콘텐츠를 제공하는 연합통신Associated Press(AP)의 부사장 겸 연예·스포츠·비즈니스 뉴스 부서 편집주간으로 있던 때였다. 페라라는 뉴스실에서 생산하는 '디지털 제품'의 배포를 감독하기도 했다. 당시 그는 (사용자 생성 콘텐츠user-generated content, 광고용 트윗, 소셜미디어 등) 과학기술에 기반한 혁신 프로젝트 개발을 주도했지만, 여기서 우리는 AP의 비즈니스와 스포츠 뉴스를 자동화하면서 그가 보여준 리더십에 초점을 맞추고자 한다.

　AP는 현재 오토메이티드 인사이츠Automated Insights가 공급하는 '워드스미스'라는 자동 기사작성 툴을 사용하고 있다. 이 툴은 기업의 수익 현황과 스포츠 소식을 전하는 기사를 생성한다. 이 프로젝트는 2014년에 시작된 이후로 계속 대상을 넓혀오고 있다. 2015년 조사시점에서 AP의 자동화 시스템은 그해 말까지 분기당 4,700건이라는 목표 아래 분기당 3,000건의 수익보고 기사를 쏟아내고 있었다(이에 비해 이전 분기에 인간 기자가 작성한 수익보고 기사는 분기당 300건에 불과했다). AP는 스포츠에도 이 시스템을 도입해 곧 대학야구, 농구, 풋볼 경기 소식을 전하는 기사를 제작할 계획이며, 팬들을 위해 연간 수천 건이 넘는 기사를 추가로 생산할 예정이다.

　페라라와 그의 경력에 대해 대화해본 결과 우리는 과학기술 혁신가는 태어나는 게 아니라 만들어지는 것이라는 믿음을 다시 한 번 확인할 수 있었다. 그리고 그들은 일하는 도중에 만들어질 수도 있다. 페라라는 신문기자 겸 편집자로 출발해 플로리다 주 새러소타에서 12년을 일했다. 새러소타 신문은 1990년대 닷컴 붐 초기에 웹사이트를 개설하면서 24시간 뉴스를 내보내는 TV 방송국도 개설했다. 새러소타를 떠날 무렵 페라라는 이 TV 방송국과 웹사이트를 감독하면서 이미 다중 포맷 보도와 온라인 퍼블리싱을 통해 혁신을 단행했다. 그는 테이프가 필요 없는 전면 디지털 방식의 비디오 시스템이 채 정착되기도 전에 이미 이를 구축하고 있었다. 그의 팀은 아마도 '사용자 생성 콘텐츠'라는 용어가 나오기 전에, 그리고 확실히 트위터가 존재하기 전에 이미 이메일로 전송된 허리케인 현장 사진을 보도에 사용하기 시작했다. 다시 말해 그는 자동화된 콘텐츠가 등장하기 전에 이미 다른 과학기술들과 더불어 위로 올라섰다. 바로 이런 게 위로 올라서는 사람들의 전형적인 특징이 아닐까 싶다.

계속해서 페라라는 위로 올라서는 사람들의 중요한 특징을 쌓아나갔다. 무엇보다도 그는 큰 그림을 본다. AP의 상황을 바라보면서 그는 부족한 자원, 이윤 창출 압력, 이러한 한계에도 불구하고 콘텐츠를 늘려야 한다는 요구 등 자동화의 잠재력을 암시하는 몇 가지 요인에 주목했다. AP 고객들은 종이신문에서는 지면의 제약을 받을 수 있지만 온라인에서는 콘텐츠 양에 구애받을 필요가 거의 없다. 이와 관련해 자동화 소프트웨어 공급업체 오토메이티드 인사이츠 CEO 로비 앨런Robbie Allan은 다음과 같이 지적한다. "진정한 혁신가는 앞날을 내다보며 여기서 저기까지 가는 경로를 제시할 수 있어야 합니다. 루는 출판 산업을 짓누르는 압력을 누구보다도 잘 이해합니다…… 통신사는 과학기술 전망을 통해 미래를 내다보는 산업과는 거리가 멀지만 AP가 새로운 과학기술을 도입해 디지털 세계에서 새로이 입지를 다질 수 있었던 것은 루의 빛나는 활약 덕분입니다."

앨런의 증언은 위로 올라서는 사람들의 또 다른 특징을 제시한다. 그들은 협력업체들과 함께 성장하며 거기서 이익을 거둬들이는 생태계를 구축한다. 실제로 AP는 오토메이티드 인사이츠에 투자했고 2015년 이 회사를 인수하면서 상당한 투자수익을 얻었다. 페라라가 키운 동반자관계는 이뿐만이 아니다. 예를 들어 그는 스포츠 관련 통계를 자동으로 생성하는 스탯츠Stats Inc.와 스포츠뉴스 에이전시 SNTV와도 손잡고 일했다. AP는 이 두 회사에도 투자했다.

페라라는 위로 올라서는 혁신가들의 또 다른 특징도 보여준다. 그는 많이 나다닌다. 그는 각종 회의에 참석하는데, 가장 최근에는 사우스 바이 사우스웨스트 축제에도 다녀왔다. 그리고 과학기술회사 대표뿐만 아니라 벤처캐피털 투자자와 기업과도 만난다. 이렇게 하는 이유는 자신을 과시하기 위해서가 아니라 각계각층의 사람들과 아이디어를 주고받기 위해서다. 책상 앞에 가만히 앉아서는 자동화와 기타 떠오르는 과학기술의 세계를 알 수 없다.

위로 올라서는 사람 누구나 그렇겠지만 페라라도 자동화를 더 많이 수용하기 위해 직무를 재설계하면서 신중을 기했다. 왜 지식노동자들의 기여를 너무 성급하게 저평가하는 듯 굴어서 굳이 그들을 소외시키는가? 초창기에는 너무 규모가 작아서 인간 기자들의 관심을 끌지 못하는 회사의 수익보고에만 집중했다. 마찬가지로 스포츠 기사에서도 AP는 전에는 주목받지 못했던 대학팀 경기에 초점을 맞췄다. 이와 관련해 그는 기사 작성이 자동화된다고 해서 인간 기자들이 직장을 잃지는 않으리라는 점을 내부적으로 거듭 강조했다. "우리가 자동화하려는 업무는 우리가 하는 일의 핵심이 아닙니다. 다만 우리는 많은 양의 데이터 처리를 필요로 하는 요소만 자동화하고 있을 뿐입니다. 이런 일은 기계가 더 잘할 수 있습니다. 하지만 심층보도, 소스 개발, 자료 확보, 인맥 관리, 회사 대표 인터뷰 등은 제외됩니다. 그런 일에는 인간, 그 일을 정말 잘할 수 있는 인간이 아주 많이 필요합니다."

페라라는 소규모 팀을 꾸려 시스템을 시험하고, 버그를 해결하고, 기사가 정확히 작성되는지 확인하는 일을 맡았다. 시스템이 저지르는 실수는 이미 인간 기자보다 훨씬 더 적은 수준에 이르렀다. 문제는 기사의 질이었다. 초창기에는 시스템에 대한 회의가 컸지만 많은 기자들이 결국에는 감탄했다. 그리고 자동화 시스템 때문에 일자리를 잃은 기자는 단 한 명도 없었다. 흥미진진한 업계 소식과는 거리가 멀었던 수익보고 기사를 포기하게 돼서 실망한 기자 또한 아무도 없는 듯했다.

요약하면 AP에서 페라라는 인간 업무의 자동화가 아니라 증강을 염두에 두었다. 2015년 10월 AP를 떠나기 전 그는 자신의 팀과 동료들이 그 선을 계속 유지할 수 있도록 능력 인프라를 구축했다. 예를 들어 2015년 3월 AP는 '자동화 편집자automation editor'라는 직함을 신설했다. 아마도 세계 최초이지 싶은 이 역할에는 자동화 기회를 더 많이 찾아내는 기능도 포함된다. 이 직함과 처음으로 그 자리에 오른 저스틴 마이어스Justin Myers에 대해서는 6장에서 자세히 살펴볼 예정이다.

인지 과학기술을 채택하고자 하는 조직은 과학기술 벤더를 통한 외부 혁신뿐만 아니라 루 페라라처럼 내부에서 변화를 이끌어갈 지도자가 필요하다. 외부 시장에서 성공적인 내부 프로젝트에 이르기까지 증강 프로젝트의 여정에는 걸림돌과 움푹 팬 곳이 잔뜩 널려 있다. 이런 기술과 인간의 성공적인 협업은 그냥 달성되지 않는다. 남다른 비전과 경영 기술을 갖춘 사람들이 주도해야 가능하다.

큰 그림
보기

누차 이야기했듯이 컴퓨터는 큰 그림을 보면서 근본적인 변화를 읽어내는 데 서툴다. 위로 올라서는 사람들은 이런 능력에서 앞서나간다. 그들은 넓은 시야와 예리한 통찰력으로 조직에 적합한 증강 가능성을 찾아내 사람들에게서 기계로 이관할 업무를 추려내는 한편 기존의 증강 전략이 더는 의미가 없어지는 시점이 언제인지 파악한다.

큰 그림을 볼 줄 아는 사람은 다음과 같은 유형의 질문에 명쾌하면서도 창의적인 답을 제시할 수 있다.

- 여러분의 회사가 돈을 버는 비결은 무엇인가?(여러분이 몸담은 비영리조직의 성공 비결은 무엇인가?)
- 고객에게 무슨 일이 일어나고 있으며, 그들은 여러분의 회사를 어떻게 생각하는가?
- 경제가 어떻게 바뀌고 있는가?
- 더 넓은 사회, 정치, 인구 구성에서는 어떤 일이 일어나고 있는가?
- 규제가 강화될 것 같은 분야는 어디인가?

• 다른 회사들이 현재 추구하고 있는 조치 중에 여러분의 회사에도 곧 나타날 법한 조치가 있는가?

이런 사안과 동향은 데이터에 잡히지 않을 때도 많다. 어떤 주제에 대해 체계적이고 믿을 만한 데이터가 나올 때쯤이면 세상은 이미 달라졌을지도 모른다. 위로 올라서는 사람들은 데이터와 분석을 참고하는 능력도 뛰어나지만, 폭넓게 읽고 대화하면서 의미를 끌어내는 능력도 뛰어나다.

큰 그림을 보려면 '상황인식'에도 능해야 한다. 군인과 비행기 조종사들은 이 말을 주변에서 일어나고 있는 일을 빠짐없이 감지한다는 의미로 종종 사용한다. 예를 들어 비행기 조종사는 수시로 창밖을 내다봐야 할 뿐만 아니라 조종석의 각종 계기, 컴퓨터, 비행보조장치를 참고해야 한다('자동조종' 모드로 비행기를 운항할 때는 컴퓨터가 종종 이런 데이터를 사용한다). 어떤 업무환경에서든 위로 올라서는 사람은 이 비슷한 일을 해야 한다.

하지만 이 능력에는 시스템이 돌아가는 방식을 파악하는 '체계적 지능'도 필요하다. 이와 관련해 '체계적 지능 자가평가Systematic Intelligence Self Evaluation'라는 웹사이트는 "무엇이 중요한지 금세 파악한다", "다양한 시각에서 사물을 바라본다", "언뜻 무관해 보이는 일들 사이의 연관관계를 끌어낸다" 같은 답을 선택할 수 있는 다지선다형 문제를 제시한다.[4]

명칭이야 어떻든, 큰 그림을 볼 수 있다면 스마트 기기에도 그런 능력을 심을 수 있다. 예를 들어 금융투자 산업에서 위로 올라선 사람들은 투자자인 밀레니얼세대millennial generation[1980년대 초에서 2000년대 초 사이에 출생해 2007년 글로벌 금융위기 이후 사회생활을 시작한 세대로, 모바일 기기를 이용한 소통에 익숙하다는 특징이 있다]가 과학기술에 매우 친숙하며, 따라서 사무실을 직접 방문해 투자상담을 받는 것을 다소 불편해한다는 점에 주목했다. 그와 동시에 넓게 바라볼 줄 아는 사람이라면 투자 풍경이 전문가가 추천하는 주식과 채권에서 시장의 주요 부문에 투자하는 인덱스펀드로 바뀌고 있다는 점에도 주목했을 것이다. 이런 형태의 투자 포트폴리오를 제안할 수 있는 '로보-어드바이저' 개념은 바로 그런 관찰에서 나왔을지도 모른다.

그런 점에서 인지 과학기술의 출현은 그 자체로 큰 그림 아이디어다. 컴퓨터의 능력과 관련된 거시 동향을 감안할 때 이런 형태의 시스템이 전 세계 차원의 치열한 경쟁을 끝내고 관심의 초점을 제품에서 서비스로 옮겨놓음으로써 성숙한 경제로의 이행을 주도할 것이라는 예상은 전혀 놀랍지 않다. 실제로 많은 기업이 지식노동자의 생산성을 끌어올릴 방법을 모색하는 가운데 스마트 기기는 그런 목표를 달성해줄 탁월하고 강력한 수단으로 이미 자리 잡았다.

생태계
구축하기

루마스케이프LUMAscape를 본 적이 있는가? 만약 본 적이 없다면 빨리 온라인으로 검색해보라. 책을 읽으면서 인터넷을 이용할 상황이 못 된다면, 우리는 지금 투자은행회사 루마파트너스Luma Partners에서 제공하는 마케팅 애드테크ad-tech 공간, 즉 인포그래픽에 대해 이야기하고 있는 것이다. 루마스케이프는 각기 다른 도구 범주에 초점을 맞춘다. 예를 들어 디스플레이 루마스케이프가 있는가 하면, 모바일 루마스케이프, 소셜 루마스케이프도 있다. 하지만 여기에는 하나의 공통점이 있다. 다름 아니라 수백 개의 업체 로고를 엄청나게 압축해 한 페이지 분량의 공간에 집어넣는다는 점이다. 우리는 지구상의 그 어떤 기술 범주보다 이 분야에서 더 많은 변화가 일어나리라고 짐작한다. 더 많은 신생 업체와 신제품이 생겨날 테고, 많은 기업들이 이 광고 공간에 들어오고 나갈 테니까 말이다.

앤드루 데일리Andrew Daley는 매일 루마스케이프에서 살다시피 한다. 그는 2013년 에비스 버짓 그룹Avis Budget Group에서 인수한 카셰어링 업계의 선주두자 집카Zipcar의 회원유치 부서 부사장이다. 회원유치란 새로운 고객 창출을 뜻하며, 그러한 목표를 달성하기 위해 주로 자동화된 디지털 마케팅 전략을 사용한다.

데일리는 1999년 이후로 디지털마케팅 분야에 몸담아왔지만 프로그래매틱 구매programmatic buying, 즉 디지털 광고를 통한 자동화된 구매와 마케팅 자동화에 훤한 전문가가 과연 한 명이라도 있을지 확신하지 못한다. 그만큼 자격을 갖춘 사람도 찾기 어려울 듯하다.

데일리의 말에 따르면, 몇 년 전까지만 해도 집카는 디지털마케팅에 그다지 관심을 보이지 않았다. 소프트웨어 플랫폼과 자동화 접근법과 관련한 거의 모든 결정을 단 한 곳의 디지털 광고 에이전시에 일임한 채 그 결과를 자세히 들여다보지도 않았다. 그런데 데일리와 부사장 겸 최고마케팅관리자 브라이언 해링턴Brian Harrington은 이 과정에 좀더 관여하면 더 나은 성과를 거둘 수 있다는 점에 주목했다.

그러나 두 사람은 여전히 사업 생태계 내에서 일해야 할 필요성을 느

껐다. 루마스케이프를 언급하면서 잠시 내비쳤듯이 새로운 과학기술의
양이 "압도적으로 복잡한"데다, 데일리와 해링턴의 지적대로 집카처럼
비교적 규모가 작은 회사는 여전히 외부 전문기술이 필요하기 때문이
다. 두 사람은 점찍어둔 외부 전문기술에 기대기로 결정하고 마케팅 채
널에서 자동화 도구를 사용하는 에이전시 파트너를 물색했다. 집카는 파
트너들이 자동화 시스템상에서 말 그대로 "다이얼을 돌리게" 하고, 그
결과는 데일리와 그 동료들이 감시한다. 이는 자동화보다는 증강에 가까
운 모습이다.

　이 기술이 얼마나 전문성을 띠는지 보여주기 위해 집카는 프로그래매
틱 광고는 이 회사와, 자동화 검색엔진 최적화는 저 회사와, 유튜브 비디
오 광고는 다른 회사와, 자동화 페이스북 광고 구매는 또 다른 회사와 손
잡고 일하고 있다. 해링턴에 따르면 이런 채널은 "거의 100퍼센트가 프
로그래매틱"이다. 데일리는 각 채널마다 결과 평가와 긍정적인 성과의
최적화와 관련해 과학적이려고 노력한다는 점에 주목한다. 새로운 회원
유치에 필요한 전반적인 생태계 관리가 그의 주된 일이며, 이 일과 관련
해 그는 각기 다른 지역의 시장 26곳을 연결하는 채널들을 감독하는 소
규모 팀을 운영하고 있다. 데일리는 자동화와 외부 파트너 없이 몇 명 안
되는 인원으로 그 모든 채널을 관리하기란 불가능하다고 말한다.

　'프로그래매틱' 시스템은 자동으로 조종되지 않는다. 이와 관련해 데
일리는 디지털마케팅에서 집카의 목표는 누가 회원으로 가입하는지 지
켜본 뒤 그와 비슷한 성향의 사람들을 찾아내는 것이라고 말한다. 자동
화 마케팅 시스템은 새로운 고객들을 연구해 그와 비슷해 보이는 프로
필을 작성할 수 있게 해준다. 가망고객이 인터넷상의 어디에 있든 데일

리와 그의 팀은 그들을 찾아 나선다.

데일리와 해링턴은 집카의 복잡한 예산 구조와도 씨름해야 한다. 마케팅 예산만 해도 26개 지역이 제각각 다르다. 예를 들어 판촉 행사를 벌인다고 가정할 경우 로드아일랜드의 프로비던스가 지출할 수 있는 돈이 X달러라면 뉴욕은 Y달러다. 데일리와 그 동료들은 각 시장에서 나오는 광고비를 모아 필요한 곳에 사용한다. 매달 말이면 그는 시장마다 일일이 돌면서 성과 보고를 해야 한다. 이런 점에서 프로그래매틱 광고는 매우 유용하다. 그때그때의 예산 사정에 따라 광고 구입량을 조절할 수 있기 때문이다. 이제 이 회사 마케팅 조직은 고객유치 목표를 달성하기 위해 돈을 너무 많이 쓰거나 너무 적게 쓰는 상황을 훨씬 더 쉽게 피할 수 있다.

가까이 머물되
위로 올라서라

AP의 루 페라라처럼 위로 올라서는 사람은 자신이 착수하는 프로젝트에 일정 정도 관여해야 하지만 그런 노력을 총체적으로 감독해야 하기 때문에 일상(그날그날의 단기적인) 활동에서 벗어날 수 있어야 한다. 시스템이 작동할 경우 그 결과를 감시하는 것도 중요하지만, 인지 과학 기술을 적용할 수 있는 새로운 기회를 모색해야 한다.

6장에서 자세히 살펴보겠지만 마이크 크랜스Mike Krans는 액센추어에서 컨설턴트로 있으면서 자동화 '안으로 파고드는' 본보기를 보여주었

다. 그러나 현재 그는 위로 올라서는 역할로 생계를 유지한다. 그는 하노
버보험Hanover Insurance 개인보험 부문 최고정보관리자다. 이 새 직장에서
그는 기존 자동화 시스템의 실적을 살피는 일뿐만 아니라 자동화 시스
템을 필요로 하는 새로운 기회를 타진하는 일도 하고 있다.

크랜스는 관리자로 있으면서 자신이 감독하는 자동화 프로젝트에 가
까이 머물러 있어야 할 필요성을 느꼈다. 인터뷰에서 그는 이렇게 말했
다. "지위가 높아질수록 일 옆에 붙어 있으면서 동시에 그 위로 올라가
야 합니다. 위에서 내려다보면 다른 사람들은 그날그날의 업무를 하고
있습니다. 하지만 저는 여전히 그 일과 그 일을 하는 사람들과 가까이 지
내려고 나름대로 노력합니다. 과학기술이나 프로젝트의 자세한 내용을
이해하지 못하는 한낱 관리자로만 인식되고 싶지 않으니까요."

하지만 그가 프로젝트에 기울이는 관심의 양은 시간이 지날수록 점차
바뀐다. 그동안 규칙에 기반하는 자동 손해사정 프로젝트를 하도 많이
감독해온 터라 이제 그에게 이 시스템은 보험 상품과 다를 바 없어졌으
며 심지어는 "구닥다리가 돼가고" 있다. 요즘 그의 관심은 새로운 데이
터(예를 들면 위성이 보내오는 특정 지역의 데이터, 그중에서도 특히 보험료에
고려해 넣어야 하는 사업환경의 위험을 드러내는 데이터)를 활용하는 방안과
예측 기능을 개선한 분석과 텍스트 기반 분석을 활용하는 방안을 구상
하는 데 쏠려 있다.

하지만 자동화 시스템 옆에 붙어 그 효과를 감시하면서 동시에 다른
데로 관심을 돌리기가 늘 쉽지만은 않다. 따라서 위로 올라서는 사람들
이 시간 간격을 일정하게 정해놓고 시스템이 여전히 일을 잘하고 있는
지 아닌지 점검할 필요가 있을 것이다. 우리 인간은 재앙이 일어날 때까

지 시스템을 가동하는 경향이 있는데, 없애야 할 나쁜 버릇이다.

자동화 비즈니스 기능에 맞춘
신중한 직무 설계

인간과 기계 양쪽의 강점은 최대화하고 약점은 최소화하는 신중한 직무 설계는 증강의 핵심이기도 하다. 루 페라라가 AP에서 그랬듯이 직무 설계 또한 위로 올라서는 경영자들이 감당해야 할 몫이다.

몇몇 경우 위로 올라서는 역할을 맡은 경영진은 자동화 시스템 때문에 인간이 실직하는 일은 없을 거라고 약속하던 페라라처럼 호사를 누리지는 못할지도 못한다. 감원이 목표 중 하나라면 인간이 현재 수행하는 모든 일에 대해 신중하게 생각하고, 기계로 대체할 수 있는 업무를 추려내고, 여전히 사람들이 하게 될 일이 무엇인지 결정하고, 이행을 관리하는 것은 그 사람들의 책임이 될 것이다.

앞에서도 지적했듯이 직무 설계는 그 대상이 일 전체가 아니라 특정 업무에 한정된다. 직장에서 사람들은 다양한 업무를 수행하며, 그 가운데 어떤 업무는 다른 업무보다 자동화하기가 수월하다. 앞에서 살펴본 올스테이트의 보험 손해사정 사례에서 직무 설계 대상으로 확정된 업무는 크게 세 가지, 즉 개별 손해사정 결정, 총체적 위기관리, 대리점 관리였다. 컴퓨터는 개별 손해사정 업무 대부분을 소화했지만, 나머지 두 업무와 손해사정 감독 및 유지 업무에는 인간이 필요했다.

그런가 하면 AP에서처럼 자동화 시스템이 처리하는 업무가 인간의 업무를 잠식하지 않고도 갈수록 늘어나는 경우도 있다. 이는 어떤 광고를 어디에 넣을지, 어떤 검색어에 대한 조회수가 가장 높을지 등을 둘러싼 의사결정과 관련해 인간은 크게 개입하지 않았던 디지털마케팅 분야에서 주로 나타나는 현상이다. 그 일은 처음부터 컴퓨터를 필요로 했다.

그런 상황에서는 컴퓨터 지향 특징과 더불어 인간의 중요한 특징을 보존하는 것이 관건이다. 이는 애널리틱스 소프트웨어 회사 SAS에서 글로벌마케팅 부서를 책임지고 있는 아델 스위트우드Adele Sweetwood가 강조하는 점이기도 하다. 6장에서 SAS 디지털마케팅 부서에서 '안으로 파고드는' 셰인 헤럴Shane Herrell을 소개할 때 나오겠지만 이 회사의 온라인마케팅 활동은 대부분 자동화되어 있다. 자동화된 업무가 회사의 브랜드 이미지나 창의적인 콘텐츠와 일치하는지 확인하는 것이 스위트우드의 역할이다. 그녀의 말을 직접 들어보자. "우리는 우리가 만드는 소프트웨어에서나 우리 소프트웨어의 초점과는 거리가 먼 디지털 광고에서나 자동화를 많이 사용합니다. 그런 만큼 자동화가 우리가 벌이는 캠페인이나 유통채널에 부합하도록 하는 것이 매우 중요합니다. 우리는 데이터와 분석과 자동화 요소를 비즈니스와 연관 지을 수 있는 사람이 필요합니다." 스위트우드는 창의적인 방향과 과학기술의 초점을 결합하는 기술이 열쇠라고 믿는다. 그녀는 이렇게 덧붙인다. "사람들은 기술집약적인 방법으로 마케팅에 창의적인 메시지를 전달하고 있으며, 따라서 그 두 가지 다 의식해야 합니다."

이런 종류의 환경에서 직무 설계가 마케팅 활동에 적합하려면 창의적인 메시지가 프로세스 초반에 들어와야 하고, 또 그 메시지를 채널 전체에 배포하는 자동화된 업무에 잘 맞아야 한다. 그렇지 않을 경우 자동화 시스템이 마케팅 콘텐츠를 엉뚱한 방향으로 보낼 가능성이 아주 높다. 스위트우드는 자동화된 결정 결과뿐만 아니라 헤럴 같은 인간 마케팅 담당자의 업무도 감시하면서 창의력과 상상력과 자동화된 집행이 서로 절묘하게 조화를 이루는지 확인한다.

균형
달성하기

증강 노력이 성공할 경우 컴퓨터기반 기술과 인간중심 기술의 균형을 달성하는 것은 위로 올라서는 경영진의 몫이다. 컴퓨터는 데이터를 분석해 일관되고 정확한 결정을 내린다. 인간은 다른 인간들(고객들과 다른 직원들)이 재미있어하고 만족스러워하는 콘텐츠와 프로세스, 관계를 공급한다. 균형은 자동화 솔루션이 가능한 분야 어디에나 필요하다.

예를 들어 보험 손해사정의 경우 자동화 시스템은 보험 리스크를 받아들일지 말지, 리스크를 반영할 경우 보험료는 얼마가 될지와 관련해 아마도 더없이 정확하면서 일관된 결정을 내릴 것이다. 그러나 이번 보험금 신청은 거절하지만 우리는 여전히 고객의 사업을 원하며 적용에서의 몇 가지 사소한 변화로 인해 다른 결과가 나올 수도 있다는 소식을 대리점에 전달하는 일은 하지 못한다. 위로 올라서는 경영진은 이 두 가지 업무 모두 잘 처리될 수 있도록 조정해야 한다.

금융자문의 경우 로보-어드바이저는 고객 개개인에게 맞춘 최상의 리스크와 수익 배합을 제시할 것이다. 하지만 남편과 아내가 서로 의견이 안 맞을 경우 자동화 시스템이 가정에 맞는 최적의 리스크 수준을 결정할 수 있을까? 비싸게 사서 싸게 팔지 않도록, 다른 사람들이 모두 공황상태에 빠졌어도 평정을 유지하도록 고객을 설득할 수 있을까? 이는 코드화된 투자지식과 충성도 높은 장기 고객을 배려하는 투자심리학을 적절히 배합하는 문제이기도 하다.

마케팅의 경우 오랫동안 창의적인 영역으로 자리잡아온 곳이 어디인지 파악해 그 영역이 데이터와 분석과 자동화된 알고리즘과 균형을 이루도록 하는 것이 관건이다. 이와 관련해 파머스보험Farmers Insurance 최고 마케팅관리자 마이크 린턴Mike Linton은 한 인터뷰에서 이렇게 지적했다. "마케팅 전 과정을 분석화하고 자동화할 수 있을까요? 저는 아니라고 봅니다. 어떻게 하면 고객의 마음을 움직일 수 있느냐는 여전히 창의적인 요소를 필요로 하는 부분입니다. 이때 분석과 자동화는 좀더 영리하게 창의적인 공간을 돌아다닐 수 있게 해줍니다." 린턴은 마케팅 담당자에게는 여전히 혼자만의 창의적인 사고가 필요하지만 새로운 분석 도구를 사용해 그런 생각을 검증할 수 있다고 말한다.

안으로 파고드는 사람들은 자동화 시스템이 제대로 돌아가도록 하기 위해 매일 씨름해야 한다. 앞으로 나아가는 사람들은 그런 시스템을 만들어야 한다. 옆으로 비켜서는 사람들과 틈새로 움직이는 사람들은 자동화로부터 달아나려고 애쓰거나 기껏해야 자동화를 업무 보조수단으로 사용하며, 따라서 조직의 자동화 가능성을 타진할 때 그런 사람들은 판단 기준이 될 수 없다. 무엇을 자동화해야 하고 하지 말아야 하는지, 인간과 기계의 능력을 양쪽 모두 효율적이면서 고객과 다른 주주들에게도 만족스러운 방향으로 결합하려면 어떻게 해야 하는지와 관련해 오로지

위로 올라서는 사람들만이 신뢰할 만한 지식과 목표를 가지고 있다.

위로 올라서는 사람들의
특징

다음과 같은 특징을 가지고 있다면 위로 올라서는 사람이 될 수 있다.

- 자동화 시스템과 그 시스템이 조직 내에서 어떻게 사용되고 있는지 감독하는 위치에 있다.
- 과학기술과 그 기술이 비즈니스 프로세스를 어떻게 개선할 수 있는지에 관심이 많다.
- 적극적으로 변화를 주도하며, 과거에 변화를 주도해 크게 성공한 적이 있다.
- '큰 그림'을 보는 사람이다. 다시 말해 나무보다 숲을 먼저 본다.
- 자동화 시스템과 프로세스의 수행과 성과를 양적인 측면에 비추어 평가한다.
- 프로그래머는 아니지만 컴퓨터 시스템이 무섭지 않으며 오히려 편안하게 여기저기 적용한다.
- 뭔가가 잘 작동하지 않으면 서슴없이 개입한다.
- 제일 큰 목표가 모든 인간을 일에서 내모는 것은 아니다.

위로 올라서는 사람이 되려면 다음과 같은 기술을 단련해야 한다.

- 자동화 시스템의 잠재력을 이해하는 외부업체와 사용자와 대화한다.
- 자동화 시스템이 무슨 일을 하면 좋을지에 대해 업계의 다른 사람
  들로부터 의견을 끌어낸다.
- 업계 동향과 변화를 폭넓게 읽어낸다.
- 뒤로 물러나서 사업이 어디로 가고 있는지 생각한다.
- '안으로 파고드는' 실무자와 '앞으로 나아가는' 실무자와 관계를 돈
  독하게 쌓는다.
- 다른 형태의 과학기술을 조직에서 사용하도록 적극 옹호함으로써
  그 기술을 경험한다.

그렇다면 여러분은 다음과 같은 곳에 있을 가능성이 높다.

- 조직의 고위 간부 위치
- 위험을 감수하거나 대규모로 투자하는 조직
- 정보집약적 사업과 역할
- 과학기술의 사용에서 앞서나가는 조직
- 많은 변화를 겪고 있는 사업이나 직업
- 리더와 동료들이 새로운 사고와 기술을 높이 사는 환경

5

옆으로
비켜서기

우리가 제안하는 '조치'의 각기 다른 명칭은 기계와 함께 일할 수 있는 기회를 일목요연하게 정리하는 데는 크게 도움이 되지만 서로 중첩되는 부분도 있기 때문에 명확성 측면에서는 부족한 점이 많다고 앞에서 미리 밝혀두었다. 그중에서도 이 '옆으로 비켜서기'라는 명칭이 가장 조심스럽다. 패배주의자처럼 들리기 때문이다. 비킨다는 것은 정치인들이 지명전에서 졌을 때 하는 행동이며, 신임을 잃은 CEO들이 후임자에게 자리를 넘겨줄 때 하는 행동이다. 쫓겨나는 것을 체면치레로 표현하는 것이다.

그러나 여기서 비켜선다는 것은 기계가 잘하는 일은 기계가 넘겨받게 놔두고 대신 생계 기반을 기계가 할 수 없는 가치 형태에 둔다는 뜻이다. 따라서 비켜나는 것은 맬컴 글래드웰Malcolm Gladwell 같은 창의적인 작가가 날개 돋친 듯 팔리는 책들을 쓸 때 하는 행동이기도 하다. 그는 종종 자료가 풍부한 논문을 인용하지만 연구는 사회과학자와 컴퓨터로 꽉 들어찬 연구실에 맡기고 자신은 이야기를 풀어내는 기술에만 집중한다. 또한 로버트 다우니 주니어Robert Downey Jr.처럼 감정이입이 뛰어난 영화배우가 집중력을 흩트리는 일정 관리를 잡지 〈롤링 스톤Rolling Stone〉의 지적대로 "10대들이나 캐주얼한 옷차림의 젊은이들이 두루 편안하게 쓰는"[1] 장치에 맡길 때 하는 행동이기도 하다. 또한 거물 정치인 빌 클린턴Bill

Clinton이 막 떠오르던 시절, 인터넷 붐이 일던 시절인데도 키보드 한 번 두드리지 않고 자유세계의 지도자가 되었던 때 한 행동이기도 하다. 카리스마는 첨부파일로 전해지지 않는다.

여기서 우리는 인간이 독점하고 있는 능력과 특징이 아직도 꽤 많기 때문에 우리 모두가 다 기계에 이길 필요는 없다는 주장을 펴고자 한다. 대신 현재까지 컴퓨터가 특별히 잘하지 못하고, 또 조만간 잘할 것 같지도 않은 영역에서 일하는 쪽을 선택할 수 있다.

많은 직업이 이미 프로그램화할 수 없는 기술에 점점 의존하고 있다. 그리고 이런 기술 분야는 전문가들이 앞으로 고용 전망이 밝다고 말하는 영역이다. 우리의 주장을 좀더 밀어붙이면, 프로그램화할 수 없는 강점 위주인 오늘날의 직업은 이후에도 지속될 뿐 아니라, 다른 많은 직업도 그런 강점에 점점 의존하게 되면서 인간을 위한 행복한 구직의 장으로 바뀔 것이다. 컴퓨터가 컴퓨터화하기 어려운 직무의 일부를 수행하면, 전통적으로 그런 일을 해온 각계각층의 사람들이 들어와 업무의 질에 완전히 새로운 성격을 부여할 것이다.

인간에게 필요한
자질

사무실에서 일하는 사람들은 십중팔구 리키 저베이스Ricky Gervais를 우리 시대의 코미디 천재 중에서도 으뜸으로 꼽을 것이다. TV 시리즈 〈오피스〉 영국 오리지널 버전의 각본가이자 감독인 그는 직장 동료들 사이의 역학을 포착해내는 예리한 안목과 화이트칼라 상사로서 소름끼치게 싫은 모습을 몸소 보여주는 뛰어난 능력을 가지고 있다. 그가 연기하는 데이비드 브렌트가 자신의 비서직에 지원한 젊은 여성을 면접하는 장면을 예로 들어보자. "자신에 대해 이야기해보세요." 그가 먼저 말문을 연다. 하지만 그 여성이 그동안 딴 학위들을 늘어놓기 시작하자, 중간에 끼어든다. "너무 따분해. 자신에 대해 말해보라니까요." 난처한 순간이다. 그러나 저베이스는 '자신'이라는 말을 하면서 기묘할 만큼 정확한 동작을 취함으로써, 즉 집게손가락 두 개를 사용해 공중에 일종의 자아 모양을 그려 보임으로써 난처함을 더한다. 유행에 밝은 상사처럼 보이려고 별별 엉뚱한 짓을 선보인 뒤 그는 이렇게 선언한다. "좋아요, 마음에 듭니다. 당신을 채용하겠소. 모름지기 결정은 빨라야 하는 법. (그는 그것이 자신의 전문 분야라도 되는 듯 자기 머리를 가리킨다.) 채용 공고는 더 이상 없을 거요. 그리고 수습 기간 한 달을 줄 테니 회사 분위기가 어떤지 보고…… (다시 손가락으로 알 수 없는 동작을 해 보이며) 알겠소? 좋아요, 좋아."

저베이스의 연기를 보고 있으면 손발이 오글거릴 만큼 민망해진다. 앞에서 예로 든 장면은 빙산의 일각에 지나지 않는다. 이 말이 이해가 되지 않는다면, 연기를 직접 봐야 그 진가를 알 수 있다. 어쨌든 여기서 우리의 논점은 명확하다. 즉 저베이스가 돈을 받고 하는 일을 컴퓨터가 넘겨받기는 불가능하다는 점이다.

비켜선다는 것은 이처럼 자신의 수익력을 기계는 할 수 없는, 그리고 앞으로도 그럴 가능성이 없는 가치의 형태로 묶어둔다는 뜻이다. 이는 '컴퓨터 없이 내가 할 수 있는 일은 무엇인가?'라는 질문과는 차원이 다른 질문을 제기한다. 최근 들어 (온라인에서 읽으며 약간 멋쩍은 생각이 들었던) 〈오프 더 그리드 뉴스*Off the Gird News*〉가 그 질문에 답했다. 이 잡지는 웹 같은 공유 유틸리티 인프라에 기대지 않고도 돈을 벌 수 있는 방법 열한 가지를 지치지도 않고 늘어놓았다.[2]

- 목공
- 페인트칠
- 리모델링
- 공예(특히 고품질의 공예 작업)
- 양봉
- 약초를 이용한 민간요법 처방
- 집 청소
- 배달서비스나 운전서비스
- 애완동물 돌보기
- 아기 돌보기
- 동물 관리

이것 말고도 흥미로운 직업이 많지만 좀더 현실적인(그리고 좀더 높은 보수를 받는) 대안을 모색하려면 질문이 달라져야 할 듯하다. 즉 '컴퓨터 없이 내가 할 수 있는 일은 무엇인가?' 대신 '나 없이 컴퓨터가 할 수 없는 일은 무엇인가?'라고 물어보자.

공감능력을 필요로 하는 직업은 모두 그 조건을 충족할 듯싶다. 경영코치이자 팀워크 조정자인 헤더 플렛Heather Plett의 최근 에세이를 생각해보자. 본인부터가 높은 공감능력을 필요로 하는 일을 하고 있는 만큼 플렛은 어머니가 암에 걸려 호스피스 병동에 입원했을 때 담당 간호사의 기술에 크게 감동했다. 나중에 그녀는 에세이에서 그때 일을 떠올리며 그 간호사의 보살핌은 환자에 대한 직접적인 서비스를 넘어 "내가 일하는 분야에도 적용되는 용어로 정의할 수 있었다. 그녀는 우리를 위해 공간을 비워두고 있었다"고 말했다. 계속해서 그녀는 그 말을 설명한다. "누군가를 위해 '공간을 비워둔다'는 것은 어떤 의미일까? 그것은 상대방이 어떤 여정에 있든 판단하거나 불편한 느낌을 주거나 고치려고 애쓰거나 결과에 영향을 미치려고 노력하지 않고 그냥 함께 걸어가준다는 뜻이다. 다른 사람들을 위해 공간을 비워둘 때 우리는 판단하거나 통제하려 하지 않고, 마음을 활짝 열고 조건 없는 지원을 제공한다."[3]

그녀의 에세이에서 세 가지 논점이 두드러진다. 첫째, 플렛이 설명한 말할 수 없이 귀중한 서비스는 본질부터가 그야말로 인간적이라 기계는 절대 대신할 수 없다. 둘째, 그녀가 이야기한 것은 그 어떤 것도 코드화할 수 없기 때문에 STEM(과학science, 기술technology, 공학engineering, 수학math) 교육을 4년 더 받는다고 해도 절대 얻을 수 없다. 셋째, 공간을 비워둔다는 개념은 어떤 직업에도 적용된다. 물론 경영 코칭과 팀워크 조정, 호스피스 치료는 인간의 손길을 필요로 하는 상황 중에서도 극단적인 사례에 속한다. 그러나 공감능력은 고객이든 동료든 다른 주주든 인간과 어울려야 하는 업무환경 어디에서나 매우 중요하다는 점 또한 사실이다. 이제 또 다른 종류에 대해 생각해보자.

유머와 공감은 컴퓨터는 넘볼 수 없는 인간의 '우뇌' 능력 중 극히 일부에 지나지 않는다. 〈오프 더 그리드 뉴스〉의 지치지 않는 정신으로 앞의 목록에 넣을 항목을 좀더 찾아보면, 창의력과 용기, 신념을 필요로 하는 지식노동이 물망에 많이 오르지 않을까 싶다. 윤리, 감정, 성실도. 취향, 비전, 영감을 불어넣는 능력도 포함될 것이다.

취향도 그 목록에 들어간다면 가사의 여신 마사 스튜어트Martha Stewart 의 제국을 떠올리지 않을 수 없다. 그녀도 컴퓨터를 사용할까? 물론이다. 디지털미디어 회사를 세우기까지 했다. 그러나 컴퓨터가 요리법과 원예 정보 데이터베이스를 구축하는 데 아무리 유용하다고 해도 스튜어트의 유명한 강점, 즉 우아한 환대의 기술은 침해하지 못한다. 헤지펀드 매니저가 포도주 상인 옆에 앉아야 할지 아니면 우주비행사 옆에 앉아야 할지, 메뉴에 방울양배추를 곁들여야 할지 아니면 케일을 곁들여야 할지를 그녀만큼 잘 알려주는 컴퓨터는 없다. 좀더 일반적인 범위에서 취향은 퍼스널 쇼퍼와 인테리어 디자이너가 흔히 다루는 요소이며, 두 직업 모두 급격하게 성장하고 있다. 너무 바쁘거나 패션을 잘 모르는 사람들이 옷을 잘 갖춰 입을 수 있도록 도와주는 퍼스널 쇼퍼는 1년에 30만 달러 이상 벌 수 있다. 한편 (미국 노동통계국에 따르면) 인테리어 디자이너의 취업률은 2008년부터 2018년까지 19퍼센트 증가할 전망이다. 이는 그 어떤 직업보다 빠른 성장세다.

취향이라는 주제를 마무리하기 전에 다시 스티브 잡스를 언급해야 할 듯하다. 컴퓨터의 지식노동 잠식을 다루는 책에서 애플의 전설적인 설립자 이름이, 그것도 옆으로 비켜서는 직업에 할애된 장에서 나오다니 의아하게 생각하는 사람이 있을지도 모르겠다. 하지만 잡스의 천재성을 언급하는 곳마다 그의 감수성, 특히 그의 취향을 강조한다는 점에 주목하기 바란다. 그가 과학기술에 해박한 지식을 가지고 있었다는 사실은 아

무도 부인하지 못하지만, 애플의 공동창업자 스티브 워즈니악Steve Wozniak
은 그를 이렇게 평가한다. "스티브는 프로그램을 코드화한 적이 한 번도
없다. 그는 기술자도 아니었고 뭘 설계한 적도 없다. 하지만 다른 사람이
설계한 프로그램을 수없이 고치고 바꾸고 다른 디자인을 더하기엔 충분
한 기술을 가지고 있었다."[4]

잡스의 천재성은 적절한 수정 능력에 있었고, 그의 남다른 성공 비결
은 그런 수정 능력을 십분 발휘해 큰 차이를 만들어냈다는 사실에서 찾
을 수 있다. 그의 사례는 훨씬 더 광범위한 진실을 보여준다. 즉 어떤 사
람이 천재로 불린다면 그 이유는 자기 분야에 대한 해박한 전문지식 때
문만은 아니라는 점이다. 거기에는 뭐라고 딱 꼬집어 정의할 수 없는 다
른 요소들도 섞여 있다. 천재는 자기만의 비인지적 강점을 지니고 있으
며, 그 강점을 업무에 중심축으로 활용한다.

다중지능에 기대는
사람들

추상적인 추론능력은 오래전부터 인간을 정의하는 특징으로 꼽혀왔
다. 이는 동물계 척색동물문에 속하는 인간을 하등동물과 구분하는 특징
이자, 인간이 지구를 지배하게 된 원동력이기도 하다.

합리적 사고를 가능케 하는 이 능력, 하등동물에게는 없고 신에게서
나 볼 수 있을 법한 이 능력은 한 종으로서 우리 인간의 자부심이었고,
그동안 힘들게 갈고 닦으며 발전시켜온 결과 오늘날의 성취에 이르렀

다. 몇몇 심리학 연구는 우리의 '인간성humaniqueness'은 하등동물에게는 없는 네 가지 정신력으로 요약될 수 있다고 주장한다. 네 가지 정신력이란 생성적 계산, 다양한 사고의 결합, 정신적 상징의 사용, 추상적 사고를 말한다.

우리 인간은 신이 했던 것처럼, 우리의 형상과 모양을 닮은 기계를 창조하고 있다. 우리는 그 기계에 어려운 계산을 수행해 아무리 복잡한 질문에도 논리적 답을 제시할 수 있는 엄청난 힘을 부여했다. 이제 우리는 그 기계가 우리보다 낫다는 점을 인정해야 하는 상황까지 왔다.

그러나 알아두어야 할 중요한 사실은 우리가 다른 정신적 능력에도 기대왔다는 것이다. 비록 그 점을 존중하지 않았더라도 사실이 그렇다. 우리는 스스로 합리적인 자질이 있다고 인정하지만, 연구 결과는 우리의 결정이 여전히 비합리성에 압도적인 영향을 받는다는 것을 보여준다. 《상식 밖의 경제학Predictably Irrational》의 저자 댄 애리얼리Dan Ariely는 그 비율을 90퍼센트로 잡는다.[5] 이 비합리성은 더러 우리에게 해를 끼치기에 애리얼리는 우리 인간의 어리석음을 스스로 깨닫게 함으로써 거기서 우리를 구하고 싶어한다. 하지만 비합리성의 많은 부분이 논리적 계산이 최적화된 답을 제시할 수 없을 때 계속 앞으로 나아가게 해주는 지혜이기도 하다. 인간의 비합리성을 오류가 아니라 하나의 특징으로 인식해야 하지 않을까?

인간은 다중지능 덕분에 성공한다는 증거가 점점 늘어나고 있다. 표준화된 지능 테스트가 처음 개발된 이후 몇백 년 동안 정신 능력이라고 하면 주로 IQ를 의미해왔다. 그러나 1983년 하워드 가드너Howard Gardner의《다중지능: 인간 지능의 새로운 이해Frames of Mind: The Theory of Multiple

Intelligences》가 출간되면서 상황은 바뀌었다. IQ 테스트로 측정되는 능력은 인간이 기대는 지능의 일부일 뿐이며 지능은 다양한 영역으로 구성된다. 가드너는 이 여덟 가지 지능에 이름을 붙였다.[6] 궁금해할 독자들을 위해 아래에 소개한다.

- 언어지능linguistic intelligence, word smart
- 논리-수학지능logical-mathematical intelligence, number/reasoning smart
- 공간지능spatial intelligence, picture smart
- 신체운동지능bodily-kinesthetic intelligence, body smart
- 음악지능musical intelligence, music smart
- 인간친화지능interpersonal intelligence, people smart
- 자기성찰지능intrapersonal intelligence, self smart
- 자연지능naturalist intelligence, nature smart

이 지능들이 우리가 컴퓨터와 주로 연관 짓는 스마트 기능과 다르다는 점은 두말할 필요도 없을 듯하다. 이후 1990년대에는 피터 샐로비Peter Salovey와 존 메이어John Mayer가 가드너의 인간친화지능 및 자기성찰지능과 비슷한 정서지능emotional intelligence, 즉 EQ 개념을 내놓았다.[7] 정서지능이란 자신의 감정을 인식, 이해, 조절하고 타인의 감정에 정서적으로 대처하는 능력을 말한다. 이는 물론 유동적인 개념이지만 그렇다고 인간의 뇌에서 중요한 비중을 차지하지 않는다고 생각하면 오산이다. 메이어의 설명을 직접 들어보자. "고차원 사고에 관여하는 우리의 능력에는……감정의 추론과 추상화도 포함된다. 그리고 이는 우리가 마음이 따뜻하다거나 낭만적이라거나 모호하다(종종 가치를 깎아내리는 표현을 쓰기도 한다)고 말하는 사람들은 종종 매우매우 정교하게 정보를 처리한다는 뜻이다."

옆으로 비켜서는 전략은 위로 올라서는 전략에 비해 활용도가 높다. 그 이유는 인간에게 흔한 강점, 너무 흔해서 지금까지는 강점으로 인식되지 못했던 강점에 기댈 수 있게 해주기 때문이다. 때로 비켜난다는 것은 컴퓨터는 잘하지 못하는 땜일을 한다는 뜻일 수도 있다. 이와 관련해 디즈니Disney R&D 부서장을 지낸 브랜 페런Bran Ferren은 〈뉴욕 타임스〉와의 인터뷰에서 이렇게 말했다. "사람들은 해결책을 생각해내는 데 뛰어나다. 예를 들어 어떻게 하면 라디에이터 안으로 기어들어갈 수 있을까, 어떻게 하면 호스를 통과할 수 있을까 하는 문제에 대해서 말이다. 이런 것들은 로봇이 잘하지 못한다."[8] 더욱이 '옆으로 비켜서는' 직업은 '정신적인' 능력으로서 다른 지능도 필요하다. 우리가 1장에서 언급한 금융자문은 금융전문가보다 정신과 의사가 돼가고 있는 것 같다고 말했는데, 고객과 회사에 실질 가치를 제공하고 있다. 그러나 그의 현실적인 문제는 그 자신도, 그가 몸담고 있는 회사 중역도 그가 제공하는 '정신의학'의 가치를 제대로 보지 못한다는 점이다. 왜냐하면 그 일은 그가 학위를 따기 위해 투자한 지능 형태도 아니고, 직무분석표에 나와 있지도 않은데다, 상대적으로 비구조화된 활동이기 때문이다.

금융자문 자격증이나 우리와 인터뷰한 자문이 받은 MBA를 취득하려면 수학과 투자 이론에 밝아야 한다. 그런데 이 분야에서 남다른 능력을 발휘하는 사람들은 대부분 다른 형태의 지능에 익숙하지 않다. 그리고 설사 다중지능이라는 강점을 갖춘 사람이라도, 이런 강점이 좋은 직장을

구하려는 경쟁의 기초를 이루게 되면 앞으로 그 분야의 문턱이 높아질
것이다. 해당 금융자문이 다니는 회사는 아직까지는 그에게 '행동재무
학' 훈련을 따로 시키고 있진 않으며, 희소식은 적어도 그 방면의 전문가
를 다수 채용했다는 점이다.

'비인지적' 기술은
과연 습득 가능한가?

다른 형태의 지능이 그토록 중요하다면 여기서 우리는 다음과 같은
질문을 던지지 않을 수 없다. 즉 이런 기술도 전공 지식을 습득할 때와
똑같은 방법으로 얻을 수 있을까? 이런 기술을 자유자재로 활용하려면
그 기술을 계속 연마할 수 있는 방법을 알아봐야 할 것이다.

그러려면 먼저 우리가 그 기술을 잃어버리고 있는 이유부터 살펴봐야
할 듯싶다. 이곳저곳의 전선에서 사람들은 소프트스킬에 약세를 보이고
있는 듯하다. 미시간 대학교 사회조사연구소에서 과학자들은 사람들의
공감 수준을 장기적으로 연구한다. 그들이 수십 년에 걸쳐 표준 성격 테
스트를 진행하면서 발견한 사실들을 소개하면 다음과 같다. 요즘 대학생
들은 20~30년 전의 대학생들에 비해 공감능력이 40퍼센트가량 떨어진
다.[9] (그리고 자기애적 성격 검사 결과에서도 요즘 대학생들이 과거에 비해 자
기애적 성향이 더 높다.)[10] 이 밖에 찰스 다윈Charles Darwin이 인간만의 고유
한 특징으로 여겼던 윤리, 즉 '도덕의식'을 우려하는 사회과학자들도 있
다. 이에 대한 확실하고 장기적인 연구는 없을 듯하지만, 세계 곳곳에서

도덕의식이 감소하고 있다는 인식이 널리 확산되고 있다.

그다음에는 창의력이 있다. 테드 토크TED Talks 팬이라면 테드 도서관 전체에서 가장 많은 조회수를 기록한 강의를 본 적이 있을 것이다. 바로 켄 로빈슨Ken Robinson 경의 '창의력을 죽이는 학교 교육How Schools Kill Creativity'이라는 제목의 강의다. 거기서 로빈슨은 이렇게 주장한다. "우리는 자랄수록 창의력과 친해지기보다 멀어집니다. 다시 말해 교육받을수록 창의력과 멀어집니다." 그는 아이들은 원래 창의적이지만, 자라면서 "우리는 아이들을 허리 위쪽부터 차츰차츰 교육하기 시작하다가 옆은 거의 돌아보지 않고 머리에만 초점을 맞춥니다"라고 주장한다. 이런 교육 방식은 전 세대에 걸쳐 갈수록 악영향을 미치고 있는지도 모른다. 아이들은 주로 토랜스 창의력 검사를 통해 평가받는다. 예를 들면 제시된 미완성의 그림을 완성하고 책과 양철 깡통 같은 물건의 다른 용도를 생각해내야 한다. 윌리엄&메리 대학 부교수 김경희는 장기간에 걸쳐 이 점수를 분석한 끝에 1990년 이후 미국인들의 이 점수는 감소 추세를 보이고 있다고 말한다. 심지어 지능은 상승하는데도 그랬다.[11]

이런 연구들이 모두 실제 현상을 포착하고 있다면, 그래서 다음 세대의 지식노동자들이 공감능력도, 도덕의식도, 창의력도 예전만 못하다면 정말 나쁜 일이 아닐 수 없다. 우리는 지금 이런 소프트스킬이 그 어느 때보다 중요해지는 시기, 많은 사람들에게 일자리 확보와 유지가 가장 큰 희망이 되는 시기로 접어들고 있다. 개인만 이 점을 유념할 것이 아니라 고용주와 교육기관도 이런 종류의 기술이 얼마나 중요한지 인식하도록 설득해야 한다.

반가운 소식은 사회적·정서적 기술도 실은 얼마든지 연마 가능하다는 점이다. 샐로비와 메이어의 EQ 연구가 계속 진행되고 있는 예일 대학교 정서지능센터에서는 학교들과 손잡고 학생들에게 정서지능을 가르친 뒤 그 결과를 관찰한다. 이 센터의 RULER(recognize-understand-label-express-regulate) 커리큘럼을 채택한 학교들은 학생들이 불안감과 우울감이 줄어 감정을 더 효율적으로 관리하고, 문제해결력도 향상되고, 사회적 기술과 리더십 기술도 월등히 개선되고, 집중·학습·행동 문제도 줄어들고, 학업성취도도 (첫해에 12퍼센트) 높아졌음을 발견했다.[12]

성인에게도 새 기술을 가르칠 수 있다는 확신은 대기업의 연수 예산에서 드러난다. 미국 기업들은 직원 교육과 리더십 개발에 엄청난 양의 예산을 지출한다. 이와 관련해 한 연구는 2012년 한 해에만 1,642억 달러가 연수비로 들어갔다고 지적한다.[13] 재능개발협회Association for Talent Development의 설문조사 결과에 따르면 학습 콘텐츠 기업의 4분의 1 이상 (2010년 기준 27.6퍼센트)이 소프트스킬 훈련에 예산을 배정하는 것으로 나타난다.

업무에서 옆으로 비켜서는 전략을 구사한다는 것은 쉽게 코드화할 수 있는 일은 컴퓨터에 넘겨주고 자신만의 비인지적 강점에 집중한다는 뜻이다. 그렇다면 먼저 회사에서 제공하는 이 분야의 연수 기회를 십분 활용해 열심히 배워둬야 한다. 그 밖에 그런 기술을 혼자 익히려면 어떻게 해야 할까? 주로 두 가지 방법이 있다. 즉 멘토를 통해 배우는 방법과 스스로를 돌아보며 차근차근 훈련하는 방법이 있다.

라이언 맥도너Ryan McDonough는 10년 가까이 몸담았던 NBA 구단 보스턴 셀틱스를 떠나 지금은 피닉스 선스 단장으로 있다. 알면 놀랄지도 모르겠지만 농구는 현재 애널리틱스를 적용하려는 열기가 가장 뜨거운 분야 중 하나이며, 맥도너는 분석지향적인 사람으로 알려져 있다. 그는 한 기자에게 이렇게 말했다. "그것은 NBA의 선수 스카우트 방식을 바꿔놓았다. 다시 말해 선수를 지명하는 기준을 바꿔놓았다." 하지만 그의 일에서 성공은 여전히 소프트스킬에 크게 좌우되고 있다. 이와 관련해 맥도너는 셀틱스 코치와 회장을 지냈으며 미국 프로스포츠 역사상 가장 눈길을 끄는 전설적 인물 고 레드 아워백Red Auerbach에게서 한 수 가르침을 얻었다. 맥도너는 이렇게 말했다. "입단하고 나서 수시로 레드한테 전화를 걸어 농구에 대해 이야기하며 그의 머리를 빌렸다. 그때마다 펜과 셀틱스 문구류를 꺼내 하나라도 더 흡수하려고 열심히 받아 적었다. 당시 나는 스물세 살이었고 레드는 80대 중반이었다."**14**

그는 과연 무얼 흡수했을까? "복수하는 사람보다는 선동하는 사람을 찾아라" 같은 스카우트 관련 충고였다. 맥도너는 아워백이 "시합에 활기를 불어넣는 선수, 상대 팀을 자극하면서 소속 팀의 에너지와 노력을 끌어올리는 선수를 좋아했다"고 말한다. 그리고 그는 맥도너에게 선수와 코치의 관계에 주목하라고 가르쳤다. 요약하면 다음과 같다. "성격이 고결하고 이기적이지 않은 선수, 투지가 넘치고 정정당당하게 경기하는 선수, 연봉과 기록보다 승리에 더 신경 쓰는 선수를 찾아라." 흥미롭게도 성공에 이르는 이런 열쇠들은 선수의 기록에는 나타나지 않는 특징, 다시 말해 분석으로는 알 수 없는 특징이다.

맥도너는 멘토들로부터 얻은 무언의 지식에 감사하면서, 선수 출신의 셀틱스 회장 "대니 에인지Danny Ainge 밑에서 일할 때가 내 직장생활의 황금기였다"고 말하기도 했다. 이는 옆으로 비켜서는 전략으로 승리하려는 사람이라면 누구에게나 교훈을 준다. 그런데 여기에는 〈보스턴 글로

브_Boston Globe_〉의 댄 쇼네시Dan Shaughnessy가 "누구보다도 뚝심 있고 박학다
식한 수완가"[15]로 꼽는 스포츠 기자 윌 맥도너Will McDonough가 그의 아버
지였다는 사실도 한몫 톡톡히 했다. 인간의 강점을 깊이 흡수하려면 뭐
니뭐니해도 이미 그런 강점이 몸에 밴 사람들과 함께 시간을 보내는 게
가장 좋다.

창의력, 공감, 유머, 취향 같은 소프트스킬은 물론 성실, 도의, 용기 같
은 성격 특성을 개발하는 방법은 또 있다. 즉 일정한 틀을 사용해 스스로
를 돌아보면서 차근차근 연습하면 된다.

앞에서도 언급했듯이 예일 대학교 정서지능센터에서는 그 틀이
RULER라는 단어에 포착되어 있다. 먼저 자신이 느끼는 감정을 인정한
recognize 다음, 이해하고understand, 확인하고label, 표현하고express, 조절하도록
regulate 가르친다. 소프트스킬을 연마하는 과정을 구조화할 수 있는 가능
성은 이것 말고도 또 있다. 또 다른 가능성은 서리 대학교 유진 새들러-
스미스Eugene Sadler-Smith의 연구논문 〈머리와 마음의 활용Using the Head and
Heart at Work〉에서 나온다. 그는 소프트스킬 개발에 필요한 요소를 크게 다
섯 가지, 즉 노출, 연습, 피드백, 성찰, 직접 경험으로 요약한다. 개별 학
습자에게는 특정 강점에 초점을 맞춰 몸에 밸 때까지 훈련할 수 있는 이
런 틀을 채택하는 것이 중요하다.[16]

강점을 확립하기 위한 의식적인 시도는 진전 정도를 꾸준히 측정할
수 있어야 한다. '좌뇌' 기술이 인간의 지능을 둘러싼 논의를 그렇게까지
지배하는 이유는 아주 쉽게 평가하고 비교할 수 있기 때문이 아닐까 싶
다. 인간의 성취를 측정하기 위해 우리가 사용하는 척도는 비즈니스의
전문 영역에서 쓰이는 '성능평가표'인데, 이는 언제나 더 많은 고된 훈련

이 정답이라고 믿도록 우리를 독려한다. 하지만 그런 믿음은 우리를 좁은 길, 우리가 컴퓨터를 지배하기 위해 설계한 바로 그 길에 묶어둔다. 우리는 스스로를 우리는 이길 수 없다고 이미 결정 내린 경주에 옭아매고 있다.

인간이 기계와 보조를 맞추도록 하려는 우리의 시도는 다른 인간의 강점을 개발하지 못하도록 방해할 수도 있다. 심리학자 데이비드 와이카트David Weikart의 아동기 초기 교육에 대한 유명한 장기 추적연구에 따르면, 읽기와 산수 같은 기술을 직접 배운 저소득층 가정의 미취학 아동들은 '놀이 기반'의 유치원 교육을 받은 또래의 다른 집단에 비해 사회성과 정서 발달에서 부진을 보이는 것으로 드러났다. 직접적 교육을 받은 아이들은 자라서 23세가 된 시점에 다른 사람들과 마찰을 빚는 사례가 더 많았고, 정서장애를 보여주는 증거도 더 많았다. 이 밖에도 결혼이나 동거를 하지 않을 가능성이 더 많았을 뿐만 아니라 범죄에 가담할 확률도 훨씬 더 높았다. 더욱이 그중 39퍼센트('놀이' 집단은 19퍼센트)는 이미 중죄 혐의로 체포된 전력이 있었고, 19퍼센트('놀이' 집단은 0퍼센트)는 폭행 및 흉기 소지 혐의로 소환된 전력이 있었다.[17]

그 이유는 무엇일까? 발달심리학자 피터 그레이Peter Gray는 이렇게 추측한다. "학업 수행을 강조하는 교실의 학생들은 성취와 성공에 초점을 맞춘 가치관을 개발했을 가능성이 높으며, 특히 빈곤이라는 상황에서 이는 타인과의 마찰은 물론 심지어(성공의 오도된 수단으로서) 범죄로 이어졌을 수 있다."[18]

윌리엄 진서William Zinsser는 글을 잘 쓰는 데 가장 중요한 자질 두 가지로 '인간애와 온기'를 꼽으면서 이렇게 말했다. "그런 원리들을 가르칠 수 있을까? 어쩌면 불가능할지도 모른다. 그러나 그 가운데 대부분은 학습 가능하다."[19]

점점 늘어나는
장인의 일

이 '옆으로 비켜서는' 범주가 많은 일자리를 제공할 것으로 예상되고 있지만 지금까지 우리는 코미디언과 라이프스타일 구루, 베스트셀러 작가와 자유세계의 지도자 같은 사례만 살펴보았다. 이 범주에는 수제 치즈 장인과 고가구 복원 전문가 같은 희귀한 직업도 포함될 수 있다. 그렇다면 이런 궁금증이 일지도 모르겠다. 어떻게 하면 대규모 일자리에 이런 비켜서기를 적용할 수 있을까? 이 질문에 우리는 두 가지 답을 제시하고자 한다.

첫째, 예술가와 장인에게 맞는 일은 한정되어 있다고 생각하기 쉽지만 실은 그렇지 않다. 수제품만을 취급하는 온라인 장터 엣시Etsy의 성장을 예로 들어보자. 2015년 3월 기준으로 이 사이트는 140만 명의 판매자가 내놓는 제품에 관심을 갖는 적극적 구매자를 2,000만 명 가까이 확보하고 있었다. 서비스 분야에서 역사상 그 어느 때보다 많은 사람들이 소믈리에, 마술사, 웨딩플래너, 심리치료사, 라이프 코치, 상조 도우미로 생계를 꾸리고 있다. 이러한 STEM 비관련 직종의 임금은 더 나빠지는 것이 아니라 더 좋아지고 있는 듯하다. 미 국립미술기금National Endowment for Arts(NEA)의 2001년 연구는 미국 총 노동인구의 1.4퍼센트를 차지하는 예술가 210만 명에 주목했다(예술가는 다음과 같은 열두 가지 직업군으로 분류되었다. 배우, 아나운서, 건축가, 무용가 및 안무가, 디자이너, 미술가, 미술감독 및 애니메이션 제작자, 음악가, 기타 연예인, 사진가, 프로듀서 및 감독, 작가). 2005년부터 2009년까지의 자료를 살펴본 뒤 NEA는 예술가들의 평균임금이 미국 정규직 노동자들이 평균으로 벌어들이는 3만 9,000달러보다 높은 4만 3,000달러라는 점에 주목했다.[20]

둘째, 컴퓨터를 사용해 사실 복구, 논리, 계산에 초점을 맞추는 많은 직업들은 새로운 영역으로 이전하고 있다. 조직 내에서 이런 직무의 다수는 갈수록 EQ 지향성을 띠게 될 전망이다. 예를 들어 교직의 경우 이 방향으로 크게 바뀔 것으로 예상된다. 다시 말해 비켜선다고 해서 꼭 예술가들의 집단에 합류한다는 뜻은 아니다. 그보다는 맡은 일에 예술을 좀더 많이 도입한다는 뜻으로 해석할 수 있다.

어떤 면에서 가르치는 일은 전공과목이나 교육학에 대한 공식적인 지식 못지않게 소프트스킬도 필요하다. 이는 천재들을 관찰해봐도 알 수 있다. 천재 아무나 붙잡고 가장 위대한 스승이 누구였냐고 물어보라. 에밀리 디킨슨의 작품을 모조리 외우거나 대수학 문제를 누구보다 빨리 풀었던 교사를 들지는 않을 것이다. 교사는 동기를 부여하고 영감을 불어넣을 때, 우리의 삶과 관련된 가르침을 주고 우리 안에 배움의 열정을 심을 때 가장 큰 영향력을 발휘한다. (이와 관련해 우리는 카를 뷔흐너Carl Buehner가 교사들에게 한 저 위대한 충고를 좋아한다. "사람들은 여러분이 한 말을 잊어버릴지도 모릅니다. 그러나 여러분이 어떻게 느끼게 했는지는 절대 잊지 않을 겁니다.") 이제 이러한 인간관계를 가능케 하는 능력이 교육자 지망생들이 갖춰야 할 첫 번째 요건으로(세 번째나 네 번째가 아니라) 확고하게 자리 잡았다고 가정해보자. 직접 교육은 컴퓨터 기능의 증강이 도와줄 수 있게 될 것이다. 우리가 말하려는 요지는 이처럼 두 종류의 지능을 모두 필요로 하는 직업이 많지만 안타깝게도 인간과 컴퓨터 기능의 다양한 스펙트럼에서 성공을 좌우하는 요소는 컴퓨터 쪽의 극단이라는 점이다. 그러나 앞으로는 인간 쪽 극단의 기술을 강조하는 직업이 점점 많아질 것이며, 고용주들도 그런 기술을 가진 사람들을 점점 더 많이 채용할 것으로 전망된다.

비즈니스 저널리스트 조지 앤더스George Anders는 얼마 전에 쓴 기사에서 2020년이면 공감능력이 '반드시 갖춰야 할' 기술로 부상할 것이라고 주장했다. 그는 그런 역할의 예로 스포츠 코치와 간호사 등 '남을 돌보는 직업'으로 범주화할 수 있는 일을 들었다. 그 뒤 앤더스는 그의 주요 독자층을 이루는 기업들 사이에서 그 기사가 의외로 화제가 되는 것을 보고 그쪽 분야를 대상으로 소규모 조사를 해보기로 결심했다. 그는 indeed.com이라는 구직 사이트에서 여섯 자리 숫자의 연봉을 약속하면서 특히 '공감능력,' '잘 듣는 사람,' '정서지능,' '친밀한 관계' 같은 자질을 요구하는 직업을 찾아보았다. 단 하루 동안, 그것도 그처럼 범위를 좁혀 검색했을 뿐인데도 높은 EQ에 해당하는 고연봉 직업만 1,000건이 넘었다. 하지만 앤더스를 정말 놀라게 했던 것은 직업의 다양성이었다. "이런 고연봉 직업에서 공감능력을 중요하게 여기는 고용주들은 병원과 재단 같은 예상 가능한 '자선 부문' 조직에만 국한되지 않는다. 여기에는 하이테크, 금융, 컨설팅, 항공우주, 제약 등 경쟁이 치열한 글로벌 대기업들도 포함된다." 계속해서 앤더스는 이 각각의 분야에서 세계 최고로 꼽히는 회사들을 언급했다.[21]

공감은 코드화할 수 없는 비인지적 기술 중 겨우 하나일 뿐이다. 앞으로 지식노동자들은 상상력과 틀을 벗어나 사고하는 능력, 즉 현재의 유행어를 쓰자면 디자인 사고design thinking 기술을 점점 더 필요로 하게 될 것이며, 당연히 그에 따르는 보상도 더 많이 받게 될 것이다. 앞으로 지식노동자들은 이야기를 만들어나가고, 제품에 개성을 부여하고, 맡은 일에 예술을 결합하는 능력으로 평가받게 될 것이다. 우리는 지식노동자 대다수가 '창의적으로' 바뀔 수 있다고 생각한다.

사람들을 자유롭게 해방하는
증강

데이비드 애틀라스David Atlas는 '설득 언어persuasive language' 사업을 하는 퍼세이도Persado라는 스타트업의 최고마케팅책임자다. 마케팅 메시지를 생성하는 소프트웨어를 개발하는 이 회사는 버라이즌, 보다폰, 아메리칸 익스프레스, 시티그룹, 노르웨이전크루즈라인스, 익스피디아 등을 고객으로 두고 있다. 그렇다, 이는 이 회사가 인간의 두뇌에 기대지 않고도 이메일 홍보, 디스플레이 광고, 트윗을 발송해 힘들게 번 돈을 팍팍 쓰도록 사람들을 설득하고 있다는 뜻이다. 그런데 더욱 섬뜩하게도 애틀라스는 기계가 만든 문장 덕분에 주문률이 80퍼센트 증가했다고 주장한다. 그러나 그는 그렇다고 해서 "카피라이터들이 일자리를 잃는 일은 없을 것"이라며 이 제품은 "알고리즘이 만든 언어로서, 로봇보다는 생체공학적 인간에 가깝다"고 말한다.[22]

이 점에서는 우리도 그의 의견에 동의한다. 퍼세이도가 발송하는 다이렉트메일 방식의 편지는 AP 통신의 대학농구 다시보기 서비스와 비슷하다. 코드화하기가 쉬운 만큼 마케터들은 이런 편지를 대량으로 작성해 발송한다. 퍼세이도는 제목, 특별 할인행사, 제품 설명 같은 한정된 요소와 특정한 단어의 동의어 몇 개로 최대한 많은 수의 소비자가 "예"라고 말하도록 유도하는 최적의 결합을 쉽게 찾아낼 수 있다. 하지만 카피라이터는 기껏해야 두서너 개의 버전을 쓰고 비교할 수 있을 뿐이다. 이에 비해 퍼세이도는 수백만 개를 시험할 수 있다고 애틀라스는 지적한다. 그렇다면 여기서 묻고 싶은 점이 하나 있다. 만약 여러분이 마케터라면 퍼세이도가 하는 일을 맡고 싶은가?

과거에 홍보용 다이렉트메일을 효과적으로 작성하고 수정하는 교육을 받은 사람이라면, 현재는 '콘텐츠 마케팅,' 즉 블로그와 사설에 글을 쓰고, 연구를 의뢰하고, 해당 분야의 '선구적 사상가'를 초빙해 행사를 기획하는 등의 일을 하고 있을 가능성이 높다. 아니면 지속 가능성 보고서를 작성하거나, 브랜드의 명분을 널리 알리거나, 다양한 주주들을 관리하고 있을지도 모른다. 미묘하면서도 성취감을 주는 이런 일들은 인간이 할 수 있도록 소프트웨어가 다이렉트메일로 요새 공략을 맡아준다면 그 소프트웨어는 더 큰 힘을 얻게 된다.

이런 식으로 기계는 흥미로운 업무와 병존하는 업무, 그러니까 주로 행정잡무를 대신 맡아 처리함으로써 비켜서는 지식노동자들을 증강하게 될 것이다. 그에 비하면 개인이 각자의 업무에 부여하는 인간적 특성과 관련해 인공지능은 별로 도움이 되지 않을뿐더러 컴퓨터가 이를 대신할 가능성 또한 없어 보인다. 영국의 게임 개발자 에드 키Ed Key는 최근 들어 인공지능을 활용할 방법을 놓고 고민했다. 그는 자신이 개발한 게임 프로테우스 생산에 본격적으로 매달리기 위해 회사 일을 그만두었지만 "시간의 80퍼센트를 게임 설계와는 아무 상관도 없는 잡무에 낭비하고 있었다"고 한탄하며 이렇게 말했다. "예고편을 만들고, 언론과 접촉하고, SNS를 관리하는 것 같은 일은 인공지능도 할 수 있습니다. 사실 홍보 업무는 우리의 가장 큰 팬인 로봇에게 맡겨도 됩니다."[23]

그러나 몇몇 경우에는 증강이 높은 가치를 지닌 비인지적 능력을 증폭해 이를테면 인간이 자신의 업무에 더 많은 인간성을 부여하도록 지원할 수 있다. 다시 말해 기계 사용을 통해 공감능력을 심화하거나, 창의성을 드높이거나, 음식에 풍미를 더할 수 있다.

그 좋은 예가 IBM이 선보이는 왓슨의 새로운 기능, 즉 풍미를 더해주는 식재료의 새로운 조합을 찾아내는 능력이다. 물론 요리사는 매우 창의적이며, 컴퓨터는 아예 먹지조차 못한다. 하지만 미식이라는 것도 따지고 보면 화학일 뿐이다. IBM의 컴퓨터과학자 래브 바시니Lav Varshney는 왓슨이 이미 최고 수준의 조리법 데이터베이스를 구축하고 고급요리의 세계로 들어갔다고 설명한다. 다음 단계는 마케팅 메시지 소프트웨어와 비슷했다. 다시 말해 "조리법을 재조합해 대체물을 찾아내고 다르게 변형할 수 있는 부분은 빠짐없이 변형해가며 수백만 가지 새로운 조리법을 생성하는 것이다."[24] 하지만 그 모두를 일일이 준비해 그 결과를 용감한 맛 평가단에 떠넘긴다는 것은 현실적으로 불가능했다. 어떤 조리법이 가장 좋을지 예측하기 위해 왓슨은 화학과 심리학 연구에서 끌어낸 다양한 기준을 바탕으로 각기 다른 풍미 요소에 대한 사람들의 반응을 분석한다.

자신이 분자요리로 유명한 미식 요리사 페랑 아드리아Ferran Adrià나 늘 새로운 맛에 목말라 있는 고객을 둔 요리사라고 생각해보자. 이참에 일을 그만둔다고? 아마 아닐 것이다. 대신 왓슨이 쏟아내는 결과를 꼼꼼히 살피며 지금껏 시도할 생각도 해보지 않은 놀랍도록 맛있는 조합을 찾고 있지 않을까? 아마도 그래야 할 것이다. 그럴 경우 적어도 별 세 개에 빛나는 경력에도 불구하고 전부 섭렵하지 못했던 지식을 통해 다시 영감을 얻을 수 있을 것이다.

진정으로 창의적인 사람들은 출처가 어디든 그런 자극에 민감하게 반응하는데, 그 출처가 소프트웨어인 경우가 급증하고 있다. 유명한 안무가 머스 커닝엄Merce Cunningham은 일찌감치 변화를 받아들였다. 그는 이미 1989년에 컴퓨터 소프트웨어를 사용해 안무 작업을 하기 시작했고, 가능성이 현실로 드러나면서 소프트웨어의 매력에 푹 빠졌다. 무용수의 신체적 한계를 반영하도록 프로그램화한 움직이는 형체들을 사용해 그는 아이디어를 자유롭게 실험할 수 있었다. 〈로스앤젤레스 타임스Los Angeles Times〉와의 인터뷰에서 그는 이렇게 설명했다. "컴퓨터를 활용할 경우 여러 가지 동작을 만들어 이를 관찰하면서 계속 반복하게 할 수 있다. 무용수들한테는 그런 부탁을 할 수 없다. 금세 지치기 때문이다."[25] 이런 컴퓨터 애니메이션 기술이 디즈니/픽사Disney/Pixar와 드림웍스DreamWorks 영화 제작자들의 업무를 증강현실로 구현해주지만 창의적이고 재능 있는 애니메이션 제작자들은 여전히 일자리를 지키고 있다.

더욱 놀라운 점은 인간이 업무에서 사회적 기술을 발휘하는 데도 인공지능이 도움이 된다는 사실이 아닐까 싶다. 기업 환경에서는 고객관계관리 시스템이 그 좋은 예다. 이런 시스템은 이전의 접촉 사실을 일목요연하게 기록하고 판매 프로세스에 대한 훈련을 강화함으로써 판매원들이 자신의 강점인 고객과의 대화에 집중하게 해준다. 또한 이런 시스템은 시간이 지날수록 가장 유능한 판매원보다 더 넓은 사회적 기억을 확보해 대인관계 기술을 증강하기도 한다. 가망고객의 이전 직업은? 친구는? 자녀들이 좋아하는 활동은? 음식 알레르기는? 이 모두가 시스템에 다 있다. 인간 판매원은 이런 정보를 대화에 교묘하게 활용하기만 하면 된다.

사회적 기억은 인간의 특징 중에서도 우리가 매우 높이 평가하는 특징이지만 솔직히 그 부분에서 뛰어난 역량을 발휘하는 인간이 그리 많지 않다는 점에서 특히 증강이 필요한 영역이다. 그 영역으로 들어가려면 아무래도 인내심이 필요할 듯하다. 세상에서 가장 인내심이 많은 사람이라면 추천하고픈 직업이 있으니, 자폐아를 가르치는 언어치료사다. 이 직업은 매우 중요하다. 자폐증 때문에 세상에 대고 마음의 문을 닫아버린 아이를 고치려면 끊임없는 치료밖에는 달리 방법이 없지만 그러려면 성자의 참을성이 필요하다.

그런데 몇몇 병원에서는 로봇에 눈을 돌리고 있다. 디즈니에서 아이디어 발굴을 담당하는 이매지니어로 있다가 지금은 핸슨로봇Hanson Robot CEO로 재직중인 데이비드 핸슨David Hanson은 텍사스 대학교 앨링턴 캠퍼스 교수 댄 포파Dan Popa를 비롯해 댈러스 자폐치료센터, 텍사스 인스트루먼츠, 내셔널 인스트루먼츠의 도움을 받아 '제노Zeno'라는 귀여운 로봇을 제작했다. 원격으로 제노를 조종하는 치료사들은 이 로봇을 사용해 아이의 제한된 사회화 회로망을 교란하지 않는 범위 내에서 상호작용을 유도한다. 제노는 아이가 위협을 느끼지 않고 편안한 마음으로 받아들일 때까지 매번 똑같은 말과 행동을 반복할 수 있다. 제노는 (적어도 심리학적 측면에서) 지쳐 나자빠지는 법이 없으며, 절망에 겨워 한숨을 내쉬는 법도 없다. 기계를 사용해 증강을 꾀하는 접근법은 이미 성공을 거두고 있다. 인간 치료사한테는 한마디도 하지 않던 아이들이 로봇에게는 말을 하고 있기 때문이다.[26]

인공지능에게 인간의 강점은
난공불락인가?

이제 잠시 멈춰서 실존적 질문을 던져볼 시점이다. 기계가 이미 우리의 비인지적 강점을 증강화할 수 있다면 머잖아 그런 강점을 직접 지니게 되지 않을까? 그렇게 되면 계산능력에서처럼 이런 영역에서도 기계가 우리를 앞서게 되지 않을까? 우리는 어떻게 인간이 계속해서 옆으로 비켜서는 업무를 할 수 있으리라고 확신하는가? 그래도 삶이 과연 살 만한 가치가 있을까? 유머로 시작해보자.

유머와 농담을 소개하는 그 수많은 책들의 주장에 따르면 사람들은 웃는 걸 좋아한다. 저자인 우리 두 사람의 책장을 훑어보면 바로 눈에 띄는 책이 한 권 있다.《누구나 알아야 할 우스갯소리*Jokes Every Man Should Know*》다. 두께가 얼마 안 되는데, 이 책을 엮은 댄 스타인버그Dan Steinberg는 관련자료를 샅샅이 뒤진 후 가장 재미있는 이야기만 남겼다고 장담한다 (참고자료도 있다). 기준을 높이고서 그는 이렇게 시작한다.

사냥꾼 둘이 숲 속에 있는데 그중 하나가 갑자기 쿵 쓰러진다. 숨을 쉬지 않는 것 같다. 눈도 게슴츠레하다.

다른 사냥꾼이 휴대전화를 꺼내 황급히 911에 전화한다. 그리고
숨차게 내뱉는다. "내 친구가 죽었어요! 어떡해요?"

교환원이 말한다. "진정하세요, 제가 도와드릴게요. 우선 그 친구
가 정말 죽었는지부터 확인해보세요."

침묵이 흐른 후, 총소리가 들린다. 다시 전화기를 집어든 남자가
이렇게 말한다. "확인했어요, 이제 어떡하죠?"

하지만 《컴퓨터 우스갯소리 개론》이라는 책이 나온다면 그보다 훨씬
더 얇을 듯하다. 그리고 아마도 이런 내용이 들어가지 않을까.

나뭇잎과 자동차의 차이는?

나뭇잎이 비질crush과 갈퀴질rake을 필요로 한다면 자동차는 돌진
rush과 제동brake을 필요로 한다.

이는 인간의 재치에 전혀 기대지 않고 컴퓨터과학의 한 분파인 전산
창의성computational creativity을 거쳐 소프트웨어에서 바로 나온 농담이다. 와
이파이에 고맙다는 말 꼭 하길. 이 우스갯소리의 출처는 애버딘 대학교
의 그래엄 리치Graeme Ritchie와 킴 빈스테드Kim Binsted가 1990년대에 개발
한 JAPE(Joke Analysis and Production Engine)라는 프로그램이다. 배꼽이
빠질 만큼 웃기진 않을지 몰라도 이 우스갯소리는 다음과 같은 궁금증
을 자아낸다. 그 뒤에 자리하는 무어의 법칙[인터넷 경제의 3원칙 가운데
하나로, 마이크로칩의 밀도가 18개월마다 2배로 늘어난다는 법칙]과 더불어

언론에 대서특필되기까지 얼마나 걸릴까?

  인간의 영역을 침범하는 기계의 등장은 SF 작가들과 영화감독들이 즐겨 다루는 주제다. 예를 들어 2014년 영화 〈인터스텔라〉에서 이 영화를 관통하는 농담의 주역은 우주선에 동승한 로봇의 유머 수치를 쉴 새 없이 조절하는 우주비행사 쿠퍼(매튜 매커너히Matthew McConaughey 분)이다. 쿠퍼는 로봇 타스가 잘하는 암울하게 비아냥대기를 좋아하지만 곤란한 상황에서는 그런 소리가 반갑지 않다. 어느 순간 쿠퍼는 로봇의 유머 다이얼을 매우 낮은 레벨로 내린다. 그러자 타스는, 이미 짐작했겠지만 동음이의어를 사용한 말장난을 선보인다. 컴퓨터가 감정의 영역으로 옮겨간다는 개념을 이보다 더 진지하게 다룬 영화는 많다. 스티븐 스필버그Steven Spielberg의 〈AI〉는 사랑에 초점을 맞추며 우리를 역설에 빠뜨린다. 유일하게 끝없이 헌신할 수 있는 존재는 프로그램된 존재밖에 없다는 것이다. 〈써로게이트〉에서 인간은 더 이상 외모에 신경 쓸 필요가 없다. 상대방에게 좋은 인상을 주고 싶다면 그 자리에 로봇을 대신 내보내면 되기 때문이다.

  현실세계에서 전산 창의성은 지금까지 인간만이 가능하다고 여겼던 영역과 감동 없는 기계가 할 수 있으리라고 상상하지 못했던 일을 잠식하기 시작했다. 바로 예술이다. 컴퓨터 과학자 사이먼 콜턴Simon Colton이 개발한 페인팅 풀Painting Fool이라는 기계는 초상화를 그릴 뿐 아니라, 자동으로 형성되는 기분에 따라 그림을 그리고 추후에 과연 그런 기분을 제대로 전달하고 있는지 곰곰이 되씹어보기도 한다. 또한 얼마 전부터는 상업용 소프트웨어 플리커Flickr가 기계학습을 사용해 웹에서 돌아다니는 이미지를 식별해 게시하기 시작했다. 최근에 열린 한 회의에서 플리커 개발자 사이먼 오신데로Simon Osindero는 이 기술은 현재 단순히 해당 이미지가 사용자의 검색어에 부합하는지 여부를 확인하는 데서 벗어나 주관적인 판단까지도 가능한 수준으로 옮겨가고 있다고 말했다. 그러면서 그는 이 기술은 컴퓨터가 "이미지에서 인식된 아름다움을 평가하는 모델을 만들 수 있게 해준다"고 덧붙였다.[27]

컴퓨터는 음악을 만들기도 한다. 대학원생 두 명이 개발한 음악생성기가 그 좋은 예가 아닐까 싶다. SMUG(Scientific Music Generator)라는 이름의 이 음악생성기는 학술 논문을 PDF 형태로 입력해 이를 바탕으로 노랫말뿐만 아니라 논조에 어울리는 곡까지 만든다.

창조적 글쓰기도 마찬가지다. 문장생성 소프트웨어는 당분간은 그 용도가 매우 제한적인 수준에 그칠지도 모른다. 현재 이 기술은 마케팅의 '설득 언어'를 넘어서 앞에서 살펴봤듯이 간단한 뉴스 기사를 대량으로 쏟아내고 있다. 2014년 AP 통신은 "재계 뉴스 기사 작성에 필요한 미국 기업의 수익 보고서 대부분이 결국에는 자동화 과학기술을 통해 생산될 것"이라고 선언했다.[28] 그러나 컴퓨터과학자들은 기계가 글쓰기 능력을 길러 훌륭한 소설도 척척 써낼 수 있도록 하기 위해 열심히 노력하고 있다.

조지아 공과대학교 부교수 마크 리들Mark Riedl은 사람들이 실제 상황에 관해 써놓은 기존의 글들을 참고해 단편소설을 생성하는 프로그램인 셰에라자드Scheherazade의 개발을 주도해왔다. 한편 이야기의 전제는 WHIM(What-If Machine)을 사용해 생성할 수 있다(AI업계 사람들 모두 얼마 전 이탈리아 AI 학자 둘이 익살스러운 약자를 생산할 목적으로 발명한 이 시스템에 관심이 많은 듯하다). WHIM은 엄청난 양의 문장을 분석해 현실에서는 도무지 있을 것 같지 않은 사건을 상정해낼 수 있다. "헤엄치는 법을 잊어버린 새끼 고래가 있다면?" 이는 이 시스템이 내놓은 사고의 출발점 중 하나다. 아이들의 책에는 이보다 못한 아이디어도 많다.

전산 창의성의 개척자 중 한 명인 토니 빌Tony Veale은 강한 형태의 시스템과 약한 형태의 시스템을 구분한다. 그는 약한 전산 창의성 시스템은 그 자체로는 창조적 가치가 없는 결과물을 생산한다고 말한다. 따라서 인간 사용자가 결과물을 걸러내고 분류해야 한다. 이에 비해 강한 창의성 시스템은 참신하고 유용한 결과물을 생산할 뿐만 아니라 그 결과물을 평가하고 선별해 최고만을 골라낸다. 전산 창의성은 아직 새로운 분야이긴 하지만 강한 형태가 속속 개발되면서 인간의 글쓰기는 미래가 밝지 않다. 기계가 내놓는 결과물은 인간이 이룬 성과와 갈수록 구분하기가 어려워질 전망이다. 하지만 그러려면 아직 많은 시간이 필요하며, 설령 그런 순간이 닥친다 하더라도 기계가 그린 그림을 사들이거나, 기계가 쓴 이야기를 들고 잠자리에 들거나, 기계가 들려주는 우스갯소리에 신나게 웃는 사람이 그리 많지는 않을 것이다. 제프 콜빈Geoff Colvin이 저서 《인간은 과소평가되었다Humans Are Underrated》에서 지적했듯이 우리가 인간이 생성한 콘텐츠를 높이 사는 이유는 그것이 인간적이기 때문이다.[29]

가치를 결정하는
인간의 손길

잡지 〈슬레이트 *Slate*〉의 과학기술 전문 수석기고가 윌 오레머스Will Oremus는 〈기계가 작성한 문장 The Prose of the Machines〉이라는 기사에서 인간 작가의 장점을 열거하며 독자들을 안심시키려고 애쓴다. "우리는 이야기를 지어내는 데 능하다. 우리는 재미있는 일화를 끄집어내 유사성과 연관성을 끌어내는 데 능하다. 우리는 정보를 구성하는 데 능하다. 우리는 사건을 둘러싼 무정형의 정보 구름을 꿰뚫어보고 익숙한 형태를 포착하는 데 능하다. 그리고 무엇보다도 우리에게는 우리의 동료 인간들이 어디에서 의미와 흥미를 느끼는지 파악하는 직감이 있다." 그러나 그다음 문단에서 그의 이런 자신감은 거짓으로 드러난다. "이론상으로 제대로 설계된 소프트웨어 프로그램은 충분한 데이터, 개발, 훈련, 처리 능력과 더불어 그런 소프트기술 습득이 가능하다."[30]

'좋은 글의 요건은 무엇인가?'라는 질문보다 '독자들은 좋은 글을 통해 무엇을 얻는가?'라는 질문이 더 필요할지도 모른다.

앞에서 살펴보았듯이 영화감독들은 이런 발상을 탐구하기를 좋아한다. 로봇이 미쳐 날뛰는 영화 범주에서 비교적 최근인 2015년작 알렉스 가랜드Alex Garland의 〈엑스 마키나〉는 관객들에게 예술에 대한 질문을 던진다. 영화를 보면 은둔생활을 하며 줄거리를 이끌어나가는 AI 과학자가 잭슨 폴록Jacjson Pollock의 그림을 한 점 소장하고 있음을 밝히는 장면이 나온다. 그런데 실은 아닐 수도 있다. 그 그림을 구입한 뒤 그림 그리는 로봇을 만들어 어느 게 진짜고 가짜인지 분간이 되지 않도록 똑같이 복제하게 한 다음 둘 중 하나를 무작위로 골라 파괴해버렸기 때문이다.

그 순간의 공포, 즉 폴록의 진품을 없애버렸을지도 모른다는 불안감은 가랜드가 제기하려던 논점의 핵심이다. 아무리 똑같다 하더라도 예술가의 손길이 직접 닿은 작품을 볼 때와 복제품을 볼 때의 느낌은 뭔지몰라도 분명 차이가 있다. 우리에게는 그 작품이 인간의 손에서 탄생한진품이라는 사실이 중요하다. 프랑스 서부의 라스코 2, 그러니까 전 세계에서 가장 유명한 동굴 예술이 발견된 곳 근처에 원본 벽화를 복제해조성한 대규모 인공 동굴을 방문해본 적이 있다면 이 말이 무슨 뜻인지잘 알 것이다. 물론 복제품 역시 기술적 측면에서 인상적일뿐더러 진짜유적지가 더는 훼손되지 않도록 예방하는 차원에서도 매우 뛰어난 해결책이다. 그러나 조상들이 서 있던 곳에 우리도 서 있다는 데서 오는 경이감을 느끼지는 못한다.

바로 이것이 기계가 혼자 힘만으로 전시회를 열 수 있는 수준에 이르기 시작했다고 해도 우리가 전산 창의성에 군이 겁먹을 필요가 없는 이유다. 경매회사 크리스티와 소더비는 크게 불안해하지 않아도 된다.

이처럼 공력이 들어간 작품, 다시 말해 성심껏 만든 작품을 높이 쳐주는 경향은 비단 예술 분야에만 국한되지 않을 것이다. 엣시 사이트에서거래되는 대부분의 수제 비누 뒤에는 바로 이런 진실이 자리한다. 제물낚시를 즐기는 사람들이 수천 달러를 주면서까지 글렌 브래킷Glenn Brackett이 만든 대나무 낚싯대를 사들이는 이유 또한 바로 이 때문이다. 나아가왓슨이 조리에 대해 아무리 잘 안다고 하더라도 바로 이런 이유 때문에우리는 직접 음식을 맛볼 줄 아는, 그리고 우리가 맛있게 먹는 모습을 보며 기쁨을 찾는 요리사들이 내오는 음식을 여전히 선호할 것이다.

인간의 강점을 확대하는 데
자동화보다 증강이 유리한 이유

'안으로 파고드는' 다음 조치를 살펴보기에 앞서 옆으로 비켜서는 영역에서의 자동화와 증강의 차이점을 분명히 짚고 넘어가야 할 듯하다. 지금까지 자동화는 조금이라도 가능하다 싶으면 늘 사람들의 몫을 빼앗아왔다. 요지는 자동화가 노동자를 더 유능하게 만든 것이 아니라, 노동자를 덜 필요하게 만들었다는 점이다. 자동화 사고방식은 오늘날 인간이 하는 일 중에 컴퓨터가 대신 처리하면 비용은 줄이고 능률과 속도는 더 높일 수 있는 일이 무엇인지 파악해야 한다고 말한다.

컴퓨터는 한 종류의 지능만 가지고 있으며, 그 때문에 그런 종류의 지능만으로도 감당할 수 있는 업무 과정에만 투입되어왔다. 이와 관련해 조지메이슨 대학교 교수 필 워스월드Phil Auerswald는 이렇게 지적한다. "디지털컴퓨터가 정신적 노동의 수행에서 인간을 능가할 수 있다는 사실은 놀라울 것이 없다. 컴퓨터는 그 일만 하도록 설계되었기 때문이다."[31] 보험업과 디지털마케팅 업계에서 진행되는 급속한 컴퓨터화가 이를 말해준다. 하지만 몇몇 다른 업계에서는 컴퓨터를 거의 찾아볼 수 없다. 컴퓨터화 가운데서도 여전히 인간의 강점에 의존하는 노동자들은 청동기시대 도구를 사용한다.

하지만 전 세계가 자동화 사고방식으로 전환하면서 기계 개발자들은 인간이 가장 인간적이면서 가장 가치 있는 일을 더 잘할 수 있게 해줄 방법을 모색할 것이다. 앞에서 설명했듯이, 인공지능을 창조적 일에 적용하려는 학계의 노력은 상업적 측면에 대한 늘어나는 관심 및 투자와

궤를 같이하게 될 것이다. 창의력, 공감능력, 유머, 호기심 같은 우리 인간의 강점이 우리를 더 멀리, 더 빨리 데려다주길 바라는 사람들은 두뇌를 위한 바퀴를 손에 넣게 될 것이다.

옆으로 비켜서는 사람들의
특징

다음과 같은 특징을 가지고 있다면 여러분에게는 비켜서는 전략이 유리하다.

- 공감능력, 유머, 창의성 등 비인지적·비전산적 강점이 뛰어나다.
- 사람들과 함께 일하면서 대인관계 기술이 탁월하거나, 혼자 일하면서 고도의 창의성과 생산성을 발휘한다.
- 자신의 직업이나 일에서 이미 널리 인정받고 있다.
- 조만간 컴퓨터나 로봇에 일을 빼앗길지도 모른다고 생각한 적이 한 번도 없다.
- 하고 있는 일의 핵심 업무가 외부로 넘어가거나 전산화되었다는 소리를 들어본 적이 없다.
- 매일 똑같은 일을 할 때가 거의 없다고 자신 있게 말할 수 있다.
- 자신이 하는 업무에 대해 기록하거나 다른 사람에게 설명하기가 어렵다.

비켜서는 전략을 구사하려면 다음과 같은 경험 습득이 필요하다.

- 프로그래밍 기술과 무관한 전공이나 분야를 선택한다.
- 장인이 될 수 있을 만한 새로운 기술을 배운다.
- 생업과 관련해 특이하고 기발한 시각을 배양한다.
- 하고 있는 일에 인간적이고 흥미로운 내용을 추가한다.
- 과학기술을 활용해 자신만의 독특한 기술을 한 차원 더 높게 끌어올릴 수 있는 방법(자동화가 아니다)을 모색한다.
- 하고 있는 일 중에서 컴퓨터가 할 수 있는 업무는 과감하게 포기한다.
- 지루하고 반복적인 일을 떠나 자신만의 길을 간다.

그렇다면 여러분은 다음과 같은 곳에 있을 확률이 높다.

- 자영업이나 작은 사업체 또는 대규모 조직의 틈새 자리.
- 인적 서비스 조직.
- 과학기술을 적극적으로 사용하지 않는 조직.
- 몇십 년 동안 똑같은 일을 해오고 있는 사업체나 직업.
- 나름의 타당한 이유에서 과학기술의 채택이 더딘 환경.

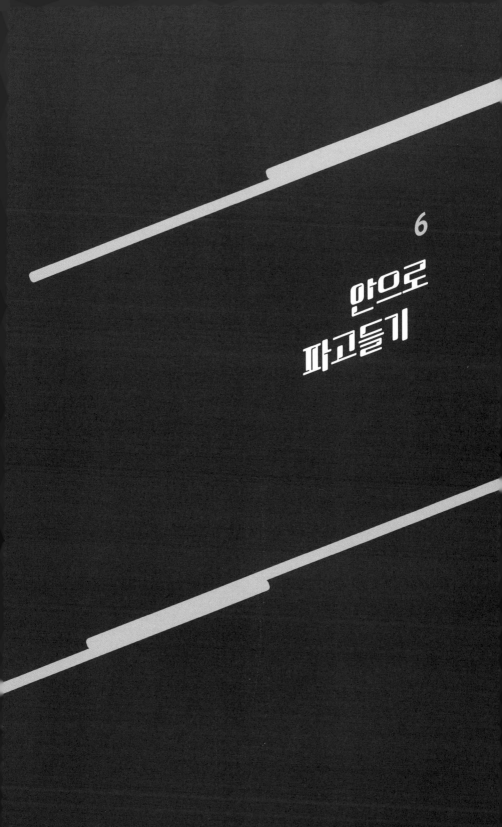

6

안으로
파고들기

혹시 '보라색 사람'이 되고 싶다고 생각해본 적 있는가? 세계적인 보험사 XL 캐틀린XL Catlin은 사업과 결정 자동화 기술의 교차로 안으로 파고드는 사람들을 이렇게 부른다. 이 회사 수석 데이터엔지니어 짐 윌슨Jim Wilson은 어느 날 상사인 킴벌리 홈스Kimberly Holmes와 회사의 '전략 분석' 부서가 매일 직면하는 사람들 문제를 놓고 잡담을 나누고 있었다. 홈스는 문제 상황을 이렇게 설명한다. "업계 사람들, 다시 말해 보험계리사들은 어떤 자료가 필요하고 자격요건은 어떻게 정해야 하는지는 알지만, 필요한 자료를 제시해주는 데이터 구축 기술은 없습니다. 반면 과학기술 쪽 사람들은 사업은 이해하지 못하지만, 데이터 설계와 구축에 능합니다." 윌슨은 이 특별한 문제를 색깔에 비유해 설명한다. "IT 쪽 사람들은 말하자면 파란색, 보험업계 사람들은 빨간색에 가깝습니다. 그런데 우리한테는 보라색 사람들이 필요합니다."

이 명칭은 곧 XL에 깊이 자리 잡았다. 홈스는 분석 및 자동화 시스템에 대한 사업부서의 요구를 듣고 그런 고도의 시스템 설계에 적용할 수 있도록 전달해줄 보라색 사람을 물색한다. 물론 다른 사람들도 모델을 개발하고 코드를 작성할 수 있지만 이 보라색 사람들이 없으면 시스템은 존재할 수 없다.

이 책에서는 조직 내 자동화 시스템 구축, 관리, 수정을 돕는 이들을

'안으로 파고드는' 사람들로 부를 것이다. 이들은 증강 개념의 중추이자, 자동화 시스템에 대한 사업과 조직의 요구를 과학기술 능력과 이어주는 다리 역할을 담당한다. 이들은 자동화 시스템에 위협을 느끼기는커녕 필요하다면 '맹수의 뱃속'에까지 뛰어들어 물불 가리지 않고 일한다. 이들은 과학기술에 능하지만, 대부분의 경우 기술이 사업이나 조직 환경에서 유용성을 발휘할 수 있도록 하는 데 주안점을 둔다.

이 장에서는 안으로 파고드는 전략을 둘러싼 쟁점을 다각도로 살펴볼 예정이다. 언뜻 낯설게 들릴지도 모르겠지만 사실 이는 과학기술의 이전 세대 때부터 줄곧 존재해온 개념이다. 이 장에서는 파고드는 사람들의 유형을 몇 가지로 나누어 알아본 뒤 그들의 공통점에 대해서도 살펴볼 예정이다. 그리고 결론 부분에서는 파고드는 역할에서 성공하는 사람들의 특징을 살펴볼 예정이다. 자동화 시스템에 파고들어 자신의 일에서 성공함으로써 좋은 본보기를 제시해줄 사람들의 면면을 소개하면 다음과 같다.

- 셰인 헤럴, SAS인스티튜트 디지털마케터
- 마이크 크랜스, 보험업무 자동화 전문가
- 앤디 지머맨Andy Zimmerman, 뉴욕 시 학교 교사
- 알렉스 하페즈Alex Hafez와 랠프 로지Ralph Losey, 법률 자동화 전문가
- 도리스 데이Doris Day 박사, 의료(피부과) 자동화 안으로 파고들어 성공한 사례
- 에드워드 네이들Edward Nadle, 인터넷 스타트업 서클Circle의 위험감시 전문가

• 트래비스 토런스Travis Torrence, 트럭운송회사 슈나이더 내셔널Schneider
National의 운송 분석가

파고들기는
전부터 있었다

기술환경과 사업환경을 연결해주는 사람들은 아마도 늘 있었을 것이
다. 복잡한 과학기술이 존재하는 한 '안으로 파고들어' 그 내용을 숙지하
고 이를 사업과 조직의 문제에 적용하는 사람들은 늘 있기 마련이다. 예
를 들어 산업혁명기에는 기계공들과 기술자들이 직물을 효율적으로 생
산할 수 있는 산업용 방직기를 발명하거나 개선했다.

19세기 초반 매사추세츠 주에서 섬유산업에 종사했던 직조공 겸 기계
공 폴 무디Paul Moody는 한 치의 망설임도 없이 그런 형태의 과학기술 안
으로 과감히 뛰어들었다. 그는 동력 직기를 공동으로 발명한 데 이어 필
링 프레임을 발명했으며 '더블 스피더'의 성능을 개선해 기계의 동력 공
급능력을 끌어올렸다. 그는 이런 기계들에 속수무책으로 밀려나기보다
새로운 기술의 역량을 창안하고 최적화했다. 그의 직장상사 프랜시스 캐
벗 로웰Francis Cabot Lowell이 그 공을 대부분 차지해 매사추세츠에 그의 이
름을 딴 로웰이라는 방적 도시가 있을 정도지만, 이 새로운 접근법을 성
공으로 이끈 사람은 바로 폴 무디였다.[1]

보스턴 대학교 교수 제임스 베슨James Bessen은《일하며 배우며Learning by
Doing》라는 저서에서 (오늘날의 IT산업에 해당하는) 당시 섬유산업의 발전

은 단순히 새롭고 자동화된 섬유기술만의 결과가 아니었다고 지적한다. 이 기술에 활기를 불어넣기 위해 경험 많은 인재 집단이 등장했다. 폴 무디를 비롯해 이 사람들은 기술이 적재적소에서 작동하게 했다.[2]

베슨은 헨리 라이먼Henry Lyman의 일화를 소개한다. 그는 로드아일랜드 출신으로 초창기의 역직기와 기타 직기류를 사용해 뉴잉글랜드 일대에서 크게 성공한 면제품 제조업자이다. 어느 이름 없는 직공이 안으로 파고들어 그를 곤경에서 구했다. "처음에 그 회사에는 기계를 가동할 수 있는 사람이 아무도 없었다. 직원들은 실의에 빠지기 시작했다. 날실틀은 제 구실을 하지 못했고, 드레서는 더 나빴으며, 직기는 아예 움직일 기미를 보이지 않았다. 이런 진퇴양난의 상황에서 똑똑하지만 무절제한 영국인 직공이 와서 기계를 살폈다. 엉망인 작동상태를 확인하고 나서 그 남자는 기계에는 잘못이 없다며 조금만 손보면 돌아가게 할 수 있을 것 같다고 말했다. 그래서 그는 그 자리에서 바로 채용되었다. 직원들 사이의 침울했던 분위기는 씻은 듯이 사라졌고, 더는 우왕좌왕 실험할 필요가 없어졌다. 제조업자들이 사방에서 이 놀라운 변화를 보러 앞 다퉈 달려왔다."[3]

안으로 파고드는 역할은 이 경우뿐만 아니라 다른 신기술에도 필요하다. 우리 둘은 난해하고 값비싼 대규모의 복잡한 시스템(SAP나 오라클Oracle 같은 소프트웨어 벤더의)을 실행한 기업들의 사례를 연구한 적이 있는데, 그때 많은 조직에서 사업상의 요구와 과학기술의 역량을 연결해주는 '파워 유저'를 칭찬했다.[4] 그들이야말로 자기 세대의 '보라색 사람'들이었고, 업종을 불문하고 모든 회사가 '놀라운 변화'를 경험하기 위해 그런 인재들을 기용했다.

오늘날 안으로 파고드는 사람들은 방직기가 아니라 결정 자동화를 가능케 하는 시스템과 분석 기술을 다룬다. 그러려면 여전히 과학기술과 해당 기술이 다루는 사업상의 요구를 연결하는 기능을 해야 한다. 안으로 파고든다는 것은 과학기술뿐만 아니라 그 기술에 맞는 비즈니스 프로세스를 이해해야 한다는 뜻이다. 선배들과 마찬가지로 이 사람들 역시 사업과 기술 양쪽의 언어를 동시에 구사하면서 두 세계의 통역사 역할을 하는 '보라색'이어야 한다. 아울러 선배들과 마찬가지로 이들에 대한 수요 또한 엄청나게 많아질 것이다. 다들 이들의 노력이 가져오는 '놀라운 변화'를 보고 싶어할 것이다.

자동화 기술 안으로
파고들기

자동화 시스템의 경우에도 당분간은 파고드는 사람이 필요할 듯하다. 우리가(구체적으로는 톰이) 자동화 기술 분야에서 안으로 파고드는 사람과 처음 만난 것은 약 10년 전 일이다. 당시 마이크 크랜스는 액센추어에 근무하면서 보험사들의 자동심사 시스템 도입을 지원하는 일을 하고 있었다. 이는 사업에서 자동화가 광범위하게 쓰인 최초의 영역 중 하나였다. 우리와 만날 무렵 크랜스는 벌써 10년째 그런 시스템과 씨름하며 미국에서 내로라하는 대형 보험사들의 업무 자동화를 돕고 있었다.

액센추어에서 일하는 동안 크랜스는 '안으로 파고드는' 범주와 '앞으로 나아가는' 범주 사이에 있다는 느낌을 받았다. 그는 대학에서 컴퓨터

과학과 인공지능을 전공했고, 실제로 일정한 규칙에 따라 손해사정과 보험금 지급 업무를 처리하는 프로그램을 직접 만들기도 했다. 하지만 그의 주된 업무는 자동화 프로그램을 개발하는 것이 아니라 특정 회사의 요구에 맞게 프로그램을 손질하는 것이었다. 액센추어에서 수년간 이 일을 한 뒤 그는 트래블러스Travelers와 하노버 같은 보험회사로 옮겨 '위로 올라서는' 관리자 역할(그의 이런 역할에 대해서는 4장에서 간략히 살펴보았다)을 맡기 시작했다. 현재 그는 하노버의 개인보험 부문 최고정보관리자다.

이런 시스템을 다루면서 크랜스가 하는 주된 업무는 어떻게 보면 파고드는 사람들의 공동체를 넓히는 것이라고도 할 수 있다. 자동화 시스템 도입과 관련해 그가 세운 목표는 인공지능의 '블랙박스'를 환하게 밝혀 비즈니스 유저들도 결정 규칙을 감시하고 업데이트할 수 있도록 이를 명료하고 해석 가능하게 만드는 것이었다. 그가 다루는 이런 시스템은 경우에 따라 규칙이 2,000여 개가 넘을 때도 있었지만, 그의 목표는 언제나 가능한 한 쉽게 이해할 수 있는 시스템을 구축하는 것이었다.

크랜스는 손해사정사들과 보험계리사들과 함께 일하며 그들 스스로 규칙이 제대로 작동하는지, 수정이 필요한 규칙은 없는지를 확인할 수 있도록 돕기도 했다. 시스템에 규칙을 심고 나면 그는 실무자들이 데이터 창고에서 생성되어 나오는 일련의 기록을 작성하고 분석할 수 있도록 지원했다. 그런 보고서들은 사업단위의 장기 수익성뿐만 아니라 특정한 규칙을 적용할 수 없는 특수한 경우의 수익성 변화까지 보여주었다. 그 결과 특정한 규칙과 지불된 보험금 및 청구된 보험료를 연동할 수 있기에까지 이르렀다. 여기에는 복잡한 노동 분업이 있었다. 즉 소프트웨어 벤더들이 규칙 엔진을 공급하고 손해사정사들이 규칙을 공급하면 크 랜스와 그 동료들은 중간에서 양쪽의 입장을 조율하며 전체 시스템의 최적화를 꾀했다. 그는 이와 관련해 명기하고 수정해야 하는 규칙뿐만 아니라 손해사정이나 보험금 산정의 기준이 되는 비즈니스 프로세스의 측면도 감안했다고 말한다.

지금 그동안의 일을 돌아보며 크랜스는 자신이 성공할 수 있었던 데 는 몇 가지 요인이 있었다고 말한다. 하나는 배움에 대한 끝없는 열정이 다. 맨 처음 보험 자동화 업무에 뛰어들었을 때만 해도 그는 관련 과학기 술에 대해 아는 것이 그리 많지 않았고, 그래서 그에 대해 배울 수만 있 다면 뭐든지 했다. 관련 과학기술을 웬만큼 터득하고 나자 그는 손해사 정 업무를 배우기 시작했다. 많은 회사들과 일하며 현장업무에 필요한 수천 가지 규칙을 입력하다보면 누구든 전문가가 되기 마련이다. 이 모 든 규칙을 다 보고 나자 크랜스는 어느새 손해사정사가 되어 있었다.

또 다른 요인은 사업과 과학기술의 접점에 있다는 점이다. 그런 면에 서 그는 전형적인 보라색 사람이다. 일을 하면서 그는 기술과 사업을 늘 골고루 활용해왔다. 트래블러스 근무 당시 그의 마지막 업무가 사업 쪽 과 관련되어 있었다면, 현재 하노버에서는 CIO 신분으로 과학기술직에 복귀했다.

크랜스는 과학기술에 대한 개인적 관심(다른 사람들은 컴퓨터를 구입한 다면 그는 직접 조립한다), 협력사들과 친밀한 관계를 유지하는 능력, 경영 의 사다리 위로 올라가서도 과학기술과 보조를 맞추며 새로운 기술이 보험에 어떻게 적용되고 있는지 파악하려는 끊임없는 노력 같은 다른 요인들도 언급했다. 이와 관련해 그는 이렇게 말했다. "나는 늘 내가 감독하는 프로젝트에 가치와 통찰력을 보탤 수 있는 사람이 되고 싶었습니다."

안으로 파고드는 사람들이
하는 일

자동화된 의사결정을 파고드는 사람들은 스마트 기기에 가장 친숙한 인간들이 아닐까 싶다. 기계를 직접 만들지는 않을지 몰라도, 그런 기계를 잘 알고 또 함께 일한다. 이들은 지금 스마트 기기가 하는 것과 비슷한 지식노동 업무를 하다가 '승진해서' 스마트 기기와 함께 일하고 있을 가능성이 크다. 그런 점에서 이들은 스마트 기기 덕분에 증강했고, 증강되었다. 증강을 통해 이들과 이들이 속한 조직의 생산성은 눈에 띄게 증가해왔다. 이들의 역할은 기계에 적합하지 않은 환경을 식별해내는 한편, 장기적인 관점에서 기계의 생산성을 끌어올릴 수 있는 방법을 모색하는 것이다.

실제로 우리가 본 흔한 자동화 시나리오에 따르면, 안으로 파고드는 사람들은 많은 일자리가 기술에 의해 대체될 때도 굳건하게 남아 있을 수 있다. 여기서 잠시 보험 손해사정 업무를 다시 살펴보자. (약속하건대 이번이 진짜 마지막이다.) 예를 들어 한때 손해사정 업무를 처리하던 사람이 100명 있었다고 치자. 그 가운데 10명은 자타가 공인하는 전문가다. 자동화 시스템이 도입되어도 그 10명의 전문가는 계속 손해사정사로 남는다. 이들의 역할은 자동화 시스템 안으로 파고드는 것이다. 이는 다음을 의미할지도 모른다.

- 기계에 손해사정 업무와 관련된 지식을 제공한다.
- 제일 어렵고 제일 중요한 손해사정 업무, 예를 들면 많은 돈이 걸려 있거나 핵심 정보가 빠져 있는 사안을 처리한다.
- 손해사정 시스템의 업무 수행 능력을 감시한다.
- 시스템을 업데이트하거나 수정해야 하는 시기를 파악하고, 그 일이 잘 진행되도록 전문지식을 제공한다.

그 10명은 이러한 변화를 어떻게 느낄까? 어쩌면 동료들을 그리워할지도 모른다. 컴퓨터는 자신들이 했던 것처럼 결정을 잘 내리지 못한다고 생각하는 사람도 있을 것이다(하지만 이런 생각은 틀릴 가능성이 많다. 인간은 자신의 의사결정 능력을 과신한다고 알려져 있다). 그러나 프로세스 자동화는 이들에게 상당한 이점으로 작용하기도 한다. 첫째, 전문가로서의 지위를 인정받게 된다. 둘째, 한때 많은 시간을 잡아먹었던 전형적이고 지루한 정책 적용보다 그야말로 전문지식을 필요로 하는 업무를 전담하게 된다. 그 결과 이들은 과학기술과 보험의 최첨단에 서게 된다. 그리고 무엇보다도 여전히 일자리가 있다.

하지만 다른 사람들과 마찬가지로 이들 또한 계속 고용되리라는 보장이 없다. 컴퓨터 '클론'이 이들의 업무 가운데 일상적인 측면을 넘겨받았다는 사실은 이들에게 좀더 흥미로운 일을 할 수 있는 자유를 부여하지만, 이는 또한 스스로의 가치를 입증해 보일 새로운 원천을 찾아 더욱 열심히 일해야 한다는 의무를 부여하기도 하다. 가장 먼저 떠오르는 해결책은 컴퓨터가 맡은 일을 더 잘할 수 있도록 옆에서 돕는 것이다. 파고드는 사람들은 뇌세포를 최대한 활용해 프로세스의 효율을 극대화해야 한다. 다시 말해 프로세스의 의사결정이 더 빨라지고 더 저렴해지고 더 정확해지도록 해야 한다. 이는 파고드는 역할의 가장 중요한 책무다.

지금까지 안으로 파고드는 사람들이 하는 일을 살펴보았다. 그렇다면 이들이 하지 않는 일은 무엇이고, 그 역할은 이 책에서 소개하는 다른 사람들과 어떤 관련이 있을까?

- 그들은 무엇을 자동화해야 하고 하지 말아야 하는지를 결정하는 우두머리가 아니다. 그런 결정은 대개 '위로 올라서는' 사람들의 역할이다. 파고드는 사람은 실행하는 사람이다. 이들은 일하는 사람들을 관리하기보다, 자신의 일을 하면서 컴퓨터가 일을 하도록 관리한다.
- 그들은 시스템을 개발하는 프로그래머가 아니다. 그런 일은 '앞으로 나아가는' 사람들의 역할이다. 파고드는 사람들은 시스템을 설정하고 조율하도록 돕지만, 코드를 직접 작성하지는 않는다.
- 그들은 시스템이 성공적으로 구축될 수 있을지 여부를 결정하는 연구자가 아니다. 파고드는 사람은 실무자 역할이다. 그들의 역할에는 자동화 시스템을 활용해 일상 업무를 처리하는 것도 들어 있다.

물론 파고드는 역할과 이 책의 다른 장에 나오는 다른 역할들 사이에는 중첩되는 부분이 종종 있다(2장에서 리사 투어빌의 사례를 살펴보았다). 몇몇 관리자들은 위로 올라서는 역할과 안으로 파고드는 역할을 동시에 수행하기도 한다. 그런가 하면 시스템을 구축하는 능력을 가진 사람은 가끔 시스템을 만들 것이고, 자동화 시스템을 아는 사람은 그에 대한 연구를 수행할 수도 있을 것이다. 예를 들어 의료 분야의 경우 안으로 파고드는 의사들은 대개 의과대학에 적을 두고 있다. 그들은 일상적인 진료에 자동화 시스템을 이용하기에 앞서 종종 임상실험을 수행한다.

도리스 데이 박사(우리가 아는 그 여배우가 아니라 뉴욕 시에서 활동하는 피부과 의사다)는 이런 현상을 보여주는 좋은 사례다. 그녀는 진료에 최초로 멜라파인드Melafind를 채택한 의사 중 한 명이다. 멜라파인드는 피부 병변을 관찰해 암 가능성을 진단하는 자동화 툴이다. 이 장치는 피부에 서로 다른 파장의 빛을 투사해 표면층 아래를 관찰할 수 있게 해준다. 이 진단 도구 덕분에 그녀는 종양인지 아닌지, 악성인지 양성인지 확실치 않은 병변을 편안한 마음으로 검진한다. 그 결과 조직검사의 필요성이 훨씬 줄어들었다. 암일 가능성이 낮은 환자들 또한 이 장치 덕분에 편안해하고 있다. 데이 박사는 이 장치를 일상 진료에 이용하고 있는데, 뉴욕 대학교 랭곤 의과대학에서 임상실험을 한 바 있다.[5]

안으로 파고드는 사람들은
어떤 가치를 제공할까?

단순하게 말하자면, 파고드는 사람들은 자동화 시스템이 원활히 돌아가게 한다. 그리고 시스템 도입 초기에는 시스템을 설정하기도 한다. 아울러 시스템의 초기 결정을 관찰하면서 괜찮은지 판단하기도 한다. 시스

템이 계속해서 현명한 결정을 내리도록 진행중인 업무 수행 능력을 측
정하는 방법을 개발할 수도 있다. 또한 시스템을 바꿀 필요가 있으면 이
를 수정하기도 한다. 이처럼 시스템을 관리하는 것 말고 다른 업무가 없
을 수도 있을 수도 있지만(많은 경우 자동화 시스템에 맡기기에는 너무 중요
하거나 복잡한 상황이나 결정을 처리하기도 한다.) 한때 이들은 오늘날 컴퓨
터가 하는 결정 기능을 담당했을 확률이 아주 높다.

이들이 하는 일은 그 종류와 성격이 매우 다양하다. 몇몇은 마이크 크
랜스처럼 조직 안팎에서 자동화 시스템을 어떻게 시행하고 어떻게 손질
해야 하는지에 대해 조언을 하기도 한다. 그런 시스템은 벤더의 손을 떠
나 바로 사용할 수 있는 경우가 거의 없다. 조직마다 결정해야 할 내용이
다르기 때문에 먼저 조직이 사용하고자 하는 특정한 규칙이나 알고리즘
을 시스템에 심어야 한다.

게다가 그러한 결정 기준은(특히 자동화 시스템을 처음 사용하는 조직일
수록) 문서로 일목요연하게 정리되어 있을 가능성이 거의 전무하다. 그
보다는 전문가의 머릿속에 들어 있기 십상이다. 머릿속 생각을 끄집어내
공식화하기란 쉬운 일이 아니다. 초기의 전문가 시스템에서 이 일을 한
사람들을 '지식엔지니어'라고 불렀는데, 이는 지금도 파고드는 역할에서
큰 비중을 차지한다. 이들은 스스로가 전문가이거나, 아니면 (섬세하면서
도 수완 좋게) 인간의 두뇌에서 뽑아내 기계에 심은 전문지식을 활용해
프로세스가 원활하게 돌아가도록 조치한다. 자동화 소프트웨어의 작동
원리뿐만 아니라 자동화가 가능한 영역을 재빨리 파악해내는 사람들만
이 그런 일을 할 수 있다.

안으로 파고드는 사람들은 시스템과 사업을 연결하기 때문에, 시스템

과 함께 일하는 사람들에게 시스템이 어떻게 작동하고 개입이 필요한 시기는 언제인지를 가르치는 역할도 한다. 우리가 인터뷰한 앤디 지머맨은 파고드는 사람의 전형을 보여준다. 그는 브루클린의 한 공립 중학교에서 수학과 과학을 가르친다. 우리와 만난 자리에서 그는 이렇게 말했다. "교육용 소프트웨어를 살펴보면 대부분 일선 교사들이 설계하지 않았다는 느낌을 받습니다." 그렇다면 그런 소프트웨어를 잘 아는 누군가가 나서서 그렇지 못한 사람들을 가르쳐야 할 것이다. 그러려면 의사소통 기술도 필요하지만 그 소프트웨어가 지식노동자의 업무 부담을 줄일 수 있다는 열정도 있어야 한다. 물론 지식노동자를 대신하는 소프트웨어에 대한 열정을 갖고 의사소통하기란 훨씬 더 어렵고 민감한 일이다.

안으로 파고드는 실무자들은 많은 경우 자동화 시스템을 대변하는 얼굴이기도 하다. 대부분의 시스템은 자신의 결정을 명확하게 설명하지도 해석하지도 못하기 때문에 그 일은 종종 인간들 몫이 된다. 예를 들어 보험 손해사정 업무의 경우 안으로 파고드는 손해사정사는 왜 어떤 정책이 수용되거나 거부되는지(대부분은 후자에 해당하는데, 사람들은 원하는 것을 얻으면 으레 설명을 필요로 하지 않기 때문이다) 기술적 이유에 대해 고객과의 의사소통을 책임지거나, 적어도 고객관리 담당자와의 의사소통을 담당한다.

한 대형 손해보험사 예측분석 부서 책임자로 있는 케빈 켈리는 우리와 만난 자리에서 결정을 내린 모델은 매우 복잡하다 하더라도, 대리점이 알아듣기 쉽게 이야기하는 게 중요하다고 말했다. 그의 말을 직접 들어보자. "우리 회사 손해사정사는 모두 전문가입니다. 그런데도 생산팀에게 결정을 효과적으로 전달하려면 더 많은 정보가 있어야 합니다. 자신들의 입장을 설명하기 위해서죠. 메시지가 부정적일 때는 특히 더 그렇습니다. 블랙박스만 참고해선 안 되지요." 켈리 말에 따르면 이 회사 대리점들은 독립적이라 다른 회사와도 얼마든지 손잡을 수 있다. 그래서 손해사정사들은 결정 결과를 직접 대리점에 알려 조금이라도 더 긍정적인 결과를 끌어내려고 애쓴다. 켈리는 이렇게 지적한다. "어떤 정책 적용을 거절해야 할 경우 손해사정사들은 이렇게 말합니다. '다음엔 이런 사업을 가져오세요. 그럼 대박날 겁니다.' 아니면 이렇게 말할 수도 있겠지요. '이번 사업은 어쩔 수 없이 거절했지만 우리 쪽에 제시하시는 신청서의 85퍼센트는 받아들이기로 하겠습니다."

켈리의 회사에서 사용하는 모델은 갈수록 자동화되고 있긴 하지만 대리점과의 관계에서 긍정적인 측면과 성공 패턴을 빠짐없이 식별해내는 자동화 접근법은 적어도 현재까지는 없다. 그 역할을 할 수 있는 사람은 인간 손해사정사밖에 없다. 이와 관련해 켈리는 이렇게 지적한다. "어떤 결정에 영향을 받는 사람들에게는 모델이 제시하는 최상의 수학이 아니라 관련 정보를 어떻게 전달하느냐가 중요합니다."

파고드는 사람들은 어설픈 시스템 설계나 오작동, 악의적인 해킹 같은 다양한 문제를 예방하기도 한다. 시스템이 제대로 작동하고 있는지 알려면 그 반대의 경우에 대해서도 훤히 꿰고 있어야 한다. 자동화 시스템을 잘 돌보려면 결과가 예상 범위를 넘어서는 경우를 감지할 수 있어야 한다.

파고드는 사람들은 업무의 일환으로 벤더들과 긴밀한 협력관계를 구축한다. 우리가 인터뷰한 몇몇은 그런 역할에 상당히 많은 시간을 투자한다고 말했다. 소프트웨어회사 SAS에서 글로버 서치 프로그램 관리자로 근무하고 있는 셰인 헤럴은 업무에 디지털마케팅 자동화 프로그램을 광범위하게 활용한다. 그는 자동화 소프트웨어 벤더들과 많은 시간 함께 일한다. 상상도 할 수 없을 만큼 많은 수의 마케팅과 '애드테크' 벤더들과 함께 일한다는 것은 그에게는 도전이다. 그의 말을 들어보자. "그들의 능력을 검토하려고 노력하지만 정말 유망한 능력을 지녔다는 생각이 들 때 비로소 평가가 시작됩니다. 그때부터 그 사람들이 가져오는 소프트웨어를 열어보고 그 안에 어떤 기능이 있는지, 우리의 마케팅 및 기술 목표와 잘 부합하는지 등을 판단합니다. 새로운 소프트웨어를 최종 평가하기까지 어떤 때는 6개월이 걸리기도 합니다. 몇몇 제품의 경우에는 고객평가단에 직접 참여하기도 하는데…… 뭔가 유용한 점을 찾아내면 전 세계에 퍼져 있는 SAS 마케터들에게 그 소식을 타전합니다. 하루를 마감할 때마다 제가 하는 일은 어떤 기술이 우리를 더 나은 마케터로 만들고 고객들의 경험을 개선할지 알아내는 것입니다."

뉴욕 시 학교 교사 앤디 지머맨도 벤더들과 함께 많은 시간을 보낸다. 그는 이렇게 말한다. "정말 새로운 소프트웨어가 많은데, 학생들을 데리고 그 기능을 직접 시험해보는 벤더는 그리 많지 않습니다. 그래서 저는 벤더들에게 중학교 1학년 교실에서 그런 소프트웨어를 사용하면 어떨 것 같은지 묻습니다." 공급자에게는 정신이 번쩍 들게 하는 생각이 아닐 수 없다.

이처럼 자동화 과학기술 안으로 파고드는 사람들은 나중에 그런 기술을 공급하는 회사로 갈 수도 있다. 직접 소프트웨어를 개발하는 사람들은 일반적으로 '앞으로 나아가는' 범주(9장 참조)에 속하지만, 주로 파고드는 유형이 두각을 나타내는 컨설팅과 고객지원 업무 쪽에도 기회가 있다. 이와 관련해 지머맨은 언젠가는 벤더로 옮길 생각이라며 소프트웨어를 광범위하게 사용해온 전직 교사를 채용한다면 벤더들에게 행운일 거라고 말했다.

SAS의 셰인 헤릴은 벤더에서 일할 생각도 있지만, 어느 한 벤더에 매일 경우 한 가지 툴에만 접근 가능한 데 비해 다양한 벤더와 다양한 툴로 일할 수 있는 지금도 좋다고 말한다. 특징과 유용성에 대한 신중하고 주도면밀한 그의 피드백은 이미 몇몇 벤더들 사이에서 정평이 나 있다. 이런 피드백은 결국 벤더가 운영하는 플랫폼의 성능 개선으로 이어진다. 실제로 소프트웨어가 조직 내에서 어떻게 작동하는지에 대한 피드백은 벤더에게 매우 중요하다.

마지막으로, 파고드는 사람들은 다양한 형태의 자동화 과학기술을 하나로 통합하는 역할을 하기도 한다. 오늘날의 인공지능은 제한적이어서, 각각의 프로그램은 단일한 결정이나 자동화 업무만을 처리할 뿐이다. 이점을 감안할 때 자동화 전문가들은 당분간 다양한 도구와 콘텐츠 소스를 넘나들며 일해야 할 듯하다.

폭넓은 툴킷의 사용과 관련해 짐머맨은 좋은 본보기를 제시한다. 그가 근무하는 브루클린 학교는 '스쿨오브원School of One'이라는 자동화된 '적응학습adaptive learning' 툴을 맨 처음 채택한 곳 중 하나다. 이 도구는 학생들이 특정 주제에 관해 얼마나 알고 있는지 파악해 학생 수준에 맞는 학습 내용을 제공한 뒤 그 내용을 제대로 숙지했는지 여부를 평가한다. 학생 개개인에게 맞춤형 교육을 제공할 수 있다는 점에서 이는 아주 놀라운 도구다. 그러나 일선 교사의 미묘하고도 복잡한 요구를 모두 채워주기에는 아직 부족한 점이 많다. 이와 관련해 지머맨은 동료들과 함께

저마다 특별한 용도를 띠고 새로이 출시되는 과학기술을 평가하고 채택
한다. 그런 과학기술에는 칸 아카데미Kahn Academy(칸 콘텐츠는 스쿨오브원
플랫폼에도 올라와 있다)에서 운영하는 선택형 적응학습 플랫폼, 학생 행
동을 관리하기 위한 클래스 도조Class Dojo, 협력학습 도구를 표방하는 구
글 클래스룸Google Classroom, 즉각적인 설문이 가능한 소크라티브Socrative,
태블릿이나 PC가 없어도 학습능력을 그 자리에서 평가할 수 있는 플리
커스Plickers 등이 있다.

SAS의 디지털마케터 셰인 헤럴은 다양한 자동화 도구를 하나로 통합
하는 역할도 겸한다. 그는 디스플레이 광고, 동영상, 검색, 소셜미디어 같
은 다양한 형태의 디지털 채널을 종횡으로 누비고 다니며 일한다. 헤럴
은 여러 채널을 넘나들며 일하는 데서 자극을 얻는데, 채널마다 고유의
자동화 접근법과 툴을 가지고 있다. 예를 들어 디스플레이 광고는 '프로
그래매틱 구매'를 이용한다. 동영상 광고의 경우 구글의 유튜브 광고 플
랫폼을 사용한다. 이 밖에 자동화 접근법을 트래킹하고 검색엔진 최적화
search engine optimization(SEO)를 보고할 때는 또 다른 플랫폼을 사용한다. 그
런가 하면 구글, 빙Bing, 야후Yahoo를 넘나드는 검색 광고에는 또 다른 일
련의 툴을 사용한다. 특정 채널을 겨냥하는 이런 자동화 도구들 말고도
그는 (벤더의 웹사이트에 따라) "보고 자동화, 자동 URL 처리, 대용량 편
집, 하루 방송시간 구분, 일정 및 응찰 능력"을 지원하는 다채널 플랫폼
도 사용한다. 간단히 말해 통합은 헤럴의 두드러진 장기라고 할 수 있다.

안으로 파고드는 사람들의
유형

어떤 사람들은 안으로 파고드는 역할이 타고난 듯 보이지만, 직업 방향을 그쪽으로 틀려면 의식적으로 노력해야 하는 사람들도 있다. 그 역할에 맞게 타고났다면 IT업계에 오래 몸담고 있을 확률이 높다. 학생 시절부터 과학기술에 관심이 많았을 것이고, 그 방면의 일에 끌렸을 가능성이 크다. 자동화 과학기술이 처음 모습을 드러냈을 때 그들은 이미 그곳에 있었고, 안으로 뛰어들어 조직에서 그 기술을 다루도록 도울 준비가 되어 있었다.

랠프 로지도 그런 사람들 중 한 명이다. 현재 그는 미국 굴지의 노동문제 전문 법률회사 잭슨 루이스 P. C. 의 공동 대표로 있다. 로지는 법률조사가 막 컴퓨터화되기 시작한 1980년에 변호사가 되었다. 그는 곧바로 거기에 끌렸다. 사실 그는 법학대학원을 마치기 전 몇 년간 컴퓨터를 취미로 삼았고 게임을 즐긴 터였다. 그 덕분에 사건 전담팀이 필요로 하는 법률조항이나 서류가 있으면 무엇이든 찾아낼 수 있었다. 졸업 후 그는 민사 전문 변호사가 되었지만 컴퓨터를 이용한 법률조사에 늘 관심이 많았다.

그러던 중 21세기로 접어들면서 '전자증거개시'라는 자동화 과학기술이 등장했다. 이 기술은 수백만 건의 서류 중에서 어느 것이 소송중인 사건과 관련이 있는지 자동으로 분류해주었다. 물론 로지는 준비되어 있었다. 그는 그 분야를 전공하기 시작했고, 결국은 민사 전문 변호사 일을 그만두고 전자증거개시 전담 변호사로 방향을 전환했다. 그는 고객과 다른 변호사들을 도와 전자증거개시 프로젝트를 진행하고 그 결과를 해석한다. 그렇게 해서 수집한 자료들은 소송 상대방에게 어떤 서류를 제출하고 요구해야 하는지를 결정하는 데 주로 사용된다. 하지만 그는 여기서 더 나아가 전자증거개시 결과를 바탕으로 소송 전략까지 개발한다. 이런 식으로 고객과 회사에 이바지하는 것 말고도 그는 블로그[6]를 운영하는 한편 법학대학원에서 (여전히 상대적으로 드문 강의인) 전자증거개시를 가르치기도 하면서 아직은 낯선 이 분야의 선구자로 널리 인정받고 있다. 앞으로 법률 분야에서 그 어떤 자동화 과학기술이 등장하든 로지는 일찌감치 최고의 자리에 있으리라는 것을 우리는 확신한다.

로지와 마찬가지로 전자증거개시 분야에서 일하는 알렉스 하페즈 역시 자동화 과학기술 쪽으로 경력을 전환한 대표적인 사례다. 이 분야에 몸담은 지는 아직 얼마 되지 않지만 그는 전자증거개시 전문 변호사로 점차 자리를 잡아가고 있다. 우리한테 한 이야기에 따르면 하페즈도 생활 곳곳에 과학기술을 들여놓았을 만큼 '첨단기기 수집광'이었다. 하지만 그는 법조계 경력의 초기에는 업무에 기술을 응용하지 않았다. 본인 표현대로라면 그는 '이류' 법학대학원 출신인데다 전자증거개시를 공부하지도 않았다. 하지만 그는 졸업하자마자 주류 법률회사에서 지적 재산권을 전담하는 변호사로 취직해 고액 연봉의 길을 보장받는 듯했다. 그런데 안타깝게도 '대형 로펌'에서의 그의 경력은 재정위기로 인해 궤도에서 벗어났고, 그는 회사를 그만두어야 했다.

그다음에는 어떻게 했을까? 하페즈는 법조계에서 흔히 통용되는 전략을 채택해 '계약서 검토' 일을 하기 시작했다. 당시만 해도 (이메일과 메모를 비롯해) 대부분 컴퓨터에 스캔본으로 저장되어 있는 수많은 서류를 일일이 눈으로 훑으며 소송과 관련된 자료인지 아닌지를 판별해야 했다. 노동 강도가 셌지만, 대형 로펌에서의 시간당 300달러와 대비되는 30달러라는 수임료는 민사 전문 법률회사임을 감안해 상대적으로 대폭 할인해준 금액이었다.

계약서 검토에 뼈가 부서져라 매달린 결과 그는 꽤 윤택한 삶을 꾸릴 수 있었다. 하지만 그 일에는 두 가지 문제가 있었다. 하나는 너무 지루하다는 점이었다. 그의 두뇌는 일하면서 오디오북 소설을 들을 때만 겨우 구제받았다. 둘째, 계약서를 검토하는 일이 과연 장래성이 있는지 의아해졌다. 전자증거개시 소프트웨어가 나왔다는 소식을 들었기 때문이다. 자칫 지금 하는 일에서 밀려나지 않을까 하는 의문이 든 것이다.

그래서 하페즈는 기계가 완전히 장악하기 전에 행동을 취하기로 했다. 그는 전자증거개시 전문가로 거듭나기 위해 스스로를 교육하는 일련의 활동에 착수했다.

- 우선 오디오북 소설을 모조리 치우고 전자증거개시 관련 팟캐스트를 듣기 시작했다.
- 엄청나게 두꺼운 《바보들을 위한 전자증거개시eDiscovey for Dummies》를 통독했다.
- 주급 2,000달러를 포기하고 일주일 수업에 3,000달러가 드는 '조지타운 전자증거개시 교육 아카데미'에 등록했다.
- 전자증거개시 소프트웨어 벤더의 프로그램 관리자 자격을 얻기 위해 이틀 일정의 프로그램에 참가했는데, '지루하긴 해도 더없이 유익한' 시간이었다.

• 이력서 컨설턴트에게 의뢰해 그간 따둔 자격증과 증명서를 말끔하게 꾸민 다음 전자증거개시 구인서비스에 등록했다.

이 이야기는 해피엔딩으로 끝난다. 하페즈는 '전자증거개시 프로젝트 시니어매니저'라는 직함으로 그 분야의 대형 벤더에 들어가 평생직장을 확보했다. 여기서 그는 전자증거개시 프로젝트를 맡아 진행하며 시스템이 관련 서류를 정확하게 선별해낼 수 있도록 시스템을 조율하고 설정하는 일을 한다. 이런 업무와 관련해 그는 복잡한 검색 문자열을 한데 묶어 연결하기도 하고, 자동화 수준을 높여주는 정교한 분석 및 '예측코딩' 소프트웨어를 추천하기도 한다. 안으로 파고드는 사람들이 대부분 그렇듯이 그 역시 벤더들과 긴밀한 협력관계를 유지하는 가운데 다양한 형태의 소프트웨어 툴을 이리저리 시험해보며 필요할 경우 기능을 통합하기도 한다.

알렉스 하페즈의 이야기는 자동화 중심의 새로운 분야에 정통하고자 기꺼이 시간을 들여 노력하려는 사람에게 증강은 성공 가능성을 의미한다고 말한다. 필요한 지식이 바로 저기 있다. 그 지식에 통달한다면 상당히 우위를 점할 수 있다.

또 하나, 하페즈는 다시 학교로 돌아가서 굳이 2년이나 투자할 필요가 없었다는 점도 지적해야 할 요점이다. 그는 혼자 공부하며 기존의 법학대학원 학력에 두어 개의 특별강좌 수료증을 추가했을 뿐이다. 또한 그는 일에서도 많은 것을 배웠다. 증강 역할로 파고드는 사람들을 양성하기 위해서는 거창한 재교육 프로그램보다는 이런 종류의 '교육 브리콜라주'(손에 넣을 수 있는 어떤 재료든 활용하는 구성 또는 창조)가 가장 일반적인 접근법이 되지 않을까 싶다.

이처럼 타고났는가 노력형인가 하는 구분 말고도, 파고드는 사람들의 유형을 나누는 방법은 몇 가지가 더 있다. 어떤 사람들은 과학기술 쪽 배경지식이 더 많은 데 비해 어떤 사람들은 사업 쪽에 치중되어 있다. 어떤 사람들은 회사 안에서 일하는 데 비해 또 어떤 사람들은 기업이나 벤더 상대로 컨설팅 일을 한다. 어떤 사람들은 자동화 시스템을 직접 관리, 감독하는 일을 하는 데 비해 또 어떤 사람들은 그 일을 수행하는 사람들을 관리한다. 대부분의 조직에서 '자동화 시스템 안으로 파고들기'는 업무 범주로 인식되고 있지 않다. 따라서 그 역할을 수행하는 사람들 사이에서 뭔가 다른 점이 보인다 해도 그리 놀랄 일은 아니다.

안으로 파고드는 사람들의
공통점

몇몇 차이점에도 불구하고 파고드는 사람들은 몇 가지 중요한 공통점을 보인다. 무엇보다도 그들의 업무는 공적으로 주어지는 지시보다는 열정과 헌신에 의해 추진된다. 파고드는 역할은 기업 조직도에는 아직 존재하지 않기 때문에 대개는 공식 업무가 따로 있다. 이들의 업무는 교육이나 환자 치료 또는 고객 응대이다. 물론 예외도 더러 있다. 랠프 로지의 경우 법률회사에서 일하다가 전자증거개시 도구와 전략을 주로 다루는 일로 아예 방향을 전환했다. 하지만 그런 그도 오랫동안 열정을 불사르며 일했다.

따라서 파고드는 사람들의 공통점이 열정과 헌신이라는 게 명백해 보인다. 하지만 구체적으로 무엇에 대한 열정과 헌신일까? 그들이 공유하는 한 가지 특징은 배움에 대한 열정이다. 즉 배우려는 의지와 그 의지를 끝까지 밀어붙이는 실천력이 있다. 초중고 및 대학의 기존 교육 프로그램 대부분은 아직까지 자동화 솔루션을 제시하지 못하기 때문에 이들은 대개 자기주도적으로 학습한다. 이들은 배우려는 의지가 강하지만 배움이 모든 것을 해결해주리라고 기대하지 않는다. 실제로 자동화 솔루션 분야의 경우 아직까지 석사가 단 한 명도 없고, 전자증거개시제도를 전공한 법학 학위 소지자 또한 단 한 명도 없다. 그런 주제로 단일 강좌를 개설한 대학교도 거의 찾아보기 어렵다. 그러나 알렉스 하페즈의 경력 전환이 이야기해주듯이 파고들기와 관련된 직무나 이력을 준비하는 데 필요한 교육 자원은 얼마든지 찾을 수 있다. 다만 아직까지는 말끔하게 포장되지 않았을 뿐이다. 따라서 파고드는 사람들 스스로 일하는 데 필요한 지식과 훈련이 무엇인지 파악해 일목요연하게 정리해야 할 것이다. 그리고 앞에서도 지적했듯이 하고 있는 일 자체를 통해 많은 것을 배우게 될 것이다.

주목할 만한 분야는 정보과학기술이다. 우리가 인터뷰한 사람들은 한결같이 새로운 과학기술을 배워 이를 자신들이 하고 있는 일과 소속된 조직에 적용하고자 하는 열의가 강했다. 또 많은 경우 그들은 일상생활에서 과학기술을 사용하는 것에 대해서도 남다른 열정을 보였다. 전자증거개시 전문 변호사 랠프 로지는 비디오게임의 열렬한 유저이자 개발자이기도 하다. 알렉스 하페즈는 스스로를 '첨단기기 수집광'이라고 부른다. SAS 디지털마케터 셰인 헤럴은 자신에 대해 '과학기술 폐인'이라고 말했다. 다행히 역사적으로 특별한 시점인 오늘날은 과학기술에 이 정도의 열정을 보이는 사람들이 많은 만큼 미래에 파고드는 역할에 뛰어들려는 사람 또한 많지 않을까 싶다.

자동화나 애널리틱스에 주눅이 들지 않는 것 또한 이들의 중요한 특징이다. 파고드는 사람들이 시스템을 직접 설계하는 경우는 거의 없지만 작동법을 숙지하고 있어야 하며, 때에 따라선 사용중인 시스템을 고칠 수도 있어야 한다. 이 정도 일에 물리학이나 수학 학위는 필요하지 않다. 다만 시스템의 원리를 알고 싶다는 욕구만 있으면 된다. 최근에 대학을 졸업하고 실시간 계좌이체 서비스를 제공하는 인터넷 스타트업 서클에서 위기감시 전문가로 일하고 있는 에드워드 네이들을 예로 들어보자 (이전에도 그는 또 다른 인터넷 스타트업 스퀘어Square에서 똑같은 일을 했고, 조만간 트라이앵글Triangle로 일터를 옮길 생각이다). 그의 주된 임무는 자동 위기관리 시스템의 권고를 예의주시하면서 미심쩍은 이체를 승인할지 말지를 결정하는 것이다. 네이들은 현재 서클이 사용하는 자동 위기관리 시스템을 설계하진 않았지만 거래에 점수를 매기는 데 사용하는 지수는 훤히 꿰뚫고 있다. 위조로 여겨지는 부정적이거나 긍정적인 점수 패턴이 보인다 싶으면 그는 상황을 파악하기 위해 (SQL이라는 데이터 질의어를 사용해) 재빨리 분석에 착수한다. 그러고 나면 그 결과를 가지고 시스템 구축과 수정을 전담하는 데이터과학팀과 회의에 들어간다. 그는 팀과 회사에 위험 데이터와 위기관리 시스템을 설명하기 위해 그 언어를 배워야 했다.

네이들의 전공은 수학도 통계학도 아니다. 대학에서 그는 역사와 법학을 전공했다. 그의 경우 역사적 사건의 진실을 파헤치고 싶다는 열망이 거래의 리스크를 둘러싼 상황을 이해하고 싶다는 열망을 추동했다. 안으로 파고드는 실무자가 대개 그렇듯이, 그 역시 자동화 시스템과 고객을 이어주는 매개자라는 점에서 중요한 역할을 하고 있다. 거래를 거절당하고도 좋아하는 고객은 아무도 없기 때문에 네이들은 컴퓨터가 늘 옳지만은 않다는 전제 아래 올바른 답을 찾으려고 항상 노력한다. 과학기술이나 자동화 시스템에 주눅이 든다면 그는 자신의 역할을 제대로 해내지 못할 것이다.

그런데 관련 과학기술에 대한 열정은 사업체나 조직에 시스템을 적용하기 위한 것이다. 이 사람들은 그저 괴짜가 아니다. 아이들을 교육하거나 고객의 법적 문제를 해결하거나 디지털 광고를 보는 잠재고객 수를 늘리려면 과학기술을 어떻게 사용할지 생각해내느라 시간과 에너지를 아낌없이 쏟아 붓는다. '보라색 사람들'이 보랏빛을 띠는 이유는 파랑(과학기술)과 빨강(사업)이 섞여 있기 때문이다. 어쩌면 두 색의 순서가 뒤바뀌었을 수도 있지만 어쨌든 그 둘의 배합인 것만은 분명하다.

이러한 조합의 좋은 본보기가 북미 최대의 화물운송업체로 꼽히는 슈나이더 내셔널에서 눈에 띈다. 이는 매일 1만 3,000명이 넘는 운전기사와 5,000대가 넘는 트레일러·컨테이너를 활용해 1만 8,000건의 화물을 운반하는 복잡한 사업이다. 이런 복잡성을 관리하고 최적화하기 위해 슈나이더는 벌써 20년째 다양한 형태의 분석적 의사결정을 시행하고 있다. 주문접수 결정에서 자동으로 화물과 기사를 연결해 최적의 배송시간을 제안하는 데 이르기까지 이 회사 시스템은 날로 자동화되고 있다. 슈나이더의 계획 시스템은 수백만 가지에 달하는 기사들의 예상 운전경로를 매시간 평가한다.

트래비스 토런스는 슈나이더의 그런 시스템 안으로 파고든 사람 중 한 명이다. 그는 슈나이더 애틀랜타 지사의 운송 분석가로 2년째 그 일을 해오고 있다. 그가 입사하고 나서 슈나이더는 컨테이너 화물과 운전기사를 연결하는 단거리 최적화 프로그램, 즉 SHO(Short Haul Optimizer)라는 새로운 형태의 운송 최적화 시스템을 도입했다. 바로 이 SHO 시스템을 활용해 해당 구역에 화물을 배송하는 것이 토런스의 일이다. 이 밖에도 시스템의 능력을 감시하면서 SHO 알고리즘의 성능 개선을 전담하는 운영연구 팀에 아이디어를 제안하도록 독려받는다. 하지만 이 정도는 그의 능력으로 충분히 할 수 있는 일이다. 그는 경영학, 그중에서도 특히 로지스틱스와 정보시스템을 전공했다.

그렇다면 토런스는 가만히 등을 기대고 앉아 기계가 돌아가는 모습을 그저 지켜보기만 할까? 그렇지 않다. 물론 기계 덕분에 그의 업무 생산성은 훨씬 높아졌다(시스템을 사용하면서부터 매일 그는 약 75명의 운전기사를 배송에 투입할 수 있다. 그전과 비교하면 생산성이 거의 두 배로 오른 셈이다). 여전히 스마트한 인간을 필요로 하는 일은 수두룩하다.

가장 큰 문제 중 하나는 시스템에 입력하는 정보의 품질을 보장하는 것이다. 최적화 시스템은 대개 놀라운 결과를 가져다주지만 그러려면 실제로 운전기사가 일할 수 있는 시간, 운전하는 데 걸리는 시간, 기차가 도착하는 시간, 경사로에서의 교통체증 등 정확한 데이터를 입력해야 한다. 이 모든 정보를 처리하는 시스템이 있긴 하지만 현실은 때로 시스템이 말하는 것과 다르다.

예컨대 잠시 토런스의 일상을 따라가보자. 출근하자마자 그는 SHO 시스템이 오늘은 어떤 권고사항을 쏟아내고 있는지 지켜보는 것으로 하루를 시작한다. 특히 운전기사들의 동향에 초점을 맞춰 데이터의 품질과 흐름을 확인한다. 그런 다음 운전기사 몇몇에게 연락해 화물 상황에 맞춰 시간을 조정해달라고 요청한다. 고객서비스 부서에도 연락해 배달 창구에 무슨 변화는 없는지 알아본다. 그는 교통정보와 날씨를 예의주시하며 운전에 소요되는 시간이 합리적인지 따져본다. 그런 다음 경사로에서의 체증이 문제인지 확인하려고 그날 나가는 총 화물량을 조사한다.

트래비스 토런스는 새로운 SHO 시스템이 도입되기 전에 입사했다. 그동안 그의 역할에는 극적인 변화가 일어났다. 그는 몇몇 중요한 결정은 비록 시스템이 내리지만(그래서 처음에는 상처도 받았지만) SHO가 도입되기 전보다 지금 일하는 게 훨씬 더 재밌다며 이렇게 말했다. "이제는 겨우 화물 하나 처리해놓고 기진맥진하지 않아도 됩니다. 덕분에 프로세스의 다른 영역을 분석하면서 데이터가 어떻게 들어오는지, 또 데이터의 정확성을 높이려면 어떻게 해야 하는지에 대해 배울 여유가 생겼습니다. 지금은 화물마다 일일이 살펴보지 않아도 되기 때문에 좀더 큰 그림에 집중할 수 있습니다."

슈나이더에서 토런스가 맡은 역할을 보면 알 수 있듯이 자동화 시스템은 정말로 자동화되어 인간의 개입 없이도 잘 돌아가는 것처럼 보이지만, 여전히 인간은 그런 시스템 대부분과 연관되어 있다. 자동화 방사선 시스템이 있음에도, 여전히 방사선 전문의가 하는 일이 있다. 법률 자동화가 빠른 속도로 발전하고 있지만, 변호사는 여전히 존재한다(그것도 너무 많다 싶을 만큼). 따라서 자동화 시스템의 내부로 파고드는 누구나 인간들의 업무 태도와 행동, 편견과 인식을 파고들어야 할 것이다.

이처럼 사람들을 대하는 데서 핵심은 결정 자동화 시스템이 어떻게 결정을 내리는지 그 과정을 설명해주는 것이다. 조직과 시스템을 연결하는 매개자로서 파고드는 사람들은 결정이 합리적이고 효율적이라는 점을 설명하고 납득시킬 수 있어야 한다. 규칙과 알고리즘이 지나치게 복잡하거나 과학기술에 문외한인 사용자들이 접근하기에는 장벽이 너무 높다는 점에서 자동화 시스템은 대개 '블랙박스'의 측면을 지닌다.

파고드는 사람들은 개선에 대한 열정 또한 가지고 있어야 한다. 이는 일반적으로 업무 프로세스를 시작과 끝, 일련의 단계로 정확히 구분해야 한다는 뜻이다. 이는 또한 평가지향적이어야 한다는 뜻이기도 하다. 구체적으로 말하면 자동화 도입 이전과 이후의 결정 방법과 그로 인해 파생되는 결과를 평가해야 한다. 시스템이 효과적으로 작동하고 있는지 어떤지 결정해야 하는 책임이 있는 만큼 안으로 파고드는 사람들은 그 결과를 끊임없이 평가해야 한다.

사실 파고드는 사람들의 주된 업무는 분석과 평가라고 말하는 이도 있다. 자동화의 목적은 어떤 경우든 실적 향상에 있다. 자동화 시스템을 공급하는 벤더들은 실적 보고에 대한 고객의 요구를 과소평가해선 안 되며, 고객마다 원하는 분석과 보고 형태가 각기 다르다고 말한다. 보고서를 작성해 다양한 이해당사자에게 걸맞게 만드는 것은 보통 안으로 파고드는 직원들이다.

마지막으로 파고드는 사람들은 변화에 대한 열정을 가지고 있어야 한다. 다시 말해 변화를 따라잡고, 변화를 만들어내고, 변화에 적응하고, 다른 사람들이 변화에 적응할 수 있도록 이끌어줘야 한다. 이들이 다루는 과학기술은 매순간 달라지고 있으며, 따라서 그런 변화와 그 영향에 적절히 대처해야 한다. 이 책 곳곳에서 지적해왔듯이 지식의 자동화와 결정지향적인 직무는 역사를 통틀어 가장 중요하고도 전면적인 변화의 하나가 될지 모른다. 성공적인 결과를 끌어내려면 변화를 꾀하려는 노력을 다각도로 기울여야 한다.

파고드는 사람들의
미래는 밝다

결정 자동화 시스템의 틈새로 파고들 수 있는 역량을 갖춘 사람이라면 전도유망하다. 일반적으로 이 집단의 미래는 매우 밝다. 우리가 산업혁명 초창기에 있다고 가정해보자. 발명가들이 역직기와 다축 방적기를 속속 내놓는데도 기계를 다룰 줄 아는 기계공이 거의 없다. 이 새로운 기계를 설치해 가동하고 관리하는 법을 아는 사람에 대한 수요는 엄청나게 치솟을 것이다. 오늘날 이런 집중력과 능력을 갖춘 사람치고 실직했다는 사람을 우리는 본 적이 없다.

여기에서 장차 파고드는 역할을 맡을 STEM 전공자들이 적어도 미국에서는 부족하다는 불만의 소리도 고려해야 할 듯하다. 이런 직업의 존재와 그에 대한 관심은 아마도 더 많은 학생들을 이쪽 분야로 끌어들일 것이다. STEM 분야의 학위를 취득하는 것이 이러한 직무를 잘 수행하는 데 반드시 필요한 것은 아니다. 하지만 최소한의 꼭 필요한 강의를 들어둔다면 STEM 공포증에 시달리지는 않을 것이다.

보험 손해사정 업무를 언급할 때 살짝 내비치긴 했지만, 미래의 파고드는 직업군과 관련해 걱정스러운 점이 하나 있다. 파고드는 역할 중 상당수는 자동화된 업무의 전문가였기 때문에 선택되었다. 그들은 경험 많고 박학다식한 손해사정사나 마케터 또는 회계사였다. 그들은 자동화 이전에 결정을 내리는 데 시간을 투자했고, 대부분 그 일을 잘해냈기 때문에 파고들 자격이 있다고 인정받았다.

하지만 요즘은 자동화 시스템 때문에 기업들이 신입사원을 많이 뽑지 않는다는 소리를 자주 듣는다. 컴퓨터가 평사원들의 일을 대신 처리하고, 노련한 직원들이 안으로 파고들어 스마트 기기와 함께 일한다. 하지만 출발점에서 시작할 수 없다면 장차 파고드는 직업군은 과연 어디서 나오게 될까?

이 문제에 대한 책임은 어느 정도는 신입사원 채용이 줄어드는 요즘의 추세에 있다고 볼 수 있다. 사회초년생들의 취업을 알선하는 업체 대표 레슬리 미틀러Lesley Mitler는 블로그에서 말단 일자리는 더 이상 초보의 몫이 아니라고 지적한다. "평사원을 모집한다는 공고를 한번 살펴보라. 고용주들은 한결같이 최소한 1, 2년 이상의 경력자를 원한다고 못박는다. 이제 갓 대학을 나와 일자리를 구하는 사람에게 1, 2년 이상의 경력을 요구하다니 말이 되는가?!"[7]

아무래도 자동화가 전통적인 경력 사다리의 첫 번째 칸을 치워버린 듯하다. 사람들이 경험을 쌓기 위해 사용하던 일상 업무가 자동화되면서 고객과의 관계나 대규모 조직 안에서 효과를 발휘하는 '소프트스킬'을 연마하는 수단 또한 사라졌다. 이제 고용주들은 쉽게 코드화할 수 있는 일, 더구나 코드화하면 균일하게 높은 품질과 빠른 속도가 보장되는 일을 맡기려고 비싼 인건비를 지출할 생각이 더는 없어 보인다.

경력자들이 정확한 판단과 전략적 사고를 필요로 하는 현재의 일에 이르기까지 밟고 올라왔던 사다리를 뒤돌아보면 아래쪽 발판 몇 개는 사라지고 없다. 박물관 큐레이터는 도슨트가 로봇과 키오스크와 헤드셋 투어로 대체되는 모습을 지켜본다. 유엔 통역사는 구글 번역기 때문에 번역가들이 사라지는 모습을 지켜본다. 건축가는 신참 건축가들이 CAD 소프트웨어에 밀려나는 모습을 지켜본다. 변호사는 신참 변호사들이 전 자증거개시 소프트웨어로 대체되는 모습을 지켜본다. 젊은 사람들이 그 분야에서 시작하려면 어떻게 해야 하느냐고 물어와도 처음 발 디딜 곳이 사라지고 없으니 어딜 가리켜야 할지 그저 난감하기만 하다.

이 문제는 지금까지 살펴본 증강의 다른 역할에도 적용되지만 파고드는 역할과 가장 많이 연관된다. 기업이 안으로 파고드는 직무에 요구하는 전문적 지식을 교육제도를 통해 제공하기도 어렵다. 대부분의 대학이 학생들에게 새로운 자동화 과학기술을 가르치는 능력에서 계속 뒷걸음질치고 있는 요즘은 특히 그렇다. 교수진 자체가 그 분야에서 훈련받은 적이 없기 때문에 학생들에게 가르칠 수가 없다. 특히 디지털마케팅과 마케팅 자동화 기술 분야에서 이는 당면한 문제다. 그 분야의 지식에 대한 수요가 엄청난데도 이를 가르칠 수 있는 교수가 거의 없다. 몇몇 학교, 특히 명문 법학대학원들이 자동화 과학기술을 학문으로 인정하기에는 부족한 점이 많다고 생각하는 것도 문제다.

파고드는 역할로 경력을 시작하려면 학교에 다니는 동안 최대한 많은 지식을 쌓고 인턴사원으로서 현장경험도 최대한 많이 쌓아야 한다. 현명한 고용주라면 선발된 신입사원들이 안으로 파고들도록 돕는다는 구체적인 목표 아래 연수 프로그램을 마련할 것이다. 시간이 말해주겠지만, 곧 행동을 취하지 않으면 이 문제는 많은 조직을 뒤에서 물어뜯게 될 것이다.

안으로 파고드는 사람들의
특징

다음과 같은 특징을 가지고 있다면 파고드는 사람이 될 수 있다.

- 본업은 사업가나 전문 직업인이고 부업은 자동화·과학기술 전문가이다.
- 사업이나 조직의 필요와 과학기술 역량의 간극을 메우는 '보라색 사람'으로 표현될 수 있다.
- 소프트웨어와 인간 사이에서 매개 역할을 잘한다.
- 과학기술자가 직업은 아니지만 IT의 발전을 좇으며 그것을 겁내지 않는다.
- 기회가 되면 자동화 시스템의 작동 및 설계 원리에 대해 배우고 싶다.
- 자동화 시스템이 내리는 결정을 다른 사람들에게 흔쾌히 설명해준다.
- 예나 지금이나 로봇이나 안드로이드, 자동화기기, 아바타, 사이보그는 아니다.

안으로 파고드는 사람이 되려면 다음과 같은 경험 습득이 필요하다.

- 대학에서 컴퓨터과학을 전공한다.
- 온라인 강좌로 기계학습과 인공지능을 공부한다.
- 인지 과학기술에 대한 강좌를 수강하고, 웹세미나를 듣고, 소프트웨어 벤더들이 발행하는 백서를 읽는다.

- 인지 과학기술자들과 그들이 개발한 시스템을 주제로 이야기를 나눈다.
- 자신이 속한 조직의 핵심 비즈니스 프로세스에 대해 잘 아는 전문가를 인터뷰한다.
- 결정 자동화 시스템이 내놓는 결과를 공부하는 한편 이를 설명하는 연습을 한다.

그렇다면 여러분은 다음과 같은 곳에 있을 확률이 높다.

- 자동화 비중이 갈수록 높아지고 있는 산업과 사업
- 정보집약적 사업과 정보집약적 직무
- 과학기술의 사용에서 앞서나가는 조직
- 많은 변화를 겪고 있는 사업이나 전문직
- 리더와 동료들이 새로운 아이디어와 기술을 높이 사는 환경

7

틈새로
움직이기

　기이한 자연현상 중 하나로, 인도 북동부에서는 정확하게 48년마다 원인을 알 수 없는 곰쥐 떼가 출몰해 농작물을 먹어치운다. 미조람 지역의 외진 마을인 이곳에서 대부분의 농부들은 다음번 수확 때까지 가족들을 건사하기도 벅차다. 야산에서 내려오는 수천만 마리의 쥐떼가 경제에 미치는 영향은 강력하고 심각하다(심리적 피해에 대해서는 그저 추측만 할 따름이다). 이 쥐떼의 개체수는 폭발적으로 늘었다가 다시 예전 수준으로 급감하는데, 인근 대나무 숲의 개화시기와 맞물려 있는 것으로 관측되어왔다. 하지만 48년이라는 시간간격은 왜 그런 일이 벌어지는지를 이해하기 어렵게 한다.

　켄 애플린Ken Aplin이 마을로 간 이유는 그 때문이다. 애플린은 설치류, 그중에서도 특히 쥐에 조예가 깊은 동물학자다. '마우탐mautam'('대나무의 죽음'이라는 뜻으로 쥐들이 대나무를 너무 많이 먹어치워 생긴 말이다)에 관해, 그리고 2006년에 다시 그런 일이 일어날 것이라는 사실을 접했을 때 그는 그곳으로 가기로 마음먹었고, 그 날짜가 돌아올 때까지 내셔널 지오그래픽National Geographic에서 그의 연구 기금을 대고 촬영팀을 보내주었다. 그렇게 해서 나온 다큐멘터리에는 칠흑 같은 밤에 야산을 돌아다니는 애플린의 모습이 담겼다. 그의 손전등 불빛은 휩쓸려 가는 작은 눈들을 비추고, 센서는 그의 발밑에서 일어나는 이동의 증거를 포착해낸다.[1]

여기서 애플린을 거론하는 이유는 그가 이 장에서 설명하려는 틈새로 움직이는 사람의 전형이기 때문이지, 쥐 예방에 대해 언급할 생각은 추호도 없다. 이제 그는 우리 대부분이 기본적으로 아무것도 모르는 주제에 대해 누구보다도 잘 안다. '마우탐'에 관한 한 그를 따를 전문가는 없다. 어쩌면 그는 극단적인 예일 수도 있지만 그가 선택한 길은 많은 사람들에게 배울 점을 시사한다.

자동화가 무자비하게 밀고 들어오는 시대지만 인간의 일 몇 가지는 무사히 살아남을 것이다. 그 이유는 기본적으로 감정을 필요로 하기 때문도, 일의 성격상 컴퓨터화에는 맞지 않기 때문도 아니다. 그보다 이 일은 자동화에 침식당하지 않는다. 자동화를 추진해봐야 경제적으로 아무런 이득이 없기 때문이다. 특수한 상황이나 어떤 순간에는 누구도 그 중요성을 부인하지 못한다 할지라도 워낙 극도의 전문성을 필요로 하다보니 그 일에 대한 세상의 수요를 충족할 수 있는 사람이 정말 몇 명 되지 않는다.

알다시피 자동화 솔루션을 설계하고 구축하려면 많은 자원이 있어야 하며, 그 비용이 꾸준히 내려간다 하더라도 만만한 수준이 절대 아니다. 더욱 중요하게, 일단 자동화 접근법을 도입하고 나면 새로운 발견이나 개선된 프로토콜이 나올 때마다 시스템을 업그레이드해야 하는 등 유지비가 필요하다. 게다가 6장의 '안으로 파고들기'에 대한 논의에서 살펴보았듯이 특정 분야에 대해 충분한 지식을 갖춘 사람들만이 이런 업데이트 작업을 할 수 있다. 그런데 협소하고 전문화된 분야에서는 소수의 전문가들이 그 일에 대한 수요를 모두 감당할 수 있다. 사람들은 누구도 사용하지 않는 시스템을 구축하고 업데이트하느라 많은 시간을 들이려하지 않을 것이다.

우리가 한 과학자의 이야기로 이 장을 시작하려는 데는 이유가 있다. 종종 새로운 과학적 발견은 전문가에게 경쟁이 없는 틈새시장을 열어준다. 물론 틈새로 움직이는 전략이 과학자들에게만 해당하는 것은 아니다. 투자은행가 그레그 캐리Greg Carey도 이 범주에 속한다. 새로 경기장을 지을 재원을 찾고 있다면 그가 적임자다. 그리고 클레어 버스터렛Claire Bustarret도 있다. 문서위조가 의심될 경우 수세대를 이어온 제지술에 대한 그녀의 깊은 지식을 따라올 사람이 없다. 그리고 하이퍼코Hyperco 본부장인 켈리 폴스Kelly Falls는 경주용 자동차에 장착하는 스프링에 관한 한 타의 추종을 불허하는 전문가다.

이 사람들은 팔방미인의 정반대다. 누구도 혼자서 여러 역할을 하지 않는다. 다만 이들은 자신의 일을 사랑하고, 또 잘해낸다. 컴퓨터는 이들이 그 일을 하도록 내버려두고 있다.

기계를 싫어하는
경제학

앞에서 우리는 '위로 올라서는' 사람들의 장점에 대해 살펴보았다. 그들은 큰 그림을 보려고 노력하면서 다방면에 걸쳐 지식을 쌓는 데 주력하는 반면 자질구레한 일은 컴퓨터에 맡긴다. 우리가 이 장에서 살펴볼 사람들은 기본적으로 그와 정반대다. 그렇다면 어떻게 이 방법이 인간 구직자에게 안전한 기반이 될 수 있을까?

물론 이 사람들이 자랑스럽게 여기는 백과사전적 지식의 축적은 데이터베이스에 접속하기만 하면 쉽게 구할 수 있는 종류의 자료에 지나지 않는다. 그들의 풍부한 인맥은 인터넷을 이용하면 얼마든지 복제할 수 있다. 그들이 내리는 결정은 대개 정해진 규칙을 근거로 하며 고도로 구조화된 프로세스를 따른다. 많은 경우 이러한 결정은 인간보다 컴퓨터가 더 빨리, 더 잘 내릴 수 있다. 그와 같은 일상 업무와 자료를 소프트웨어로 만들려는 노력이 이미 전면화되었다고 가정한다면 말이다. 하지만 문제가 있다. 그러한 노력이 거의 이루어지지 않고 있는 것이다. 투자수익률이 너무 낮기 때문이다. 즉 잠재 구매자는 얼마 되지 않는 데 비해 기계 설비에 드는 비용이 너무 높다.

상대적으로 좁은 영역에서 인공지능을 이용한 결정 자동화 솔루션을 구축하는 데 얼마나 많은 비용이 드는지를 보여주는 아주 좋은 예가 있다. 2012년 텍사스 대학교 부설 MD 앤더슨 암센터는 IBM의 왓슨 과학기술을 백혈병 환자 치료에 응용하는 프로젝트에 착수했다. 그동안 나온 모든 의학 논문과 임상 결과를 이용할 수 있다면, 기계도 종양학 권위자가 세우는 치료 계획과 같은 수준의 계획을 끌어낼 수 있을 터였다. 2014년 〈월스트리트저널Wall Street Journal〉은 당시 왓슨으로서는 가장 규모가 큰 이 프로젝트에 2년간 들어간 비용이 1,500만 달러에 이르며, 시스템이 사용 가능한 치료 계획을 생성하려면 아직도 최소한 1년은 더 기다려야 한다고 보도했다. MD 앤더슨 이사진은 프로젝트를 둘러싸고 더욱 광범위하게 전환된 목표를 지원하기 위해 5,000만 달러의 기금을 조성했다고 알려져 있다. 개괄적으로, IBM은 왓슨의 수익을 연간 100억 달러로 잡는다. 이런 숫자를 감안하면 이 회사가 왓슨의 첫 번째 상업적 응용 대상으로 의료 부문을 선택한 이유가 명확해진다. 우리가 의료에 지출하는 돈(미국 국내총생산의 약 20퍼센트)과 의료사고율은 막대해서, 높은 수준의 효율성 제고와 서비스 품질 개선으로 얻을 수 있는 잠재력이 크다. 초기 비용이라는 장애물은 대부분의 다른 부문에서는 감당할 수 없을 만큼 크지만, 역사적으로 보험사와 고용주에게 비용을 전가해온 산업에서는 그리 큰 문제가 아니다.

그런데 경주용 자동차 스프링이나, 고문서의 연대 증명이나, 경기장 신축에 필요한 재원을 조직하는 사업은 그와 같지 않다. 곧 살펴볼 테지만 지식노동을 필요로 하는 이런 좁은 영역은 아직 거기서 길을 찾으려는 몇 안 되는 사람들에게 생계수단을 제공할 만큼 충분히 넓다.

그렇다고 과학기술의 행진에 태평해도 된다는 뜻은 아니며, 반대로 지금까지 자동화가 오히려 비경제적이던 일이 갑자기 경제적으로 바뀔 거라는 뜻도 아니다. 오늘날 숙련된 전문기술을 전매특허로 삼는 사람들은 조만간 컴퓨터의 위협에 직면할 가능성이 높다. 우리는 (2장에서 언급한) 블루프리즘이라는 회사를 설립한 앨러스테어 배스게이트Alastair Bathgate와 얼마 전 주고받은 대화에서 이를 실감했다. 그는 사업체에 '로보틱' 자동화 프로세스를 판매하는데, 이는 적은 수의 지식노동자가 담당하는 일상적인 비영업 업무 과정마저 자동화할 수 있다. 여기서 '로봇'이 아니라 '로보틱'이라고 쓴 이유는 실제로 인간을 대체하긴 하지만 물리적 실체가 없는 소프트웨어이기 때문이다. 하지만 이 컴퓨터 프로그램은 유동적이어서 주요한 정보기술 기간 시스템과 어떻게 상호작용해야 할지에 대해 인간 노동자와 똑같은 방식으로 지속적으로 지시를 받는다는 점에서 이 단어는 여전히 적절해 보인다.

블루프리즘 소프트웨어를 사용하는 영국의 협동조합은행Co-operative Bank을 예로 들어보자. 통상적으로 이곳 직원들은 고객이 신용카드를 분실했거나 도난당했다고 신고할 경우 전형적인 프로세스를 따라왔다. 즉 콜센터 직원이 고객과의 전화 대화에서 유의미한 정보를 얻는 데 5분, 그러고 나서 제각각 다른 내부 시스템과 소통하며 기존 카드를 취소하고, 해당 계정에 관련 정보를 입력하고, 신규 카드 발송에 필요한 준비를 하는 데 25분이 걸렸다. 이런 다소 지루하고 반복적인 업무를 수행하는 소프트웨어를 도입한 뒤로(배스게이트의 표현대로라면 로보틱 프로세스 자동화에 투자한 뒤) 이 은행의 카드 분실 처리능력은 시간당 2건에서 12건으로 껑충 뛰어올랐다.

이는 아주 흔한 자동화 제품이지만 여기서 우리가 강조하고 싶은 차이(이는 날로 성장하는 블루프리즘의 사업기반이기도 하다)는 이 소프트웨어만 있으면 기업의 기간 시스템에 새로 기능을 추가하지 않아도, 심지어 IT 부서의 도움을 받지 않고도 부서별로 프로세스를 자동화할 수 있다는 점이다. 배스게이트의 설명에 따르면 이 제품은 이전에는 자동화가 오히려 비경제적이었던 업무영역에 완전히 새로운 차원의 자동화 가능성을 열어놓았다. "우리는 아예 자동화가 시작조차 되지 않은 긴 꼬리long tail가 있음을 발견했습니다." 그의 말이다. 제조업의 반복적인 업무에는 로봇이 대거 투입되었지만 "사무직 공장은 대부분 손대지 않은 채로" 남아 있었다.

여기서 핵심 어구는 '긴 꼬리' 즉 롱테일[판매의 정상분포곡선에서 불룩 솟아오른 머리 부분과 달리 길게 늘어지는 꼬리 부분을 가리킨다. 대량생산 제품과 반대되는 다품종 소량생산 제품을 의미한다]인데, 전문화 영역을 가리키는 신조어라는 점에서 그렇다. 틈새로 움직이는 전략으로 고용 안정을 유지하고 싶다면 거래 총량이 점점 작아지는 정상분포곡선의 맨 오른쪽으로 이동해야 한다. 컴퓨터가 잠식하는 많은 측면이 그렇듯이, 자동화의 선두 행렬보다 더 앞서나가야 한다.

계속 진행중인 전문화의 이러한 행진 사례는 자동화 정도가 점점 늘어나고 있는 의약계의 다양한 분야에서도 목격된다. 지난 20여 년 동안 취직은 원하지만 야간과 주말까지 일하고 싶지는 않은 의대 졸업생들은 방사선과와 병리학 같은 전공을 선택했다. 환자를 직접 상대하고 싶지 않은 사람들에게도 이런 분야가 안성맞춤이었다.

하지만 이제는 자동화가 이런 직업의 일상적이면서 수익성 높은 측면을 위협하고 있다. 유방암 발병 여부를 진단하는 유방조영상 판독(미국에서만 연간 2,000만 건)과 자궁경부암 발병 여부를 진단하는 자궁경부세포 도말 검사(연간 3,300만 건)가 그 예다. 똑똑한 의사들은 자동화가 비교적 쉽지 않은 부전공 분야, 예를 들면 방사선과와 외과를 합쳐놓은 개입 방사선과나 병리학과의 세침흡인 생체검사 쪽으로 옮겨가고 있다. 이쪽 역시 언젠가는 자동화가 진행되겠지만 그때가 되면 또 세부전공이 생길 것이다.

따라서 경제의 틈새를 비집고 혼자 힘으로 자기만의 전문 영역을 개척해나가는 사람들은 앞으로도 계속 유리한 위치를 차지할 확률이 높다. 이는 이들이 독점 공급자로 자리 잡을 만큼 극히 수요가 적은 일을 하면서도 전횡하려 하지 않고 일을 즐기기 때문이다. 물론 또 다른 이유도 있다. 자기 분야를 선도하는 실무자로서 자의든 타의든 이들에게 모든 기회가 주어지다보니 잘할 수밖에 없기 때문이다. 기계는 기껏해야 그 뒤를 따를 뿐이다.

좁은 문을 통과하려면
어떻게 해야 할까?

앞에서 살펴보았듯이 일부에서는 기계가 판치는 시대에 젊은 사람들이 안정된 직장을 구하려면 공식 교육(특히 STEM 교육) 기간을 더 늘려야 한다고 주장한다. 그렇다면 다른 대안은 없을까? 대학이 기존의 학과를 쪼개 학생들을 지적 지류로 밀어넣는 것으로 악명 높듯이("많이 배우면 배울수록 아는 것이 점점 줄어들다가 종국에는 아무것도 모르게 된다"는 오래된 농담처럼), 지나친 세분화는 좁은 틈새로 움직이는 전략을 선택하는 사람들에게조차 답이 될 수 없다.

기초 교육의 가치는 명백하다. 즉 어떤 분야가 됐든 그 분야의 기초 지식을 쌓는 것이다. 틈새로 움직이는 사람들이 맨 처음 관심사를 발견하고 취업의 첫 발판인 학위를 얻는 곳이 바로 이 지점이다. 하지만 그러한 발견 이후 학교는 어느 한쪽의 특별한 열정에 맞춰 커리큘럼을 짤 수는 없다는 이유로 전문가 양성에 나 몰라라 할 때가 많다. 이 때문에 틈새로 움직이는 사람들은 때로 학교에서 두각을 나타내지 못한다. 이들은 학위를 얻기 위해 모든 '배분이수' 교과에서 학점을 받아야 한다고 생각하지 않는다. 그런 과목은 이들의 운명이 아니다. 놀랍게도 어떤 분야의 '대가'가 종종 대학 중퇴자인 이유는 이 때문이다. 빌 게이츠Bill Gates와 스티브 잡스가 대학에 입학할 무렵 컴퓨터과학은 학생들이 학기중에 수강하는 과목의 하나일 뿐이었지만 그 두 사람은 여기에 모든 시간을 쏟고 싶었다. 마크 저커버그Mark Zuckerberg가 하버드에 입학했을 때는 컴퓨터과학이 이미 인기 있는 전공으로 자리 잡았는데도 학교는 그의 관심을 사로잡았던 코딩에 대한 강의를 충분히 제공하지 못했다.

그런데 이런 주장에는 반드시 경고가 수반되어야 한다. 즉 스티브 잡스가 대학 졸업장을 필요로 하지 않았다고 해서 여러분도 그렇다고 생각하지 말 것. 우리 대부분은 대학 졸업장을 가지고 있으면 많은 혜택을 누린다. 미국 인구조사국 자료에 따르면 대학 졸업자의 평균소득은 5만 8,613달러인 데 비해 고등학교 졸업자의 평균소득은 3만 1,283달러이며, 일반적으로 대학 졸업장을 요구하는 직업은 그렇지 않은 직업보다 빨리 성장하는 것으로 나타난다. 하지만 잡스가 대학 중퇴에 따르는 어려움을 극복하고 성공했다고 주장하려는 것은 아니다. 그에게는 대학 중퇴가 옳았다. 그는 이미 자신의 장점과 열정이 어디에 있는지 알았고, 대학은 자신의 앞날에 그다지 도움이 되지 않을 것이라는 사실을 훤히 꿰뚫어보고 있었기 때문이다.

많은 사람들에게 운명은 다소 불확실하며, 기본으로 간주되는 것 또한 늘 명백하지만은 않다. 틈새를 비집고 운명을 개척해나가는 사람들을 주제로 이야기하고 있는 만큼 그린링 기번스Grinling Gibbons(1648~1721)가 했던 일을 이어받아 그 분야의 세계 최고 권위자로 꼽히는 데이비드 에스털리David Esterly를 소개하지 않을 수 없다. 기번스라는 이름이 낯설다면, "영국 최고의 재야 목공예가"라는 그에 대한 에스털리의 간단명료한 정의에 기대는 게 가장 좋다. 기번스는 작품의 정교한 돋을새김과 자연미로 평생 명성을 떨치며 교회와 궁전을 장식해달라는 주문을 맞추느라 늘 바빴다. 그러한 전통은 에스털리로 이어졌다. 하지만 20대 후반 시절만 해도 에스털리는 조각칼을 잡게 되리라고는, 하물며 과거 한 남자가 세상에 선보인 특별한 양식을 그대로 이어나가게 되리라고는 꿈에도 생각지 못했다. 당시 에스털리는 하버드에서 딴 영문학 학사 학위와 케임브리지에서 딴 박사 학위를 소지하고 있었다. 박사 학위논문 주제는 예이츠와 플로티누스였다. 그러던 중 기번스의 작품을 접하고 거기에 완전히 매료된 뒤로 그는 조각에 입문해 기번스와 똑같은 효과를 내기 위해 이런저런 기교를 실험하기 시작하면서 기번스와 그가 살던 시대의 역사에 푹 빠져들었다.[2] 그렇다고 해서 (박사 학위는 논외로 치더라도) 그가 전에 받은 교육이 아무 소용 없었다고 누가 말할 수 있겠는가? 인문학 기초 지식은 장인에게 여러모로 도움이 된다.

많은 경우 전문 직업인이 비집고 들어가기에 가장 유망한 틈새는 사람들이 같이 묶어서는 잘 연구하지 않는 광범위한 지식분야 두 곳이 만나는 교차로에 위치한다. 얼마 전 뉴욕 시 티바 웹사이트에 올라온 기사는 〈특이하며 고도로 전문화된 업무영역Unusual and Highly Specialized Practice Area〉이라는 제목 아래 네 명의 변호사를 소개한다.[3] 보러&루크먼의 에이브럼 보러Abram Bohrer는 운송업을 하는 집안에서 자라 항공법 전문가로 활동하고 있다. 파비아니코언&홀의 존 파비아니John Fabiani는 "보험 문제에서부터 사업권 분쟁, 허위 진술(사칭), 값비싼 경주마의 독과점화에 이르기까지 말에 관한 한 모든 것을 다루는" 말 관련법 전문가다. 물론 그도 말을 몇 마리 소유하고 있다. 폭스 로스차일드의 스테이시 제니퍼 라이어던Staci Jennifer Riordan은 패션업계에서 몇 년 일하다 지금은 패션 관련법을 취급하고 있다. 여성에서 남성으로 성전환한 M. 드루 르바쉬르M. Dru

Levasseur는 성 정체성을 내세운 차별에 눈을 뜬 뒤 지금은 트랜스젠더 법 변호사로 이름을 날리고 있다.

따라서 전문화할 좁은 영역을 찾는 것은 자신의 열정을 좇는 문제이 기도 하다. 직업 선택에서 열정은 매우 중요한 요소다. 하지만 다른 열정 에 비해 성공 가능성이 높은 열정이 있으며, 그런 만큼 분야 선택과 관련 해 합리적으로 따져보는 것도 좋은 생각이다. 전설적인 아이스하키 선수 웨인 그레츠키Wayne Gretzky의 유명한 말을 빌리면, 과연 퍽이 가는 방향대 로 스케이트를 타고 있는지 따져봐야 한다. 거기에 여러분의 능력을 필 요로 하는 시장이 있을 것이라는, 그 시장에는 다른 사람들이 그리 많지 않을 것이라는, 그 분야가 자동화될 가능성은 없다는 강한 암시가 있어 야 한다. 이 모두가 추측일 뿐이지만 지식에 의거한 유추일 수 있다.

자신의 좁은 전문성에 맞는 시장이 있을지 예측하려면 예를 들어 거 시경제의 흐름과 인구 동향을 고려해야 할지도 모른다. 만약 거주지 이 전 지원이 필요한 노인 인구를 상대로 일할 생각이라면, 자국의 인구 노 령화가 빠르게 진행되고 있는지 확인해야 할 것이다(그런 점에서 일본은 최적의 장소로 꼽히지만 미국도 나쁜 패는 아니다). 데이비드 에스털리처럼 서유럽 교회에서 사용하던 목공예품을 만드는 일에 합류할 생각이라면 오늘날의 유럽에서는 값비싼 장식에 투자하는 교회보다 콘도미니엄으 로 개조하는 교회가 더 많다는 사실을 고려해야 할지도 모른다.

그다음으로 여러분이 선택한 분야가 얼마나 붐비게 될 것인가 하는 문제가 있다. 염두에 두고 있는 직업이 미국 노동통계청(다른 나라의 이와 유사한 조직)의 직업군에 이미 들어가 있지는 않은가? 위키피디아의 직 업 항목에 이미 등재되어 있지는 않은가? 구글에서 그 직업에 대한 정보를 검색하면 관련 내용이 주르르 올라오지는 않는가? 이 모두가 혼자 그 영역을 차지하기에는 나쁜 조짐들이다. 몇몇 대학에서 여러분의 전문 분야와 겹치는 강좌나 (그럴 일은 없겠지만) 전공을 개설하고 있다면 이 또한 좋은 조짐이 아니다. 반면 이러저러한 직업을 선택하기로 했다고 설명할 때 부모님이 화들짝 놀란다면 이는 아주 좋은 조짐일 수도 있다.

마지막으로 그 분야의 자동화 가능성에 대해 고민해봐야 한다. 지금까지 우리는 수많은 단서를 제시해왔지만 여기 고민해봐야 할 점이 몇 가지 더 있다. 인도로 위탁되어 나가도 상관없는 일이라면 자동화될 가능성이 높다. 굳이 인간이 하지 않아도 되는 일 같으면 이 역시 자동화될 가능성이 높다. 그 일을 하는 데 필요한 지식과 결정 규칙을 일목요연하게 적어내려갈 수 있다면 누군가가 그 내용을 소프트웨어로 전환할지도 모른다. 마지막으로 여러분이 점찍어둔 일이나 핵심 업무를 자동화하는 실험적 프로젝트가 이미 나와 있는 상태라면 다시 처음으로 돌아가 다른 분야를 선택해야 할지도 모른다.

전문 영역
발굴

성공적인 전문화의 마법 같은 힘은 (공식 연구 영역과 특별한 열정이나 경험의 영역이 만나는 곳에서) 틈새를 겨냥하고 깊이 파들어갈 때 나온다. 그러나 이 힘은 틈새로 움직이는 사람들에게 특별한 도전을 제기하기도 한다. 전체 경제에서 개인의 기여는 잘 드러나지 않는다고 해도, 그 영역은 계속해서 '눈에 띄게' 될 것이다. 업계의 신문에 실리거나 회의에서 발표를 하는 것은 (굳이 기조연설이 아니어도) 시대가 흘러도 변하지 않는 '눈에 띄는' 방식이다. 만약 그런 요청을 받는다면 여러분이 몸담은 분야가 지나치게 대중화되고 있다는 조짐일 수도 있다.

하지만 인터넷은 심층적 지식을 알리고 찾는 과정을 혁명적으로 바꿔 놓았다. 당신이 한 우물을 깊게 파는 사람이라면, 인터넷의 파급력과 활용은 여러분의 전문지식을 심화해줄 뿐만 아니라 그 지식을 원하는 고객이나 시장과 연결해준다. 웹사이트, 블로그, 유튜브 비디오는 사람들이 잘 알려지지 않은 전문 영역의 전문가를 찾을 때 흔히 사용하는 수단으로 자리 잡았다. 이베이, 엣시, 아마존은 전에는 잘 알려지지 않았던 제품의 판매를 용이하게 해준다. 그리고 구글 검색은 틈새로 움직이는 사람에게는 신의 선물이다.

소셜미디어 같은 커뮤니케이션 과학기술은 좁은 영역의 전문가가 배움을 지속할 수 있도록 도와준다. 예를 들어 네트워크 계정에 말 관련법에 관심이 있다고 올리면, 친구들이 그 주제와 관련된 내용이 눈에 띄는 족족 보내오기 시작한다. 그러면 이쪽에서는 거기에 대한 '의견'을 달아준다. 거꾸로 이쪽에서도 똑같이 한다. 해당 분야에 속한 다른 사람들이 운영하는 소규모 네트워크에 접속해 유용한 정보를 알려주기도 하고 조언을 구하기도 하면서 진지한 대화를 이어나간다. 이렇게 해서 선순환의 고리가 꼬리에 꼬리를 물게 된다. 일단 전문가로 인식되고 나면 점점 더 전문가가 된다. 누가 '말 관련법'을 검색하는 순간 제일 먼저 여러분 이름이 올라온다면 여러분은 점점 더 많은 소송을 맡게 된다. 그러면 여러분은 말 관련법 블로그를 개설해 자신이 맡았던 소송을 소개하는 글을 게시한다. 이렇게 해서 여러분은 이 일에서 승승장구한다.

기계친화적이지 않은 전문화의 경제가 인간친화적인 것으로 드러나는 이유는 이 때문이다. 장인과 관심 많은 구매자를 연결할 수 있다면 취미가 직업으로까지 발전할 수도 있다. 노동자와 일, 또는 해결사와 도움을 구하는 사람을 연결해주는 새로운 고용시장은 차별화된 재능이 없는 사람들에게 나쁜 소식일지도 모른다. 그러나 초전문가에게는 아주 좋은 소식이다.

그런데 이 긴 꼬리는 얼마나 멀리까지 뻗어나갈 수 있을까? 무한하다고 할 수 있을 것이다. 뉴욕 풍경을 영화의 한 장면으로 사용하고 싶어하는 햇병아리 감독이 있다. 혼자서는 적절한 장소를 물색하는 일이 어려울지도 모르지만 그런 일에 이골이 난 사람을 찾기는 쉽다. 닉 카Nick Carr는 10여 년째 뉴욕 시에서 영화에 필요한 장소 헌팅을 전문으로 하고 있다. 한편 웬만하면 생활보호시설 입소는 피하고픈 80대 노인도 있다. 이경우 인터넷 검색은 낡은 집을 수리할 수 있게 도와주는 공인된 '내 집에서 나이 들기aging in place' 전문가를 찾을 수 있게 해준다. 레베카 스콧Rebecca Scott은 바로 그런 전문가다. 그녀는 인테리어 디자이너로 일하다그동안 쌓은 공간 구획 전문지식을 특수 상황이 좀더 많은 이쪽 분야로돌려 일하고 있다. 그런가 하면 얼마 전 다친 새끼 여우를 구조한 사람도있다. 그런데 길들일 수 있을지 의구심이 든다. 아니나 다를까, 〈시베리안 타임스Siberian Times〉는 "24세의 전문 개 훈련사 이리나 무카메드시나Irina Mukhamedshina는 여우를 반려동물로 길들이는 분야를 선도하는 최고의전문가일 것이다"라고 보도했다. 애초에 확인하려던 정보에서 좀 멀리오긴 했지만, 기꺼이 단언하건대, 무카메드시나가 숲을 더 잘 살펴 여우들을 찾아낸다면 여우조련시장을 장악할 수 있을 것이다.

좁은 영역에서의
전문지식 추구

지금까지 살펴보았듯이 네트워크의 역동성은 전문가들이 해당 분야의 새로운 성과와 흥미로운 사안에 계속 주목하게 함으로써 전문지식을 심화할 수 있게 해준다. 하지만 전문화에 이르려면 인지 요소도 필요한데, 이 요소는 외적 자원보다는 내적 자원과 깊이 관련되어 있다. 좁고 도전적인 주제에 집중하기로 결정했으면, 남은 문제는 숙달이다. 어떻게 해야 할까?

아마존을 이리저리 둘러보다가 우리는《어떤 분야에서건 전문가가 되는 법 *How to Become an Expert in Any Field*》라는 소책자를 판매하는 한 남자를 찾아냈다(단언하건대 이는 우리가 그의 전작《30일 안에 책을 쓰는 법 *How to Write a Book in 30 Days or Less*》을 구입한 사실과 하등 상관이 없다). 그는 다음과 같은 충고로 시작한다.

> 무엇보다 누가 뭐라고 하든 간에 어떤 분야의 전문가로 인식되려면 '당분간'은 기다려야 한다. 물론 곧바로 일을 시작할 수는 있지만 그 분야의 전문가로 우뚝 서려면 어느 정도 시간이 걸린다.
> 그렇다면 정확히 얼마나 걸릴까? 듣고 싶지 않겠지만 내 대답은 100퍼센트 정확하다! 즉 저마다 다르다!

하나도 도움이 안 된다. 이제 우리는 쇼핑카트에서 그 책을 빼버린다. 하지만 다행히 그 주제에 관한 통찰을 줄 더 좋은 자료가 있다. 사실 전문지식의 습득은 최근 몇십 년 동안 아주 뜨거운 주제로 떠올랐고, 그 결과 꽤 많은 사람들이 본격적인 전문가의 길로 들어섰다. 그리고 흥미롭게도 그중 두 명, 그러니까 《전문지식의 성격The Nature of Expertise》이라는 책을 기획하고 편집한 로버트 글레이저Robert Glaser와 미셸린 치Michelene Chi에 따르면 1960년대 중반에서 후반 사이에 이 분야가 처음 등장한 데는 당시 막 개발되기 시작한 인공지능의 영향이 컸다고 한다. 과학이 컴퓨터를 슈퍼스마트하게 만들 수 있다면 먼저 무엇이 어떤 사람을 슈퍼스마트하게 만드는지 알 수 있게 도와줄 터였다.

엄청나게 두꺼운 이 책을 실용적인 메시지만 뽑아 몇 문장으로 간단하게 요약하면 이렇다. 어떤 분야의 대가를 올려다볼 때 우리는 말로는 도저히 표현할 수 없는 천재성을 타고난 누군가를 보는 것이 아니다. 그보다 우리는 명확한 방향감각을 가지고 출발해 남다른 헌신으로 그 길을 걸어온 누군가를 보는 것이다. 그들의 성공은 적절한 교육과 의식적인 연습, 나아가 강한 추진력의 산물이다. 이는 평생을 천재성 연구에 바친 인지심리학자 마이클 하우Michael Howe의 결론이었다.[4] 이는 또 허버트 사이먼Herbert Simon의 유명한 가설, 즉 중요한 주제의 전문가가 되는 과정에서 학습자는 약 5만 개의 관련 정보를 접한다는 가설과도 일맥상통한다. 참고로 이 정도 양의 정보를 소화하려면 보통 사람은 10년이 걸린다.

"전문가가 되려면 10년이 걸린다"는 경험법칙이 익숙하게 들린다면 이는 K. 앤더스 에릭슨K. Anders Ericsson의 줄기찬 노력 덕분이다. 플로리다 주립대학 교수로 재직중인 그는 '음악, 과학, 골프, 다트' 같은 다양한 분야를 넘나들며 전문지식의 범위를 설명하는 보편적 이론 연구에 매진해 오고 있다. 그에게 10년은 전문가가 되려면 접해야 하는 정보의 양 때문에 요구되는 기간이 아니라, 의욕 넘치는 학습자가 '의식적인 연습'을 하며 1만 시간을 기록하려면 걸리는 기간이다. 가장 흔하게 인용되는, 동료들과 공동 집필한 논문에서 그는 그동안의 신중한 분석 결과를 다음과 같이 요약한다. "심지어 엘리트들 사이에서도 나타나는 개인적 차이는 의식적인 연습의 양과 밀접하게 관련되어 있다. 한때는 타고난 재능을 반영한다고 믿었던 특정 상당수가 실은 최소한 10년에 걸친 고된 훈련의 결과다."[5]

그렇다면 지름길은 없을까? 컴퓨터과학자 앨런 케이Allan Kay는 "미래를 예측하는 가장 좋은 방법을 그것을 발명하는 것이다"라는 말로 유명하다. 그의 이 말은 지름길이 적어도 하나는 있을 거라고 암시한다. 즉 스스로 새로운 분야를 개척하면 된다. 예를 들어 광촉매 합성물을 사용하는 태양광 정수시설 분야에서 디피카 커럽Deepika Kurup을 능가하는 전문가는 거의 없다. 그녀가 이 일을 시작한 지는 겨우 몇 년밖에 되지 않았는데도 그렇다. 그녀는 해당 시스템을 발명한 공로로 2012년 수상의 영예를 안기도 했지만, 아직도 10대인 만큼 그 주제에 관한 한 더욱 똑똑해지기에 충분한 시간과 에너지가 있다. 이것이 대다수의 사람들에게 너무 과도한 요구라고 생각한다면, 최근 몇 년 사이에 알을 깨고 새롭게 등장한 분야를 줄줄이 뗄 수도 있다. 스포츠 비주얼 애널리틱스 분야의 선두주자인 커크 골즈버리Kirk Golsberry, 새로운 과학적 요리법인 분자요리의 아버지 허브 디스Herve This, 기사처럼 보이는 '네이티브 광고native advertising'의 개척자로 잡지출판계 동료들에게 칭찬과 질타를 동시에 받고 있는 루이스 드보킨Lewis D'Vokin 등을 그런 혁신가의 예로 들 수 있다. 이들은 모두 새로운 터전을 개척해 그 분야를 선도하는 전문가로 자리 잡았다.

여기서 잠시 인지 연구 분야에서 빼놓을 수 없는 또 한 명의 거목을 살펴보고자 한다. 바로 미하이 칙센트미하이Mihaly Csikszentmihalyi다. 창의성을 끌어올리는 조건을 파악하는 광범위한 연구에서 그는 중요한 획기적 발전은 기초적인 영역에 정통해 있는 사람들에게서 나오는 경향이 있음을 발견했다. 부분적으로는 그것이 새로운 가능성을 상상하는 데 토대가 되기 때문이며, 부분적으로는 다른 사람들이 이미 그 창작자의 능력을 인정하기 때문에 새로운 창조물이 좀더 쉽게 받아들여지기 때문이다.[6] 그런데 대부분의 영역에서 기본 지식에 완전히 통달하는 데는 상당한 시간이 걸린다. 따라서 우리는 10년 법칙으로 돌아갈 수밖에 없다.

그러나 틈새로 움직이는 법을 빨리 배우는 지름길은 없다 하더라도, 적어도 마음의 위안으로 삼을 점은 하나 있다. 기계학습이 아직까지는 우리 가까이 뒤따라오지 못했다는 사실이다. 그 이유를 이해하려면 먼저 컴퓨터가 딥러닝과 중립 네트워크 같은 기술을 사용해 지능을 확보하는 과정을 살펴봐야 한다. 이와 관련해 컨설팅기업 매킨지는 다음과 같이 설명했다. "이런 기술은 컴퓨터에 대용량 데이터 세트 안에서 식별해내는 패턴을 근거로 결론을 도출하는 능력을 부여한다(이 데이터는 지난 20년 동안의 법률소송에서부터 고분자화합물의 상호반응에 이르기까지 뭐든 아우른다)."[7]

하지만 인간에게 전문화의 좁은 길을 따라 내려가며 학습한다는 것은 다른 사람들은 보지 못하는 패턴을 포착해내는 '빅데이터'에 힘입어 넓은 시야를 확보하는 훈련과는 차원이 다르다. 무엇보다도 좁은 영역에서 그렇게 많은 데이터는 대개의 경우 존재하지 않는다. 이는 거인의 어깨에 올라타 눈을 가늘게 뜨고 다른 사람들보다 조금이라도 더 멀리 보려고 안간힘을 쓰는 아이작 뉴턴Isaac Newton의 방법에 더 가깝다. 사람들은 데이터가 그리 많지 않은, 그리고 당분간은 많아질 가능성이 없는 분야를 선택하고 싶어한다. 틈새로 움직인다는 것은 과거에 거둔 그 모든 성과와 더불어 그 분야의 주제를 깊이 파고들면서 기계는 따라올 수 없는 고도의 집중력과 실험정신을 통해 계속 배워나간다는 뜻이기도 하다.

다행히 인터넷과 인터넷 검색도구들이 이러한 학습의 가능성을 활짝 열어놓았다. 이제는 해당 분야의 현장에서 아무리 멀리 떨어져 있다 하더라도 관심만 있으면 각자가 원하는 속도에 따라 그 분야의 지식을 쌓을 수 있다. 특히 젊은 사람들은 이미 알려진 것들에 빠른 속도로 접근할 수 있다는 점에서 그 주제를 더 심도 있게 추구할 여지가 있다.

앞으로 독학자들한테서 더 많은 돌파구가 나오길 기대해보자. 그런데 웹이 있기 전에도 혼자 공부하며 멀리 나아갈 수 있었다. 〈타이타닉〉과 〈아바타〉로 유명한 감독 제임스 캐머런James Cameron이 그랬다. 영화산업에 뛰어들기로 결심했을 때 그는 영화학도가 아니었다. 나중에 그는 그 시절을 이렇게 회상했다. "서던캘리포니아 대학 도서관에 들러 대학원생이 옵티컬 프린팅이나 프런트 스크린 프로젝션, 다이 트랜스퍼 등 영화기술에 관해 쓴 논문을 무작정 집어 들었다. 복사를 못하게 해도 어떻게든 했다. 정 안 되면 요점만 메모했다."[8] 물론 캐머런은 배우려는 의지가 엄청나게 강했다. 하지만 오늘날에는 그 도서관의 천 배가 넘는 규모를 갖추고 밤새 문을 여는 손끝 도서관에서 똑같은 열의를 불태우며 공부하는 사람이 얼마나 더 많을지 생각해보라.

기술로 인한
전문 영역의 증강

과학기술과 사랑에 빠졌다면 이는 그 기술에 위협당하지 않고 기술을 통해 증강될 수 있다는 명확한 신호다. 그런데 우리가 인터넷에 보낸 사랑은 다음과 같은 질문을 제기한다. 새로운 인공지능으로 꽉 들어찬 일터에서 어떻게 증강을 바랄 수 있을까? 이 책에서 우리의 임무는 기계로부터 여러분의 일을 보호하는 것만이 아니다. 우리는 기계가 여러분에게 이익을 주도록 일하기를 바란다.

그런 점에서 우리는 콘텐츠 지식과 고객을 연결하는 웹의 역할을 뛰어넘어 기계가 가져오게 될 증강을 세 가지 형태로 나누어 설명하고자 한다.

- 학습을 더 깊이, 더 빨리 할 수 있게 해주는 증강
- 부수적 업무를 대신 처리함으로써 더욱더 깊이 파고드는 데 집중할 수 있게 해주는 증강
- 현재 하고 있는 일을 더 큰 프로젝트와 연결할 수 있게 해주는 증강

첫째, 스마트 기기는 콘텐츠뿐만 아니라 갈수록 성능이 좋아지는 학습도구를 활용해 인간의 전문지식 습득을 가속화할 것이다(물론 자동화

가 코앞까지 다가왔을 때의 이야기이긴 하지만). 이와 관련해 '전문지식 전문가' 앤더스 에릭슨은 하나의 예를 제시한다. "통계학은 방사선과 전문의가 엑스레이 사진을 판독해 유방암을 정확하게 진단해내는 확률을 약 70퍼센트로 본다…… 방사선과 전문의들이 도서관에 비치된, 결과가 증명된 예전 사례들의 엑스레이 사진을 이용해 연습하고 즉각 그 정확성을 판단할 수 있다면, 방사선 진단 분야가 얼마나 발전할지 상상해보라. ……특히 의학과 항공 분야의 전문 직업인들이 적절한 피드백을 받으며 안전하게 훈련할 수 있게 해주는 정교한 시뮬레이션 시장이 떠오르고 있다."

둘째, 기계가 일터에서 부수적인 업무를 수행할 수 있게 됨에 따라, 인간은 특별한 가치를 추구하는 일에만 집중할 수 있고 전문화된 지식을 새로운 차원으로 끌어올릴 수 있도록 증강될 것이다. 우리가 이 글을 쓰는 지금 아마존은 '에코'를 발매해, 기존에 있던 애플의 시리와 마이크로소프트의 코타나를 비롯해 제품 수가 점차 늘어나고 있는 '지능형 개인비서' 시장에 뛰어들었다(이 책 서론에서 소개한 일정 관리자 '에이미'를 떠올려보라). 이런 도구들은 능력을 갈수록 키워나가며 지식노동자의 근무 시간에서 행정 잡무를 점점 덜어줄 것이다.

한때 비서가 하던 일을 처리하는 기계에 대한 의존도 증가는 새로운 현상이 아니다. 여행 준비는 이제 웹사이트를 통해 이루어지고 있으며, 이런 사이트에서는 선호하는 장소를 저장하고 옵션을 제안해준다. 음성 메일은 이제 메시지를 가져다 텍스트로 전환한다. 프레젠테이션도 파워포인트를 사용하면 쉽게 준비할 수 있다. 대기업에서 지출품의서를 아직도 손으로 작성하는 사람은 아무도 없다. 문제는 대부분의 기업이 비서의 시간 효용성을 높여 좀더 고차원의 업무에 집중할 수 있게 해주는 이런 유용한 도구들을 활용하지 않는다는 점이다. 그보다 무작정 비서직을 없애놓고는 남아 있는 잡무가 무엇이든 한때 비서의 도움을 받았던 사람들에게 떠안긴다. 제일 값비싼 재능을 값어치 없게 허비하는 것이다. 그렇다보니 우리가 아는 전문 직업인 그 누구도 특별히 증강된다는 느낌을 받지 못한다. 대신 높은 임금을 받는 근무시간의 일부를 굳이 능력이 없어도 할 수 있는 통상적인 저임금 노동에 할애하고 있다는 사실을 뼈저리게 실감할 뿐이다. 그들이 자신이 특히 잘하는 일, 고액의 연봉을 약속받았을 만큼 회사의 성공에 매우 중요한 활동에 들이는 시간은 점점 줄어든다. 결국 그들도 회사도 발전하지 못한다.

그러나 앞으로 어떤 변화가 일어나게 될지 생각해보자. 비서가 사라진 지 오래인 지금 행정 업무를 지원하는 툴킷이 조금만 더 개선돼도 개인의 생산성 제고에 실질적인 도움을 줄 수 있다. 예를 들어 지출내역을 알아서 작성해주는 자동화 시스템이 없었다면 아직도 그런 일에 시간을 허비하고 있을 것이다.

셋째, 미래에는 스마트 기기가 업무 간 연계를 촉진해 모든 사람의 일이 더 큰 프로젝트로 집중될 수 있게 해줄 것이다. 이는 어쩌면 가장 중요한 측면일 수도 있다. 그 극단적인 사례로 소프트웨어 개발회사 탑코더TopCoder는 고객이 의뢰한 IT 프로젝트를 잘게 잘라 전 세계에 흩어져 있는 개발자들에게 동시에 코드화 작업을 맡긴다(업무 품질을 높이기 위해 개발자들의 기여도를 평가해 그 결과를 회사의 '탑코더' 점수판에 기재한다). 신속하게 트랜스크립션[프로그램을 어떤 데이터 매체에서 다른 데이터 매체로 옮길 때 받는 쪽에 적합한 데이터 형식이나 부호 등으로 전환하는 것]을 해야 한다면 캐스팅워즈CastingWords라는 회사가 해결책을 제시한다. 이 제품은 오디오파일을 짧은 단위로 잘라 다수의 작업자들에게 전송한다. 누군가 실수를 하면 불일치가 일어나며, 각 부분이 모두 일치된 버전이 최종 트랜스크립트가 된다. 많은 손이 작업 속도를 높여준다. 마찬가지로 비영리단체 사마소스Samasource도 데이터 입력 업무를 개발도상국 사람들에게 보낸다. 몇 분이면 끝나는 이 하찮은 일과 얼마 안 되는 보수는 그곳 노동자들에게 경제적으로 큰 도움이 된다. 때로 이 일을 제대로 하지 못하는 사람이 있어 손해가 나기도 하지만 말이다.

이런 협업 메커니즘이 결합해내는 업무 대부분은 대량 상품의 성격을 띠지만, 다시 말해 최소한의 기술만 갖추고 있으면 누구나 수행할 수 있지만, 이러한 종류의 업무 구조는 틈새로 움직이는 사람들이 외부 하청업체에 적은 '거래비용'을 지불하고서 각자의 전문화된 재능을 더 큰 노력에 투입할 수 있게 해주기도 한다. 한편 최소한의 훈련만 받고 외부 위탁업무에 투입되는 사람들의 경우에도 이러한 메커니즘은 특정 유형의 업무에 대한 집중도를 높여 그 일에 특화될 수 있도록, 그리하여 전 세계에서 수요가 쇄도할 만큼 그 방면의 전문가로 알려질 수 있도록, 다시 말해 틈새로 움직이는 전략으로 앞서나갈 수 있도록 해준다.

한마디로 틈새에 선다는 것은 일의 살코기를 차지하는 것과 같다. 이 만족스러운 역할이 일의 정중앙에 위치한다면, 지루한 프로젝트 관리 업무는 그 위에, 역시 따분한 서류 작업과 기타 부수적 업무는 그 아래에 위치한다. 살아생전 세계 최고의 물리학자로 꼽혔던 리처드 파인먼Richard Feynman은 MIT 재직 시절 이 살코기를 저밀 수 있었다. 그는 위원회 가입, 입시 면접, 지원금 신청서 작성 등 대학 학과의 통상적인 행정 업무 수행을 일절 거절했다. 물론 이는 그가 노벨상 수상자였기에 가능한 일이었다. 그의 귀중한 시간을 이런 활동에 써야 한다고 감히 말할 사람이 아무도 없었던 것이다. 오늘날에는 다른 사람에 대해서도 그런 말을 하기가 점점 어려워지고 있다. 예를 들어 밀레니얼세대 노동자들은 대기업에서 일하고 싶지 않다며 혼자서 하는 프리랜서 일, 즉 틈새 업무를 선택하고 있다. 그들의 인식에는 대기업에서 일하는 사람들이 많아질수록 누군가는 그 많은 인원을 기계로 대체할 방도를 강구할 거라는 생각이 일부 깔려 있다. 그리고 일을 하면서 굳이 허드렛일까지 할 필요는 없다는 자각도 또 하나의 요인으로 작용한다.

동기 부여 또는
집착의 문제

우리가 볼 때 틈새로 움직이는 일을 감당할 수 있고 또 거기에 관심을 보이는 사람들이 점점 더 많아질 것이며, 그 기폭제는 우리가 지금까지 살펴본 기술적 지원과 경제학이 될 것으로 예상된다. 하지만 틈새로 움직이는 것이 미래의 직업적 선택을 전부 좌우할 거라고 생각했다면, 이 책의 다른 네 장에서 증강을 위한 다른 방법들을 논하지 않았을 것이다. 틈새에 서겠다는 결정을 내리는 데 큰 영향을 미치는 요인이 하나 더 있다. 바로 개인의 심리다. 어떤 사람은 좁은 일이 적성에 맞고, 어떤 사람은 그냥 맞지 않는다.

무엇보다도 틈새로 움직이는 사람들은 내적 동기가 강하다. 예를 들어 그들은 '마우탐'의 쥐 개체수의 역학관계에 대해 누구보다 잘 알고픈 욕심에 내셔널 지오그래픽 다큐멘터리에 출연할 수는 있지만, 리얼리티 프로그램 자체에는 마음이 끌리지 않는다. 다시 말해 명성을 추구하기 위해서라기보다 그 일을 하면서 정말 만족하기 때문에 하는 것이다. 틈새로 움직이는 사람들은 대개 대니얼 핑크Daniel Pink가 베스트셀러《드라이브Drive》에서 자세히 다룬 동기유발 기제를 타고난다. 즉 자율성, 목적, 숙달이다. 자기 일에 정말 빠져 있는 사람들은 노력의 방향과 속도를 스스로 결정한다. 이들을 움직이는 동인은 자신들이 하는 일이 보다 원대한 계획에 중요한 업적일 거라는 신념이다. 아울러 이들은 어려운 수수께끼를 풀 때, 자기 분야의 최고 전문가 자리에 오를 때 보람을 느낀다.

　아무리 간단하더라도 다른 사람은 그 누구도 알지 못하는 뭔가를 알았을 때의 특별한 기쁨을 꿈꾼다면, 틈새로 움직이는 직업을 선택할지도 모른다. 과학전문 작가 에드워드 돌닉Edward Dolnick은 《뉴턴의 시계The Clockwork Universe》에서 1929년 태양에너지의 융합반응을 주제로 선구적인 논문을 발표한 과학자 프리츠 후터만스Fritz Houtermans의 일화를 다음과 같이 소개한다. "그날 밤 일을 끝내고 그는 여자친구와 산책에 나섰다. 여자친구가 별이 참 아름답다며 감탄하자 후터만스는 가슴을 쑥 내밀며 의기양양하게 이렇게 말했다. '바로 이 몸이 어제부로 저게 왜 반짝이는지 알아냈지.'"[9]

　이 이야기는 틈새로 움직이는 사람들이 자만심이 강하다고 암시하는 듯하지만, 사실상 여러분은 방금 전까지도 그의 이름을 몰랐을 것이다. 후터만스 같은 사람들은 남을 신경 쓰지 않는다. 자기가 하는 일을 정말 이해하는 사람들에게 인정받는 것만으로도 충분하기 때문이다. 다만 행성들이 가지런히 정렬하는 보기 드문 현상 때문에 가설이 실제로 입증되면 갑자기 관심이 폭증하면서 이들은 대중의 스포트라이트를 받게 되는 것이다. 그리고 앤디 워홀Andy Warhol이 "누구나 15분이면 유명해질 수 있다"고 말했던 대로, 문제의 15분을 갖게 된다. 하지만 그 15분이 절대오지 않는다 해도 이들은 실망하지 않는다.

생각해보면 후터만스에게는 남다른 특징이 많았다. 무엇보다도 그는 스스로 사명을 부여할 만큼 자신만만했고, 그랬기에 지성사적인 의미에서 인간이 한 번도 가보지 못한 곳으로 당당히 걸어 들어갔다. 그는 내향적인 직업을 선택해, 터널효과라는 현상을 파고들면서 천체물리학에서 주계열성의 밝기를 계산했다. 이러한 성격 유형을 못마땅하게 여긴다면 오만한 내향주의자라고 불러도 상관없다.

하지만 좀더 너그럽게 표현하면 "순응하지 않는 사람"이라고 할 수 있다. 다큐멘터리 영화감독 에롤 모리스Errol Moris는 이런 유형의 사람들을 좋아한다. 대표작 중 하나인 〈빠르고 싸고 통제되지 않는Fast, Cheap, Out of Control〉에서 일을 하는 네 명의 일상을 따라다니며 인물을 탐구한다. 이들의 일은 모호하다는 점에서 적어도 1997년에는 기이해 보였다. 나무를 별난 모양으로 다듬는 정원사 조지 멘도사와 사자 조련사 데이브 후버, 벌거숭이두더지쥐 연구의 세계적인 권위자 레이 멘데즈와 (오늘날의 관점에서 보면 훨씬 덜 모호한) 자동로봇 발명가 로드니 브룩스가 그 네 명이다. 모리스는 각기 다른 방식으로 자연을 통제하는 이들에게서 어떤 연관성과 낭만주의를 본다. 아울러 자신의 일에 대한 강렬하고 순수한 열정을 발견한다.

조직의 창의성과 혁신을 연구하는 스탠퍼드 대학교의 밥 서턴Bob Sutton

도 학문적인 이유에서이긴 하지만 그런 사람들에게 관심이 많다. 조직의
코드를 더디게 습득한다는 이유로 그는 이들을 "느리게 배우는 사람들"
이라고 부르면서, 이 말이 칭찬의 의미라고 재빨리 지적한다. 왜냐하면
이들은 동료들에 비해 "'해야 할 것'과 '하지 말아야 할 것,' 즉 행동을 규
제하고 지배하면서 시간이 지나면 조직 구성원들의 영혼 깊숙이 침투하
는 규칙"에 덜 휘둘리기 때문이다. 이들의 이런 특징은 문제와 기회를
새로운 눈으로 볼 수 있게 해준다. 성격심리학의 연구 결과를 토대로 그
는 이들의 기본적인 특징 세 가지를 핵심으로 꼽는다. 먼저 창의적으로
생각하는 사람들은 여간해서는 '자기점검'을 하지 않는다. 다시 말해 행
동방식을 규정하는 사회적 신호에 둔감하다. 둘째, 동료들과 잘 어울리
지 않는다(리처드 파인먼은 서턴이 가장 좋아하는 본보기다). 셋째, 자존감이
매우 높다.

　오늘날 틈새로 움직이는 일을 선택하는 사람들은 대부분 이 세 가지
기준에 부합하지 않을까 싶다. 우리가 지금까지 살펴본 과학기술이 갈수
록 세력을 확장하며 점점 더 많은 사람들을 끌어들이게 될 테지만 이들
은 이런 추세를 단순히 따라잡는 것만으로는 만족하지 않을 것이다. 동기
심리학 측면에서, 나아가 인지 유형 측면에서 이들은 동료들과 다르다.

　바로 그 점에서, 그리고 이미 쥐에 이어 두더지쥐까지 나온 마당에 고
슴도치를 예찬하는 노래를 부르지 않을 수 없다. 우리는 지금 그리스 시
인 아르킬로코스Archilochos의 다음과 같은 시구에 영감을 받아 사색가를
두 가지 유형으로 분류한 아이제이어 벌린Isaiah Berlin에 대해 이야기하고
있다. "여우는 많은 것을 알지만 고슴도치는 한 가지 큰 것을 안다." 벌린
의 설명에 따르면 고슴도치형 사색가는 단일 사고구조라는 렌즈를 통해

세상을 바라보고 해석한다. 반면 여우형 사색가는 어느 한 가지 생각에만 몰아서 투자하지 않고 이것저것 다양하게 경험하며 끊임없이 새로운 뭔가를 추구한다. 틈새로 움직인다는 것은 고슴도치가 된다는 뜻이기도 하다. 스마트 기기의 세계에서도 이는 고용 안정을 유지하는 뛰어난 전략이 될 수 있다. 오래 한 우물만 파다보면 결국 물은 나오기 마련이다.

틈새 사람들과
틈새 사업

틈새로 움직이는 전문가, 프리랜서나 독립계약자의 삶은 언뜻 외로워 보일 수도 있다. 하지만 꼭 그런 것만도 아니다. 기업들이 이 사람들의 생산성을 높여주는 장비, 오늘날의 용어로는 플랫폼을 만들어낼 것이기 때문이다.

인기리에 방영되었던 텔레비전 시리즈 〈브레이킹 배드〉에서 생계를 위해 마약을 제조하는 화학교사인 주인공 월터 화이트는 어느 순간 목이 잘릴까봐 불안해할 필요가 없다고 생각하게 된다. 그의 뛰어난 화학 기술이 없으면 그를 고용한 사장의 메타암페타민 사업이 곤란을 겪게 되기 때문이다. 자신이 한 일을 평가해달라는 화이트의 주문에 동료 화학자는 존경스럽다는 듯 이렇게 말한다. "이 정도면 순도 96퍼센트는 되고도 남을 걸세. 96퍼센트면 여간해선 나오기 힘든 굉장한 숫자지. 그런데 이쪽 건 99퍼센트지 뭔가…… 3퍼센트 차이가 뭐 그리 대단한가 싶겠지만 실은 엄청난 차이거든." 다음 장면에서 화이트의 일거수일투족을 감시하는 젊은 경비원이 자기도 그 일을 잘할 수 있다고 우겨대자 화이트는 사장한테도 들리도록 일부러 큰 소리로 그 일에 숙달되려면 얼마나 힘든지 아느냐고 나무란다. 결국 목이 잘리는 쪽은 경비원이다(제목 그대로 '나쁜 놈이 깨진다').

전문화된 재능이 월터 화이트의 경우처럼 늘 유리하게 작용하는 것은 아니지만 지식기반 사업에서 그런 재능은 중요한 경쟁력으로 인식된다. 이런 추세는 앞으로 더욱 강화될 전망이다. 지식노동의 자동화가 계속 진행되고 있는데다 생각을 필요로 하는 일이 갈수록 상품으로 전환되고 있기 때문이다. 기업이 시장에서 경쟁자들과 차별화하려면, 특제 소스를 개발할 수 있어야 한다. 그리고 월터 화이트처럼 재능 있는 사람들이 계속 요리하게 하려면, 다른 데서는 구경하기 힘든 지적 묘기를 마음껏 펼쳐 보이게 하려면 아주 큰 인센티브를 제시해야 한다.

골드먼삭스Goldman Sachs는 그런 기업의 모범을 보여준다. 이 회사는 경기장 건립에 필요한 재원 조달에 관한 한 성사시키지 못한 계약이 한 건도 없을 만큼 그쪽 분야에서 강세를 보이고 있다. 바로 그레그 캐리 덕분이다. 〈블룸버그 비즈니스위크Bloomberg Business Week〉는 고객뿐만 아니라 비평가들도 만나 이야기를 들어본 뒤 그를 다음과 같이 평가했다. "그가 남다른 점은 다양한 팀과 지방정부 공무원들의 이해관계에 따른 갈등을 조정하며 프로젝트를 이끌어가는 능력이다. 많은 경우 그는 공공재정 부문의 잘 알려지지 않은 도구를 활용해 구단주가 저금리로 융자를 받거나, 세금폭탄을 피하거나, 보조금을 받을 수 있게 도와준다." 언뜻 들으면 그런 요인들을 백과사전처럼 줄줄이 꿰는 컴퓨터가 더 잘할 수 있는 일 같다. 하지만 그렇지 않다. 캐리의 설명을 빌리면 "이런 계약은 하나

하나가 전부 다르기 때문"이다.

캐리는 틈새로 움직이는 사람의 전형이며, 심지어 이 분야의 개척자라고도 할 수 있다. 그의 아버지는 지방채 전문 변호사였다. 그는 대학에서 경제학을 전공한 뒤 스미스바니Smith Barney에 입사했고, 이 회사는 나중에 시티그룹Citigroup에 인수되었다. 시티에서 그는 사회기반시설 부서를 맡게 되었는데, 1991년 뉴잉글랜드 패트리어츠 구단주 로버트 크래프트Robert Kraft가 그를 찾아와 폭스보로 경기장 재건축에 필요한 재원을 확보해달라고 부탁했다. 〈블룸버그 비즈니스위크〉의 보도에 따르면 그 계약은 "프로스포츠 경기장 건축사업을 바라보는 기존의 시각을 완전히 바꿔놓았을 뿐만 아니라…… 훗날 캐리의 특징으로 자리 잡게 되는 재무 기술을 확립해주었다."**10** (칙센트미하이가 말한 대로 창의성은 힘들게 얻은 전문지식에서 나오는 것 같다.)

하지만 그다음이 더 중요하다. 골드먼삭스가 그에게 스카웃 제의를 해온 것이다. 좁은 분야의 전문 직업인이 큰 명성을 얻을 경우 대부분 훈련의 토대가 돼준 직장을 그만두고 개인 사무실을 차린다. 처음엔 캐리도 그럴 생각이었다. 하지만 골드먼삭스라면 그런 생각을 접을 만한 가치가 있었다.

지식기반 사업의 경제학에서 변화를 깨달은 것은 골드먼삭스만이 아니다. 과거 틈새 사업에서 전문화된 서비스는 독립적일수록 가치가 있었지만, 이제 모기업에 속해 있을 때 더욱 큰 가치를 지닌다. 차별화된 전문지식은 개인에게도 필요하듯이 이제 기업에도 필요하다. 기업의 역량이 기계가 복제할 수 있는 지식의 힘에 기반하고 있다면 그 힘은 오래가지 못한다.

좁은 경로의
설정

___

이 장의 내용을 요약하면 틈새로 움직이는 전략은 앞으로 전망이 밝다. 특이한 관심사를 마음껏 좇을 수 있었다면 많은 사람들이 이 길을 선택했을 것이다. 지금까지는 교육 자원과 시장 효율성이 부족하다보니 성공하려면 다방면에 박식해야 했다. 하지만 오늘날, 그리고 앞으로 전문화의 경제는 더욱 잘 작동할 것이다. 기계와의 경주에서 어깨 너머를 흘깃거리고 있든 아니든 이는 사실이다. 틈새로 움직이는 전략은 그 경주에서 늘 한 발 앞서나가게 해준다는 이점도 있다.

적어도 이 장을 읽기 전에는 틈새로 움직이는 일을 선택하는 사람들은 컴퓨터를 멀리하는 사람들이라는 인상을 받았을지도 모르겠다. 하지만 실은 자동화 기술을 멀리하고 있을 뿐이다. 증강이라는 면에서 보면 그들은 컴퓨터와의 협업을 누구보다도 즐기고 있을지도 모른다. 그들이 보여주는 증강 가능성은 상호보완적인 성격을 띠며, 그런 만큼 엄청나게 매력적이다. 이제는 기계가 실험실 조수처럼, 과학자들이 이미 오래전에 익힌 측정과 계산 업무를 맡아 처리한다. 그 덕분에 과학자들은 한 차원 높은 발견을 내놓으며 그에 대해 아는 한 사람이 바로 자신이라는 지극히 인간적인 기쁨을 경험한다.

틈새로 움직이는 사람들은 영예를 좇지 않는 경향이 있다. 높은 수준의 내적 동기는 이들이 자기 분야에서 계속 앞으로 나아가게 해준다. 스마트 기기 시대에 이런 특징은 그 어느 때보다 중요하다. 훈련과 학습에 접근하는 방법, 전문가로서 스스로를 알리는 방법, 달갑지 않은 일은 가

급적 줄이는 방법에 대해서는 좀더 신중하게 생각해야 할지도 모른다. 무엇보다도 오랫동안 여러분을 사로잡을 수 있는 일을 선택해야 한다. 그래야 그 일에 전문가가 되고, 그래야 성공할 수 있기 때문이다.

틈새로 움직이는 사람들의
특징

다음과 같은 특징을 가지고 있다면 틈새로 움직이는 사람이 될 수 있다.

- 다른 사람들은 난해해하거나 곤혹스러워하는 주제에 관심이 많다.
- 오랫동안(1만 시간 정도) 이 주제를 붙잡고 씨름해왔다.
- 다양한 수단을 통해 자신의 전문지식을 외부에 알려왔다.
- 자신이 하는 일 가운데 중요한 측면을 넘겨받은 컴퓨터 시스템은 없다고 알고 있다.
- 지금의 전문지식을 주로 혼자 개발했다. 이를 가르쳐주는 교육기관이 없다.
- 지금 하고 있는 일에 대한 자료가 그리 많지 않다.
- 여러 분야의 직무에서 자신의 전문지식으로 돈을 벌 방법을 찾았다.

틈새로 움직이는 사람이 되려면 다음과 같은 경험 습득이 필요하다.

- 기본적인 자격증을 딴 다음 이를 바탕으로 지엽적인 분야에 도전한다.
- 관심 있는 분야를 계속 파고든다.
- 전문지식을 심화해줄 훈련 기회와 새로운 환경을 모색한다.
- 자신의 능력을 증강해줄 기술의 사용 기회를 늘린다.
- 자신과 똑같은 전문성을 채택하는 사람들이 얼마나 되는지 계속 주시하면서 전문성을 더욱 갈고 닦는다.

그렇다면 여러분은 다음과 같은 곳에 있을 가능성이 높다.

- 인터넷
- 소규모 사업체 또는 개인사업자
- 대규모 사업체의 작지만 수익성 높은 부서
- 어디든 상관없다!

8

앞으로
나아가기

앞으로 나아간다는 것은 세상의 나머지가 사용할 새로운 인지 과학기술 솔루션을 개발한다는 뜻이다. 아직은 그다지 큰 직업 범주가 아니지만 머잖아 그렇게 될 것이다. 이 범주에는 시스템을 개발하는 회사뿐만 아니라 소프트웨어 벤더도 포함된다. 거의 모든 소프트웨어 회사들, 그리고 다양한 로봇 제조사와 일반적인 회사들도 자동화·증강 시장에서 앞으로 나아갈 수 있게 도와줄 사람을 채용하려 할 것이다. 다시 말해 앞으로는 너나 할 것 없이 지식노동자의 지능 자동화에 사활을 걸 것으로 전망된다.

스마트 기기 벤더들의 채용률 급증만 놓고 봐도 앞으로의 고용 전망은 밝다. 예를 들어 IBM은 조만간 왓슨을 개발하는 데 2,000명, 왓슨헬스에 2,000명, 왓슨의 운영과 지원을 전담하는 컨설팅 사업에 2,000명을 추가로 채용할 계획이다. 요즘 같은 때 사람들을 그렇게 무더기로 고용하는 회사가 과연 몇이나 되겠는가? IBM은 왓슨 '생태계' 안에 있는 수많은 기업과 직원들과도 파트너십을 맺고 있으며, 앞으로 그런 관계를 더욱 넓혀나갈 예정이다. 우리가 이 글을 쓰고 있는 시점을 기준으로 IBM의 왓슨 관련 업무에만 다음과 같은 역할이 필요하다.

• 제품 관리자

- 배송 프로젝트 관리자
- 애플리케이션 및 플랫폼 시험 전문가
- 모바일 애플리케이션 및 플랫폼 전문가
- 소프트웨어 개발자
- 품질관리 엔지니어
- 왓슨헬스 텍스트 작성을 위한 의학자문
- 보안 및 네트워크 전문가
- 클라우드 개발 및 지원 전문가
- 생태계 기술 관리자
- 준법 감시자
- 성능평가 엔지니어
- (왓슨에 탑재될) '콘텐츠' 개발자

그 밖에도 많은 직무가 있다. 이런 종류의 기술을 가지고 있다면 이 공간에서 일자리를 찾기가 비교적 쉬울 것이다.

그 기술이 꼭 '인지 과학기술'이나 '인공지능' 또는 '비즈니스 애널리틱스'가 아니어도 상관없다. 실험물리학이나 비선형 추계학 모델을 전공하지 않았다고 해서 성급하게 이 책을 덮을 필요는 없다. 인지 소프트웨어를 비롯해 소프트웨어 벤더에는 새로운 알고리즘을 생성하거나 코딩하는 방법을 몰라도 되는 일이 수두룩하기 때문이다. 하지만 세부사항까지 몰라도 작동 원리를 안다면 소프트웨어 마케팅이나 판매에 도움이 되리라는 것은 분명하다.

이 장에서는 인지 과학기술 시스템 개발(수정)과 관련된 직업에 이어 그 일에 종사하는 사람들의 특징을 살펴볼 예정이다. 아울러 자동화 시스템이 인간의 요구에 부응하도록 하려면, 다시 말해 인간을 증강하도록 하려면 어떤 능력과 특성을 갖춰야 하는지에 대해서도 살펴보겠다.

앞으로 나아가는 직업의
종류

다양한 사람들이 사용하는 새로운 형태의 정보 시스템을 만들어내려면 수많은 역할이 필요하다. 바로 앞에서 살펴본 IBM 왓슨 관련 목록이 그 가운데 일부를 보여주긴 하지만 거기에는 과학기술에 정통하지 않아도 되는 역할도 많다. 여기서는 기술 지식이 필요한 역할과 그런 지식이 굳이 없어도 되는 역할을 살펴본 뒤 그 생생한 예 몇 가지를 소개하고자 한다.

프로그래머와 기타 IT 전문가

새로운 소프트웨어 개발과 관련된 일을 하고 싶다면 프로그램을 만들 수 있는 능력이 크게 도움이 된다. 과거에 '인공지능' 프로그래머라고 하면 (LISP와 프롤로그 같은) AI 지향 언어로 프로그램을 만드는 방법을 알아야 했다. 그러다 좀더 최근에는 (IBM의 ILOG와 페어아이작의 블레이즈 같은) 비즈니스 규칙 엔진으로 자동화 시스템을 개발하는 것이 흔한 방법이었다.

그런 직업은 여전히 존재하지만, 자동화 공간에서 소프트웨어를 개발하는 도구는 많이 바뀌었다. 이제 대부분의 개발은 (자바 같은) 범용 프로그래밍 언어와 (파이썬과 루비 같은) 스크립팅 언어를 통해 이루어진다. 이런 환경에서 프로그래머가 되려면 하둡, 맵/리듀스, 스톰, 카산드라, 하이브, 머하우트 같은 툴을 비롯해 빅데이터를 저장하고 처리하는 툴도 잘 다루어야 한다. 마지막으로 프로그래밍에 관심이 많다면 인공지능, 자연어처리, 기계학습, 딥러닝 중립 네트워크, 통계분석과 데이터 마이닝 같은 이 분야의 핵심 동향에 대해서도 많이 알고 있어야 한다.

컴퓨터과학과 프로그래밍에 대한 기초 지식이 있다면 이런 자동화 지향 도구들을 다루는 기술을 익혀 직업으로 삼을 수도 있다. 요즘은 이 분야와 관련된 온라인 강좌가 많이 있다. 예를 들어 스탠퍼드 교수들은 코세라Coursera와 유다시티Udacity 같은 온라인 교육업체와 손잡고 온라인 강좌를 개설해 기계학습, 자연어처리, 알고리즘, 로봇공학 등을 가르치고 있다.

그리고 앞에서 살펴본 왓슨 관련 직업 목록에서도 알 수 있듯이 프로그래밍 능력이 없어도 되는 IT 지향 직업 또한 많이 있다. 자동화·인지 시스템은 무엇보다도 중요한 컴퓨터 프로그램이다. 따라서 여타 프로그램처럼 프로젝트를 추진하고, 시험하고, 진행하고, 관리하고, 원활히 돌아가게 할 사람이 필요하다. 소프트웨어의 이런 부수적 측면을 다뤄본 경력이 있다면 자동화 소프트웨어와 관련된 비슷한 종류의 일에 도전해볼 만하다.

데이터과학자

2년 전 톰은 현재 백악관 과학기술정책 수석 데이터과학자로 있는 D.

J. 패틸D. J. Patil과 함께 데이터과학자는 '21세기의 가장 섹시한 직업'이라는 요지의 논문을 쓴 적이 있다.[1] 굳이 섹시하지 않아도 상관없었지만 이 일에 맞는 자격요건을 갖춘 사람을 찾기가 쉽지 않았다. 그 후 많은 미국 대학교가 데이터과학 석사 과정을 신설하면서 인력 부족이 조금 해소되었을지 몰라도 그때나 지금이나 사정은 크게 달라지지 않았다.

인지 시스템이 사용하는 데이터가 (숫자의 횡렬과 종렬이 아니라 음성이나 텍스트 또는 인간 게놈 기록처럼) 비구조적이거나 소스에서 추출해내기가 어려울수록 데이터과학자의 역할은 매우 중요하다. 몇몇 프로그래머처럼 이들도 하둡 같은 오픈소스 빅데이터 도구를 능숙하게 다룬다. 아울러 양적 모델링 기술이나 자연언어처리 기술도 보유하고 있을 확률이 높다.

그렇다면 결정 자동화 시스템 개발과 관련해 데이터과학자는 매일 어떤 일을 할까? 자동화 시스템은 대개 많은 데이터를 사용하기 때문에 데이터과학자는 여기저기 돌아다니며 그다음 외부 데이터 소스를 파악한다. 유망한 소스가 확인되고 나면, 데이터를 적절한 포맷으로 전환하고, 조직이 기존에 가지고 있는 데이터와 통합하는 방법을 결정한다. 또 알고리즘을 사용해 데이터에서 유의미한 단서를 추출하는 작업을 하기도 한다. 이 밖에 데이터과학자는 대개 컴퓨터 기술에도 뛰어나기 때문에 새로운 시스템 개발이나 수정에 참여하기도 한다.

페루 출신의 산드로 카탄사로Sandro Catanzaro는 보스턴에 본부를 둔 마케팅 자동화 소프트웨어 회사 데이터주DataXu의 공동 창립자이자 분석과 혁신을 담당하는 수석 부사장이다. 직책상 그는 회사에 필요한 활동을 관리할 뿐만 아니라 데이터과학을 담당한다(요즘은 이쪽의 업무 부담을 점차 줄어나고 있지만). 데이터주는 광고를 게재하기에 가장 효과적이고 효율적인 곳이 어딘지를 결정해 퍼블리셔의 웹사이트에 올리고 광고가 얼마나 효과적인지를 파악하는 디지털마케팅 결정의 자동화에 특히 주력한다. 이 회사가 이런 결정을 내리는 데는 대개 1초가 채 걸리지 않으며, 결정은 모두 데이터와 애널리틱스에 의거한다.

카탄사로는 아르헨티나 부에노스아이레스에서 기계공학을 공부하고 페루에서 소비재와 엔지니어링 관련 사업을 하다가 MIT에 입학해 경영학을 전공했다. 그 과정에서 그는 MIT 항공우주공학과에서도 학위를 따고 나사 본부에서 연구원으로 일했는데, 덕분에 로켓과학자 자격을 얻을 수 있었다. 졸업 후 그는 몇 년 동안 경영컨설턴트로 일하다 데이터주를 공동 창립했다. 데이터주 공동 창립자(이자 항공우주공학 박사이기도 한) 빌 시먼스Bill Simmons와 함께 일하며 카탄사로는 데이터주의 마케팅 결정을 전담하는 핵심 알고리즘을 개발했고, 지금도 팀과 함께 그 성능을 개선하는 작업을 계속해나가고 있다.

그런 의미에서 카탄사로는 위로 올라서는 역할과 앞으로 나아가는 역할을 동시에 소화하는 사람의 전형을 보여준다. 요즘은 알고리즘이나 시스템을 직접 개발하는 경우는 많지 않지만 그 두 가지 활동을 모두 감독한다.

일상적으로 카탄사로는 가장 먼저 팀 회의를 소집해 새로운 알고리즘의 개발 상황이나 기존 알고리즘의 개선 방안에 대해 논의한다. 이런 회의에서 그는 새로운 솔루션을 확대하거나 한계를 제거하는 방안과 관련해 팀원들에게 종종 조언을 제시하기도 한다. 이렇게 팀원들과 지내는 시간이 전체의 약 60퍼센트에 이른다. 그는 고객들과도 많은 시간을 보내는데, 일주일에 약 이틀쯤 된다. 그는 고객들의 새로운 요구사항을 듣고 이를 팀의 데이터과학 활동에 반영한다. 그리고 짬이 날 때마다 새로운 데이터과학자들을 면접해 채용하고, 데이터주의 다른 임원들과도 회의를 한다.

데이터과학자를 채용할 때면 카탄사로는 주로 세 가지 능력을 눈여겨보는데, 그중에 기술적인 것은 하나밖에 없다. 첫 번째는 빅데이터 과학기술과 통계 등에 얼마나 능숙한가 하는 '데이터과학 능력'이다. 그는 특정한 툴에 대한 지식보다 '가공되지 않은 마력,' 즉 새로운 툴을 익힐 수 있는 능력을 중시한다.

두 번째 특징은 비즈니스 감각, 즉 시장의 문제를 파악해 이를 데이터주의 수익 사업에 반영할 수 있는 능력이다. 카탄사로는 언제나 비즈니스 문제에서 출발해야 한다고, 그 문제를 해결해줄 과학기술과 데이터는 그다음이라고 생각한다.

마지막으로 카탄사로는 데이터과학자가 갖춰야 할 요건으로 관리와 융합 능력을 꼽는다. 그는 팀과 효율적으로 일하면서 조직에 득이 되는 결과를 끌어낼 수 있는 사람을 원한다. 아울러 그는 이 세 가지에 덧붙여 '날카로운 현실감각'을 중요하게 여긴다.

연구원

연구 업무가 주를 이루는 결정 자동화 시스템 분야는 비교적 최근에야 생겨났으며, 그런 만큼 지식수준을 끌어올리려면 누군가는 반드시 해야 하는 중요한 연구가 여전히 많다. 앞으로 나아가는 연구원들은 몇 가지 유형으로 나눌 수 있다. (주로 대학교의) 인공지능 관련 학과에서 기초 과학 연구를 하거나, (구글의 '딥러닝' 연구소 같은 기업 연구소에서) 범용 AI를 연구하거나, 비영리기관에서 응용 연구를 할 수도 있다.

종합병원과 의과대학에서 임상실험을 진행하는 의사들과 과학자들은 이 마지막 범주의 주요 사례이다. 이런 종류의 일은 대개 새로운 의약품과 의학장비에 적용되지만 더러 자동화 시스템과 연관될 때도 있다. 조지워싱턴 대학교 방사선과 교수 레이철 브렘Rachel Brem 박사는 수년간 유방암 발병 여부를 진단하는 자동화 시스템을 연구해왔다. 조지워싱턴 의대교수협회 유방영상학 분과장도 겸임하고 있는 그녀는 영상기술 벤더들과 긴밀히 협조하며 새로운 시스템을 개발하고 시험한다. 유방 병변의 컴퓨터 지원 검진computer-aided detection(CAD)을 주제로 다룬 그녀의 2007년도 논문은 2008년 식품의약청(FDA)이 그 기술을 승인하는 데 매우 중요한 역할을 담당했다.

브렘 박사는 유방암 감지에 영상장치를 이용하는 유방촬영술에 대해 인간이 진단하는 것을 적극 지지하지만 인간이 유방조영상을 판독할 때의 약점 또한 알고 있다. 그중 하나가 높은 위양성률이다. 위양성률이란 의심은 가지만 암성이 아닌 병변을 암성으로 오인해 2차촬영이나 심지어는 생체검사로까지 이어지는 비율을 말한다. 그녀는 CAD가 위양성률을 줄일 수 있다고 생각하며, 그래서 다양한 종류의 임상실험을 감독하며 그 가능성을 현실화할 수 있는 방안을 모색해왔다. 현재 그녀는 진단하기가 가장 까다롭다는 치밀유방 조직에 초음파 기반 CAD를 적용하는 실험을 진행하고 있다.

CAD에 관심을 갖게 된 이유가 무엇이냐는 우리의 질문에 브렘 박사는 의료실무에서도 그렇고 개인생활에서도 그렇고 새로운 과학기술에 관심이 많은 편이라고 대답했다. 그리고 그녀는 위양성률은 반드시 해결해야 할 아주 중요한 문제라고 생각한다. 그녀는 과학기술이 FDA의 승인을 몇 년 더 앞당겨준다고 믿기에 유방영상 시스템을 만드는 업체들과 긴밀하게 협력한다.

브렘은 CAD나 기타 인지도구가 방사선과 전문의를 대체할 것이라고는 보지 않는다. 이와 관련해 그녀는 그런 도구는 인간이 그냥 지나칠 수 있는 사소한 실수를 잡아내는 맞춤법검사 프로그램과 비슷하다고 말한다. 그녀는 인간 방사선과 전문의의 능력에 필적하는 스마트 기기는 아직 본 적이 없지만, 그렇다고 언젠가 나오지 말라는 법도 없다고 생각한다. 한편 방사선과 의사들에게는 자동 진단 시스템의 강점과 약점을 파악하는 것이 매우 중요한 만큼 그녀는 자신의 임상연구가 그런 이해를 높이는 데 도움이 되기를 희망한다.

제품 관리자

자동화 시스템은 소프트웨어 제품이며, 소프트웨어 제품은 제품 관리를 필요로 한다. 소프트웨어에서 제품 관리는 매우 중요한 기능이다. 소프트웨어가 고객들이 원하는 특징과 기능을 담아내도록, 나아가 필요한 속도와 품질을 갖추고 시장에 나오도록 해야 하기 때문이다. 또한 제품 관리자에게 잘 보고하지 않는 개인들을 설득하고 독려해야 할 때도 많기 때문에 제품 관리는 힘든 역할이 될 수 있다.

2장에서도 언급했지만 짐 로턴은 보스턴에 있는 '협동 로봇' 제조업체 리싱크 로보틱스의 제품과 마케팅을 담당하는 총괄책임자다. 리싱크를 설립해 이끌어나가고 있는 인물은 MIT 교수 출신의 로드니 브룩스

Rodney Brooks로, 그는 최고기술경영자 역할도 맡아 비전을 제시하고 연구를 책임진다. 고객이 로봇에 원하는 게 무엇인지 파악해 이를 제품 능력에 반영하는 것이 로턴의 일이다. 그는 로봇과 인간은 얼마든지 서로 협동할 수 있다고 굳게 믿는다. 최근에 출시된 백스터와 소여라는 귀여운 이름의 로봇을 비롯해 리싱크의 로봇 모델은 프로그래밍이 비교적 간단하다. 유도하는 사람이 먼저 동작을 보여주기만 하면 그대로 배운다. 대부분의 로봇과 달리 이 회사 로봇은 인간에게 위험을 제기하지도 않으며 따로 격리할 필요도 없다. 리싱크의 로봇은 천천히 움직일 뿐만 아니라 뭔가 예상치 못한 물체와 접촉하면 그 자리에서 바로 멈춘다.

　제품을 무사히 출시하는 것에 덧붙여 새로운 종류의 인지 기술에 대한 수요를 창출하는 것이 로턴의 임무다. 그러기 위해 그는 블로그 활동도 열심히 하고, 여기저기 강연도 많이 다니고, 고객들도 자주 방문한다. 새로운 종류의 로봇은 아직 생소하기 때문에 로턴은 그 로봇이 제조와 생산과정의 어디에 적합한지를 세상에 알리려고 열심히 뛰어다닌다.

　로턴은 대학에서 전자공학을 전공했지만 피아니스트를 직업으로 삼을 생각이었다. 그러다 우연한 기회에 MIT에서 신설한 '제조업 지도자 과정'에 등록하게 되었다. 미국 제조업에 활기를 불어넣을 차세대 지도자 양성이 목표였던 만큼 이 과정은 그 분야의 기술, 경영, 조직 전망을 집중적으로 다루었다. 그 뒤 로턴은 MIT에서 MBA 과정도 밟았다. 그러고 나서 휴렛패커드Hewlett-Packard의 제조부문에 이어 몇몇 스타트업에서 전자 상거래와 공급망 관리를 맡아 일했다. 지금도 그는 제조업에 활기를 불어넣으려고 애쓰고 있으며, 인간과 긴밀히 일한다는 점에서 백스터와 소여가 그런 노력에 일조할 수 있다고 굳게 믿는다.

마케터

마케팅은 자동화 시스템과 인지 과학기술에 특히 중요한 기능이다. 우선 많은 사람들이 이에 대해 잘 모르는데다, 그중 다수는 심지어 두려워하기 때문이다. 이 분야의 마케터는 이런 시스템의 존재를 알리고 그 작동 원리를 설명할 수 있어야 한다. 자동화 시스템의 기술적 세부사항까지 줄줄이 꿰고 있을 필요는 없지만, 이 시스템이 어떻게 작동하며 강점과 약점이 무엇인지는 숙지해야 한다. 물론 약점을 널리 공유할 필요는 없지만 말이다.

다니엘라 주인Daniela Zuin은 자동화 마케팅을 단적으로 보여주는 인물이다. 그녀는 런던에 살지만 뉴욕에 본부를 둔 IP소프트IP soft의 마케팅을 책임지고 있다. 이 회사는 IT 운영에 필요한 자동화 솔루션(IP센터)과 아멜리아라는 자동화된 가상 에이전트 '마법사'를 공급한다.

주인은 다양한 형태의 과학기술 서비스와 소프트웨어를 마케팅하는 역할을 두루 거치긴 했지만 고도의 기술을 가진 사람은 아니다. 그녀는 대학에서 영문학을 전공하고 가브리엘 가르시아 마르케스를 주제로 논문을 썼다. 그 뒤 이탈리아에서 영어를 가르치다 나중에 MBA 과정을 밟았다. 그러고 나서 액센추어와 EDS(Electronic Data Systems) 같은 시스템 통합 회사에서 일하다 2014년 초 IP소프트에 합류했다.

그녀가 자동화 소프트웨어와 IP소프트에 끌린 이유는 전에 하던 일은 통상적인 과학기술을 주로 다루었기 때문이다. 여기서 처음으로 그녀는 시장에 내다팔기에 정말 흥미롭고 혁신적인 제품을 만났다고 느꼈다.

IP소프트는 IT 운영 분야 15년 연혁을 가진 회사다. 이곳의 '가상 엔지니어'는 서버, 저장장치, 네트워크 제어장치 같은 다양한 형태의 IT 장치로부터 메시지를 전송받아 해석한다. 그리고 필요할 경우 행동을 취하거나 인간에게 필요한 상담 내용이 무엇인지 결정한다. 그러고 나서도 엔지니어는 인간에게 모든 정보를 빠짐없이 제공하면서 그 상황에 맞는 행동을 권유한다. 그런 점에서 이는 자동화 애플리케이션, 즉 IT 엔지니어라기보다 소프트웨어 기반 도우미에 더 가까워 보인다. 그러나 주인은 IT업계 사람들이 IP센터에 방해가 되거나 그 시행을 늦추는 예가 여전히 많다고 말한다.

아멜리아는 더욱 광범위한 과학기술로 다양한 환경에 걸쳐 인간과 컴퓨터의 상호작용을 뒤바꿔놓을 수 있는 잠재력을 지닌다. 아멜리아는 IP센터와 함께 일하지만 다양한 콜센터와 고객 지원 애플리케이션을 자동화(또는 증강)할 수도 있다. 그런 폭넓은 능력을 갖추고 있다니 정말 대단하지만 바로 그 때문에 마케팅이 쉽지가 않다. 가능성이 그야말로 무궁무진하다는 점을 고려할 때 아멜리아의 어떤 능력에 초점을 맞춰야 할지 파악하는 것이 주인의 임무 중 하나다. 아멜리아가 가장 잘하는 일이 뭔지 알아가면서 컨설팅 파트너와 협력해 각기 다른 산업과 사업의 요구에 맞게 이 시스템을 맞추는 것은 IP소프트 조직 전체에 중대한 문제이기도 하다.

마케터의 관점에서 볼 때 좀더 바람직한 고객과 환경이 있다. 마케터로서 그녀는 고객사의 비영업부문 비용을 줄여주기보다 전체 수익을 늘려주는 애플리케이션에 더 신경을 쓸 수밖에 없다. 운영의 효율성도 중요하지만 고객은 수익 증가에 더 관심이 많다.

특히 아멜리아의 경우 주인과 그 동료들은 잠재고객과도, 그리고 시장과도 자동화라는 주제에 대해 많은 소통을 해야 한다. 사람들의 편견 때문이다. 예를 들면 몇몇은 통제력을 잃을까봐 불안해한다. 그러나 주인은 아멜리아는 상호작용에 일관성이 있고 명령에 순응하기 때문에 프로세스에 대한 조직의 통제력이 오히려 증가할 것이라고 응수한다. 그런가 하면 특히 유럽의 몇몇 기업에서는 일자리에 미치는 파급효과나 그 여파에 대한 인식을 우려한다. 새로운 과학기술을 너무 일찍 도입하는 것은 아닌지 불안해하는 회사들도 적지 않다. 그런 두려움을 잠재우고 대화를 기회로 돌리는 것이 앞으로 나아가는 마케터의 일이다.

주인은 언론이 자동화의 부작용이 아니라 증강 가능성에 관심을 갖도록 하는 데 이미 어느 정도 성공했다. 예를 들어 영국 잡지 〈정보화 시대 _Information Age_〉는 "내가 아멜리아를 만난 날The Day I Met Amelia"이라는 기사에서 IP소프트 영국 지사장 리처드 월리Richard Warley를 다음과 같이 언급했다.

> '중간급' 지식노동자 업무의 20퍼센트를 소화할 수 있을 뿐만 아니라 반응시간을 많게는 4분에서 적게는 몇 초까지 줄일 수 있다고 알려지면서 아멜리아가 세계경제에 미치는 영향은 명백하다. 그러나 월리는 기계가 일자리를 대체하는 일은 없을 것이라고 주장한다. 그는 아멜리아 같은 AI는 일상의 잡무에서 인간을 해방해 고수준의 프로세스에 집중하게 해줄 것이라고 말한다.

주인과 IP소프트의 동료들에게는 고객과 시장이 자동화 소프트웨어가 제공하는 긍정적인 기회 쪽으로 움직이는 것보다 더 반가운 일도 없을 것이다. 이들은 기업들이 숙련된 직원들을 지루한 저숙련 업무(온종

일 고객들의 똑같은 질문에 대답하는 것 등)에서 해방해 좀더 수준 높은 기회를 줄 수 있는 가능성에 집중하기를 바란다. 예를 들어 이들은 고객을 정말 배려하는 기업이라면 고객이 도움을 청하기 전에 먼저 다가가 고객의 문제와 현안을 해결해줄 수 있어야 한다고 생각한다. 주인은 1차 자동화 물결이 몇몇 사람들을 비즈니스 프로세스에서 몰아낼 것임을 알지만, 2차 자동화 물결은 비즈니스 프로세스와 직무 설계의 재정립을 가져와 아멜리아와 IP센터 같은 과학기술을 최대한 활용하게 해주기를 희망한다. 간단히 말해 그녀는 자동화보다 증강을 추구하고 있다.

기업가

결정 자동화 소프트웨어 공간의 기업가도 다른 유형의 과학기술 기업가와 크게 다르지 않다. 그러나 이 공간에서 기업가는 반드시 필요한 존재다. 이런 시스템 분야에서 앞으로 나아가는 기업은 대부분 스타트업이며, 따라서 회사를 설립하고 이끌 기업가가 필요하다. 앞으로 기업가는 훨씬 많아질 것이다. 그런데 기업가에 대한 아이디어를 제공하기 위해 여기서 설명할 인물은 업계에 몸담은 지가 좀 되었다.

팀 에스테스Tim Estes는 젊은 CEO지만 예전만큼 젊지는 않다. 버지니아 대학교를 졸업하고 바로 디지털리즈닝이라는 회사를 차렸던 2000년에는 정말 젊었다. 대학 시절 그의 전공은 컴퓨터과학이나 기계공학이 아니라 철학이었다. 그랬다, 그는 플라톤과 비트겐슈타인을 공부했는데, 철학의 형식적이고 언어지향적 측면에 대해서도 탐구했다. 처음에 그는 학습하는 소프트웨어 개발에 관심을 가지고 엉뚱하게도 테네시 내슈빌에서 회사를 시작했다. 그러다 2001년 9·11 이후 워싱턴 D.C.의 몇몇 인사들에게 그랬듯이 그에게도 테러리스트와 잠재 테러리스트의 생각과 행동을 이해하려면 언어 분석이 매우 중요한 능력이라는 점이 분명해졌다. 언어와 범주화에 대한 배경지식과 더불어 이런 깨달음은 자연스레 회사가 나아갈 방향으로 자리 잡았다. 그리고 테러리스트들 사이에서 오가는 대화를 모조리 읽지 않고도 그들의 계획을 자세히 파악해야 한다는 미국 정보분석기관의 요구도 그에게 영감을 주었다.

에스테스의 회사는 2004년 미국 육군 정보부와 첫 계약을 체결한 데 이어 2010년에는 미국 정보당국의 전략적 투자회사인 인큐텔In-Q-Tel로부터 자금을 지원받았다. 에스테스는 고객의 신상이나 소프트웨어의 용도에 대해 일절 함구하지만, 인큐텔은 주로 정보기관에 도움이 되는 회사에 투자한다. 발간된 자료들은 디지털리즈닝 설립 후 처음 12년 동안 고객은 미국 정보산업뿐이었음을 암시한다.

그러나 2012년 들어 금융서비스 회사들이 이메일과 여타 소통수단으로 오가는 텍스트를 분석하면 어떤 직원이 증권거래법 위반, 시장 조작, 뇌물 수수 또는 알선 같은 사기죄를 저지르는지 쉽게 파악할 수 있다는 점에 주목하기 시작했다. 에스테스의 사업 방향은 테러리스트 조직의 악당들을 찾아내는 데서 대형 은행과 투자사의 악당들도 찾아내는 쪽으로 바뀌었다. 기본적으로 디지털리즈닝의 소프트웨어는 어떤 직원이 뭔가 나쁜 짓을 저지를 확률이 얼마나 되는지를 예측한다. 예를 들어 누가 공급자와 공짜 입장권에 대해 이야기하고 있다면 이는 뭔가 부적절한 일이 있다는 징조다. 예측되는 의심의 수준이 높으면 인간 보안요원이 개입해 좀더 심도 깊은 조사에 착수할 수도 있다.

디지털리즈닝은 현재 금융서비스와 의료를 비롯해 다양한 산업에 적용할 수 있는 다양한 유형의 '선제적 규정준수' 개발에 주력하고 있다. 이 회사는 성매매 목적의 소수자 인신매매 범죄를 예방하는 재단과도 일한다. 이 밖에 고객관계 관리와 금융시장 동향 파악 같은 좀더 기회지향적인 애플리케이션에도 관심을 쏟고 있다. 2015년 디지털리즈닝은 고객이기도 한 골드먼삭스와 크레디트 스위스Credit Suisse 같은 후원자들의 도움에 힘입어 2,400만 달러에 이르는 벤처 자금을 유치했다.

에스테스는 테러리즘 분쇄와 금융사기 근절에 관심이 많다. 그는 데이터와 애널리틱스와 인공지능 툴이 세상을 바꾸는 데 크게 기여할 것이라고 믿는다. 그는 회사 웹사이트를 통해 이런 자신의 열정을 전 직원에게 전파하려고 노력한다. "디지털리즈닝은 사람들이 '불가능'을 가능으로 만들겠다고 다짐하며 매일 일하러 오는 곳입니다. 신입사원에서부터 고참 소프트웨어 엔지니어에 이르기까지 우리에게는 우리가 하는 일에 대한 열정이 있으며, 그 열정은 전기처럼 우리 사무실 곳곳을 흘러다닙니다…… 우리는 인간의 대화를 전과는 완전히 다른 방식으로 읽고 이해할 수 있는 과학기술을 개발하고 있습니다."

컨설턴트

요즘 새로운 시스템 구축이나 설치를 계획하고 있는 회사라면 십중팔구 컨설턴트를 부를 것이다. 보험산업의 컨설턴트로 있으면서 수많은 자동 손해사정 시스템을 시행하며 수많은 손해사정사의 직업 궤도를 바꿔놓은 마이클 버나스키에 대해서는 앞에서 이미 살펴보았다. 오늘날에는 IBM의 왓슨처럼 고도의 능력을 갖춘 자동화 시스템이라도 이를 적용할 특정 산업과 결정 체계에 맞추려면 고도로 복잡한 주문제작 과정을 거쳐야 한다.

(적어도 보험업계의 규칙기반 시스템을 뛰어넘는) 자동화 시스템 컨설팅
은 비교적 최근에 생겨났지만 빠르게 성장하고 있는 분야다. 컨설팅 유
형 또한 몇 가지로 나눌 수 있다. 먼저 빅데이터와 분석지향 애플리케이
션 개발에 특화된 컨설팅 업무가 있다. 그런가 하면 특히 인도 아웃소싱
기업의 경우에서 볼 수 있듯이 이른바 '로보틱 프로세스 자동화'라는 일
상적인 비영업 업무 자동화에 초점을 맞추기도 한다. 한편 자동화 조치
를 어느 곳에 도입하는 게 적절한지 조언해주고 고객의 비즈니스 프로세
스와 결정에 적합하도록 시스템을 맞춤제작하는 일을 주로 하기도 한다.

딜로이트 컨설팅의 라지브 로난키Rajeev Ronanki가 하는 컨설팅 업무는
이 마지막 범주에 속한다. 로난키는 딜로이트의 인지 컴퓨팅 사업을 공
동으로 총괄하고 있다. 그와 동료들은 애널리틱스와 빅데이터뿐만 아니
라 다양한 종류의 인지 및 인공지능 시스템을 다룬다. 로난키는 IBM의
왓슨을 그 첫 상업 고객인 대형 건강보험사의 요구에 맞게 손질해 설치
하는 작업에 참여하기도 했다.

딜로이트에서 어떻게 지금의 지위에 오르게 되었느냐는 우리의 질문
에 라지브는 운이 좋았다며 이렇게 대답했다. "컴퓨터과학, 그중에서도
인공지능으로 석사 학위를 받았지만 당시만 해도 그쪽 분야의 컨설팅
일은 그리 많지 않았습니다. 그래서 여기저기 많이 옮겨 다녔지요. 그러
다 20년 뒤 IBM이 제 고객인 보험사에 왓슨 인게이지먼트를 팔지 않았
겠습니까. 그런데 왓슨을 보험사의 사전승인 절차에 따라 개조하려면 손
볼 곳이 한두 군데가 아니었어요. 바로 그때 바로 그 자리에 제가 있었던
거지요." 로난키는 인공지능의 르네상스를 꽃피운 공을 왓슨을 개발해

성공적인 마케팅 활동을 벌여온 IBM에 돌린다.

그는 인지 시스템을 놓고 고객과 일하는 과정은 크게 세 단계로 나뉜다고 말한다. 먼저 '인지 가치 평가'로 출발한다. 이 첫 단계에서 고객은 로난키와 그 동료들에게 인지 과학기술의 용이성 관점에서 바라봐야 할 비즈니스의 측면(프로세스나 소비자와의 접점)이 무엇인지 설명한다. 그러고 나면 다양한 변수들을 근거로 각각의 측면을 평가해 그 결과를 '열지도heat map'로 일목요연하게 정리한다. 변수에는 비즈니스 사례의 강점, 투자 수준과 예상 수익률, 기존 과학기술을 사용할 때의 편리성 등이 포함될 수 있다. 이 단계의 아웃풋은 비즈니스 사례와 접근법, 고수준의 솔루션 설계다. 인간이 자동화 이후의 환경에서 하게 될 일이 무엇일지 '위로 올라서는' 경영진과 함께 구상하는 작업도 이 단계에서 이루어진다.

로난키는 거의 모든 고객이 이 두 번째 단계에서 시제품을 사용해보고 싶어한다고 말한다. (적어도 고객 입장에서는) 과학기술이 낯선데다 전면 시행에 빨리 적응할 수 있을지 자신이 없기 때문이다. 시제품은 비즈니스 프로세스를 부분적으로 구현하거나 기능을 일부만 포함한다. 시제품이 나오기까지 대개 4~6개월이 걸린다.

컨설팅 프로젝트의 세 번째이자 마지막 단계에 이르면 시제품을 완제품으로 바꿔나가는 작업이 이루어진다. 구체적으로 말하면 시스템을 프로그래밍하고, 시스템을 통합해 데이터와 연결하고, '말뭉치corpus'(시스템이 학습하게 될 지식의 본체)를 정렬하고, 훈련용 데이터 세트로 시스템을 교육하고 시험한다. 이 세 번째 단계에서 로난키와 그 동료들은 비즈니스 프로세스를 이해하면서 시스템을 설정하고 다른 사용자들이 시스템에 적응할 수 있도록 도와주는 '슈퍼유저superuser'('파고드는 역할'의 다른 표현)와 함께 일한다. 로난키는 이 역할을 최고의 전문가와 가장 성공적인 프런트라인 리소스에 맡긴다. 그래야 시스템이 최고로부터 배울 수 있기 때문이다. 몇몇 경우 그런 슈퍼유저는 좀더 영구적인 파고드는 역할로 옮겨 시스템과 긴밀히 일하는가 하면, 다시 예전 일로 복귀하기도 한다.

딜로이트는 물론 다른 회사도 아직은 자동화 컨설턴트의 숫자가 그리 많지 않지만 그 수는 계속 늘어나고 있다. 로난키는 딜로이트에 입사하려면 다음 네 가지 기술 중 하나를 가지고 있어야 한다고 말한다.

- 기계학습 알고리즘을 개발하거나 적어도 개조할 수 있는 데이터과학 엔지니어
- 컴퓨터과학 전반에 대한 배경지식이 있는 대학 졸업자
- 인공지능에 대한 지식을 갖춘 사람(로난키는 이런 사람을 찾기가 특히 어렵다고 말한다)
- 하둡, 스파크, 인메모리 컴퓨팅 같은 '빅데이터' 기술을 갖춘 사람

로난키는 프로세스를 자동화하는 사업에는 기능적 측면 못지않게 비기술적 측면도 매우 중요하다고 말한다. 그러나 기술적 능력과 비기술적 능력을 함께 갖추기는 어렵다. 이와 관련해 로난키는 이렇게 말한다. "보험금 과다지급과 기계학습 양쪽 모두에 정통한 전문가를 찾는다면 더 바랄 나위가 없겠지만 그런 경우는 극히 드뭅니다." 딜로이트가 인지 시스템 분야의 변화를 관리하기 시작한 지는 얼마 안 되지만 로난키는 자동화 계획이 규모 면에서나 수치 면에서 갈수록 커지는 점으로 미루어

이 사업은 훨씬 확장되고 중요해질 것으로 전망한다. "그땐 사람 문제가
아주 크게 대두될 겁니다." 그의 말이다.

내부 자동화 지도자

스타트업과 컨설턴트만 자동화·증강 프로젝트를 개발하는 것은 아니
다. 내부 프로세스를 놓고 고심하는 회사들도 이런 프로젝트를 추진한
다. 몇몇 경우 '고전적' 인공지능을 도입하기도 하지만 그보다는 운영 시
스템에 분석적 의사결정 툴을 탑재하는 방법이 좀더 일반적이다.

6장에서 슈나이더의 트럭 운송사업이 얼마나 규모가 크고 복잡한지
살펴보았다. 아마도 이 회사의 집채만 한 주황색 트럭과 컨테이너를 한
번쯤은 본 적이 있을 것이다. 하지만 이 복잡한 사업을 관리하는 데이터
와 알고리즘과 규칙은 눈에 보이지 않는다.

트래비스 토런스가 사용하는 시스템(6장 참조)을 개발한 자히르 발라
포리아Zahir Balaporia는 슈나이더에서 18년 동안 이런 자동화 시스템을 개
발하는 데 중요한 역할을 했다(최근에 그곳을 떠나 지금은 FICO에서 같은
일을 하고 있다). 슈나이더에서 그의 마지막 직책은 선진화 계획 수립과
결정 과학을 총괄하는 책임자였다. 슈나이더에서 그는 엔지니어링, 과학
기술, 프로세스 개선 쪽에서 다른 역할도 많이 맡았지만 오랜 세월 동안
그의 주된 목표는 언제나 회사에 필요한 효율적이고 능률적인 운영 시
스템 개발이었다.

발라포리아(그의 동료들은 그를 그냥 'Z'라고 부른다)는 컴퓨터공학 학사
학위와 산업공학 석사 학위를 가지고 있으며, 지금도 시스템역학 석사
과정을 밟고 있다. 하지만 그는 완전한 괴짜는 아니다. 그는 자동화 '시

스템'은 사람과 프로세스와 컴퓨터로 이루어지며, 일이 잘 돌아가려면 다인용 자전거를 타듯 모두가 손발을 맞춰야 한다는 것을 안다. 물론 증강 시스템도 마찬가지다.

발라포리아 팀이 개발한 시스템 중에서 가장 복잡한 자동화 시스템은 단거리 최적화 프로그램(SHO)이다. 앞에서도 언급했듯이 SHO는 트래비스 토런스가 슈나이더의 트럭 기사들과 종종 대도시의 철도 램프에서 대기중인 컨테이너 화물을 연결할 때 사용하는 바로 그 시스템이다. 트럭 기사는 하루에도 몇 차례씩 고객과 철도 램프를 오가며 컨테이너를 수거해 배달한다. 몇몇 도시에서는 이 '짐마차 운반drayage' 활동에 매일 수백 명의 기사가 달라붙어 500개가 넘는 컨테이너를 수거해 배달하기도 한다. 발라포리아는 팀원들과 함께 기사의 생산성은 최대화하고 슈나이더가 부담하는 비용은 최소화하는 자동 최적화 프로그램을 개발했다. 이는 '집합분할 공식과 열생성 휴리스틱set-partitioning fomulation and column-generation heuristics'을 사용하는 복잡한 시스템이지만, 아무리 정교한 수학 기술이라도 할 수 없는 일이 있다. 시스템의 권고사항을 주시하면서 때로 무시하기도 하는 토런스 같은 '운송 분석가'를 비롯해 프로세스에서 차지하는 인간의 비중은 여전히 중요하다.

발라포리아는 이 복잡한 의사결정을 최대한 자동화하려고 노력하지만 인간이 언제고 곧 그림에서 사라지리라고는 생각지 않는다. 데이터와 모델은 늘 개선이 필요하기 때문이다. 더욱이 슈나이더에 있을 때 그와 그의 팀은 자동화 시스템에 끊임없이 새로운 능력을 추가해야 했다. 다시 말해 도시마다 다른 규정과 벌금, 교통상황, 날씨 등의 정보를 계속 보충해야 했다. 인간의 능력을 증강할 필요가 슈나이더만큼 급증하는 곳은 없을 것이다. 그러나 자동화 요구도 없어지지 않을 것이다. 그는 슈나이더에 재직할 당시 우리에게 이런 말을 했다. "일을 하다보면 증강, 그러니까 스마트한 인간과 스마트한 기계의 결합이 자동화보다 훨씬 더 실용적인 접근법이라는 결론에 이를 때가 많습니다. SHO만 해도 우리 팀의 원래 전략은 자동화 전략이었습니다. 그런데 시행에 들어가 운송 분석가들과 긴밀히 일하면서 운영상의 세부사항과 데이터 품질 문제를 좀더 자세히 파악하게 됐지요. 그런 세부사항들을 이해하고 나니까 증강 접근법을 추구하기가 한결 수월해졌습니다. 하지만 우리는 자동화 계획을 계속 추진해나갈 예정이며, 우리가 추진하는 자동화는 운송 분석가가 좀더 광범위한 문제에 집중할 수 있게 해줄 겁니다."

앞으로 나아가는 직업의
의미

이런 자동화 고용 기회의 확립과 증가는 많은 일자리를 창출할 것이다. 물론 그중에는 고도의 전문기술이 필요하지 않은 일자리도 있을 것이다. 일자리가 얼마나 더 늘어날지는 아무도 모른다. 앞으로 나아가는 범주가 자동화 때문에 사라진 일자리를 모두 대체하지는 못하겠지만 이 범주는 급성장하고 있는 과학기술 경제의 중요한 일부가 될 것이다. 이와 관련해 〈포브스Forbes〉 칼럼니스트 길 프레스Gil Press는 자동화의 파급 효과를 다룬 존 다이볼드John Diebold의 1963년 논문을 근거 자료로 제시하면서 낙관적인 견해를 펼친다. 다이볼드는 반복적인 업무는 어느 정도

자동화가 예상되지만 그 수준에서 그칠 것으로 내다보았다. "문서작업
과 통계분석 같은 특정 기능은 기계가 수행하게 될 것이다. 그러나 완전
히 자동화되는 사무실은 거의 없을 것이다. 전화나 서신 응대 같은 일상
업무의 상당 부분은 인간이 처리해야 할 것이다."[2]

프레스는 (우리가 좋아하는 용어를 사용해) 다음과 같이 논평한다. "'자
동화'라는 용어를 세상에 널리 알린 책이 출간되고 나서 2년 뒤인 1954
년, 당시 스물여덟 살이었던 다이볼드는 차세대 컴퓨터를 개발하기보다
사업체를 상대로 이 새로운 과학기술을 채택하는 방법을 조언하는 최초
의 컨설팅회사 중 하나를 설립해 '앞으로 나아갔다.' 완전히 새로운 산업
과 완전히 새로운 유형의 지식노동자들이 그의 길을 따랐다. '자동화'는
수많은 신규 일자리를 창출해왔으며 로봇이 컨설팅, 서비스, 업무 지원,
관측, 회계, 면담, 분석, 조사, 마케팅, 판매 등의 분야에서 훨씬 더 많은
지식노동자의 일자리를 창출하지 말라는 법도 없다." 이 점에 관한 한
우리는 물론 길 프레스가 옳다고 생각한다.

앞으로 나아가는 직업 시장의 크기가 정확히 얼마나 될지는 아무도
예측할 수 없지만 대부분의 사람들이 그 존재조차 모른다는 점에서 당
분간은 경쟁이 그리 치열하지 않을 전망이다. 이제 막 싹트기 시작한 이
산업에서 일자리를 찾고 싶다면 우리가 지금까지 살펴본 범주 중 하나
를 선택하거나 곧 생겨날 가능성이 높은 또 다른 범주를 고려해보는 게
좋다. 그런 다음 세상이 앞으로 나아가는 것을 돕는 데 꼭 필요한 기술들
을 갖춰나가기 바란다.

앞으로 나아가는 사람들은
시간을 어떻게 보내고 있을까?

앞으로 나아가는 사람들이 시간과 노력을 어디에 쓰는지 알아두면, 자동화와 증강 시스템이 가져오는 효과는 무엇이며, 또 이 영역에서 일하는 사람들의 특징은 무엇인지를 파악하게 될 것이다. 자동화 시스템은 저마다 조금씩 다르긴 하지만, 그런 시스템을 개발하는 사람들과 주도적 사용자들이 다루는 프로젝트에는 몇 가지 공통점이 있다.

비즈니스 사용자를 위한 유용성과 명료성을 제고한다

지금까지 자동화 시스템의 가장 큰 문제는 이해하고 수정하기가 어렵다는 점이었다. 이런 시스템은 때로 '블랙박스'와도 같아서 인풋이 들어가면 아웃풋이 나오지만 시스템이 왜 하필 그런 대답이나 결정을 내놓는지는 명확하지 않았다. 이런 시스템을 사용하는 사람들은 이 블랙박스에 점차 불만을 갖게 되었다. 그 안에 무엇이 들어갔는지 모르고서는 결과를 신뢰할 수 없다. 신뢰하지 못한다면 중요한 결정을 맡길 수 없다. 다루고 있는 시스템을 이해하지도 바꾸지도 못한다면 그 안으로 파고들어 인지 과학기술과 더불어 일하기가 매우 어렵다.

이런 종류의 명료성을 가능하게 해준 첫 번째 유형의 시스템은 보험업계의 규칙기반 시스템이었다. 벤더와 컨설턴트가 고객을 대신해 이런 시스템을 시행했는데 시간이 지나면서 보험회사들은 더 나은 결과를 얻기 위해 규칙을 이해하고 바꿀 수 있기를 원했다. 오늘날 그런 시스템을 사용하는 대부분의 회사에선 벤더나 컨설턴트의 도움 없이도 손해사정사와 보험계리사가 영어 같은 언어와 그래픽 결정 경로로 시스템을 감시하고 바꾼다. 보험업계의 규칙기반 손해사정은 초창기의 재해·상해 보험에서 의료·생명보험 같은 새로운 분야로까지 확대되었다.

명료성과 사용 편리성이 증가하고 있는 자동화의 또 다른 영역은 로봇공학이다. 리싱크 로보틱스라는 회사(그리고 그곳 제품 및 마케팅 책임자 짐 로턴)에 대해서는 이 장 앞부분에서 이미 살펴보았다. 리싱크 로보틱스를 비롯한 몇몇 회사는 인간과 로봇이 서로 사이좋게 일할 수 있는 '협동 로봇' 쪽에 주력한다. 전통적인 로봇의 경우 동작과 행동 패턴을 바꾸려면 복잡한 프로그래밍 언어를 바꿔야 하는 데 비해, 협동 로봇은 원하는 동작을 로봇에게 보여주기만 하면 된다. 다시 말해 시각적 유저 인터페이스를 통해 로봇의 소프트웨어를 바꿀 수 있다. 협동 로봇은 천천히 움직이는데다 뭔가에 접촉하면 바로 작동을 멈추기 때문에 같이 일해도 위험하지 않을 뿐만 아니라 인간에게 미칠 피해를 예방하기 위해 따로 격리할 필요도 없다.

세 번째 유형의 명료성은 자동화 프로세스 전체를 통제하고 싶어하는 위로 올라서는 경영진에게 적합하다. 산드로 카탄사로가 공동 설립한 디지털마케팅 자동화 회사 데이터주의 제품 담당 수석 부사장 에런 케츨리Aaron Kechley는 우리와 만난 자리에서 자사 시스템은 단일 디지털마케팅 캠페인 안에서만 수천 가지 변화를 권고할 수 있다고 말했다. 이 회사는 '변화를 수용한다'고 말하는 고객들의 편의를 위해 버튼만 클릭하면 되는 시스템을 만들었지만, 고객이 원할 경우 어떤 변화가 일어나고 있는지 볼 수 있는 능력도 부여한다(말 그대로 시스템은 변화가 일어나는 과정을 시각적으로 보여준다). 그 결과 대부분의 사람들이 곧바로 변화를 받아들이며, 실제로는 시각화를 사용하지 않거나 세세한 결정 과정에 참여하지 않을 수도 있지만 마음만 먹으면 언제든 그럴 수 있다는 느낌을 좋아한다.

하지만 안타깝게도 다른 자동화 시스템은 보험업계의 규칙기반 시스템이나 협동 로봇 또는 디지털마케팅처럼 명료하지가 않고, 바꾸기도 쉽지 않다. 몇몇 기계학습 알고리즘은 본질적으로 복잡하며, 따라서 이해하기도 수정하기도 쉽지가 않다. 그럼에도 MIT의 신시아 루딘Cynthia Rudin 같은 몇몇 학자들이 나서서 이런 능력을 줄기차게 요구해왔다.[3] 몇몇 언어지향 시스템은 각기 다른 용어가 서로 연관성을 찾아나가는 과정뿐만 아니라 사용자 질문을 시스템의 구조에 맞게 잘게 쪼개는 과정까지도 시각적으로 보여준다. 특히 IBM의 왓슨 같은 시스템은 대답이나 결정, 진단의 정확도를 백분율로 환산해 보여주기도 한다. 디지털리즈닝 같은 벤더 또한 자동화 시스템의 정확성을 개선해주는 교육용 데이터를 사용해 벤더나 컨설턴트를 굳이 부르지 않아도 사용자 스스로 새로운 데이터 세트를 익히는 일이 가능해지도록 하고 있다. 명료성을 높여주는 이런 보조 장치들은 때로 해석하기가 어려울 수도 있지만 올바른 방향으로 나아가고 있다.

방법론 기반을 확대한다

2장에서도 살펴보았듯이 결정 자동화에 사용되는 과학기술은 일반적으로 매우 협소할 뿐만 아니라 한 종류의 인공지능 소프트웨어에 의존한다. 그러나 현재 몇몇 벤더들이 다양한 접근법을 좀더 광범위한 인공지능 '플랫폼'에 통합해 넣기 위해 노력하고 있다. IBM, 코그니티브 스케일, SAS, 팁코Tibco 같은 벤더들은 솔루션에 새로운 인지 기능을 추가해 넣고 있다. 딜로이트는 IBM과 코그니티브 스케일 같은 회사들과 손잡고 단일 애플리케이션뿐만 아니라 광범위한 '지능 자동화 플랫폼Intelligent Automation Platform'을 개발하고 있다.

이런 종류의 통합에서 진전이 이루어진다고 해도 전지전능한 '인공일반지능'이나 2장에서 살펴본 '강인공지능'이 나오려면 아직 한참 멀었다. 물론 언젠가는 나오겠지만 금방은 아니다. 그렇더라도 도구와 방법론의 이런 단기적인 결합은 자동화 솔루션을 훨씬 더 유용하게 만들어줄 것이다.

똑같은 툴의 애플리케이션을 확대한다

앞으로 나아가는 조직은 기술 영역을 확장할 뿐 아니라 기존의 과학기술을 사용해 다양한 종류의 산업과 사업에 필요한 기능을 선보인다. IBM이 대표적이다. IBM은 왓슨을 의료 진단, 보험 승인, 기술 지원, 쇼핑 애플리케이션, 신약 개발 등의 다양한 영역에 적용하고 있다. 왓슨에 들어가는 기본 과학기술은 텍스트 소화와 이해와 논리적 추론이며, 이는 어디에나 광범위하게 적용할 수 있다. 그러나 왓슨의 고객들은 시스템이 새로운 전문용어와 현안을 익히는 데 걸리는 시간을 너무 적게 잡기도 한다.

자사가 개발한 과학기술을 새로운 영역에 적용하고 있는 몇몇 회사들에 대해서는 이 장 앞부분에서 이미 살펴보았다. 디지털리즈닝은 원래는 잠재 테러리스트들의 대화를 분석하는 데 사용하던 과학기술을 금융서비스 회사 직원들의 규제준수를 연구하는 쪽으로 전환한 데 이어 인신

매매 방지와 투자기회 이해 쪽으로 돌리고 있다. 데이터주는 디지털마케팅 자동화 소프트웨어를 비디오 광고 구매에 적용하고 있다. IP소프트는 질의응답 능력을 IT 관리에서 아웃바운드 고객을 겨냥한 고객서비스 쪽으로 옮기고 있다.

이처럼 분야를 넘나드는 움직임은 이 회사들에 수익 증가 기회를 제공한다. 그러나 다양한 애플리케이션의 토대가 되는 기초 과학기술의 개선에서는 멀어질 수도 있다. 이 밖에도 시스템을 새로운 애플리케이션에 맞게 제작하는 데 필요한 새로운 분야의 전문지식을 찾는 일 또한 쉽지 않을 수 있다.

결과를 보고하고 제시한다

앞으로 나아가는 사람들, 특히 자동화 소프트웨어 벤더들의 이야기에서 뜻밖이었던 사실은 시스템이 거두고 있는 성과를 조금이라도 더 돋보이게 하려고 보고서 작성에 공을 들인다는 말이 너무 자주 나오는 것이었다. 그런데 지금 생각해보면 그리 놀랄 일은 아니었지 싶다. 회사가 자동화 솔루션에 많은 돈과 에너지를 쏟고 있다면 과연 그만한 금전적 가치를 얻고 있는지 알고 싶어하는 게 당연하다.

예를 들어 온디맨드on-demand 방식 렌터카회사 집카의 회원유치 부서 부사장 앤드루 데일리를 떠올려보자. 4장에서 우리는 그를 위로 올라서는 실무자로 분류했다. 앤드루는 자동화 프로그래매틱 구매를 사용해 디지털 광고를 매일 대량으로 사들인다. 그 장에서 우리는 집카가 스물여섯 군데의 시장을 보유하고 있으며, 시장마다 예산 규모가 각기 다르다고 쓴 바 있다. 그는 "매달 말이면 시장마다 일일이 돌면서 성과 보고를 해야"한다. 이는 다양한 사람들의 입맛에 맞게 다양한 방법으로 얇게 저미거나 깍둑썰기를 해야 하는 보고서가 많다는 뜻이다.

데이터주의 에런 케슬리는 보고 방식의 개선이 벌써 몇 년째 회사 중대 사안으로 자리 잡고 있다고 말했다. 그의 말을 직접 들어보자. "우리도 힘들게 안 사실인데, 사람들이 보고서에서 무엇을 원할지 미리 단정 지어서는 안 됩니다. 사람들마다 정보를 처리하는 방식이 각기 다르니까요." 그래서 데이터주는 새로운 재무지표, 고객 대시보드, 맞춤형 보고서 같은 최신 '비즈니스 인텔리전스' 도구에 많이 투자한다.

실제로 요즘 데이터주의 주력상품 중 하나는 마케터들이 디지털 광고가 효과가 있는지 없는지 직접 확인할 수 있게 해주는 툴이다. 보고의 차원을 뛰어넘는 이런 접근법은 한동안 전통적인 통계분석과 병행해 사용되었다. 하지만 현재 데이터주는 엄격한 규칙을 적용한 소규모 실험을 빈번하게 실시해 광고나 판촉활동이 효과가 있는지 알아보는 방법을 찾아냈다. 광고를 받아보는 사람이 있으면 수신하지 않는 사람도 있기 마련인데, 이를 통해 광고나 판촉활동이 온라인 판매에 어떤 영향을 미치는지 쉽게 확인할 수 있다.

작업 흐름에 자동화 기능을 통합한다

마이크로소프트의 밥을 기억하는가? 밥은 일하는 데 오히려 방해만 되는 것처럼 보이는 참견쟁이 '마법사'였다. 디지털리즈닝의 제품 책임자 마튼 덴 해링Marten den Haring은 제2의 밥을 만들지도 모른다는 불안감이 사용자의 작업 흐름에 적합한 제품을 개발하는 원동력으로 작용해왔다고 말했다. "우리는 공격하거나 침범하려는 것이 아닙니다. 우리 도구가 사용하기도 쉽고 분별력 있게 사람들을 돕는다면 사람들이 우리 시스템을 채택해 거기서 가치를 끌어낼 확률이 훨씬 더 높아질 겁니다."

사용자의 작업 흐름에 적합해야 한다는 이러한 기준은 사용자가 어떤 일을 하든 상관없이 매우 중요하다. UPS는 자동 경로지정 알고리즘에, ORION은 운전자의 업무에 맞추기 위해 열심히 노력한다. 슈나이더 내셔널은 많은 시행착오 끝에 운송 시스템을 운송 애널리틱스에 맞게 조정할 수 있었다. 법률과 의료 기능의 자동화에 주력하는 회사들은 잠재 사용자, 곧 변호사들과 의사들이 높은 연봉과 IQ에도 불구하고(또는 바로 그 때문에) 변화에 강하게 저항한다고 보고한다.

장담하건대 미래에는 다양한 형태의 비즈니스 트랜잭션 시스템에 맞춘 자동결정 기능을 보게 될 것이다. 기업의 전사적자원관리enterprise resource planning(ERP) 시스템은 특정 고객이 할인이나 특급배송 혜택을 누릴 자격이 있는지 여부를 자동으로 결정할 것이다. 온라인으로 입사지원서를 받는 시스템은 특정 지원자가 면접을 볼 자격이 있는지 여부를 자동으로 결정할 것이다. 심지어는 대학 입학 지원의 성공 여부를 그 자리에서 바로 자동으로 알 수 있을지도 모른다. IT 리서치기업 가트너의 지적대로 "도처에 있는 보이지 않는 고도의" 애널리틱스 및 시스템 지능이 우리의 시스템과 비즈니스 프로세스 전체에 걸쳐 점점 더 많아질 것이다.

새로운 데이터 소스를 추가한다

확실하게 내기할 수 있는 것은 쉽게 얻을 수 있는 새로운 소스를 앞으로는 언제나 더욱 쉽게 얻을 수 있게 되리라는 것이다. 앞으로 나아가는 조직의 일원이라면 새로운 데이터 소스를 결정 자동화 시스템에 통합해 넣는 일을 하게 될 것이다.

산업을 지정하면 스마트 기기에 포함할 수 있는 새로운 데이터 소스를 말해줄 수도 있다. 예를 들어 보험업계는 재해·상해 손해사정 시스템에 위성 영상과 지형이나 공간에 대한 자료를 신속하게 추가하고 있다. 이제 보험회사 직원들은 주차장 크기나 집 근처 숲의 존재를 확인하려고 수고스럽게 잠재고객의 거주지까지 차를 몰고 갈 필요가 더는 없다. 그런 정보는 자동탐지기를 써서 원격으로도 얼마든지 확인할 수 있기 때문이다. 고객이 투자한 금융자산에 관한 정보 파악에 제한을 받았던 금융자문회사들은 이제 고객의 우편번호로 평균자산에 대한 온라인 정보를 얻을 수 있고, 또는 (고객의 허락이 있을 경우) 고객의 다른 투자계정이나 은행계좌로 정보에 접근할 수 있다. 의료업계와 보험업계는 우리가 무슨 약을 복용하고 있으며, 어제는 얼마나 걸었는지 간단히 확인할 수 있다. 심지어는 우리가 아침으로 뭘 먹었는지까지 알아낼 수 있는 날이 머잖은 듯하다(인스타그램에 사진을 올리기만 한다면). 그런가 하면 자동차 보험회사는 우리가 얼마나 많은 거리를 운전하며 주행속도는 얼마나 빠른지, 하루 중 언제 운전을 하는지도, 아직은 아니지만 곧 알게 될 것이다.

물론 이런 데이터 소스는 더러 사생활 침해 문제를 제기할 수도 있다. 그러나 많은 경우 고객정보는 '옵트인opt-in'[당사자가 개인 데이터 수집을 허용하기 전에는 이를 금지하는 제도]이 적용될 것이므로, 고객은 할인이나 관련 정보를 대가로 정보를 제공할 것이다. 자동차 보험회사 프로그레시브Progressive와 대부업체 캐비지Kabbage 같은 기업들은 고객의 동의 아래 이

미 이런 종류의 거래를 시작했다. 프라이버시를 유지하고 싶어하는 개인
들과 사업체는 갈수록 선택에 직면하게 될 것이다. 즉 프라이버시를 포
기하든지, 아니면 세상 사람들에게 계속 비밀을 유지하기 위해 비용을
더 들이든지.

수학에 공을 들인다

우리가 인터뷰한 기업 대다수가 새로운 AI 도구와 방법론, 기존 시스
템의 새로운 애플리케이션에만 관심을 쏟는 것은 아니라고 말한다. 이들
은 고객을 대신해 결정을 내리는 알고리즘과 모델을 개선하고 조율하는
데도 공을 들인다. 그러려면 기계학습을 통한 모델링 자동화가 필요하
다. 기계가 모델링 작업을 하면 모델이 훨씬 더 다양해지고 섬세해진다.
예를 들어 데이터주 같은 디지털마케팅 회사의 경우 어떤 디지털 광고
또는 비디오 광고를 어떤 사이트에 올려야 할지 결정하기 위해 일주일
에 수천 개의 모델이 필요할 때도 있다. 언어처리에 주력하는 데이터주
같은 회사에서는 언어를 소화하고 해석하는 모델이 여전히 빠른 속도로
진화하고 있다. 이런 회사들은 연구 논문을 예의 주시하면서 자사 모델
을 새롭게 개선하는 데 도움이 될 새로운 수학 천재를 수시로 기용하고
있다.

물론 한층 강화된 수학과 통계의 정교화는 비즈니스 사용자를 위한
수정 가능성과 명료성 제고라는 목표에 위배될 수도 있다. 어느 한 종류
의 블랙박스에 겨우 익숙해졌다 싶으면 예측력과 설명력은 뛰어나지만
가시성과 해석가능성은 낮아진 새로운 종류의 블랙박스가 나온다. 기업
과 연구원들은 계속 양쪽 전선에서 열심히 일하며 이 두 가지 목표 사이

에서 균형을 유지하도록 노력해야 한다.

행동금융학과 행동경제학에 주목한다

앞으로 나아가는 기업은 결정 자동화만으로는 다 해결할 수 없는 고객관계의 측면에 대해 '옆으로 비켜서기'도 함께 시작하고 있다. 예를 들어 앞에서 살펴본 '로보-어드바이저'의 경우처럼 재무 결정이 자동화되고 있는 곳에서는 주도적인 금융회사들이 투자자의 행동을 더 잘 파악해 조치를 취하는 데 필요한 능력들을 새로 추가하고 있다. 경제학에서 인간은 늘 이성적이지만은 않다는 (언뜻 보기에) 혁명적인 결론을 가져온 '행동경제학'에 대해 아마 들어본 적이 있을 것이다. 금융투자회사들은 이를 개인의 투자행위에 적용해 '행동금융학'이라는 용어를 만들어냈다. 이 말은 자동화 시스템이 어떤 금융자산을 언제 사고 팔지와 관련해 아무리 좋은 결정을 내리더라도 비이성적인 인간은 그 충고를 무시하고 나쁜 결정을 내릴 수도 있다는 뜻이다.

투자자들이 나쁜 결정을 내리는 데는 이른바 '손실 혐오'와 '친밀성 편향'이 주된 이유로 작용한다. 전자가 이익을 얻는 것보다 손실을 피하는 것에 더 신경 쓰는 성향을 가리킨다면, 후자는 생소한 기업보다는 자국 기업의 주식 같은 친숙한 자산에 투자하려는 성향을 가리킨다. 이런 비이성적인 결정 기준은 '비쌀 때 사서 쌀 때 파는' 한심한 투자행위로 이어진다.

베터먼트Betterment와 웰스프런트Wealthfront 같은 로보-어드바이저 회사와 뱅가드와 피델리티Fidelity처럼 자문 자동화 기능을 채택해온 대형 금융자문회사들은 투자자의 행동을 파악해 개선하는 데 행동금융학의 접근법을 도입하기 시작했다. 이와 관련해 행동금융학적 문제를 교정하기 위해 교육과 기타 설득력 있는 방법을 제공하기도 한다. 그런가 하면 비이성적인 투자자들이 권고를 무시하고 돈을 빼내가는 일이 없기를 바라며 자동화 시스템 안에 아예 이성적인 행동 프로그램을 짜넣기도 한다. 뱅가드가 반자동 온라인 자문 시스템과 더불어 이런 생각들을 어떻게 활용하고 있는지에 대해서는 다음 장에서 좀더 자세히 살펴볼 예정이다.

앞으로 나아가기, 요약

이제 한 가지는 명확해졌다. 즉 앞으로 나아가는 직업이 경제에서 활성화되리라는 점이다. 앞으로 나아가는 데 필요한 기술을 가지고 있다고 생각한다면 이런 직업에 대한 준비를 시작하기에 시기상조가 아니라는 점이다.

스마트 기기 시대에 일자리를 유지하기 위한 다른 방법들과 마찬가지로, 앞으로 나아가는 직업은 더욱 활기찬 걸음을 요한다. 자동화 시스템을 설계하고 시행하는 데 필요한 과학기술은 급속하게 변화하고 있다. 더욱이 이런 시스템의 개발 자체도 갈수록 자동화되고 있다. 자동화 시스템 산업에서 일하고 싶다면 새로운 기술을 배우는 데 숙달되어야 하고, 이를 이력서에 반영해 업데이트해야 한다. 하지만 그 보답은 클 것이다. 오랫동안 흥미로운 산업에서 일하며 높은 연봉을 받게 될 테니.

앞으로 나아가는 사람들의 특징

다음과 같은 특징을 가지고 있다면 앞으로 나아가는 사람이 될 수 있다.

- (꼭 인지 기술이 아니더라도) 정보과학기술을 깊이 이해하며 새로운 도구에 관심이 많다.
- IT 관련 지원 역할에 이미 편안하고 익숙하다.
- 인지 기술에 관심이 많을뿐더러 상당한 양의 학습도 감당할 자신이 있다.
- 자신의 분야에서 이미 전문가이며 그 분야에서 인지 기술의 역할에 관심이 많다.
- 새로운 과학기술을 탐구해 회사의 전략과 운영에 적용하는 일을 하고 있거나 하길 원한다.

앞으로 나아가는 사람이 되려면 다음과 같은 경험 습득이 필요하다.

- 대학에서 컴퓨터과학과 수학·통계학을 전공한다.
- 온라인 강좌로 기계학습과 인공지능을 공부한다.
- 관련 분야의 인지 기술 벤더들이 제공하는 강좌를 수강하고, 웹세미나를 듣고, 백서를 구해 읽는다.
- 인지 기술이나 그 전제가 되는 요소(예를 들어 애널리틱스와 기계학습)를 의제로 다루는 회의에 참석한다.

- 기존 인지 기술 툴을 무료로 또는 저렴하게 제공하는 보급판을 내려받거나 클라우드에서 시험 사용해본다.

그렇다면 여러분은 다음과 같은 곳에 있을 확률이 높다.

- 인지 기술 솔루션 벤더
- 인지 기술을 개발하거나 시행하는 사업체

9

증강을
관리하는
방법

69일은 지하광산에 갇힌 채 다시 햇빛을 볼 수 있을지 불안해하며 보내기에는 긴 시간이다. 그러나 칠레 광부들의 시련은 코델코가 개입하지 않았더라면 훨씬 더 끔찍했을 것이다. 아마 그 이야기를 기억할 것이다. 2010년 8월 5일 칠레 북부 코피아포 근처 산에스테반 프리메라San Esteban Primera 광업회사가 소유한 구리·금 광산에서 지반이 붕괴하는 대형 사고가 일어나 광부 33명이 지하 700미터 깊이의 갱도에 갇히고 말았다. 칠레 국영 구리 채굴회사 코델코의 탄탄한 지원 아래 국제적인 구조 작업이 곧바로 시작되었다. 구조반은 광부들에게 신선한 공기와 보급품을 들여보내기 위해 몇 군데에 구멍을 뚫었다. 마침내 10월 13일 광부들은 윈치에 의지한 채 한 명씩 차례차례 땅 위로 올라왔다. 실시간으로 생중계되는 이 장면을 전 세계 수십억 명이 지켜보았다. 승리의 현수막이 높이 내걸렸고, 거기에는 다음과 같은 글귀가 적혀 있었다. "임무 완수, 칠레 만세!"

그런데 코델코가 같은 해 실시한 모종의 조치는 세계적으로 주목을 받지는 못했지만, 궁극적으로 훨씬 많은 광부들을 구하는 것이었다. 코피아포 사고가 일어난 바로 그해 코델코는 다양한 형태의 로봇과 자동 채굴 기계를 도입하고 이를 지휘할 종합운영본부를 새로 발족했다. 이 똑똑한 기계들에 대한 코델코의 투자야말로 인간 직원들을 보호하는 최

선의 방법이었다. 무엇보다도 많은 광부들을 광산 깊숙이 내려보내지 않
게 되었기 때문이다.

코델코가 스마트 기기를 도입하기 시작한 것은 2010년에 와서가 아
니었다. 이 회사는 이미 1990년대부터 지하광산에서 '원격지시' 굴착기
를 사용하며 자동화를 실험했다. 그러다 2003년 들어 핵심적인 채굴 장
비의 자동화와 원격조종을 골자로 하는 대규모의 '코델코 디지털' 사업
에 착수했다. 이 사업에는 자동화 과학기술의 활용도와 그 기술이 회사
의 핵심 비즈니스 프로세스에 적합한지 여부를 검토하는 작업도 포함되
었다.

'코델코 디지털'이라는 기치 아래 다양한 자동화 사업이 추진되었다.
2008년 자율주행 트럭이 도입된 데 이어 화물 적재도 점차 자동화되고
있다. 지하광산을 오가는 열차도 점차 자동화되고 있다. 제련과 분쇄 작
업 또한 고급 제어 시스템 아래 이루어진다. 현재 개발중인 몇몇 신규 지
하광산에서는 채굴 장비를 100퍼센트 자동화 또는 로봇화할 예정이다.

오늘날 코델코에서 지하광산으로 내려가는 광부는 아직도 3,400명에
이르지만, 사측은 노동자 개개인의 위치는 물론 현재 건강상태와 작업환
경을 24시간 파악하고 있다. 코델코는 2016년이면 지하광산의 채굴 자
동화가 마무리될 것으로 전망한다.

광부들은 엄밀한 의미에서 '지식노동자'는 아니지만, 코델코의 사례
는 증강은 어떤 환경에서나 효과를 발휘한다는 중요한 교훈을 가르쳐준
다. 무엇보다도 이곳의 증강은 인간친화적인 방향에서 일어났다는 사실
에 주목할 필요가 있다. 이와 관련해 이 회사 최고정보관리자이자 코델
코 디지털 본부장인 마르코 오렐라나Marco Orellana는 우리에게 다음과 같

이 말했다. "지하광산과 용광로에서의 채굴 과정은 위험도도 매우 높을 뿐 아니라 환경도 열악합니다. 기존 직원들을 위해서는 좀더 안전한 환경을 마련해줘야 했고, 광산과 터널 안에서 일하길 꺼리는 신규 직원들을 위해서는 좀더 매력적인 사업을 창출해야 했습니다."

코델코는 물론 생산성 증가라는 자동화의 혜택에도 관심이 많았다. 그러나 주된 초점은 어디까지나 노동자 안전이었다. 칠레는 지난 10년의 대부분을 사회주의 정부를 선택해왔으며, 코델코는 100퍼센트 국영기업이다. 국영기업에서 노동력 절감 목적의 자동화 사업은 정치적으로 실행 불가능했을 것이다.

지능화 기계의 사용이 처음에는 기회주의적이고 근시안적인 프로젝트(원격조종 해머)로 출발했지만 곧이어 광범위한 전략(코델코 디지털)으로 모양새를 갖춰나가면서 사람들이 핵심 업무에서 더 많은 가치를 생산하도록 했다는 사실 또한 배울 점이 많다. 코델코 곳곳의 직원들과 기술력은 지난 10년에 걸쳐 몰라보게 달라졌다. 트럭 핸들 대신 조이스틱을 조작하게 됨에 따라 지금은 비디오게임 능숙도가 기사 선발 기준의 일부로 자리 잡았다. 통제 요원들은 자동화 시스템의 작동 원리를 이해할 뿐만 아니라 시뮬레이션을 통해 자신들이 다루는 변수와 정보에 대해 배운다. 현장 작업반장은 트럭 사용을 최적화한다. 그런가 하면 로봇 장비의 유지와 관리가 전문인 직원들도 있다. 코델코 직원들은 각자의 역할에 필요한 개념 설계 요건과 설명서를 개발하며, 자동화 장비와 시스템을 공급하는 국내외 업체들과 함께 일한다.

코델코의 변화는 전 세계가 주목할 가치가 있는 인간-기계 증강 전략의 흥미로운 사례가 아닐 수 없다. 자동화 과학기술, 중앙화된 감시와 통

제, 원격조종의 결합은 노동자들이 광석을 캐러 지하로 내려갈 필요가
없는 미래를 의미한다. 이제 구리 채굴은 위험하고 노동집약적인 작업에
서 혁신과 지식과 과학기술이 주도하는 작업으로 바뀌었다.

코델코가 주는
교훈

일찌감치 증강 전략을 개발했다는 점에서 코델코는 비교적 드문 사례
로 꼽히지만, 직원들의 안전이 이들만큼 시급했던 회사 또한 드물었다.
대부분의 조직에서는 코델코 광부들만큼 위험하고 더러운 일을 하지 않
는다. 게다가 코델코는 자동화 장비와 서비스 부문을 선도하는 외부 공
급업체들의 도움을 많이 받았다. 이 업체들은 코델코가 보기 드물게 자
동화를 일찌감치 공격적으로 채택하긴 했지만 다른 광산회사들도 결국
은 자동화와 증강 접근법을 시행하게 될 것이라는 점을 잘 알고 있었다.

마찬가지로 다른 분야의 조직들도 기계와 인간이 함께 일하면서 증강
전략을 내놓는 방안에 대해 좀더 폭넓게 생각해야 할 때가 도래하고 있
다. 과학기술이 빠르게 성장하고 있는 가운데 IBM 같은 대형 벤더들은
앞 다퉈 계약을 체결하며 보도자료를 발표하고 있다. 여러분이 몸담고
있는 조직의 경쟁자들 역시 이미 모종의 프로젝트를 진행하고 있는지도
모른다. (광산업과 함께 일찌감치 자동화를 채택한) 보험업 같은 몇몇 산업
에서는 의사결정 자동화가 이미 곳곳에 스며들어 상품화되고 있다. 따라
서 이제는 이런 도구들로 무엇을 할 수 있는지, 사람들이 이런 도구들과

나란히 일하려면 어떻게 해야 하는지, 조직 차원에서 이런 도구들을 최대한 활용하려면 어떤 방법이 가장 좋은지를 '단발성' 수준을 넘어 진지하게 생각해봐야 한다.

이 책 곳곳에서 우리는 스마트 기기의 세상에 적응하고 그 안에서 번영하려면 지식노동자 스스로 준비해야 한다고 강조해왔다. 하지만 그와 동시에 대기업과 그 경영진 또한 증강에 적합한 조직 환경을 마련해야 한다고 거듭 강조해왔다. 따라서 이제 우리는 개별 관계자가 아니라 경영자 전체에 대고 이야기하고자 한다. 여러분이 어떤 방향으로 이끄는지에 따라 여러분 조직의 지식노동자들은 변화에 성공적으로 적응할 수도, 또는 그렇지 못할 수도 있다. 여러분은 직원들이 새로운 기술을 개발하도록 독려할 수 있고, 그렇게 할 시간과 기회를 제공할 수도 있다. 증강을 우선순위에 올려놓는 비즈니스 프로세스를 설계해야 한다. 벤더와 컨설턴트에게 증강이 조직의 핵심 목표라는 점을 알려야 한다.

사람들을 증강해야 하는
이유

그저 직원들을 행복하게 해주려고 증강 전략을 추구하는 고용주는 아마 없을 것이다. 물론 우선순위가 그쪽으로 옮겨가는 움직임이 점점 늘어나는 것 같기는 하다(예를 들어 HCL 테크놀로지HCL Technology의 CEO 비니트 나야르Vineet Nayar는《직원 우선주의Employees First, Customers Second: Turning Conventional Management Upside Down》라는 저서에서 자세히 밝혔듯이 무엇보다도 직원들의 행복이 중요하다고 굳게 믿는다). 하지만 대부분의 기업이 증강에 관심을 갖는 이유는 그것이 지속 가능한 경쟁우위를 확보하는 방법임을 알아차리기 시작했기 때문일 것이다.

그 과정은 사람을 기계로 대체하는 것이 자멸적이라는 인식에서 출발할 수도 있다. 간단히 말해 자동화 전략을 지향한다는 것은 수익이 전혀 나지 않는 경주에 참가한다는 뜻이다. 만약 사람이 하던 일을 단지 더 빨리 하기 위해 자동화를 이용한다면, 경쟁자들도 이 선례를 따를 가능성이 높다. 벤더와 컨설턴트로서는 산업 전체에 똑같은 자동화 솔루션을 제공하면 되니 좋을 것이다. 그러나 여러분은 결국 경쟁자와 똑같은 상품과 서비스를 내놓게 될 것이다. 여러분이 가격을 낮추면, 모두가 그렇게 할 것이다. 조만간 누군가 가격을 더 낮춰 손해를 보더라도 팔기로 결정하면, 모두의 수익이 떨어지게 된다.

자동화 과정이 다른 곳보다 불안정하거나 경직성을 띠는 경우도 생각해볼 수 있다. 자동화된 콜센터에서 온라인 '마법사', 춤을 추다 넘어진 로봇에 이르기까지 좋은 인상을 주지 못했던 다양한 과학기술을 언급하면서 이미 이 점을 암시한 바 있다. 우리는 인간의 동료로서 스마트 기기의 성능이 계속 좋아지고 있다는 점은 인정하지만 학습과정에서 인간의 인풋은 여전히 중요한 비중을 차지한다. 지나친 로봇화, 자동화는 고객들과 직원들에게 많은 실망을 안겨줄 것이다.

몇몇 조직은 자동화를 추구하면서도 사람들의 역할을 늘 염두에 둔다 (이것이야말로 우리가 강조하는 진정한 의미의 증강이다). 그런가 하면 가능한 한 많은 인력을 감축하길 원하지만 홍보마케팅에 도움이 안 되기 때문에 그 문제에 대해 쉬쉬하는 조직도 있다. 예를 들어 캐나다 정유회사선코Suncor는 2013년 야심차게 준비한 새로운 '자율수송 시스템'을 투자자들에게 홍보하는 파워포인트 슬라이드 쇼를 선보이면서 "노동자들이 기술적 능력을 업그레이드할 수 있는 기회를 창출하는 과학기술"이라는 요점을 조심스레 추가했다. 그러나 이 회사 최고재무관리자 앨리스터 코완Alister Cowan이 2015년 뉴욕에서 열린 RBC 캐피털마켓회의에서 투자자들에게 했던 발언이 이 회사가 육중한 화물트럭을 자율주행트럭으로 대체하려는 이유를 좀더 분명히 제시하는 듯하다. 코완은 이렇게 설명했다. "그러면 800명이 우리 일터를 떠나게 될 것입니다. 1인당 평균연봉이 20만 달러라는 점을 감안할 때 앞으로 우리가 얼마를 절약하게 될지 짐작하실 수 있을 겁니다."[1]

몇몇 회사는 이처럼 앞뒤가 맞지 않는 말을 군이 할 필요조차 못 느낀다. 마틴 포드Martin Ford는 화제의 책《로봇의 부상Rise of Robots》을 쓰려고 조사하다가 우연히 고급 햄버거를 생산하는 업체에 자동화 솔루션을 공급하는 모멘텀 머신스Momentum Machines라는 회사의 공동 설립자 알렉스 바르다코스타스Alex Vardakostas로부터 다음과 같은 이야기를 들을 수 있었다. "우리 제품은 노동자들의 작업 효율을 높이려는 것이 아닙니다……그들을 완전히 대체하는 것이 목적입니다."[2]

노골적인 자동화는 때로 조직을 특정 제품의 생산이나 운영 형태 안에 가둬놓기도 한다. 이렇게 생각해보라. 햄버거 생산라인이든 보험 같은 서비스 프로세스든, 자동화를 도입해 시행하려면 많은 투자와 조직 전체의 변화가 필요하다. 그리고 나서 일단 자동화가 제 궤도에 오르고 나면 더는 변화를 달가워하지 않게 될 확률이 높다. 새롭거나 실질적으로 다른 자동화 시스템을 구축하는 데는 많은 어려움이 따른다. 반면 스마트 기기와 함께 일하는 스마트한 사람들과 증강 전략을 추구한다면 프로세스 적응이 훨씬 더 쉬워질 수도 있다.

마지막으로 공격적인 자동화와 관련된 문제는 사람들과 함께 일한다고 해도, 애초에 프로세스가 어떻게 작동했는지를 이해하지 못하게 된다는 점이다. 남아 있는 일자리가 성취감을 주지 못한다면 최고의 인재들이 회사를 떠날 테고, 그렇게 되면 결국엔 프로세스를 개선하거나 병목 현상을 고치거나 어떤 이유에서 시스템이 고장을 일으킬 경우 수작업을 할 사람이 주변에 아무도 없게 될 것이다. 그에 비해 증강을 지향하는 직무 설계는 이 점에서 위험이 덜하다. 지식노동자들이 조직에 많이 남아 있기 때문이다. 그러나 증강 전략을 채택하는 기업도 그런 전문가들이 조직을 떠나거나 은퇴하면 문제에 직면한다. 각자의 분야에서 다양한 경력을 쌓은 직원들을 계속 공급하지 못한다면 전문지식의 샘은 결국 말라붙고 말 것이다.

자동화 지향 접근법은 주로 또는 전적으로 비용 절감에 초점을 맞추기 때문에 이런 문제들을 모두 야기한다. 따라서 비용 절약이 실현된다 하더라도 장기적으로는 수익률 감소로 이어질 수도 있다. 반면 증강 접근법은 가치와 혁신을 달성할 가능성이 높다. 유능한 조직이라면 스마트 기기의 이점을 간과하지 않을 것이다. 똑똑한 기계와 똑똑한 사람들을 한데 묶는 것이야말로 장기적으로 볼 때 더 남는 장사다.

한편 증강 전략을 추구하면서도 능률과 생산성 또한 얼마든지 높일 수 있다. 예를 들어 페이스북은 엄청난 규모와 속도로 성장하면서도 어마어마한 수의 서버 관리 같은 IT 지향 업무를 자동화해왔다. 이 회사 엔지니어링 부사장 제이 파리크Jay Parikh는 한 인터뷰에서 이는 증강 사례라고 분명히 못박았다. 그의 말을 직접 들어보자. "이 자동화의 핵심은 무엇보다도 매우 간단하긴 해도 시간 소모가 큰 업무를 정말 똑똑한 우리 직원들의 접시에서 덜어준다는 점입니다. 여기까지 오는 데 2년 걸렸듯이 앞으로 2년 더 있으면 작업이 마무리될 것으로 예상합니다."[3]

파리크를 만났을 때 우리는 사용자로서 페이스북의 기본 제품을 잘 알고 있었고, 비즈니스 뉴스의 열렬한 독자로서 페이스북이 야심차게 새로 개척하고 있는 분야에 대한 소식도 정기적으로 듣고 있었다. 하지만 그 회사의 사업규모가 실제로 얼마나 될지는 한 번도 생각해본 적이 없었다. 이와 관련해 파리크는 이렇게 말했다. "우리는 몇백만 대가 됐든 몇천만 대가 됐든 전 세계 모든 컴퓨터를 아우르는 인프라를 갖추고 있습니다. 메인 앱으로는 14억 4,000만 명에게, 기타 앱으로도 수억 명에게 서비스를 제공하고 있으며, 수천 명의 엔지니어가 24시간 접근 가능한 소프트웨어를 작성하고 있습니다."

그는 살아남으려면 '제품 개발 속도'가 가장 중요하며, 자동화에 계속 투자하는 이유도 그 때문이라고 설명했다. 사람들이 새로운 소셜 솔루션 개발이라는 매우 흥미로우면서 중요한, 그리고 무엇보다도 더없이 인간적인 일을 할 수 있는 환경을 마련한다는 것은 시간에 구애받지 않으면서 서비스 급증에 따르는 운영의 복잡성을 처리할 수 있어야 한다는 뜻이기도 하다.

페이스북은 밖으로 괄목할 만한 성장률을 자랑하면서 안으로는 실질적인 능률 제고라는 내실을 다진다. 이와 관련해 파리크는 "문제는 데이터 센터"라고 지적한 뒤 페이스북은 소프트웨어와 하드웨어 관리를 자동화해왔으며, 몇몇 경우 수리 결정과 과정도 자동으로 이루어진다고 설명했다. 그의 말을 직접 들어보자. "우리 데이터 센터에서는 기술자 한 명당 서버 2만 5,000개를 관리합니다. 이는 전례가 없는 비율입니다. 참고로 대부분의 IT 업체에선 한 명당 200개에서 500개의 서버를 관리합니다."

파리크는 경제가 불황일 때도 실리콘밸리에서는 인재를 데려가려는 전쟁이 치열하게 벌어진다는 점 또한 다시 한 번 일깨워주었다. 일이 재미있지 않다면 고급 기술자 채용과 유출방지가 어려워질 테니, 관건은 덜 재미있는 일을 줄이는 것이다. 자동화에 강조점을 두는 이유가 사람들을 자유롭게 해방해 일에 전념할 수 있도록 하기 위해서라니 진정한 증강인 셈이다.

우리가 지금까지 살펴본 증강 접근법으로 안으로 파고드는 사람들, 위로 올라서는 사람들, 앞으로 나아가는 사람들을 하나로 결집한다면 그 조직은 최고의 인재와 기계를 얻을 수 있다. 그런 조직에는 옆으로 비켜서거나 틈새로 움직이는 사람들이 맡을 역할도 있을 것이다. 이런 사람들을 알아보고 충분한 보상을 해준다면 스마트한 사람들에게 바람직한 고용주로 여겨질 테고, 스마트 기기가 어떤 일을 할 수 있는지, 또 어떻게 하면 거기에 가치를 부가할 수 있는지를 배우는 데 어려움을 겪었던 사람들을 끌어들일 수 있다. 그럴 경우 변화에 유연하고 신속하게 대처할 수 있을 뿐만 아니라 융통성 없는 해결책에 갇히지 않고도 생산성의 이점을 누릴 수 있다. 그런데도 직원들이 제대로 일을 하고 있지 않으며 누가 그 일을 대신해야 하지만 컴퓨터는 그럴 능력이 안 된다고 말할 사람은 거의 없을 것이다. 컴퓨터가 그런 능력을 습득할 때까지 인간은 컴퓨터와 결합해야 한다. 지금부터는 증강 전략을 수립하고 시행하려면 어떻게 해야 하는지 살펴보고자 한다.

증강의
실행

인간과 스마트 기기가 함께 일하는 것만이 미래에도 번영하는 유일한 길이다. 그렇다면 경영자는 어떻게 대처해야 할까? 특히 빠르게 진화하고 있는 과학기술 분야의 경우 내년이면 또 달라질 기술의 적용과 관련해 오늘 어떤 계획을 세울 수 있을까?

하지만 그리 걱정할 필요는 없다. 물론 진화는 계속 진행되겠지만 인지 과학기술이 인간의 증강을 위해 무엇을 할 수 있는지는 매우 명확하며 그 역할은 당분간 크게 달라지지 않을 것이다. 증강 시스템 계획에서 핵심은 과학기술이 무엇을 할 수 있으며 그중 무엇이 우리에게 필요한지에 대한 명확한 견해를 갖는 것이다.

여기서는 다양한 사례와 함께 증강 솔루션을 계획하고 개발하는 과정을 단계별로 나눠 살펴볼 예정이다. 아울러 특히 배울 점이 많은 모범사례, 즉 고객의 자산관리 질문에 신속하고 정확한 답변을 생성하는 지능화 시스템으로 자사 금융전문가들을 지원하는 뱅가드그룹의 선제적 조치에 대해서도 자세히 다룰 예정이다. 뱅가드는 낮은 비용과 인덱스펀드를 무기로 투자를 유치하는 것으로 유명하지만 똑똑한 사람들과 똑똑한 기계의 성공적인 결합에도 뛰어나다.

1단계 : 영향력이 큰 결정과 지식 병목을 파악하라

안타깝게도, 사업에 맞지 않거나 중요한 문제를 해결하지 못하는 지능형 과학기술을 시행하느라 많은 시간을 소비할 수도 있다. 따라서 아주 간단한 질문으로 시작하는 것이 좋다. 마술 지팡이를 흔들어 조직 내의 몇몇 선별된 인재에게 초능력을 준다면, 그들의 어떤 능력을 늘려줄 것인가? 그 사람들이 주어진 일을 능률적으로 해내려면 어떤 분야의 지식을 늘려야 할 것인가? 많은 경영자들이 기업의 '지레점leverage point', 다시 말해 운영상의 작은 개선만으로 시장에서의 성과나 조직의 사명에서 큰 이익을 얻을 수 있는 것이 무엇인지 생각하려 한다.

예를 들어 메모리얼 슬론케터링 암센터에서는 의사들이 매일 마주치는 질문, 즉 무엇이 특정한 환자의 종양을 치료하는 최선의 방법인가 하는 질문에 좀더 나은 대답을 제시할 수 있도록 지원해 아주 큰 효과를 봤다. 종양학과의 경우 진단과 치료 결정의 자동화는 아직 상당한 정도로까지 진행되지는 않았지만 머잖아 그렇게 될 것이라는 증거가 많이 있다. 이 분야는 인간의 두뇌만으로 이해하기에는 갈수록 너무 복잡해지고 있다. 예를 들어 현재 추정되는 암 종류만 400가지가 넘으며, 매일 새로운 유형의 암이 발견되고 있다. 암을 치료하는 의약품 숫자 또한 하루가 다르게 급증하고 있다. 유방암만 해도 단독 처방 또는 복합 처방으로 그 질병을 예방 또는 치료할 수 있다고 승인받은 약이 75종에 이른다. 그런가 하면 개인의 유전자 구성이 암 발병률과 특정 치료에 대한 반응에 영향을 미친다는 점 또한 점차 명확해지고 있다. 이와 관련해 MIT의 주도적인 암 연구자 필립 샤프Philip Sharp는 종양의 배열순서가 "암 유전자와 암 억제 유전자의 수백 가지 다양한 조합을 드러낸다"고 말한다.[4]

하지만 이런 유전자의 영향력을 밝히는 연구는 이제 막 시작 단계에 접어들었을 뿐이다.

개인의 상황에 맞는 치료방법을 결정하려면 환자의 게놈, 프로테옴(단백질 구성), 바이옴(생물군계), 신진대사 기능 데이터가 있어야 한다. 이런 데이터를 수집하는 데 필요한 검사 방법과 지시약이 갈수록 많이 나오고 있긴 하지만, 이는 분석해야 할 데이터의 양 또한 그만큼 늘어난다는 뜻이기도 하다. 따라서 슬론케터링(그리고 휴스턴의 MD 앤더슨 암센터, 그외 몇몇 의료기관)이 IBM의 왓슨 같은 도구로 진단과 치료 결정의 증강을 꾀하고 있는 것은 지극히 적절하다.

물론 조직에는 이런 응용 분야가 한 곳만 있는 것은 아니다. 사실 대부분의 조직에는 효율적인 의사결정과 행동을 방해하는 수많은 지식 병목 현상이 있다. 예를 들어 MD 앤더슨의 경우 의사들은 다양한 암의 치료 지침과 관련해 왓슨 애플리케이션이라는 형태로 '달 탐사선 발사'를 추구하고 있지만, 최고정보관리자 크리스 벨몬트Chris Belmont는 '천 송이 인지 꽃을 피우는' 전략을 추구하고 있다. 벨몬트는 코그니티브 스케일의 과학기술을 사용해 지역 병원으로의 환자 인도, 병원비 미납 가능성이 높은 환자 파악, 전사 차원의 핵심 애플리케이션 실행을 지원하는 '인지 헬프 데스크' 구축 등 현안 해결에 필요한 애플리케이션을 이미 몇 가지 개발했다. 벨몬트는 인지 애플리케이션의 사용 사례가 이미 60가지가 넘는 것으로 확인되었다며 앞으로 더욱 늘어날 것으로 전망한다.

한편 뱅가드그룹 경영진은 새로운 자문 서비스를 발족하면서 자문과 고객 간 신뢰관계 구축이 성공의 열쇠라는 점을 잘 알고 있었다. 하지만 신뢰는 일차원적이지 않은 심리적 계약이다. 즉 고객들은 자문이 자신들의 목표와 상황에 공감하며 늘 자신들에게 가장 이익이 되는 방향으로 행동할 뿐만 아니라, 제대로 된 조언을 해줄 능력을 갖추고 있다는 믿음을 가져야 한다. 뱅가드는 의사결정 도구를 사용해 신뢰 방정식의 이 두 번째 측면을 증강할 수 있음을 알았다.

예를 들어 이제 막 은퇴했거나 은퇴를 앞두고 있는 고객들이 자문에게 종종 제기하는 질문을 생각해보자. 전체 자산 중에서 매년 안전하게 인출할 수 있는 돈은 얼마나 될까? 이 질문에 대한 답은 시간이 흘러도 변하지 않고 정해져 있다. 매년 4퍼센트. 그러나 이런 간단한 경험법칙이 늘 먹히는 것은 아니다. 훨씬 더 유용하고 안전한(다시 말해 신뢰할 만한) 답을 제시하려면 현재 예상되는 연간수익 수준, 이자율, 인플레이션, 고객의 특별한 재정 상황 등을 인수분해하는 복잡한 계산이 필요할지도 모른다. 다시 말해 컴퓨터 프로그램이 필요할 것이다.

뱅가드가 고안한 시스템(정식 명칭은 '퍼스널 어드바이저 서비스')과 관련해 우리가 강조하고 싶은 점은 처음부터 이 시스템은 중요한 기술을 갖춘 사람들과 새롭고 정교한 과학기술의 결합이라는 형태로 출발했다는 사실이다. 이와 관련해 뱅가드 어드바이스 서비스(퍼스널 어드바이저 서비스 개발을 전담하는 조직)를 책임지고 있는 캐린 리지Karin Risi는 다음과 같이 지적한다. "우리는 [인간] 자문의 가치를 믿습니다. 우리는 20년 가까이 고객들에게 자문을 하면서 다양한 시장 주기를 통해 자문의 가치를 봐왔습니다. 아직도 우리는 그 둘의 결합이 정말 중요하다고 생각합니다."[5]

퍼스널 어드바이저 서비스가 마련한 도구는 자문들이 더 나은 답을 제시할 수 있게 해줄 뿐만 아니라 더 많은 고객을 상대할 수 있게 해준다. 일일이 손으로 계산해야 하는 부담이 사라지자 뱅가드 직원들은 자신들의 강점인 공감하는 코칭에 더 많은 시간과 관심을 쏟을 수 있게 되었다. 이는 접근할 수 있는 고객이 더 많아진다는 뜻이기도 하다. 증강을 통해 뱅가드는 전에 인간 자문이 제공하던 자산관리 서비스 비용을 30베이시스포인트(연간 투자자산의 0.30퍼센트)로 낮출 수 있었다. 투자업계에서 이보다 더 낮은 비용을 제시할 수 있는 회사는 거의 없다. 비용 감소로 고객 기반이 급격히 확대되자 뱅가드는 그런 정책을 자신 있게 밀어붙일 수 있었다. 자문 서비스를 받을 수 있는 뱅가드의 최소 자산 기준은 50만 달러에서 5만 달러로 내려갔다. 이번에도 다른 회사들에 비해 훨씬 낮았다. 이 모두는 뱅가드의 강인한 문화와 수준 높은 서비스 제공이라는 분명한 사명과도 일맥상통한다("언제나 우리 투자자의 이익을 최우선으로 두겠다"는 약속은 이 회사가 고객들에게 하는 몇 가지 약속 중에서 제일 중요하다). 또한 그 덕분에 자문역의 더 많은 직원들이 일을 잘해내고 성취감을 느낀다.

여러분의 조직도 똑같은 성과를 거두고 싶다면 먼저 기업의 성공을 좌우하는 결정을 내리는 직원들이 누군지부터 확인해야 한다. 다음의 질문들이 이 문제를 수면 위로 드러내는 데 도움이 될 것이다. 현재 높은 연봉이 나가고 있지만 더 많은 돈을 주고서라도 붙잡아두고 싶은 사람은 누구인가? 페이스북의 제이 파리크가 보기에 사람들을 증강한다는 것은 그들에게 높은 연봉을 보장한다는 뜻이기도 하지만, 더 많은 사람들의 마음을 끈다는 뜻이기도 하다.

재론의 여지가 없을 만큼 당연한 얘기처럼 들릴지 모르겠지만 어쨌든 좀더 자세히 설명하겠다. 그 사람들에게 말하라, 직접적으로 물어보라.

컴퓨터 능력을 갖춘다면 고객들을 위해 어떤 일을 더 잘하고 싶은지? 자신들의 재능이 굳이 필요하지 않은 일을 하느라 각자의 시간과 회사 돈을 낭비하고 있는 곳은 어디인지? 이미 통달한 일상 업무에서 놓여날 수 있다면 그 빈 시간을 어떻게 사용하고 싶은지? 사람들이 새로운 도구를 사용하게 하려면 그들이 원하는 도구를 주는 게 가장 좋은 방법이다.

이상적인 세상에서라면 지금쯤 조직에서 가장 중요한 결정과 프로세스는 물론 인지 과학기술을 적용할 곳까지 이미 완전히 파악하고 있어야 한다. 그러나 십중팔구 그러지 못했을 것이다. 그래도 상관없다. 처음에는 비즈니스 모델에 대한 이해를 바탕으로 증강 목록에 올라가야 하는 핵심 결정과 활동을 확인하는 것으로 충분하다. 나머지는 그런 다음에 하나씩 알아나가면 된다.

2단계 : 과학기술 발전을 추적하라

더러 목표로 삼을 결정이나 활동이 무언지 확실히 알고 있을 경우 적용할 인지 과학기술을 확인하기가 쉽다. 그러나 그렇지 않을 경우 기술적 돌파구 자체가 생각지도 못했던 증강 가능성을 제시한다. 따라서 기계학습, 자연언어처리, 로봇공학, 인공지능 같은 분야의 발전과 나란히 보조를 맞추며 계속 질문을 던지는 것이 좋다. 그 기술을 어떻게 사용하면 좋을까? 정확히 말하면 이 질문은 회사를 우리가 앞에서 지적한 곤경에 빠뜨릴 수도 있다. 왜냐하면 적용하려는 기술이 회사에 최고의 가치를 제공하는 기회라고 입증된 것이 아니라, 당장은 '논란의 여지가 있기' 때문이다. 물론 그렇다고 해서 1단계를 무시해도 된다는 뜻은 아니다. 그러나 그 점에 유념하면서 조직이 안고 있는 문제와 저기 밖에 있는 해결책을 연결해줄 지식기반을 확충할 필요가 있다.

　예를 들어 컴퓨터가 방대한 양의 텍스트를 순식간에 읽어내며 추론하는 법을 배우기 시작한 것은 아주 최근의 일이다. AI분야에 있는 사람이 아니라면 IBM의 왓슨이 〈제퍼디!〉에서 우승했을 때 이런 사실을 처음 알았을지도 모른다. 답을 제시하기 위해 왓슨(이 경우 특히 '디스커버리 어드바이저')은 백과사전 전체와 실로 엄청난 양의 인터넷 페이지를 읽어치웠다. 그 힘을 어디다 사용하면 좋을까? 댈러스의 베일러 의과대학에서는 왓슨에게 7만 편이 넘는 과학 논문을 읽고 암세포의 성장을 억제하는 단백질인 p53의 성질을 바꿀 수 있는 단백질에 대한 설명을 추려내는 일을 맡겼다. 대부분의 과학자들은 1년에 그런 단백질 하나도 찾아내기 어렵다. 그런데 왓슨은 겨우 몇 주 만에 여섯 개나 찾아냈다(물론 엄밀히 말하면 왓슨이 이 일을 할 수 있게 준비하는 데 몇 년이 걸렸지만).[6] 다른 조직들도 똑같은 과학기술을 사용해 방대한 양으로 존재하는 자연언어 내용으로부터 통찰력을 수집하고 있다.

　아니면 '사물인터넷' 즉 물리적 세계의 물체에 조그만 센서를 부착해 실시간으로 데이터를 전달할 수 있는 능력에 대해 생각해보자. 이러한 과학기술의 부상은 엄청난 양의 데이터를 처리하는 능력을 가진 컴퓨터의 부상과 맞물려 있다. 인간의 능력만으로는 예를 들어 쓰나미의 발생 여부를 감지하는 용도의 거대한 센서 네트워크를 감시하고 통제할 수 없다. 따라서 아직은 이런 질문을 제기해보지 않은 조직이 많을 것이다. 우리에게 그런 능력이 있다면 우리 사업을 어떻게 개선할 수 있을까? 이제 이 질문을 해야 할 때가 오지 않았나 싶다.

　뱅가드는 일찍부터 퍼스널 어드바이저 서비스를 지탱하는 과학기술에 관심이 많았다. 이는 은퇴자들에게 돈이 바닥나는 상황을 다양하게 보여주는 금융 시뮬레이션을 처음으로 선보인 파이낸셜엔진스Financial Engines라는 회사를 비롯해 과학기술 벤더들과 협력관계가 있었기 때문이다. 바로 구매할 수 있는 기성 소프트웨어 제품은 없었지만 이미 온라인 자문 사업을 시작한 웰스프런트 같은 '로보-어드바이저' 스타트업에 모델이 있었다.

3단계 : 기계의 자율성을 방해하는 제약을 고려하라

비즈니스 프로세스의 자동화 정도가 늘 회사의 결정에 달려 있는 것만은 아니다. 법, 규제, 노조도 회사의 과학기술 사용을 심하게 제한할 수 있다. 심지어 그런 법이 부과될지도 모른다는 생각만으로도 개발에 찬물을 끼얹을 수 있다. 하지만 산업의 자동화를 제한하는 바로 그 법이 결국엔 큰 도움이 될 수도 있다. 증강을 목표로 전략을 세운다면 말이다.

예를 들어 자율주행 자동차 같은 자동운송 솔루션을 개발하는 회사는 규제의 덤불과 늪 사이에 있는 무언가와 맞닥뜨린다. 현재 무인 자동차, 트럭, 골프카트를 위한 기술적 능력은 이미 완성단계에 이르렀지만 단속 기관이 이런 차량의 고속도로와 페어웨이 진입을 언제 허락할지는 불투명하다. 포드, 제너럴모터스, 메르세데스 같은 자동차 산업의 중추뿐만 아니라 구글과 테슬라 같은 회사들도 자율주행 차량 개발에 많은 에너지를 쏟아왔지만, 손으로 운전대를 잡고 발로 페달을 밟는 기민한 운전자를 요구하는 규제에 묶여 자칫 옴짝달싹 못할 수도 있다. 실제로 그렇게 된다면 자동화가 아니라 줄곧 증강을 강조해온 회사, 그중에서도 특히 과학기술 덕분에 자유롭게 풀려난 인간의 관심을 재배치하는 방안을 신중하게 강구해온 회사가 크게 승리할 것이다. 그런 회사는 자동화 솔루션 시장을 놓고 경쟁자들과 싸우며 심각한 가격 압박에 시달리지 않고도 증강된 능력으로 인한 혜택을 누리게 될 것이다.

물론 뱅가드그룹도 규제가 높기로 소문난 경제부문에서 사업을 꾸려나간다. 금융서비스 산업은 2010년 미국에 압류 위기를 초래한 모기지 대출 기관이 위조 로보-서명을 한 까닭에 '로보'라고 하면 끔찍한 기억을 떠올리는 산업이기도 하다. '로보-어드바이저' 시스템의 구축 및 시행 방안과 관련해 이렇다 할 장벽이 설치된 적은 아직 없다. 하지만 금융서비스 회사들의 주된 단속기관인 증권거래위원회와 금융산업규제기구(FINRA)는 금융회사 고객들에게 이런 시스템, 그중에서도 특히 모호한 비용을 청구하거나 투자 선택권을 제한하는 시스템을 주의하라는 합동 경보를 발령해왔다.[7] 그 자체만으로는 규제가 아니지만, 이 사안을 강제 해야겠다고 느낀 단속기관의 의사를 알리는 공지이다. 뱅가드그룹은 증강 전략을 준비함으로써, 전적인 자동화 서비스가 초래했을 위험에서 멀어졌다.

본인이 속한 분야의 사업에 미치는 제약과 그런 제약에 내재하는 기회를 파악하려면 최근의 판결을 주시하면서 법규 제정에 영향을 미치는 대화에 귀 기울여야 한다. 특히 마음속으로 그리는 솔루션이 고객의 개인신상정보를 필요로 할 경우 이 부분에 더욱 신경 써야 한다. 미국 국방부 장관을 지낸 도널드 럼스펠드Donlad Rumsfeld가 말한 '늙은 유럽'에 살고 있다면 이메일이나 웹 광고를 고객 개개인에게 맞추는 능력이 아무리 뛰어나다 하더라도 이를 발송하거나 제공하지 못하게 되어 있다. 미국에서도 치료 방법이나 의사 선택과 관련해 환자에게 조언을 해줄 수 있긴 하지만 의료 프라이버시에 관한 의료정보보호법(HIPAA) 규정을 위반하지 않는 범위 내에서만 가능하다.

우리는 변호사도 아니고, 워싱턴 D.C.의 K스트리트(입김 센 로비 집단의 천국) 주변에서 얼쩡댈 일도 없다. 하지만 그런 위험을 제대로 평가해 보지도 않고 스마트 기기에 너무 많이 투자해선 안 된다고 충고할 수는 있다. 핵심 결정 자동화의 법률적 결과에 대해 모르는 게 없는 변호사를 찾아라. 몇 시간의 수임료는 지불할 각오를 하는 게 좋다. 짐작하겠지만 이런 종류의 심오한 법률 전문지식은 자동화되려면 아직 한참 멀었다!

4단계 : 증강 솔루션을 구축하라

본인의 사업과 결정, 진화하는 과학기술, 자동화를 제한하는 법적 규제에 관한 이 모든 정보를 수집해 파악했으니 이제 본인의 사명과 전략에 맞는 증강 방안에 대해 자세히 살펴볼 차례다. 이런 기술의 초기 목표를, 즉 응용할 대상을 찾아볼 준비가 된 것이다.

추측건대 아마도 두 종류의 가능성, 즉 혁신적 시행과 순차적 시행 사이에서 고민하게 될 것이다. 혁신적 시행은 조직에서 가장 핵심적이고 영향력이 큰 업무를 변화시키는 만큼 막대한 보상을 제공할 잠재력이 있지만 바로 그 점 때문에 조금만 실패해도 그 여파가 훨씬 더 커질 가능성 또한 높다. 반면 순차적 시행은 관심이나 부담에서 벗어나 느긋하게 학습하면서 자신감을 얻게 해주지만 후속 투자로 이어질 만큼의 전사적 성공을 거두기는 어려울 수 있다.

이런 딜레마를 해결해주는 단 하나의 정답은 없다. 즉 무엇이 본인의 상황에 최선인지는 그런 혁신에 대한 욕구와 기대치에 따라 달라질 것이다. 메모리얼 슬론케터링에서는 암 치료법 권고를 지원하는 시스템의 잠재적 가치가 비교적 쉽게 드러났다. 암은 매우 복잡한 질병이며, 관련 정보와 과학은 인간이 파악하기에는 너무 어렵다. 하지만 그곳 사람들은 바로 그 때문에 문제해결의 복잡성이 더욱 커진다는 점 또한 잘 알고 있다. 우리가 알고 있는 이 분야의 인공지능 프로젝트가 다 그렇듯이 이곳 암센터의 왓슨 프로젝트도 예정보다 많이 늦어지고 있다. 스마트 컴퓨터를 무기로 암과 맞서는 싸움은 예상보다 훨씬 힘들 것으로 보인다.

이것이 혁신적 시행의 좋은 점과 나쁜 점이다. 한마디로 이 문제는 매우 가치 있고 중요하긴 하지만 해결하기가 정말 어렵다. 그런 야심찬 프로젝트는 비용도 많이 들고 기간도 예상보다 오래 걸린다. 게다가 완전히 실패할 수도 있다. 따라서 야심찬 목표 달성이라는 가치와 성공이 어렵거나 아예 불가능할 수도 있다는 가능성 사이에서 균형을 잘 잡아야 한다.

그 반대 전략은 사업상 덜 전략적인 영역이지만 지능형 기계를 이용해 가치 있는 전문 업무를 증강하기가 수월해 보이는 영역을 택하는 것이다. 앞에서도 언급했듯이 MD 앤더슨은 혁신적 시행에 덧붙여 이 전략도 채택해왔다. 이 전략은 주로 '부수적' 활동, 다시 말해 조직의 사명에 필수적이거나 전략적이지는 않지만 혁신과 끊임없는 개선을 통해 이익을 내길 바라는 업무와 프로세스를 대상으로 삼는다. 인지 과학기술의 응용에서 이 방법은 위험이 적은 만큼 보상도 적다.

과거에 이런 종류의 업무는 인건비가 싼 해외 업체에 위탁하는 경우가 많았다. 해외 하청업무는 대개 명시적이었고, 따라서 관리감독이 쉬웠다. 반면 명시하기가 어려운 업무는 완수에 대한 계약서를 작성하기도 어렵기 때문에 해외로 위탁되지 않았다. 예를 들어 행정적인 은행 업무를 생각해보자. 은행권은 작업 흐름과 업무처리 절차를 분명히 명기할 수 있고, 과학기술을 통한 업무 조율이 가능했다. 업무가 이루어지는 장소는 더 이상 중요하지 않았다. 따라서 은행 업무는 낮은 인건비와 훌륭한 영어 실력을 갖춘 나라, 특히 인도로 위탁되어 나갔다.

해외 아웃소싱은 번창하는 산업으로 자리 잡았다. 그러나 오늘날에는 자동화된 시스템과 프로세스 자동화가 구조화된 행정 업무를 수행하고 있다. 미국의 오토메이션 애니웨어, 레이지 프레임웍스, IP소프트, 영국의 블루프리즘 같은 소프트웨어 스타트업과 위프로Wipro, TCS, 인포시스Infosys 같은 대형 위탁관리 기업 모두 행정 업무를 자동화하는 인공지능 플랫폼을 개발하고 있다.

블루프리즘의 고객 O2와 엑스체인징(로이드 보험회사에서 갈라져 나온 아웃소싱 회사)은 이미 해외에 위탁했던 업무 일부를 국내로 도로 가져와 '로봇'(실은 지식노동자들의 반복적 업무를 학습할 수 있을 만큼 유연한 소프트웨어를 탑재한 컴퓨터)에게 맡기고 있다. 오토메이션 애니웨어는 전자 의료기록에서처럼 다양한 시스템에서 나오는 정보를 통합하는 데 주력한다. 레이지 프레임웍스는 금융서비스 회사의 프로세스 자동화에 집중한다. IP소프트는 지금까지는 주로 IT 관리 프로세스 자동화에 주력해왔지만 '아멜리아'라는 지능형 상호작용 시스템을 출시하면서 그 범위를 넓혀나가고 있다.

우리는 KMG 인터내셔널KMG International(루마니아에 본부를 둔 상당한 규모의 다국적 석유회사)이라는 회사와 이야기를 나눌 기회가 있었다. 이 회사는 IP소프트웨어에서 출시한 IP센터를 사용해 이미 IT 관리 업무를 상당 부분 자동화한 터였다. 2013년, 최고정보관리자 마르셀 키리아크 Marcel Chiriac는 통제 불능인 외부위탁 합의를 전면 재조정하는 데 착수했다. 그 일환으로 키리아크는 IP소프트와 손잡고 네트워크와 인프라 관리, 정유기술 감시 같은 다수의 간단한 IT 업무를 자동화했다. 자동화 스크립트는 200여 대의 '오토마타'(로봇을 이렇게 부르기도 한다)를 가동해 디스크 공간 감시와 파일 삭제, 작동이 멈춘 PC의 자동 재부팅, 신규 직원의 이메일 계정 설정 등의 업무를 처리한다. 키리아크가 보여준 보고서에 따르면 최근 보고된 장애의 73퍼센트가 인간의 개입 없이도 해결되었다. 그는 전에 외부 업체에 위탁했던 서비스를 자동화함으로써 (루마니아 하청업체의 낮은 인건비와 비교하더라도) 꽤 많은 돈을 절약하고 있지만, 자신의 주된 관심은 서비스의 질이라고 말한다. 실제로 서비스의 질은 계속 높아지고 있다. 장애가 자동으로 신속하게 해결되고 있을 뿐만 아니라, IT 인프라도 지난 15개월 동안 예고 없이 정지된 적이 단 한 번도 없기 때문이다.

이것은 메모리얼 슬론케터링에서 이루어지는 암 치료 업무와는 매우 다른 종류의 혼란스러운 상황이다. 위험부담이 낮은데다, 화려한 경력의 지식노동자가 아니라 행정직원들을 필요로 하며, 자동화 또는 증강과 관련해 안정된 솔루션을 제시하는 벤더도 여러 곳 있다는 점에서 그렇다. 그러나 이런 백오피스 업무를 하는 부수적 인력의 증강이 대규모로 이루어질 경우 업무 방식과 장소에 일대 변화가 일어날 수 있으며, 연간 매출이 1,000억 달러를 넘는 아웃소싱 산업이 받게 될 타격 또한 엄청날 것이다. 다시 말해 이는 인건비가 싸다는 이유로 한때 해외로 내보냈던 일을 다시 국내로 돌려 기계에 맡길 수도 있다는 뜻이다.

다시 뱅가드로 돌아가면, 이 회사의 경우 증강할 전문 인력으로 금융자문을 선택했으며, 고령 인구에 믿을 만한 금융자문을 제공할 과학기술의 확인 또한 어렵지 않았다는 점을 이미 앞에서 지적했다. 하지만 이 회사 역시 막상 그런 도구를 적용하자니 여러 가지 선택의 어려움에 직면했다. 자체에서 '자문 엔진'을 따로 개발해야 할 것인가, 아니면 기존 제품을 사용할 것인가? 고객이 직접 시스템을 사용할 수 있게 할 것인가, 아니면 자문들만 접근할 수 있게 할 것인가? 시스템이 왓슨처럼 'Q&A' 상호작용을 다룰 수 있어야 할 것인가, 아니면 전통적인 온라인 인터페이스에만 의지해도 될 것인가? 시스템이 포함해야 하는 금융자문의 가장 중요한 면은 무엇인가?……

뱅가드는 필요한 능력을 자체에서 따로 개발하기로 결정했다. 인간 자문은 이 회사 증강 전략의 핵심인 터라 시스템은 고객과 자문이 공동으로 사용할 수 있도록 설계했다. Q&A 기능은 지금 당장은 필요할 것 같지 않았지만 사용자 인터페이스가 강화될 경우 필요할 듯했다. 아울러 시스템의 핵심 요소는 은퇴 이후 재산, 포트폴리오의 균형 있는 배치, 세액 공제 등을 체험할 수 있는 (수학적으로 몬테카를로 시뮬레이션을 포함하는) 시뮬레이션이었다. 뱅가드의 IT 개발자, 금융전문가, 애널리틱스 전문가들이 대거 참여해 시스템을 개발하는 데 3년이 걸렸다.

5단계 : 변화를 관리하라

스마트 기기를 활용해 사업을 증강하려면 변화에 대한 직원들의 인식을 읽어야 한다. 직원들의 업무를 증강하기로 결정했다면, 컴퓨터를 팀 동료로 두고 직원들은 인간으로서 가장 잘할 수 있는 일에 더욱 집중할 수 있게 하는 방법을 채택했을 가능성이 높다. 하지만 그렇다고 해서 직원들이 여러분의 이런 의도를 완전히 신뢰할 것이라는 뜻은 아니다. 다시 말해 기업의 성공은 어디까지나 인간에게 달려 있다는 확신을 끊임없이 강화하고 보여주어야 한다.

때로는 업무 자동화가 직원들을 완전히 다른 역할로 이동하게 하는 등 지장을 초래할 수도 있다. 그런가 하면 그보다 더 자주, 직원들이 과거에 하던 계산기반 업무는 컴퓨터에 넘겨주고 보다 가치 있는 인간의 강점을 발휘하도록 직무를 재조정해야 할 것이다. 어떤 경우든 직원들이 각자의 역할에 적응할 수 있도록 돕는 과정은 가능한 한 빨리 시작되어야 한다.

3장에서 우리는 지식노동자들이 업무현장에서 기계에 자리를 내주고도 스스로의 가치를 높이기 위해 취할 수 있는 다섯 가지 조치에 대해 각각 살펴보았다. 보험 손해사정사라는 전문 직업을 예로 들어, 각각의 선택사항이 얼마나 다른지를 보여주었다. 마찬가지로 손해사정사의 고용주 또한 해당 직원이 그러한 선택사항을 올바로 이해하도록 도울 수 있다. 다시 말해 경영진은 가능한 조치들에 대한 인식을 높임으로써 직원들이 각자에게 가장 잘 맞는 길을 선택할 수 있도록 도울 수 있다.

이 단계의 두 가지 핵심 요소는 교육과 대화다. 안으로 파고드는 역할이든, 위로 올라서는 역할이든, 앞으로 나아가는 역할이든 (또는 물러나는 역할이든) 역할에 상관없이 전 직원을 대상으로 인지 시스템의 작동 원리와 그 장단점에 대해 교육해야 한다. 업무현장을 떠나 새로 학위를 따야 하는 직원들은 그리 많지 않다. 대부분 실무 교육만으로 충분하다. 이는 핵물리학이 아니다. 그러나 시스템과 함께 일하며 그 내부를 들여다보려는 의지가 반드시 필요하다.

인간과 관련된 두 번째 핵심 활동은 의사소통이다. 새로운 시스템과 관련해 '자동화'니 '로봇'이니 '인공지능'이니 심지어 '인지'니 하는 용어가 떠돌아다니고 있다면 직원들은 당연히 일자리에 대해 걱정할 것이다. 따라서 기계 때문에 일자리를 잃는 사람은 아무도 없을 것이라는 선언을 일찌감치 하는 게 좋다. 그러면 직원들은 곧 불안을 가라앉히고 새로운 가상 동료에게 마음을 열 것이다. 시행 초기에는 예상되는 성공과 난관을 소식지나 회사 이메일의 형태로 이야기해두면 직원들이 시스템에 대해 긍정적으로 느낄 뿐만 아니라 그 사용 또한 지지하게 될 것이다.

뱅가드의 경우 금융자문 업무에 접근하는 방식이 자동화가 아니라 증강이라는 점에 추호의 의심도 없었다. 금융자문들은 개발의 첫 단계부터 시스템에 관해 들었고, 고객관계에서 시스템이 하게 될 일과 그렇지 않은 일에 대해서도 자세히 설명을 들었다. 자문들은 대부분 시스템을 환영했다. 시스템이 성취감이 덜한 업무를 덜어줌으로써 고객에게 더 나은 서비스를 제공할 수 있게 해줄 것으로 기대했기 때문이다(실제로도 그렇다는 것이 드러났다). 프로젝트의 일부로 과학기술에 정통한 자문들이 순환배치되어 어떻게 일할지 준비를 갖추는 데 도움을 주기도 했다.

자문들을 대상으로 시스템과 시스템의 능력을 알리는 교육이 이루어졌다. 그러나 뱅가드 경영진은 기본 정보 전달 업무를 대부분 기계가 처리하게 됨에 따라 인간 자문이 중요한 금융행동 문제를 놓고 고객과 함께 일하는 시간이 더 많아졌다는 점에 주목했다. 앞 장에서도 지적했듯이 '행동금융학'이라는 분야가 ('행동경제학'의 부산물로) 생겨난 지는 10년 남짓 된다. 뱅가드는 자문들의 행동코칭 능력을 끌어올리는 전략에 착수했다. 캐린 리지는 다음과 같이 지적했다. "새로운 시스템은 자문들에게 고객과 상호작용할 수 있는 자유를 더 많이 줍니다. 모든 정보가 이제는 시스템 안에 들어 있기 때문에 자문 대다수가 영상으로 얼굴을 보면서 회의를 진행합니다. 아울러 자문들은 고객과 소통하면서 행동코칭도 하고 있답니다. 아주 흔한 예를 들면, 고객이 하락국면인 시장에서 나가고 싶어할 때 합리적으로 이야기해주는 것입니다. 우리 고객 중에는 꾸준히 투자하면서 장기적인 접근법을 취하기에는 절제력이 없다는 점을 스스로 잘 알기에 자문에게 도움을 청하는 이들이 더러 있습니다. 운동할 때 개인트레이너의 도움을 받는 것과 비슷하지요."

뱅가드는 산하에 투자전략그룹을 두어 시스템에 들어갈 자문 내용을 개발하고, 가능한 경우에는 은근히 401(k) 퇴직연금 투자를 늘리도록 유도하는 등 행동금융학의 접근법을 포함하고자 한다.

6단계 : 프로젝트에 착수하되 플랫폼을 그려보라

대부분의 조직에서 인지 시스템은 처음부터 완전한 형태의 기술 플랫폼으로 도입하기에는 너무나 새롭다. 8장에서 언급한 바 있는 딜로이트 컨설턴트 라지브 로난키는 사실상 모든 고객이 시제품 또는 '개념 증명proof of concept'으로 시작하길 원한다며 이렇게 덧붙였다. "고객은 SF 소설이나 영화가 아니라는 확신이 서야만 비로소 과학기술에 온전히 전념합니다. 따라서 첫 번째 프로젝트는 개발하는 데 4개월에서 6개월이 걸리는 시제품이 대부분입니다."

개념 증명에는 보통 과학기술의 선택, 솔루션 개발이나 시행, 시스템의 성능 및 가치 평가가 수반된다. 그런 점에서 새로운 과학기술의 채택

과정과 크게 다르지 않다.

시제품이나 개념 증명이 성공하고 나면(목표를 너무 높이 잡거나 엉뚱한 과학기술을 선택하지만 않는다면 대개 성공한다) 조직은 비로소 인지 과학 기술을 사업에 활용할 기회가 많다는 점을 대부분 아주 빨리 깨닫는다. 예를 들어 자동차보험 자격심사 시스템이 성공을 거둘 경우 보험사들은 이를 주택보험이나 중소기업보험에도 적용하고 싶어한다. 그럴 때는 이 과학기술을 단일한 응용 프로젝트라기보다는 잠재력을 지니는 플랫폼 으로 바라보는 것이 가장 좋다. 2장에서 몇몇 벤더들을 예로 들어 설명 했듯이 어느 한 가지만이 아니라 다양한 종류의 인지 능력을 조합해야 한다. 그럴 경우 훨씬 더 유연하면서 활용도도 높은 플랫폼을 구축할 수 있다. 아울러 선택한 인지 기술이 조정 가능한지, 기존의 과학기술 설계 와 잘 맞는지, 후속 프로젝트를 맡길 사람들은 차질 없이 구할 수 있는지 등도 고려해야 한다.

예를 들어 엑스체인징에서는 플랫폼 사고platform thinking가 처음부터 준 비되어 있었다. 이 회사는 블루프리즘의 '로보틱 프로세스 자동화' 도구 를 선택하면서 그 용도가 어느 한 곳에 그치는 게 아니라는 점에 주목했 다. 확인 결과 이 도구가 지원할 수 있는 비즈니스 프로세스는 열 가지에 이르렀다. 그 열 가지는 모두 비교적 간단한데다 구조화되어 있었고, 이 회사의 본거지인 영국 보험시장 안에 있었다(이 회사는 로이드에서 갈라져 나오긴 했지만, 다른 몇몇 산업의 프로세스도 위탁받아 처리한다).

엑스체인징은 초기의 개념 증명을 한 달여 만에 끝내며 빠르게 이동 했다. 실제로 이 회사는 2014년 6월에 블루프리즘의 제품을 사용하기 시작해 그해 8월 말에 이르자 프로세스를 네 가지나 더 추가했다. 블루프리즘의 과학기술은 사용하기가 비교적 쉽다. 게다가 엑스체인징은 아웃소싱 회사로서 프로세스의 구조화와 문서화라면 이골이 나 있었다. 엑스체인징은 과학기술의 환경을 직접 설정할 수 있기를 원했고, 그래서 '모델 개발' 부서 직원 15명을 교육했다. 사실 이 회사는 첫 번째 프로세스가 가동에 들어간 그날부터 블루프리즘의 도움을 받을 필요가 더는 없었다.

뱅가드의 퍼스널 어드바이저 서비스 개발과 시행의 몇 가지 측면에 대해서는 이미 살펴보았다. 이 회사의 경우 자문 시스템의 양상을 이미 경험해봤기 때문에 굳이 개념 증명이 필요하지 않았다. 뱅가드는 최대 속도로 내달리며 3년 만에 시스템을 개발해 전면 시행에 들어갔다. 거기서 '플랫폼'으로 이동할 경우 기존의 시스템을 자산 수준이 낮은 개인 투자자들한테까지 확대할 수 있을 뿐만 아니라 잘하면 셀프서비스 접근법도 더 늘릴 수 있을 듯하다. 뱅가드는 고객이 순자산이나 은퇴 자산에 대해 자세히 알고 싶어할 경우 회사 밖 고객의 투자로부터 데이터를 끌어내는 작업도 진행하고 있다.

7단계 : 책임 소재를 정하라

조직의 증강 전략과 관련해 우리가 해줄 마지막 충고는 책임질 사람을 정해야 한다는 것이다. 내부의 여러 부서가 넘나드는 조직의 당면 과제가 다 그렇듯이, 이 일에 전념하면서 경험에서 교훈을 수집하고, 진행 상황을 설명하고, 미래에 대비해 전략적 계획을 수립할 사람을 정하는 것은 매우 중요하다.

'자동화 리더'의 임무는 지금도 계속 생겨나고 있다. 다시 말해 이런 사람들이 아직은 그렇게 많지 않다는 뜻이다. 그러나 그들에게는 우리가 4장에서 정의한 위로 올라서는 역할과 닮은 점이 많다. 생겨나고 있는 임무 중에서 특히 눈에 띄는 공통의 특징과 업무가 몇 가지 있다. 하나는 조직을 점검하면서 이 과학기술에 가장 적합한 기회를 결정한다는 점이다. 또 하나는 최고의 과학기술과 벤더를 선별한다는 점이다. 세 번째는 비즈니스 전체에 걸쳐 인지 기술을 실행할 프로젝트를 지휘한다는 점이다. 마지막으로 의사소통과 교육, 변화 관리를 이끌어간다는 점이다. 간단히 말해 우리가 지금까지 살펴본 조직의 모든 조치에 리더십이 필요하다.

이런 역할을 수행하는 사람들은 당연히 비즈니스뿐만 아니라 과학기술에도 정통해야 한다. AP 통신 최초의 '자동화 편집자' 저스틴 마이어스는 이러한 결합의 전형을 보여준다(마이어스의 상사 루 페라라에 대해서는 4장 '위로 올라서기'에서 살펴보았다. 우리는 마이어스의 경우 위로 올라서는 역할과 안으로 파고드는 역할을 겸하고 있다고 생각한다). 본인의 설명에 따르면 마이어스의 일은 "뉴스 콘텐츠의 생성과 생산을 자동화하는 기회를 확인, 평가하고(위로 올라서는 역할)…… 루비 애플리케이션과 라이브러리를 작성해 새로운 자동화 프로세스를 실행하는 것(안으로 파고드는 역할)"이다. 루비는 인공지능 애플리케이션에 적합한 프로그래밍 언어다.

마이어스는 특이하게도 정보과학기술과 저널리즘 양쪽에 모두 밝다. 그의 직업에는 더 바랄 것 없는 자격요건을 갖춘 셈이다. 그는 저널리즘의 요람 미주리 대학교에서 전자공학과 저널리즘을 복수 전공했다. 그는 뉴스 편집자, 데이터 주도의 쌍방향 뉴스 사이트 프로듀서, 사람들의 콘텐츠 소비 패턴을 연구하는 학자 등 다양한 이력을 갖고 있다. 여러분의 조직에도 자동화 리더가 필요하다면 마이어스처럼 특이한 배경지식을 결합한 '유니콘'을 찾아야 할지도 모른다.

물론 조직의 자동화 또는 증강 프로그램에는 강조점이 다양한 만큼 다양한 유형의 사람들이 필요하다. 예를 들어 엑스체인징의 경우 업무가 고도로 프로세스 지향적인 성격을 띠는데, 이는 이곳 '로봇 자동화' 책임자 폴 도널드슨Paul Donaldson이 프로세스에 집중해야 했다는 것을 의미한다(이후 그는 다른 회사로 옮겨 비슷한 일을 하고 있다). 다행히 그는 식스시그마 블랙벨트 자격증 소지자였다.

도널드슨의 주된 임무는 로보틱 프로세스 자동화의 전반적인 운영을 지휘하고, 자동화 기술을 적용할 프로세스를 결정하고, 교육을 실시하고, IT와 협력하고, 과학기술이 나아갈 방향을 제시하는 것이었다. 아울러 시스템 및 다른 시스템과 연결되는 인터페이스의 기술적 측면을 다루는 엑스체인징의 IT 부서 시스템 관리자와도 긴밀하게 협조해야 했다.

다시 뱅가드로 돌아가 어드바이스 서비스 부서를 책임지고 있는 캐런 리지의 역할에 대해 살펴보자. 그녀는 과학기술에 정통하지는 않지만 뱅가드의 IT 부서와 함께 인간-증강 자문 서비스를 개발했다. 그녀는 고액 자산 투자자 및 투자자문과 함께 일하는가 하면 투자분석도 직접 하는 등 회사에서 다양한 역할을 맡아왔다. 그런 만큼 뱅가드 고객들에게 컴퓨터기반 자문을 제공하는 문제와 관련해 중요 현안은 무엇이며 돌아가는 상황은 어떤지에 대해 명확하게 알고 있다. 뱅가드는 수평 조직이다. 덕분에 리지는 과학기술, 투자 전략, 위험부담, 규정준수 등의 면에서 회사의 다양한 기능과 쉽게 협력할 수 있다.

피할 수 없는
골칫거리

기업은 한 가지 일에 적합하도록 맞춰져 있다. 바로 경쟁이다. 기업은 경쟁우위를 확보할 수 있게 해주는 곳에 투자한다.

이러한 경쟁우위의 일부는 능률, 즉 최소한으로 최대한을 끌어내는 능력에서 나온다. 물론 이는 점점 더 수준이 높아지는 자동화의 동기로 작용한다. 몇 달 전 톰은 한 대형 자동차 보험회사 CEO와 대화를 나눌 기회가 있었다. 주제는 회사가 현재 활용하고 있거나 계획한 빅데이터와 분석 기술이었다. CEO는 자동화 분석을 사용할 경우 예를 들어 자동차가 우박을 동반한 폭풍에 노출되었을 때의 피해 평가 같은 손해사정 업무 일부를 머잖아 처리할 수 있을 것 같다고 운을 뗐다. 그러려면 파손된 자동차 사진을 분석해 우박 때문에 생긴 흠집의 숫자와 깊이를 평가한 뒤 그 결과를 바탕으로 자동차 수리비를 자동으로 산정해낼 수 있어야 한다. 그의 말을 직접 들어보자. "시험 프로젝트를 몇 차례 진행해봤는데, 기계가 인간 손해사정사보다 좀더 믿을 만하더군요." 하지만 손해사정사라는 역할은 수리비에 대한 지식뿐 아니라 종종 뛰어난 인간관계 기술이 필요한 일인데, 자동화 시행이 어떤 영향을 미치지 않을지 톰이 질문하자 그는 이렇게 대답했다. "지금처럼 많은 사람이 필요하진 않을 겁니다. 나는 손해사정 업무의 노동집약적인 측면을 줄이고 싶고, 자동화가 그 답인 듯합니다."

이 CEO는 최전선에서 고객을 대하는 뛰어난 능력을 지닌 손해사정사들을 해고하고 나서 회사가 고객들을 위해 과연 어떤 일을 해줄 수 있겠느냐는 질문에는 아직 답을 찾지 못한 듯하다. 하물며 그는 그 사람들의 일자리 유지를 자신의 문제로 보지 않는다. 그보다는 비용 절감과 일관성 달성을 자신이 추구할 목표로 여긴다. 아마도 기업의 CEO 대부분이 공공연하게, 더 심하게는 아니더라도 비슷한 대답을 했을 것이다. 폭스콘Foxconn 회장 테리 궈Terry Gou는 생산시설에 로봇 100만 대를 배치하려는 이유가 뭐냐는 질문에 이렇게 대답했다. "인간 역시 동물인데, 동물 100만 마리를 관리하려면 머리가 아프거든요."[8]

이러한 사고방식은 바뀌어야 한다. 아이러니하게도 우리는 갈수록 기계 시대로 진입하고 있기 때문이다. 경영진은 기업의 경쟁력을 확보하는 비결은 자동화가 가져다주는 능률이 아니라 증강이 허락하는 차별성이라는 점을 점차 깨닫게 될 것이다. 그러려면 유능한 인재들을 확보하고 붙들어두어야 한다.

노동자 개개인과 마찬가지로 기업 또한 견디기 힘든 변화의 시기를 맞이하겠지만 변화 말고는 대안이 없다. 이 장에서 우리는 변화를 추구하는 조직과 더불어 조직이 증강을 올바로 이해할 수 있도록 도와온 몇몇 개인들에 대해 살펴보았다. 여러분도 경영자로서 그런 사람이 되기를 바란다. 하지만 그러려면 조직 내부에서 도움을 받아야 한다. 만약 여러분의 CEO가 사람들에 대한 의존을 줄여나가는 자동화된 미래에만 전념하는 바람에 그럴 가능성이 전혀 없어 보인다면 우리한테 부탁하라. 다른 일자리를 알아봐줄 테니. 그러니 증강된 미래를 향해 힘차게 나아가라, 여러분의 예전 회사는 어쨌든 번영하지 못할 테니.

10

유토피아인가, 디스토피아인가?

: 사회가 스마트 기기에 적응해야 하는 이유

이 책에서 우리의 주된 임무는 여러분에게 행위자로서의 의식을 갖게 하고 밀려드는 자동화에 대처하는 방법을 스스로 결정하도록 돕는 데 있었다. 지금까지 자동화와 인공지능을 둘러싼 담론은 거시경제학에 치중해 쇄도하는 사건과 고위 의사결정자의 처분 앞에서 개인은 무력하다는 인상을 너무 많이 조장해왔다.

그러나 인간이 계속해서 번영해나갈 수 있는 환경을 마련하는 문제와 관련해 사회적·경제적 정책이 차지하는 중대한 역할을 부정하는 것은 어리석은 짓일 것이다. 이 장에서는 정부 같은 민의 수렴 기관과 그런 기관에 조언하는 전문가들은 스마트 기기 시대의 사회적 요구를 어떻게 바라보고 있는지에 대해 살펴볼 예정이다. 그런 다음 증강 일정을 앞당기려면 먼저 해결해야 할 중요 안건 몇 가지를 제안할까 한다.

우선 많은 스마트한 사람들이 로봇으로 가득 찬 미래 사회에 대해 생각하고 있으며, 그 생각이 우리가 자멸할 것인가 그렇지 않은가 하는 기본 질문에 널리 인용되고 있다는 점을 살펴보는 것으로 출발해보자. 우리의 뉴스 문화가 어떻든 상관없이 우리는 유명한 사상가들과 혁신가들의 의견에 열심히 귀 기울이는 경향이 있다. 그 사람들이 엄청난 불안을 조성하며 우리를 겁주려 할 때는 특히 더 그렇다. 인공지능은 "우리의 실존을 뒤흔드는 가장 큰 위협"이라는 일론 머스크Elon Musk의 발언은 아

마도 2014년을 통틀어 가장 많이 인용된 말일 것이다. 그 뒤를 "인공지
능의 개발은 인류의 종말을 의미할 수도 있다"는 스티븐 호킹Stephen
Hawking의 경고와 "나는 몇몇 사람들이 우려하지 않는 이유를 모르겠다"
는 빌 게이츠의 생각이 바짝 추격했다.

하지만 많은 사상가들의 이야기는 이보다 덜 유명하고 덜 충격적이다
(그래서 신문 헤드라인을 장식하거나 사설로 다루어지지 못한다). 예를 들어
인공지능 전문가 조애너 J. 브라이슨Joanna J. Bryson은 인공지능은 "인공물
의 하나일 뿐"이라며 위기론을 일축한다. 그러면서 인류는 '호모 하빌리
스Homo Habilis' 시대 이후로 도구를 사용해왔으며, 이는 지금도 마찬가지
라고 지적한다. 인공지능이 그 선조들처럼 유용성 면에서 이전 도구들을
앞질렀다고 해서 우리가 어느 날 갑자기 인공지능의 하인으로 전락할
리는 만무하다. 설사 인공지능이 우리의 인지능력을 앞지른다 해도, 더
똑똑한 쪽이 어떻게든 '이기게 되어 있다'고 지레 겁먹을 필요는 없다.
이와 관련해 브라이슨은 다음과 같이 지적한다. "우리는 이미 우리보다
수학을 더 잘할 수 있는 계산기를 가지고 있지만 계산기는 세계는 고사
하고 자신이 살아가는 우리 주머니조차 정복하지 못했다."[1]

앞에서도 언급했듯이 옥스퍼드 대학의 닉 보스트롬Nick Bostrom을 비롯
해 '초지능'의 등장에 열을 올리는 예언자들이 꽤 있다. 보스트롬의 동료
스튜어트 암스트롱Stuart Armstrong은 완전히 새로운 범주의 위험, 그 여파
가 무한정 이어질 위험을 인식해야 한다고 촉구하는 논문을 출간하기도
했다. 그들은 "우리 문명의 기저를 위협하는" 무수한 전 지구적 난관(핵
전쟁, 기후변화, 세계적 유행병 등)에 인공지능도 포함시켰다. 이른바 "통제
문제" 때문이었다.[2] 기계가 인간의 사고능력을 앞서기 시작하면 어떤 일

을 결정하고 일어나게 하는 기계의 능력은 우리의 통제력을 벗어날지도 모른다는 것이다.

보스트롬과 암스트롱은 아포칼립스 시나리오를 쓰고 있지만, 밀려드는 인공지능에 맞서려면 사회 차원의 의사결정이 필요하다는 주장을 믿기 위해 굳이 로봇으로 발 디딜 틈 없는 미래를 믿을 필요는 없다. 앞날을 걱정하는 많은 사람들이 인공지능이 최소한 인간 고용의 급격한 감소를 의미한다고 확신한다. 참석하는 회의마다 우리는 이런 논쟁을 듣게 되는데, 그 순수한 영향력을 놓고 전문가들의 의견은 매번 크게 갈린다. 여기에 대해 좀더 자세히 알고 싶다면 퓨 리서치가 '인터넷의 미래'라는 프로젝트의 일환으로 최근에 실시한 설문조사 결과를 참조하기 바란다. 퓨는 과학자, 비즈니스 리더, 언론인, 과학기술 개발자 등 각 분야의 전문가 1,986명에게 2025년 시점에서 인공지능과 로봇이 만들어낼 일자리가 많을지 대체하게 될 일자리가 많을지를 물었다. 응답자들의 의견은 거의 반으로 갈려 52퍼센트 대 48퍼센트라는 근소한 차이로 낙관론이 비관론을 눌렀다.[3]

전문가들은 지식노동을 자동화하는 능력이 증가하면 단기적으로는 고통스러운 혼란을 초래하게 되리라는 점(실제로 그렇게 되고 있다)에는 대부분 동의하지만, 장기적으로도 그럴 것이라고는 생각지 않는다. 생산성 향상의 역사를 연구하는 경제학자들은 변화가 한창 일어나는 시기에는 상황이 나쁘지만, 시간이 지나면 생산성 향상이 새로운 벤처에 대한 투자로 이어지면서 전에는 상상도 하지 못했던 일자리가 생겨나 결국엔 모든 게 더 좋아진다고 설명한다. 적어도 역사적으로는 늘 그래왔다. 하지만 이번에는 지금까지의 역사와 다를 것이라고 주장하는 사람들도 있다.

예를 들어 미국에서 가장 유명한 경제학자로 꼽히면서 재무장관에 이어 오바마 행정부의 국가경제위원회 의장을 지낸 래리 서머스도 그중한 명이다. 그는 속마음을 감추지 못하는 것으로도 유명한데 그 때문에 하버드 대학교 총장으로 있을 때 곤욕을 치르기도 했다. 2013년 미국경제조사국에서 한 연설에서 그는 자신이 MIT 학생이었던 1970년대 초반만 해도 많은 경제학자들이 "자동화가 일자리를 모조리 없앨 것이라고 생각하는 어리석은 사람들"을 비웃었다며 이렇게 말했다. "몇 년 전까지만 해도 이 문제가 이토록 복잡해질 줄은 몰랐습니다. 러다이트가 틀렸고, 과학기술과 과학기술의 진보를 믿는 사람들이 옳다고 생각했으니까요. 하지만 지금은 그렇게까지 확신하지 못하겠습니다."[4]

그 증거로 우리가 지금 경험하고 있는 경기침체 이후의 매우 더딘 회복세를 생각해보라. 2014년 OECD는 회원국들의 회복상태를 평가했다. 평가 결과 4,500만 명이 일자리를 잃은 것으로 집계되었다. 이를 2008~2009년 전 세계를 강타한 금융위기 이전과 비교하면 1,210만 명이나 더 많았다. 보고서는 만성 실업은 이제 더 이상 주기적 현상이 아니라 구조적 변화를 반영하며, 이는 부분적으로는 갈수록 정교해지는 자동화 기술 때문이라고 결론 내렸다.

우리는 스마트 기기가 주로 긍정적인 결과를 가져올 것이라고 기대하고 정말 그렇게 되려면 빨리 결정을 내릴수록 좋다고 생각한다. 물론 그렇다고 보스트롬처럼 "이는 해결할 수 있는 기회가 단 한 번밖에 없는 문제"이기 때문에 지금 당장 중대한 선택을 해야 한다고 믿는 것은 아니다. 하지만 이 변화의 시기가 몰고 올 파장을 최소화하려면 대개 시간이 많이 걸리는 적응 과정이 필요하다는 것쯤은 알고 있다. UC 버클리에서 인공지능을 가르치는 스튜어트 러셀Stuart Rusell 교수는 얼마 전 초지능 컴퓨터가 인류에게 위협이 될 것 같냐는 질문을 받고 재미있는 답을 내놓았다. 그는 인공지능은 최선을 기대하며 그저 지켜볼 수밖에 없는 날씨와 다르다고 지적한 뒤 이렇게 말했다. "인공지능의 미래는 우리가 선택한다. 따라서 인공지능이 인류에게 위협이 될지 아닐지는 우리가 어떻게 하느냐에 달려 있다."[5] 이 말은 그를 낙관주의자로 만들지 않는다. 그로 하여금 어쨌든 우리는 일하러 가야 한다는 점을 생각하게 만든다.

목표는
증강이어야 한다

여기까지 읽었다면 이제 우리가 무엇을 주장하는지 알 것이다. 즉 일터란 정교한 기계와 인간이 협력관계로 결합해 서로를 증강하는 곳이다. 증강은 지식노동자들이 개인적으로 받아들여야 하는 것이고, 고용주는 경쟁상의 이유 때문에 추구해야 하는 것이며, 사회에서도 크든 작든 독려해야 하는 것이다.

세상의 변화를 주도하는 공로는 대부분 과학적 발견과 기술적 돌파구에 돌아가기 때문에 변화의 시기가 주로 좋은 결과로 나타나게 하는 데 사회정책의 수립이 얼마나 중요한지는 자칫 간과하기 쉽다. 인공지능 법을 전문으로 다루는 보스턴의 변호사 존 프랭크 위버John Frank Weaver가 우리에게 이 점을 상기시켜주었다. 산업혁명이 미국에 끼친 사회적 영향과 특히 중산층의 등장을 돌아보면서 그는 미국인들에게는 증기 동력과 기계보다 더 감사해야 할 대상이 있었다고 조심스럽게 지적한다. "과학기술이 중산층의 등장을 가능케 했다는 것은 분명한 사실이지만 최저임금법, 아동노동법, 노조보호법, 일터의 안전과 환경보호에 관한 규제 등 산업혁명 이후에 제정된 혁신적인 법률은 20세기 중반 미국 중산층의 광범위한 번영을 추동했다." 그는 그런 법이 없다면 보통의 미국인들은 기술의 획기적 발전으로부터 그렇게 큰 혜택을 누리지 못할 것이라고 강조한다.[6]

이러한 진실에 따르는 결과는 받아들이기가 더욱 어려울지도 모른다. 왜냐하면 시장의 힘만으로는 문제를 해결하지 못할 가능성이 높기 때문이다. 이는 컬럼비아 대학교 경제학자 제프리 삭스Jeffrey Sachs가 세상에 알리고자 하는 점이기도 하다. 그는 스마트 기기가 평균적인 생산성과 생산량을 높인다 하더라도 시장의 힘의 효과가 "그 혜택을 인구의 일부, 즉 고숙련 기술과 부를 가진 사람들에게 집중하고, 나머지, 그러니까 주로 청년층과 빈곤층, 기계에 밀려난 노동자들은 뒤에 남겨놓을 수도 있다"며 우려를 나타냈다. 미국에서는 틀림없이 불평등 문제가 불거질 것으로 예상되며, 자동화의 초기 여파는 부분적이긴 해도 이미 불평등을 초래하기 시작했다(몇몇 경제학자는 미국 노동자의 임금 감소 원인 중 절반을 자동화 탓으로 돌린다. 혜택이 사회 전체에 골고루 돌아가게 하려면 정부가 시장에 개입해야 한다).

그렇다면 과학기술의 단층에서 흘러나오는 이 신선한 물길의 혜택을 골고루 나누어 가지려면 오늘 우리에게 필요한 법제 혁신은 무엇일까? 생각을 나누어봐야겠지만 우선은 독자들이 이 질문에 집중하는 것이 우리가 여기서 가장 바라는 일이다. 세계화된 시장 때문에 상황이 복잡해

지긴 했지만 존 프랭크 위버가 인용한 법적 지렛대는 우리에게도 여전히 유용하다. 게다가 위버는 언급하지 않았지만 과거의 탁월한 지렛대가 또 있다. 바로 교육정책이다. 그리고 정부는 굳이 입법 절차를 거치지 않고도 변화를 가져올 수 있는 다른 도구들도 가지고 있다. 예를 들어 각종 프로그램과 능력에 투자하고, 연구 기금을 대고, 현장실험을 진행하고, 기계와 사이좋게 일하는 법을 알려주는 지식과 지적 재산을 배포하고, 연계능력을 사용해 다양한 부문의 행위자들이 공동의 목적지에 도착해 나란히 일할 수 있는 환경을 마련하면 된다.

이런 지렛대들이 서로 협력해 동시에 같은 방향으로 힘을 모은다면 엄청난 차이를 만들어낼 수 있다. 하지만 그런 일이 일어나려면 앞에서 이 모두를 이끌어나가는 공동의 철학 또는 원칙이 있어야 한다. 우리는 지금까지 입증해온 증강 논리가 그러한 철학을 제시할 수 있다고 생각한다. 예를 들어 스마트 기기와 상보적 관계를 이루며 일할 수 있는 인재를 양성할 계획이라면 공교육 환경에서 할 수 있는 일이 분명히 있을 것이다. 소득 과세와 사회복지에 대한 생각은 앞으로 인간이 경제적 가치를 창출할 수 있는 기회가 적다고 생각하는지 많다고 생각하는지에 따라 크게 달라질 것이다(증강의 미래는 기회가 많다고 본다). 직원들이 고용주에게 갖는 기대와 기업이 '사업면허'를 취득하는 것 또한 증강을 추구하는 사회인지 아니면 자동화를 추구하는 사회인지에 따라 억제되거나 촉진될 것이다.

STEM 교육이
유일한 답인가?

이번에는 우리 아이들의 교육 문제에서 출발해보자. 인공지능이 급속히 발전하면서 교육계를 향해 대처를 요구하는 목소리가 날로 커지고 있다. 그 가운데는 이제는 학교도 이런 과학기술을 사용해 교육적 사명을 완수해야 한다는 요구도 있다. 오늘날 학생들이 배우는 내용을 보면 스마트 쌍방향 시스템이 교사로 나서도 손색이 없을 듯하다. 이런 시스템은 학생이 완전히 숙지한 내용은 무엇이고 아직도 이해하지 못한 내용은 무엇인지를 실시간으로 파악해 거기에 맞게 수업을 진행할 수 있다. 그것도 학생의 학습 습관에 가장 잘 부합하는 형태로. 이런 시스템을 도입할 경우 인간 교사 혼자 서른 명 안팎의 학생을 맡아 1년이라는 기간 안에 다음 단계로 올려보내야 한다는 사실을 중심으로 세워진 학교에 새로운 방향을 제시할 것이다. 이런 성취를 위한 계획은 교사들의 필요에 의해 추동되는 것이 아니라, 학습자의 필요에 따라 움직여야 한다. 그래서 모든 학생이 일대일 맞춤형 교육 계획의 혜택을 누리는 지점에 이를 때쯤엔 엄청나게 문제가 많은 학교 달력의 종말을 드디어 보게 될지도 모른다. 여름이면 농가마다 밭에 나가 일할 아이들이 필요하던 시절, 특정 종교 축일을 다른 무엇보다 중요하게 생각하던 시절에서 내려온 시대착오적인 관습이 비로소 사라지는 것이다.

인공지능을 활용해 교육 **방식**을 바꾸는 것은 물론 중요하다. 그러나 학생들이 인공지능으로 인해 변화하는 세상에서 성공할 수 있도록 준비시키려면 교육 **내용**의 개혁 또한 그 못지않게 중요하다. 학교가 일반에게 무료인 까닭은 사회가 고학력 인구의 유지에 관심이 많기 때문이다. 이는 교육받은 유권자를 원하는 민주주의 체제에만 해당하는 이야기가 아니다. 세계화된 경제 안에서 국민들이 그럭저럭 괜찮은 생활수준을 누리길 바라는 정치 체제에는 모두 해당되는 이야기다. 현재의 경제상황에서 우리는 생활임금을 버는 데 충분한 가치를 부가할 수 있는 사람들을 원한다. 그런데 새로운 과학기술 같은 요인이 경제를 변화시키면 사회 구성원들의 지식도 바뀌어야 한다.

공교육 지원이 시작된 것은 바로 이 때문이었다. 산업혁명 시기에 산업 지도자들과 정치 지도자들은 기계를 다룰 줄 아는 노동력이 존재하지 않는다면 자동화를 통해 잠재적으로 얻을 수 있는 엄청난 이익이 허락되지 않을 수도 있다는 점을 일찌감치 깨달았다. 그런 노동력을 양성한다는 것은 농장에서는 별로 쓸모가 없는 과목을 다수 포함하는 지식 기반뿐만 아니라 매일매일의 활동과 생산 습관을 바꾼다는 뜻이기도 했다. 학교가 변하지 않는 환경에서 기계적인 일을 꾸준히 해내는 습관을 가르쳤다는 것은 우연이 아니다. 교실에서 학습자들은 한 명의 뛰어난 교사의 명령에 의문을 갖지 않고 순응했다. 학교에 간다는 것은 공장에서 일하는 데 필요한 소프트스킬을 확립한다는 뜻이었다.

그러다 19세기 말 과학기술 교육을 지향하는 학교의 개념이 등장했다. 1909년 산업화의 한복판에 있던 영국 대도시 다섯 곳에서 과학 또는 기계공학에 집중하는 '빨간 벽돌'의 새로운 대학교가 생겨났다. 중소도시에서도 기술학교Mechanic's Institute라는 야간학교가 다수 생겨났는데, 이곳에서 성인 노동자들은 생산시설을 확대하려는 공장 소유주에게 필요한 기술을 습득했다. 매사추세츠 로웰의 공장들에서는 그와 유사하게 여성에 대한 교육이 이루어졌다(하지만 매일 12~14시간씩 일하고도 강의를 들으러 다닐 만큼 에너지가 넘치는 여성 공장 노동자가 그리 많지는 않았다).

시간을 훌쩍 건너뛰어 오늘날로 와도 역시 똑같은 종류의 해결책이 권장되고 있다. 다만 그 이름이 과학, 기술, 기계공학, 수학을 뜻하는 'STEM' 교육으로 바뀌었을 뿐이다. 과학기술이 주도하는 광범위한 변화의 시기에 이는 유효성이 증명된 신뢰할 만한 접근법이다. 과거에 비해 지금은 교육이 훨씬 더 명확하고 집중된 방향으로 가고 있다는 점에서 이러한 접근법은 더욱 강력한 힘을 발휘한다. 실제로 오늘날의 정부는 교육 수준, 방법, 시설에 대해 전과는 비교도 안 될 만큼의 영향력을 행사한다.

예를 들어 오늘날의 영국에서는 아이들에게 컴퓨터를 가르치는 방법이 새로 채택되었다. 그러한 접근법은 코딩과 생산성 툴의 사용 같은 익숙한 기술에 주로 초점을 맞춘다. 하지만 교육 내용을 보면 대부분 스마트 기기를 다루는 데 필요한 기술을 발전시키는 데 적합해 보인다. 예를 들어 BBC의 한 뉴스 기사는 5~7세의 아이들이 컴퓨터를 배우는 목적을 다음과 같이 정리하고 있다.

- 알고리즘이 무엇인지, 이것이 디지털 장치에서 프로그램으로써 어떻게 실행되는지를 알고, 지시대로 정확히 따르기만 하면 프로그램이 실행된다는 점을 이해한다.
- 간단한 프로그램을 작성하고 결함이 있으면 찾아내 해결한다.
- 논리적 추론을 사용해 간단한 프로그램의 행동을 예측한다.[7]

나중에 안으로 파고드는 역할이나, 위로 올라서는 역할이나, 앞으로 나아가는 역할을 맡게 되는 학생에게 이런 종류의 지식은 유용할 것이다.

그러나 지식노동자가 기계와 관련해 취할 수 있는 조치가 다섯 가지인데 STEM 교육은 그중 세 가지만 강조하며, 따라서 노동인구의 절반만 고려한다. 안으로 파고들어 스마트 기기를 매일 사용하는 사람들에게나, 위로 올라서서 그 영향력을 평가하는 사람들에게나, 앞으로 나아가며 새로운 시스템을 구축하는 사람들에게는 물론 컴퓨터와 분석에 관한 교육이 매우 유용하다. 그러나 대부분의 교육 지침이 STEM 교육은 모두를 위한 것이라고 주장한다.

모든 노동자의 증강이라는 가치 창출 전망에 맞게 공교육을 재설계할 경우 안으로 파고들거나 옆으로 비켜서는 지식과 기술에 초점을 맞출 수도 있겠지만 일대일 맞춤형 학습 도구의 활용성을 감안할 때 이런 조치 중 어느 한 가지에만 초점을 맞출 필요는 없다. 그보다 공교육은 가능성은 모두 다섯 가지가 존재하며, 학생들이 그 가능성을 탐색하며 자신에게 가장 적합한 길로 가도록 도울 수 있게 설계되어야 한다는 점을 깨달아야 한다.

특히 틈새로 움직이는 역할의 경우, 과거에는 학교가 별로 지원을 하지 못했지만, 이제 훨씬 많은 일을 해줄 수 있다. 이와 관련해 학교는 학생들이 좁은 분야의 관심을 추구하게 하되, 스마트 기기를 사용해 정확성과 신속성을 익히며 발전해갈 수 있도록 해야 한다. 그런가 하면 각 방면의 장인 밑에 들어가 일정 기간 견습생으로 지내면서 그들이 일에 쏟는 열정을 비롯해 그들의 직업이 갖는 무언의 측면을 배울 수 있게 하는 교육 시스템도 가능하다.

학교는 또한 기업과 손잡고 특히 좁은 범위의 강점을 갖춘 인재풀을
양성할 수도 있다. 예를 들어 로봇 제조업체가 몰려 있는 보스턴 지역에
서는 직업고등학교 대부분이 로봇공학을 정규과목에 포함한다. 이렇게
된 데는 근처 산업 인사 담당자들의 입김이 크게 작용했다. 그러나 학교
에서 운영하는 특별 프로그램이 해당 지역과 관련되어야 한다는 법은
없다. 역시 보스턴 지역에 있는 노스이스턴 대학교는 연방정부로부터 기
금을 지원받아 사이버 보안원이라는 차세대 전문 직업인을 길러내는 강
좌를 개설해왔다. 물론 이런 강좌를 설치할 수 있는 곳이 따로 정해져 있
는 것은 아니지만(어쨌든 사이버 공격은 도처에서 일어나므로) 물리적 위치
가 갖는 이점 덕분에 이곳 학생들과 최첨단 분야에서 일하는 강사들은
실시간으로 서로의 경험에서 배울 수 있다.

한편 앞으로는 고용주 측에서도 인간 노동자들이 스마트 기기와 협력
하도록 교육하는 부담을 직접 떠안는 사례가 점점 늘어날 것으로 보인
다. 산업혁명기의 똑똑한 고용주들이 "기계공, 공장 관리자, 방직공이 충
분히 공급되도록"(제임스 베슨이 《일하며 배우며》라는 저서에서 밝힌 대로)
교육하는 방법을 개발해냈듯이, 21세기의 현명한 고용주 또한 오늘날에
걸맞은 증강 기술을 제시할 것이다. 앞 장에서도 설명했듯이 인간의 능
력이 갈수록 경쟁우위의 근원으로 자리 잡으면서 고용주가 직원 교육에
투자하려는 합리적 이유는 많아질 것이다.

아울러 인간 노동자가 계속해서 고용 자격을 갖추도록 하려는 이러한
노력은 '사회적 사업면허' 즉 공공기금으로 지은 인프라를 사용하는 대
가로 정부와 시민들이 기업에 부과하는 책임의 일부로 자리 잡아나갈
것이다. 하지만 이런 책임은 법과 규제 같은 공식적 형태보다는 기대와

권고 같은 비공식적 형태를 띠게 될 가능성이 높다.

(기계가 노동자가 지니는 가치의 근원인 신체적 힘에 위협을 제기하면서) 산업혁명 이후의 고용주들이 안전 기준을 정해야 했듯이, 오늘날의 고용주들은 교육 기준을 정해야 한다. 그 이유는 기계가 지식노동자의 가치의 근원인 인지적 힘에 위협을 가하고 있기 때문이다. 이 말이 극단적으로 들린다면 이전 시대의 안전 기준 및 생활임금 기준과 마찬가지로, 각성한 기업은 이미 교육 기준을 마련하고 있다는 점에 주목하기 바란다. 여기서 각성한 기업이란 이타적 의미가 아니라, 장기적 성과를 지향하며 최종 경쟁우위는 인적 자본의 개발에 있음을 깨달았다는 뜻이다(중간에 무임승차하는 경쟁자들에게 인적 자본을 일부 빼앗기는 한이 있더라도 말이다). 관련지식 내용의 상당 부분이 다른 직원들보다 몇몇 직원에게 집중될 가능성이 높다는 점에서 스마트한 조직일수록 서로서로 교육하는 분위기를 조성할 것이다. 예를 들어 구글은 직원들끼리 서로 교육하는 G2G(Googlers-to-Googlers)라는 프로그램을 운영한다. 이 회사에서 제공하는 교육물의 절반 이상을 직원들이 가르친다. 교육 내용은 기술적 주제(데이터 시각화, 파이썬 프로그래밍)에서부터 스핀과 육아 수업에 이르기까지 아주 다양하다.

세계적 기업들의 이런 움직임은 사회가 기업에 품는 기대가 과연 무엇인지를 쉽게 짐작하게 한다. 생산성 증가의 혜택이 노동자보다 자본가에게 더 많이 돌아가는 모습을 오랜 세월 지켜본 지금, 사회가 첫날부터 유능한 노동력을 넘겨주는 것이 오롯이 자기만의 책임은 아니라고 선언하는 것은 하나도 이상한 일이 아니다. 실무 교육은 늘 강력한 힘을 발휘해온 만큼 기업은 이 도구를 적극 활용해 증강을 촉진해야 한다.

교육은 증강을
강조해야 한다

무엇보다도 학교 교육은 학생들에게 '기계와 더불어 자신의 강점을 증강할 수 있는 법'을 가르치는 데 중점을 두어야 한다. 과학기술 블로거 셸리 파머Shelly Palmer는 최근 에세이에서 일부 지식노동자들은 자신의 능력을 끌어올리기 위해 인공지능 형태를 자연스럽게 받아들인다고 지적했다.

> 엑셀로 수치를 다루는 것을 생업으로 삼고 있거나, 갠트 차트로 생산량 증가를 파악하고 프로젝트를 관리하고 있다면 그런 지루한 업무를 최소화해주는 매크로를 벌써 개발했을지도 모르겠다. 사실 인간-기계 파트너십이 등장한 지는 꽤 된다. 이를 잘 활용하면 경쟁자들보다 훨씬 더 높은 생산성을 발휘할 수 있다. 효율적인 인간-기계 파트너십이야말로 현대 생산성의 핵심 요소이기 때문이다. 툴을 능수능란하게 다룰 수 있다면 경쟁자보다 늘 앞서나가게 될 것이다.[8]

그가 옳다. 따라서 우리는 명백하면서도 불편한 질문을 제기할 수밖에 없다. 여러분이나 여러분의 자녀에게 그런 인간-기계 파트너십을 형성하는 방법을, 스마트 기기에 완파당하지 않는 법을 가르쳐주는 사람이 있는가?

최근에 훌륭한 학교 시스템을 헤치고 나온 아이들의 부모로서 우리 둘은 우리가 어렸을 때 이후 미국의 교육학에 일어난 극적인 변화와 관련해 적어도 하나는 분명히 증언할 수 있다. 즉 협력을 요하는 팀별 과제를 엄청나게 강조한다는 점이다. 요즘 학생들은 우리 때에 비해 '외톨이 발명가'는 신화라는 소리를 훨씬 많이 들으며, 성적 또한 과제를 같이 하는 친구들의 노력에 달려 있을 확률이 훨씬 높다. 이는 아이비리그 진학을 목표로 올 A를 받으려는 학생들과 호랑이 같은 그 부모들에게 종종 골치 아픈 일이다. 하지만 직장의 상황도 이와 똑같다. 오늘날의 직장에서는 거의 모든 성과가 팀 단위로 이루어진다.

추측건대 앞으로는 학생들이 훗날 직장에 들어가 합류하게 될 팀에 기계도 포함된다는 인식에 따라 팀워크를 강조하는 학교가 훨씬 더 많아질 것으로 보인다. 효율적인 인간-기계 파트너십, 즉 인간과 기계가 효율적으로 서로의 강점과 약점을 보완해주는 관계를 형성하는 데 필요한 능력은 어릴 때부터 가르치는 게 좋다. 그런 교육은 남학생들이 나무와 금속을 자르는 법을 배우던 '기술 수업'과도 비슷하다. 우리 아이들은 안타깝게도 학교에서 그런 경험을 하지 못했다.

MIT 미디어랩 소장 조이 이토Joi Ito가 얼마 전 테드 토크에서 한 발언도 이런 생각과 일맥상통한다. 교육에 대해 얘기하면서 그는 학생들이 나중에 나가 일하게 될 실제 세상에서는 (인터넷이나 스마트폰 앱을 활용해) 과학기술의 도움을 받는데 교사들은 그런 도움 없이도 학생들이 특정 업무를 수행할 수 있다고 계속 주장하는 이유가 뭔지 모르겠다며 답답함을 토로했다. 예를 들어 계산기가 도처에 있는데도 화학시험을 보는 고등학생에게 긴 나눗셈을 직접 풀라고 주문할 텐가? 계산기를 허용한다는 것은 교사가 화학 문제를 좀더 어렵게 낼 수 있다는 것을 의미한다.

인지 지원 도구에 대해서도 똑같은 말을 할 수 있다. 게다가 미래에는 그런 도구가 많이 생겨날 것이다. 교육의 최종 목표가 인간들에게 기계와 더불어 자신의 강점을 증강하는 최선의 방법을 가르치는 것이라면 아이들이 학교를 졸업할 때까지 그런 방법을 익힐 수 있도록 해야 한다.

또한 교육은 현명한 의사결정을 할 수 있도록 가르치는 데도 역점을 둬야 한다. 스마트 기기의 도움을 받든 그렇지 않든 마찬가지다. 다시 말해 학생들은 기계한테 맡기면 가장 좋은 결정은 무엇이고 인간의 개입이 필요한 결정은 무엇인지를 배워야 한다. 인간은 알 수 없는 미래에 대해 염려하게 마련이므로, 반드시 인간이 판단해야 하는 결정이 늘 있을 것이다. 많은 경우 방향을 정하는 것과 관련된 이런 종류의 결정에는 다른 사람들의 의견이 큰 도움이 될 수 있다. 그래야 모두가 동의하는 올바른 결정이 나올 수 있다.

외교정책과 비즈니스 경영 같은 분야에서는 훌륭한 의사결정을 위한 방법을 오랫동안 가르쳐왔다. 그쪽 분야의 학생치고 의사결정과 관련된 (인공지능에 대한 언급이 빠진 경우가 대부분이긴 하지만) 강좌를 이수하지 않고 학위를 따는 학생은 거의 없다. 최근 들어《생각에 관한 생각*Thinking, Fast and Slow*》의 저자 대니얼 카너먼 등 의사결정 분야의 전문가들은 자기 분야에만 국한되지 않고 여러 분야를 넘나들며 일반 독자들에게 다가가는 데 성공했다. 우리는 의사결정이 기술로 인식되어 보다 널리 확산되고 보다 이른 교육단계로 내려가는 것을 보고 싶다. 아울러 의사결정은 컴퓨터에 의해서도 수행 가능하다는 논의가 확산되는 모습 또한 보고 싶다. 왜냐고? 인간의 의사결정 능력은 원래 불안정한데, 앞으로 인공지능 도구가 많은 결정을 내리게 된다면 그만큼 인간은 실전 경험이 줄어

들어 의사결정 능력이 더욱 나빠질 위험이 높기 때문이다.

사람들은 먼저 쉬운 결정을 하는 법부터 배운 다음 어려운 결정을 하는 법을 배운다. 즉 어떻게 결정하든 좋은 결과가 나왔던 이전의 간단한 상황에서 기술과 자신감을 얻는다. 그런데 이런 쉬운 결정은 컴퓨터가 넘겨받고 인간에게는 매우 모호한 상황만 남게 되면서 의사결정은 자칫 잊힌 기술로 전락할 위기에 놓여 있다. 인간이 내려야 하는 종류의 결정을 진단하고 제대로 된 결정을 내리기까지의 과정을 이해하는 사람이 점점 줄어들면 우리는 어떻게 될까? OECD 분석가 크리스티안 라임스바흐-쿠나체Christian Reimsbach-Kounatze는 최근에 열린 이 기구 법사위원회 회의에서 불길한 전망을 내놓았다. 그는 조만간 우리 인간 중 교육이나 관심이 부족한 의사결정자는 무조건 기계의 결정에 따르는 이른바 "데이터 독재" 아래 들어가게 될지도 모른다며 우려를 나타냈다.[9] 물론 그렇다고 해서 늘 나쁜 결과만 나오지는 않겠지만 적어도 가끔은 그렇게 될 것이다. 우리 인간은 어느 게 어느 것인지 알 필요가 있다.

마지막으로 우리가 교육자들에게 양성을 당부하고 싶은 소프트스킬은 지속적인 배움의 기술이다. 지금까지 학교 교육은 학생들에게 특정 지식 체계를 가르치는 데 치중해 **배우는 법을 가르치는 것**은 등한시했다. 변화가 더딘 시기에는 전자만으로도 충분할 수 있겠지만, 오늘날처럼 하루가 다르게 진보하는 세상에서는 학교에서 배우는 내용이 10년 안에 구닥다리로 바뀌거나 전적으로 기계화될 수도 있는 만큼 후자가 훨씬 더 중요하다. 그 문제에 관한 한 학교에서 인지 과학기술이나 딥러닝 네트워크에 대해 뭐라도 배운 졸업생이나 재학생은 사실상 없지만 그런 기술의 작동 원리를 아는 것은 머잖아 반드시 필요할 것으로 보인다. 그리고 7장에서도 지적했듯이 학교에서 틈새로 움직이는 역할에 필요한 좁은 영역의 기술을 배우는 학생 또한 거의 없을 것이다. 그런 좁은 주제를 대규모 집단에 가르치는 것은 합리적이지 않기 때문이다.

제록스 파크Xerox PARC를 오랫동안 이끌어온 것으로 유명한 존 실리 브라운John Seely Brown은 "기업가정신을 갖춘 학습자" 양성의 필요성을 강조한다. 그는 기업가정신을 가르쳐야 한다고 말하는 것이 아니라, 지식을 쌓는 일에 모험심을 발휘할 수 있도록 가르쳐야 한다는 의미로 이 말을 하고 있다. 그의 설명에 따르면 기업가정신을 갖춘 학습자란 "새로운 방법과 새로운 자원, 새로운 동료와 잠재적 멘토를 찾아다니며 끊임없이 새로운 것을 배우는 사람"이다.[10]

학생들이 인간-기계 파트너십을 형성하고, 현명한 결정을 내리고, 기업가정신을 갖춘 학습자가 되는 법을 익힐 수 있도록 하는 교육은 기계로 증강된 노동자를 양성하는 데 필수적인 소프트스킬로 여겨질 수 있다. 고용에 필요한 소프트스킬을 가르친다는 생각은 갈수록 지지자를 불러 모으고 있는 듯하다. 실제로 실업이 만연한 환경에서 자란 신입사원들을 대상으로 제시간에 출근하고, 고객에게 공손하고, 규정을 준수하는 등의 기본 '예절' 교육을 실시하는 조직이 점차 늘고 있다. 좀더 넓은 의미에서 소프트스킬 교육은 직원들이 고객 및 동료들과 공감하고, 다른 사람들과 협력하고, 문제를 해결하고, 의사소통하고, 관계를 관리하고, 그리고 무엇보다 지속적으로 배움으로써 인간의 강점, 즉 지속적인 가치의 근원을 다질 수 있게 해준다. 스마트 기기와 함께 일하든 스마트 기기는 할 수 없는 일을 하든, 스마트 기기와 보조를 맞추며 성공하려면 열심히 노력하는 길밖에 없다.

일자리 창출 정책은
증강을 장려해야 한다

교육정책이 장기적으로 고용에 미치는 자동화의 위협을 최소화하는 전략이라면, 일자리 창출 정책은 그보다는 단기적인 성격을 띤다. 전통적으로 노동력 해체가 발생하면 정부는 다양한 전략을 구사하며 고용을 촉진해줄 민간부문의 투자를 장려한다. 이런 전략에는 이자율을 내려 투자의 위험성을 줄이거나, 정부 기구를 통해 재화와 용역을 직접 사들이거나, 민간의 노동력을 필요로 하는 사회기반시설 개보수 기금을 마련하거나, 고용 보조금을 지급하거나, 고용주에게 연방 신용을 제공하는 방법이 있다.

이보다 직접적으로는 급여대상자 명단을 확대하는 방법으로 유급 노동자의 숫자를 계속 유지하는 정부도 많다. 가장 유명한 사례로, 대공황 시기 미국의 일자리 창출은 공공산업진흥국Works Progress Administration(WPA)에서 구체화했다. 1933년 프랭클린 D. 루스벨트의 행정명령에 따라 설립된 이 기구는 정부에서 돈을 대는 사회기반시설 사업과 여타 지역사회 개선 노력을 통해 실직한 미국인들에게 직접 일자리를 제공하는 연방정부의 지원 프로그램이었다. 아울러 WPA는 예술과 문화에 초점을 맞춘 사업도 활발히 추진해 화가 잭슨 폴록과 극작가 아서 밀러Arthur Miller 같은 예술가와 작가를 양성했다. 전체적으로 WPA가 창출한 고용은 대공황으로 일자리를 잃은 1,000만 명의 노동자 가운데 300만 명에게 소득을 제공하는 효과를 가져왔다. 이 밖에 대공황기의 일자리 창출 프로그램에는 청소년들에게 나무를 심고 공원을 짓게 하는 시민보호기구Civil Conservation Corps도 포함되어 있었다.

대공황은 금융제도의 엄청난 실패가 가져온 결과이지 당시 미국의 공장들에서 빠르게 진행되고 있던 업무 자동화 때문이 아니라는 점을 분명히 해두어야겠다. 그렇지만 자동화가 일자리에 미치는 잠재적 위협에 주목하는 사람들도 있었다. 예를 들어 존 메이너드 케인스는 〈우리 손주들을 위한 경제 전망〉이라는 1930년 논문에서 세계 최대 경제권의 이른바 "새로운 질병"을 진단했다. 그는 이를 "기술적 실업technological unemployment"으로 지칭하며 그 이유는 "우리가 노동의 새로운 용도를 찾아내는 속도보다 더 빨리 노동을 절약하는 방법을 찾아내기 때문"이라고 설명했다. '적응이 필요한 인간은 없다No Humans Need Apply'라는 제목의 한 영리한 유튜브 비디오는 자동화로 인한 실업률이 대공황기 미국의 실업률과 같은 25퍼센트 수준에 이르기는 그리 어렵지 않을 거라고 지적한다.

오늘날 각국 정부와 경제자문들은 스마트 기기의 맹습으로부터 일자리를 지키려는 이 모든 움직임을 주시하고 있다. 모든 가능성을 고려해야 한다는 점에서 적절한 반응이다. 그러나 우리는 이런 도구의 사용을 무엇보다도 인간-기계 증강의 측면에서 바라봐야 한다는 입장이다. 정부는 사람과 스마트 기기가 상호보완적인 역할을 하는 일자리 창출을 독려하고, 미래에는 사람과 기계가 더 잘 협력할 수 있도록 준비해야 한다. 대공황기의 프로그램은 대개 정부 일자리를 늘려 노동자의 고용 가능성을 높이는 효과를 가져왔다. 자동화 또는 증강과 관련된 미래 프로그램도 그래야 한다.

오늘날 중국의 신흥 도시들에 가보면 눈길을 사로잡는 광경과 자주 마주치게 된다. 번쩍이는 초고층빌딩 공사현장 앞이나 스마트폰을 확인하며 서둘러 비즈니스 회의 장소로 발걸음을 옮기는 수많은 사무직 노동자들 한가운데서 중세에나 볼 법한 농부 같은 옷차림을 하고 밀짚 빗자루로 거리를 청소하는 노동자의 모습이다. 물론 이는 노는 인력을 줄이기 위해 만들어낸 불필요한 작업으로, 우리가 옹호하는 일자리 창출과 정반대의 이미지를 떠올리게 한다. 이 불쌍한 노동자는 기계가 하면 더 잘할 수 있는 일을 하고 있을 뿐 아니라, 그 일을 계속해봐야 더 나은 능력을 얻을 수도 없다.

노키아Nokia의 실패 이후 핀란드가 전문 기술직 노동력의 해체를 해결하기 위해 사용해온 일련의 정책은 이와 완전히 대비된다. 〈뉴욕 타임스〉의 보도를 인용하면 노키아가 직원들을 무더기로 해고하기 시작하자 "정치인들은 정부 보조금과 창업 프로그램 등을 제공하며 일자리를 잃은 전문 기술직 노동자 수천 명이 직접 회사를 차리도록 돕기 시작했다." 그뿐만 아니라 핀란드는 다른 세계적인 기업들이 자국에 지사를 열어 새로 조성된 이 인재풀을 활용하도록 장려하는 한편, 노키아를 압박해 이전 직원들에 대한 지원을 늘리게 했다. 이러한 도움은 일반적인 재취직 지원 사업을 훨씬 뛰어넘는다. 〈뉴욕 타임스〉에 따르면 여기에는 "벤처 창업 지원금을 비롯해 이전 직원들이 미사용 특허권 같은 회사의 지적 재산 일부를 사용할 수 있게 하는 방안도 포함되었다".[11]

우리는 이를 '앞으로 나아가도록' 권장하는 정치적 전략, 다시 말해 기술적으로 훈련된 노동자들이 차세대 과학기술(노키아의 경우 자동화 과학기술보다는 이동통신 과학기술)을 개발해 시장에 내놓을 수 있도록 발판을 마련하는 정치 전략이라고 부르고 싶다. 그리고 먼 미래를 내다볼 때 이는 관련 지식노동자와 핀란드 경제 모두에 큰 수익을 안겨줄 전략이기도 하다.

미국으로 눈을 돌려, 특히 WPA와 관련해 우리는 옆으로 비켜나는 길에 이상적으로 보이는 직무기술 교육 프로그램을 살펴보았다. 머리글자를 따서 보통 'HOPE'로 알려져 있는 '역사보존체험Hands on Preservation Experience'은 국립역사보존신탁이 수천 명의 청소년을 대상으로 지역사회에 역사적으로 중요한 의미를 지니는 건물과 장소를 보존하는 데 필요한 기술을 실습하게 할 목적에서 2014년에 발족한 프로그램이다.[12] 이를 통해 초보 일꾼들은 세심한 보존 기술을 배우는 동시에 문화유산이라는 인간성의 핵심에 깊이 다가가고 있다. 직업 교육 프로그램은 많지만 무엇보다 이런 프로그램이야말로 갈수록 똑똑해지는 스마트 기기를 효율적으로 보완하는 데 필요한 감수성을 길러주고 있는 듯하다.

우리가 이 책에서 간략하게 소개한 다양한 '조치'를 취하는 데 필요한 기술과 감수성을 배양하려면 또 어떤 프로그램이 좋을까? 약간의 상상력만 있다면 인간과 기계의 원활한 파트너십이 생산성 제고로 이어지는 모습을 보여줌으로써 고용주들이 그런 일자리 창출에 더욱 적극적으로 나서도록 유도할 방법을 찾기가 그리 어렵지만은 않을 것이다. 일반적으로 공공기금을 적절히 사용해 일자리 창출자를 독려하는 것이 직접 일자리를 창출하거나 이익을 재분배하는 것보다 더 낫다. 이 점과 관련해 우리는 실리콘밸리 기업가이면서 《인간은 필요 없다Humans Need Not Apply》라는 인상적인 제목의 책 저자이기도 한 제리 카플란Jerry Kaplan의 의견에 동의한다. 최근의 인터뷰에서 그는 이렇게 말했다. "소외계층에 더 많은 혜택과 지원금을 제공하는 방법으로 사회 안전망을 확충하는 것만이 능사가 아니다. 이런 방법은 냄비가 끓어 넘치지 않기를 바라며 냄비를 휘

젓는 것과 같은 효과를 가져올 뿐이다." 극단적인 자동화의 시기에 사람들이 계속해서 경제적 가치를 창출할 수 있게 하는 더 나은 전략은 그에 상응하는 기술과 도구를 갖추도록 하는 것이다. 카플란은 이렇게 말한다. "우리는 육체노동자와 사무원이 아니라 미래의 기업가와 자본가를 양성해야 한다."[13]

정부가 주도하는 일자리 창출은 정책 입안자들을 '승자를 선택하는' 위치에 올려놓는다는 점에서 종종 비난을 받는다. 그러나 이 경우에 있어서는 문제가 되지 않을 것이다. '기계와의 경주'에 관심을 보이는 사람들이 많아질수록 인간을 승자로 선택하거나 적어도 인간이 이길 수 있도록 지원하는 정부를 반대하는 사람은 많지 않을 것이다.

핵심에서 벗어난
기본소득 보장

자본주의 사회의 경제생활을 관통하는 중요한 사실 하나는 일하지 않는 사람들은 대개 돈을 전혀 벌지 못한다는 점이다. 몇몇 책상물림 정책 입안자들은 자동화는 일하는 사람에게나 일하지 않는 사람에게나 생활임금을 지불할 수 있을 만큼 생산성을 높여준다고 주장해왔다. 우리가 이 글을 쓰는 지금 네덜란드에서는 소득과 노동 사이에 늘 존재해온 계약을 깨고 사회 구성원들에게 기본소득을 지급했을 때 어떤 현상이 일어나는지 알아보는 실험이 현실세계에서 시작되고 있다. 기본소득은 새로운 개념은 아니지만(예를 들어 미국에서는 닉슨Richard Nixon 행정부 시절에 이미 논의된 바 있다) 새로운 차원의 자동화가 유례없는 생산성 증가를 가져와 우리 모두를 지탱하고도 남을 부를 창출해줄 것이라는 기대가 확산되면서 다양한 계층의 지지를 받아왔다. 그러나 안타깝게도 정부가 재분배라는 이례적인 형식으로 중간에 끼어들지 않는 한 자동화의 혜택은 극소수의 손에 집중될 것이다.

물론 아무런 조건도 붙지 않는 소득 지급이 수급자 본인의 이익과 사회의 이익을 위해 일할 의지를 너무 많이 꺾어놓는다면 문제가 된다. 이와 관련해 조건 없는 소득을 지지하는 사람들은 가치를 창출하려는 욕구는 인간의 타고난 본성이며, 사회적 가치가 별로 없더라도 뭔가 활동을 했다면 일에 대한 대가가 주어져야 한다고 믿는다. 불안정한 고용환경 때문에 갈수록 스트레스에 시달리는 노동계층을 일컫는 '프레카리아트precariat'라는 용어를 맨 처음 만들어낸 런던 대학교 교수 가이 스탠딩Guy Standing은 '안전의 재분배'를 구성한다는 점에서 기본소득 보장은 부의 재분배보다 훨씬 더 중요하다고 말한다.

기본소득에 반대하는 사람들은 인간은 원래 게으르며, 아무것도 하지 않아도 소득이 들어온다면 틀림없이 빈둥거릴 것이라고 생각하는 경향이 훨씬 더 강하다. 그런 사람들은 셀 수 없이 많지만 여기서는 〈뉴욕 타임스〉 칼럼니스트 데이비드 브룩스David Brooks를 예로 들어 이쪽 진영의 입장을 살펴볼까 한다. 일자리 창출이라는 의제와 관련해 브룩스는 "정부는 일하지 않는 사람들에게 베푸는 관용을 줄이고 대신 일하는 사람들에게 돌아가는 지원을 늘려야 한다"고 주장해왔다.[14]

네덜란드 유트레히트 시는 누가 옳은지 알아보기 위해 유트레히트 대학교의 연구진과 손잡고, 이미 복지혜택을 받고 있으면서 그런 혜택을 계속 받으려면 일정한 조건을 충족해야 하는 주민들 중 일부를 무작위로 추려내 세 집단으로 나누었다. 첫 번째 집단에게는 아무 조건 없이 소득이 주어진다. 다시 말해 이들은 어떤 규칙에도 얽매일 필요가 없다. 실제로 보수를 받는 직장에 취직하거나 여타의 방법으로 수입을 얻는다 해도 매달 지급금이 꼬박꼬박 나온다. 두 번째 집단은 지금의 법과는 약간 다른 몇 가지 규칙에 따라야 한다. 세 번째 집단은 이 실험의 대조군으로 현행법에 따라 계속 구직활동에 참여하며 다른 수입원이 없어야 혜택을 계속 받는다.

그 결과는 이제 막 나오기 시작했으며, 지켜보면 흥미로울 것이다. 이런 실험에 선뜻 나선 유트레히트 시에 찬사를 보낸다. 하지만 우리 입장을 말하자면 조건 없는 소득이 정당성을 얻는 모습을 보고 싶지는 않다. 거기에는 두 가지 이유가 있다. 노동은 삶의 의미를 찾게 해준다는 점에서 그 자체로 가치를 지닌다. 앞에서도 지적했듯이 세계적인 규모의 여론조사에서 사람들이 가장 바라는 일로 꼽은 것은 좋은 일자리였다. 이와 관련해 프로이트Sigmund Freud는 이렇게 말했다. "사랑과 일…… 일과 사랑, 거기에 삶의 모든 것이 담겨 있다." 실업상태의 사람들은 덜 행복하며, 어떤 보상책도 다시 일을 할 수 있게 하는 것만큼 그들을 행복하게 하지 못한다는 연구 결과가 수없이 많다.

그렇다면 일자리가 없는 사람들이 창의적인 여가활동에 기대게 될 거라는 아이디어는 어떨까? 안타깝게도 그럴 가능성은 없어 보인다. 데릭 톰슨Derek Thompson이 "노동 없는 세상A World Without Work"이라는 〈애틀랜틱Atlantic〉 기사에서 언급했듯이, 시간 연구는 일하지 않는 사람들은 더 많이 자고, 텔레비전을 보고, 인터넷을 둘러보며 시간을 보내는 경향이 있다고 말한다.

노동과 소득의 분리가 아무리 사람들을 행복하게 해준다 하더라도, 보수가 좋은 일자리를 창출해 고용을 확대할 방안이 아예 없다면 모를까 그렇지 않은 이상 그런 극단적인 재분배를 고려할 필요는 없다고 본다. 인간의 강점이 앞으로도 우리가 계속 경제적 가치를 생산하면서 그 가치에 상응하는 보수를 받게 해줄 것이라고 믿는다면, 소득과 노동을 억지로 떼어놓을 이유는 없다. 그보다 정부는 일자리 창출에 초점을 맞춰야 한다. 생산성을 개선하는 자동화가 진행될수록 더욱 심화되리라 예측되는 '승자독식' 효과를 바로잡으려면 세금구조의 변화가 필요할지도 모른다는 점을 감안할 때 우리는 노동을 줄이려는 정부보다 시민을 위한 의미 있는 일자리를 더 많이 창출할 수 있는 정부에 찬성한다.

예를 들면 공적 기금을 운용해 예술작품 생산에 참여하려는 사람들을 더 많이 지원(WPA의 연방예술프로젝트처럼)할 수 있지 않을까? 오늘날의 시인, 화가, 극작가들은 대부분 꾸준한 일거리를 얻지 못한다. 그들에게 노력에 상응하는 소득을 직접 지급하는 쪽으로 정책을 바꿀 경우 지원금을 관리하는 부서를 따로 두는 것보다 더 어렵지도 않으면서 사회에 돌아오는 이익은 훨씬 더 늘릴 수 있을 것이다. 지역사회의 이익을 위해, 지금은 자원봉사로 이루어지는 일을 하는 사람들에게 보수를 지급한다면? 물론 자원봉사는 대개 더 큰 행복으로 이어진다. 생산성이 엄청나게 증가한다는 것은 사회가 어느 쪽으로든 갈 수 있다는 뜻이기도 하다. 하지만 적어도 이 책에서는 일자리 보장이 소득 보장보다 먼저다.

일자리 외의
문제들

2014년 보스턴에서 열린 한 회의에서 페이팔PayPal 공동 설립자이자
벤처 투자자 피터 시엘Peter Thiel은 일반 인공지능의 도래는 완전히 새로
운 종류의 지적 존재가 지구를 방문하는 것만큼이나 중대한 사건이 될
것이라고 말했다. 그러고는 비꼬는 투로 이렇게 덧붙였다. "외계인이 착
륙한다면 우리의 첫 번째 질문이 적어도 '이제 일자리는 어떻게 되는 거
지?'는 아니겠지요." 이 책에서 우리는 고용의 지속성을 확보하는 방안
에 대해 줄곧 얘기해왔지만, 스스로 결정을 내리고 그 결정에 따라 행동
하는 기계가 점점 많아지는 세상에서 위협받는 것이 비단 일자리만은
아니다. 인공지능에 대해 두려움을 드러내는 사람들 대부분이 생계수단
이 아니라 삶에 대해 얘기하고 있다.

이 새로운 기계가 〈제퍼디!〉에서 우리를 누르고 우리 일을 빼앗아가
는 것 말고 또 무슨 짓을 저지를까? 단기적 측면에서 많은 사람들이 기
계가 일으키는 전쟁을 두려워하고 있다. 전 세계 군대들이 자동화 무기
시스템, 다시 말해 인간의 개입 없이도 스스로 목표물을 찾아 교전하는
무기의 개발과 배치를 고려하기 시작하면서 상황이 엄청나게 잘못 돌아
갈 수도 있다고 상상하기는 어렵지 않다. 이와 관련해 UN과 인권감시
단은 이런 치명적인 자동화 무기 시스템을 금지하는 국제조약 체결을
촉구하고 있다. 인공지능 과학자들도 대부분 여기에 찬성하는 듯하다.
비영리 연구단체인 생명의미래연구소Future of Life Institute의 맥스 테그마크
Max Tegmark와 그 동료들이 전 세계 군대 지도자들에게 인공지능 무기 기

술을 놓고 군비경쟁에 들어가선 안 된다고 촉구하는 공개서한을 작성하자, 이 소식을 들은 동료 과학자 수백 명이 추가 서명자 명단에 기꺼이 이름을 올렸다.

자율적인 인공지능의 지배에 대한 논의에서는 SF소설 작가 아이작 아시모프Isaac Asimov가 1942년에 제시한 세 가지 원칙이 거의 어김없이 인용된다. 인공지능 마니아라면 이미 외우고 있겠지만 그렇지 않은 사람들을 위해 소개해본다. 첫 번째, "로봇은 인간을 해쳐서도, 인간이 위험에 빠지도록 무기력하게 방치해서도 안 된다". 두 번째, "로봇은 인간의 명령에 복종해야 하지만 그 명령이 첫 번째 원칙에 위배될 경우에는 예외로 한다". 세 번째 "첫 번째 원칙과 두 번째 원칙에 위배되지 않을 경우 로봇은 자기 자신을 보호해야 한다".

많은 사람들이 사회적 상황의 복잡성을 이유로 들어 이 세 가지 원칙은 문제가 많다고 지적했다. 예를 들어 전설적인 투자자 워런 버핏Warren Buffet은 미국자동차중개상협회가 주최하는 토론회에서 자율주행 차량에 대해 사람들이 흔히 갖는 의문을 제기했다. 이제 막 걸음마를 배우기 시작한 아이가 자가운전 자동차가 달리는 도로 바로 앞으로 뛰어나온다고 가정해보자. 이때 로봇이 아이를 치지 않기 위해 할 수 있는 선택은 네 명을 태우고 다가오는 자동차 쪽으로 방향을 홱 트는 것밖에 없다면? 순식간에 결정이 이루어지고 끔찍한 사고가 발생한다. 이 경우 버핏은 "누구한테 책임을 물어야 할지 잘 모르겠다"며 더 깊이 파고들었다. "누가 그 컴퓨터를 프로그래밍하는지, 그들이 인간의 목숨과 사물의 가치에 대해 어떻게 생각하는지 아는 건 흥미로운 일이 되겠지요."

이번에는 그렇게 급하지 않은 존엄사 결정에 대해 생각해보자. 개인의 의료상황을 특정하고, 추적관찰하고, 심지어 관리하는 데 있어 인공지능에 대한 의존이 늘어나고 있다. 그렇다면 환자가 오랫동안 고통을 겪었으니 이제 특단의 조치를 멈추고 호스피스 병동으로 옮겨 평화롭게 죽음을 맞이하게 해야 한다는 판단까지도 기계한테 맡기게 될까? 아이를 안전하지 못한 집에서 내보내거나, 노인을 노인학대의 조짐이 보이거나 그럴 가능성이 높은 환경에서 벗어나도록 하는 결정도 인공지능이 맡게 된다면? 이처럼 회색 지대에 속해 있어 우리가 일상에서 내리는 결정의 수준을 뛰어넘어 객관적으로 '옳은' 결정을 내릴 수 없는 상황은 수없이 많다.

이는 〈포춘〉 편집장 제프 콜빈이 저서 《인간은 과소평가되었다》에서 제기하는 일련의 질문으로 우리를 안내한다. 콜빈은 그런 불편한 질문들을 우리가 AI의 위협을 다르게 바라봐야 하는 증거로 제시한다. 그동안 많은 사상가들이 컴퓨터가 인간만큼 또는 인간보다 **잘하지 못할** 일은 과연 무엇일지를 놓고 고심해왔다. 하지만 이는 논점을 벗어난 질문일 뿐만 아니라 대답하기도 어려운 질문이라고 콜빈은 말한다. 그보다도 우리는 컴퓨터도 할 수 있지만 컴퓨터가 처리하도록 내버려둘 수만은 없는 활동과 결정은 늘 있게 마련임을 인식하고, 컴퓨터에 **맡겨도 되는** 일이 뭔지 물어봐야 한다. 따라서 엄밀하게 따져 기계가 더 낫다는 증거가 속속 나오고 있다 해도 상당수의 중요한 결정과 업무는 여전히 인간의 차지가 될 것이다. 이와 관련해 콜빈은 이렇게 말한다. "문제는 컴퓨터의 능력이 아니다. 중요한 결정은 개인이 책임져야 한다는 것이 사회적 당위다."

콜빈이 제기하는 논점은 흥미롭긴 하지만 모든 인간이 모든 결정에서 의사결정자로 인간을 선택할지는 의문이다. 예를 들어 콜빈은 법정에서의 판결까지 컴퓨터에 맡기고 싶어할 사람은 아무도 없을 것이라고 주장한다. 그러나 소수자 집단에 속하는 피고라면 편견을 가지고 있을 확률이 높은 배심원단과 역시 편견을 가지고 있을 확률이 높은 판사보다 인종에 대한 편견이 없는 기계를 선택하지 않을까 싶다.

　게다가 인간이 어떤 결정과 활동을 자신의 몫으로 남겨둘지 결정하는 위치에 계속 남아 있을지에 대해서 모두의 의견이 일치하는 것도 아니다. 초지능 기계가 우리의 명령을 거부하는 것을 어떻게 막을 것인가? 영화 〈2001 스페이스 오디세이〉의 인공지능 컴퓨터 할을 기억하는 사람들에게 익숙한 그런 가능성에 대비하기 위해, 일부에서는 컴퓨터과학자들이 기계에 '인간친화적' 가치를 프로그램화해 넣어 논리적으로 결정을 내리되 좁게 명시된 목표(예컨대 인간을 보호하라는 지시를 받은 인공지능이 사람들을 콘크리트 벙커에 가둬두는 것을 가장 이상적인 해결책으로 생각하는 상황이 자주 인용된다)에 매몰되지 않도록 하는 방안을 강구해야 한다고 주장하기도 한다. 즉 프로그램화된 가치가 인간에게 중요한 다른 사항들도 고려하게 함으로써 기계가 극단적인 목표 추구에만 매달리지 않도록 한다는 것이다. 달리 말하자면 '의식'이 없는 의사결정자도 의식을 갖출 수 있다는 얘기다.

　기계에 인간의 가치를 심는 것이 과연 가능할까? 만약 가능하다면 진정 추천할 만한 일일까? 뜻하지 않은 결과가 나와 문제만 더 복잡해질 수도 있다. 스탠퍼드 대학교 국제안전협력센터의 에드워드 무어 가이스트Edward Moore Geist는 그러한 제안을 "어쩌면 존재하지도 않을 문제에 아무런 도움도 되지 않을 해결책을 제시하는 것일 뿐"이라고 일축한다.[15]

그러나 AI가 발전할수록 의사결정자 역할의 인간은 기계의 도움을 받거나 기계에 의해 사라질 것이고, 그 결과 개별 국가 차원에서는 해결하기 어려운 심오한 윤리적·정책적 문제들이 발생할 것이라는 점에는 의심의 여지가 없다. 인공지능이 인류에게 새로운 문제를 제기한다 하더라도 우리는 그런 문제를 해결할 새로운 방법을 찾아야 한다.

누가
결정하게 되는가?

스마트 기기가 점점 흔해지면서 인공지능과 관련해 대답하기 어려운 질문이 갈수록 자주 제기될 것으로 보인다. 예를 들어 기계에 감정을 부여하는 것이 좋은 생각인지 나쁜 생각인지를 놓고 한창 끓어오르고 있는 논쟁을 생각해보자. 이 문제에 속 시원한 답을 내놓을 책임은 누구에게 있을까? (대학이나 민간기업 같은) 개별 개발업체? 아니면 컨소시엄? 아니면 정부? 아니면 UN인가? 이번에는 일터에서 인공지능을 '변칙' 사용하는 경우를 생각해보자. 조만간 어느 야심만만한 지식노동자가 자기 업무의 일정 부분을 개인 로봇에 위임하면 생산성을 동료들의 두 배 수준으로 끌어올릴 수 있다고 생각할지도 모른다. 이는 개인용 스마트 기기를 회사에서 사용하는 'BYOD(Bring your own device)' 움직임의 논리적 확장이다. 그렇다면 회사에선 이런 움직임을 금지해야 할까, 아니면 장려해야 할까? 이 문제를 해결해야 하는 책임은 노동부에 있을까, 아니면 그 산하기관인 직업안전건강관리국에 있을까?

우리에게는 막연히 그런 질문에 대한 답을 찾는 것보다 어떻게 대답해야 하고 누가 대답해야 하는지를 알아내는 것이 더 중요하다. 이와 관련해 일론 머스크는 2014년 MIT의 한 행사에 연사로 나와 이렇게 말했다. "우리가 뭔가 아주 바보 같은 짓을 저지르지 않으려면 국가 차원에서든 국제사회 차원에서든 강제성을 띠는 관리감독이 필요하다는 생각이 점점 더 듭니다." 그러나 스마트 기기가 인간의 업무를 넘겨받는 환경에서든 어디든 관리 문제가 제기될 것이며, 우리가 보건대 그런 문제를 정부가 다 해결할 수는 없다. 물론 그사이에도 머스크의 회사는 테슬라에 자율주행 능력을 프로그램화해 넣고 있다.

앨버트 웽어Albert Wenger는 신규 사업뿐만 아니라 사회 혁신에 필요한 아이디어에도 초기 투자를 즐겨 하는 뉴욕의 벤처 자본가다. 우리는 앞에서 언급한 '조건 없는 기본소득' 운동을 취재하다가 우연히 그를 만났다. 그는 그 제도의 장점을 알아보는 실험에 기금을 지원하고 있다. 우리가 여기서 그를 소개하는 이유는 중요한 사회 변화를 주도하는 권한을 정부가 독점해서도 안 되며, 독점할 수도 없다는 그의 믿음 때문이다.

웽어는 크라우드펀딩crowdfunding을 예로 든다. 크라우드펀딩은 아이디어는 있지만 벤처에 투자하는 자본가의 관심을 끌 만큼 가치창출 가능성을 제시하지는 못하는 사람들이, 그런 아이디어가 실현되는 모습을 보는 것만으로도 만족하는 일반 시민들의 소액 기부라는 형태로 자금을 모을 수 있게 해준다. 완전히 새로운 형태의 자금조달 방식인 것이다. 웽어는 크라우드펀딩이 정부와 전혀 상관없이 추진되는 중요한 사회 혁신을 이루고 있다고 지적한다. MIT의 조이 이토는 이 장 앞부분에서 언급한 테드 토크를 통해 '세이프캐스트Safecast'라는 또 다른 형태의 사회 혁신을 제안했다. 세이프캐스트는 2011년 쓰나미 이후 일본의 방사능 누출 정도를 지도로 나타내주는데, 일반 자원봉사자들을 주축으로 운영된다. 또한 이들이 사회에 제공하는 또 다른 혜택으로 온라인 교육이 있는데, 예전에는 몇천에서 몇만 달러를 지불했어야 할 교육에 완전히 무료로, 매우 저렴한 비용으로 쉽게 접근할 수 있게 해준다. 이와 관련해 웽어는 이렇게 말한다. "워싱턴 D.C.나 베를린 또는 그 어딘가의 누군가가 이 일은 꼭 해야 한다고 결정할 때까지 기다릴 필요는 없다고 생각합니다. 그런 일이 있으면 지금처럼 우리가 시작하면 됩니다."

지리적 경계가 불분명한 문제 공간에서는 규제에 이르는 가장 중요한 첫 번째 조치가 비정부기구에서 나올 가능성이 높다. 예를 들어 맥스 테그마크가 이끄는 생명의미래연구소라는 단체는 과학기술을 적용해야 할 곳과 적용하지 말아야 할 곳에 대해 AI 업계 종사자들의 합의를 끌어내려는 목적으로 결성되었다(머스크도 1,000만 달러라는 연구 지원비를 기부하는 형태로 이 연구소의 접근법을 지지해왔다). 다른 사람들에게도 서명할 기회를 열어둔 공개서한에서 이 연구소는 다음과 같이 밝혔다.

> AI 연구의 진척 상황으로 미루어 이제 AI의 능력을 개선하는 연구뿐만 아니라 AI의 사회적 편익을 최대화하는 연구에 집중할 때가 왔다. 그러한 판단에는…… 지금까지 중립적 목적을 띠는 과학기술에 주로 초점을 맞춰온 AI 분야의 확대도 포함된다. 확대된 연구는 갈수록 유능해지는 AI가 건강하고도 유익한 역할을 할 수 있도록 하는 데 목표를 두어야 할 것이다. 다시 말해 AI는 우리가 원하는 일을 해야 한다.

우리가 마지막으로 확인했을 때 여기에 서명한 사람은 7,000명에 이르렀다. 이 단체가 이 다음에 자동화 무기의 금지를 촉구하는 목소리를 높일 수 있었던 것은 바로 이러한 성원 덕분이었다.

이 단체는 배너바 부시Vannevar Bush가 1945년 루스벨트 대통령에게 제출한 유명한 보고서 《과학: 끝없는 도전Science: Endless Frontier》에 담긴 주장을 계승하고 있다. 보고서는 맨해튼 프로젝트가 성공하고 트루먼Harry S. Truman 대통령이 원자폭탄 투하를 결정한 직후에 나왔다. 과학기술의 파괴적인 효과가 입증되면서 미국은 이를 둘러싸고 엄청난 고민에 빠졌다. 다시 말해 원자폭탄이라는 놀라운 과학적 성과는 과학기술로 무엇을 해야 하는지에 대한 문제를 제기했다. 그 자신도 과학자였던 만큼 부시는 정부가 과학에 지출하는 예산을 대폭 늘리길 바라면서도 과학계의 자치 능력을 옹호하며 과학 연구는 공공의 지나친 간섭으로부터 자유로워야 한다고 말했다.

물론 궁극적으로 과학의 산물은 사회의 통치력 밖에 있을 수 없다. 그러나 원자폭탄을 사용하고 나서 70년이 지난 지금까지도 (국제원자력기구가 핵확산금지조약에 서명한 국가들에 한해 미약하나마 영향력을 미치고 있긴 하지만) 핵무기 사용을 규제하는 국제적 기구나 조직이 없는 것 또한 사실이다. AI 전문가들의 예상대로라면 지금으로부터 70년 뒤면 초지능형 기계가 등장할 텐데, 그때도 일론 머스크가 "수소폭탄보다 더 위험할 수도 있다"고 말하는 과학기술을 단속하는 국제적 메커니즘이 없다면?

우리는 인공지능과 그 파급력을 논의하는 국제회의가 많이 열려야 한다고 생각한다. 글로벌 드러커 포럼Global Drucker Forum 같은 주요 비즈니스 회의에서 '디지털 시대의 인간성 주장Claiming Our Humanity in the Digital Age'

같은 의제를 다룬 것은 아주 유익했다. 구글의 빈트 서프Vint Cerf와 과학 기술 사상가 데이비드 노드퍼스David Nordfors가 i4j(Innovation for Jobs)라는 단체를 설립하면서 자동화의 부정적 효과를 상쇄할 수 있게 해줄 변화에 대해 생각하는 사람들이 많아졌다.

이 두 가지 사례와 여타 환경에서 또 하나의 중요한 요소는 지속성이다. 이제 사회과학자들도 과학기술 연구에 자신들의 전망을 보태고 있다. 자동차의 출현에서 핵 능력 개발에 이어 나노기술의 도래에 이르는 이전의 과학기술 혁명에서 사회과학자들은 관련 연구에 뜸을 들이며 사회적 전망을 내놓는 데 미적지근한 반응을 보일 때가 많았다. 하지만 최근 몇십 년 동안 사회과학은 철저한 분석 도구와 성능이 입증된 영향력 도구에 힘입어 훨씬 설득력 있는 학문이 되었다. 이 책에서 우리는 인공지능과 관련한 사회과학자들의 저작과 연구를 줄곧 인용해왔다. 그중에는 과학기술자를 순진하다거나 아는 게 없다며 공격하는 경우도 더러 있지만 전체적으로 볼 때 의미 있는 활동이다. 과학기술자 스스로는 다루지 못하는 의제를 꺼내놓는다는 점에서 그렇다. 게다가 일반 독자들도 알아들을 수 있도록 쉽게 풀어 설명하고 있다. 일반 대중이 예측보다 훨씬 더 빨리 발전하고 있는 AI 과학기술을 받아들이기 시작하면서 이러한 움직임은 말할 수 없이 중요해질 것이다. 우리 모두가 뜻을 모으면 결국엔 인간과 기계가 나란히 증강을 달성하는 올바른 방향으로 나아갈 테지만, 그 가능성은 여전히 우리의 결정에 달려 있다.

기계를 관리하는 데도
증강이 필요하다

AI는 훌륭한 통치를 필요로 한다. 하지만 그와 동시에 통치에도 AI의 도입이 점점 필요해지고 있는 듯하다. 공공정책 문제에서 의사결정은 막대한 결과를 초래하므로 수많은 변수를 고려해야 하는 경우가 많다. 우리가 가능한 한 최선의 결정을 내렸으면 하는 영역이 있다면 두말할 필요도 없이 사회의 이익과 직결되는 영역이다.

옥스퍼드 대학의 스튜어트 암스트롱은 다음과 같이 말했다. "인간이 미래를 조종하는 이유는 우리가 제일 힘이 세거나 제일 빨라서가 아니라 제일 똑똑하기 때문이다⋯⋯ 기계가 인간보다 똑똑해지면 우리는 운전대를 기계에 넘겨줘야 할 것이다." 그것은 끔찍한 일이 될 것이다. 적어도 몇몇 결정에 있어서는. 이 책 곳곳에서 우리는 엄청난 양의 데이터를 처리하며 아무런 편견 없이 무수한 가능성을 고려하는 능력 때문에 인간보다 훨씬 더 나은 결정을 내리는 알고리즘의 사례를 살펴보았다. '인간의 문명을 위협하는 12가지 위험12 Risks That Threaten Human Civilization'을 다룬 보고서에서도 암스트롱은 AI를 특이한 경우라고 소개하면서 "좀더 긍정적인 측면에서, 그런 힘을 가진 지능은 이 보고서에 나오는 위험 대부분을 쉽게 물리칠 수 있으며, 바로 그 점 때문에 AI는 엄청난 잠재력을 지닌 도구"라고 설명한다. 《인간은 필요 없다》의 저자 제리 카플란은 자동화 무기를 옹호하기까지 한다. 예를 들어 그는 지상의 스마트 지뢰가 비전투원을 식별해 폭발을 일으키지 않는 능력을 갖추게 될지도 모른다고 주장한다.

정부기구에서도 AI를 사용해 인간의 의사결정을 극대화하려는 움직임을 보이기 시작했다(정보 분야 밖에서는 이런 시도가 거의 일반화되어 있다). 예를 들어 오스트레일리아에서는 지적 재산권을 관리하는 부서인 IP 오스트레일리아가 IBM과 손잡고 왓슨의 다양한 용도를 알아보는 탐색 작업에 막 들어갔다. 저널리스트 조슈아 챔버스Joshua Chambers의 보도에 따르면, 싱가포르 정부는 미국 국방성 고등연구계획국(DARPA)의 통합정보인식실 소프트웨어를 이용해 만든 '위험평가 및 미래이슈분석Risk Assessment and Horizon Scanning(RAHS) 시스템'을 사용하고 있다. 이곳 도시계획 전문가들은 엄청난 양의 데이터에서 '약한 신호'를 포착해 도시 각 지역에 필요한 것을 짚어 보여주는 이 시스템의 능력을 높이 산다. 예를 들어 휴대전화에서 추려낸 지리적 위치 정보는 도시 전역에서 시민들의 행동상황을 알려준다. 이런 이미지를 활용해 "도시계획 전문가들은 특히 붐비는 지역이나 인기 있는 루트, 점심식사를 하는 장소 등을 파악해 새 학교와 병원, 자전거 도로와 버스 정류장이 들어설 곳을 선정한다".[16] 지금까지 그런 데이터가 가리키는 결정은 인간의 몫으로 남아 있지만 당국은 이를 선택의 문제로 바라본다. 몇몇 결정은 자율적으로 행동하는 컴퓨터에 맡길 수도 있다는 이야기인데, 아마 미래에는 그렇게 될 것이다.

당연히 우리는 증강 접근법으로 나아가야 한다고 주장한다. 인간과 기계의 강력한 결합은 더 나은 정책의 수립으로 이어질 것이기 때문이다. 기술관료 즉 '테크노크라트'는 늘 있어왔으며 정치인과 정부 공무원들의 '소프트스킬'을 보완하는 '하드웨어'로 기능해왔다. 소프트스킬이 예외이긴 하지만, 인간과 기계의 이 고전적인 결합은 보전될 수 있을 것이며, 기계에 의한 증강을 점차 늘려가야 할 것이다.

지능형 기계가 부상하면서 우리는 21세기의 가장 큰 도전 중 하나와 마주하고 있다. 이 도전의 핵심은 인간의 일의 미래를 보장하는 것이다. 지금까지 과학기술의 발전은 늘 노동자들을 밀어냈지만 또한 빼앗아간 일자리보다 많은 인간의 고용 기회를 새로이 창출하기도 했다. 그런데 자동화가 지식노동의 영역을 침범해 들어오면서 이번에는 그런 패턴이 무너질 가능성이 크다. 그런 불확실성 앞에서 그저 좋은 날이 오기를 바라며 '두고 보자'는 태도로 일관하는 것만큼 무책임한 행동도 없다. 일의 세계가 인간에게 계속 우호적으로 남아 있게 하려면 지금 당장, 아마도 조만간 행동을 취해야 할 것이다.

인간과 기계의 상호 증강 추구는 우리 사회 전체에 동기와 활력을 불어넣는 목표로 작용할 것이다. 정부에게 증강이란 국민들이 앞으로도 계속 생산적으로 일하면서 일이 주는 대가를 즐길 수 있도록 보장해주는 길을 의미한다. 정책 입안자들은 더욱 높은 수준의 증강을 목표로 삼아, 시민들이 번영하는 데 필요한 기술을 얻고 확립하도록 기업이 일터와 장비를 제공하게끔 유도할 것이다. 사람들은 기계와 경쟁이 되지 않을 정도로 뛰어난 의사소통 능력을 교육하고 정보를 나누는 데 사용할 것이다.

기업의 경우 증강이라는 의제는 지속적인 혁신과 유연성을 확보하는 길이다. 그렇지 않고서는 급격한 변화와 치열한 경쟁이 일어나는 경제에서 살아남기 어렵다. 너무도 인간적인 고객들에게 계속 감동을 줄 수 있으려면 강력한 기계 분석 말고도 이를 통해 더욱 빛을 발하는 인간적 기술이 있어야 한다. 고용주가 증강에 투자한다는 것은 지식노동자들이 '더 적게'가 아니라 '더 많이' 일할 수 있는 권한을 얻게 되고, 그리하여

기업의 고객과 소유주뿐만 아니라 노동자에게도 더 많은 가치가 돌아가는 환경을 마련한다는 뜻이다.

개인에게 증강이란 자동화를 중화하는 해독제, 다시 말해 세상에 긍정적인 영향을 미치는 능력에 대한 위협을 제거하는 것이다. 전에는 대안으로 생각해보지 않았을지도 모르겠지만 개인이 취할 수 있는 증강 조치에는 최소한 다섯 가지 형태가 있다. 각각의 조치 모두 이 기계들이 하는 일에 가치를 부가하거나, 기계가 인간의 일에 가치를 부가할 수 있게 해준다.

오늘날 많은 지식노동자들이 기계의 부상을 불안하게 바라보고 있다. 이 유례없는 도구가 우리 인간을 쓸모없는 존재로 만들 수도 있다는 점에서 **우려하는 것이 마땅하다.** 우리 주변에서 일어나고 있는 엄청난 변화의 한복판에서 무기력하게 있어서는 안 된다. 우리가 취할 수 있는 조치가 있다. 우리가 능력을 부여한 기계와 새롭고 긍정적인 관계를 맺을지 말지는 순전히 우리에게, 개인으로서든 인류 전체로서든 우리에게 달려 있다. 우리가 힘을 모은다면 우리 일터를, 이 세상을 그 어느 때보다도 좋게 만들 수 있다.

감사의 글

이 책의 주제와 형식과 관련해 우리 인터뷰에 흔쾌히 응해준 모든 분들께 먼저 감사드리고 싶다. 그들은 스마트 기기 시대에 승리하려면 무엇이 필요한지를 보여주는 산증인이다. 아울러 괘씸하게도 뉴욕으로 이사해버렸지만 여전히 우리 편집자이자 오랜 친구인 홀리스 하임바우크를 필두로 스테파니 히치콕, 브라이언 페린, 닉 데이비스 등 우리를 위해 수고를 마다 않은 하퍼비즈니스 임직원 여러분을 비롯해 이 책에는 나와 있지 않지만 편집 과정에 참여한 스마트한 인간들에게도 감사드리고 싶다. 클레어모리스 에이전시의 클레어 모리스는 인용문과 기업 관련 정보를 확인하는 데 많은 도움을 주었다.

앨러스테어 배스게이트, 에릭 브린욜프슨, 새미어 초프라, 제프 콜빈, 포리스트 댄슨, 체틴 듀브, 수 펠드먼, 매트 그라이처, 매트 할더먼, 크리스 해먼드, 롭 하이, 데이비 이시자키, 유-메이 허트, 마크 크리스, 크리스 요하네센, 스테판 쿠디바, 비크람 마히다르, 멜린다 메리노, 브리기트 뮤엘만, 주다 필립스, 조앤 파월, 마노즈 삭세나, 애덤 슈나이더, 라수 슈레스트라, 리처드 스트롭, 크리스 대처, 마이크 톰슨, 미클로스 바사르헬리, 딘 휘트니, 플로이드 예이거는 이 책을 쓰는 내내 스마트한 논평과 통찰을 제시해주었다. 이 가운데 그 무엇도 조만간 자동화되지는 않을 것이다!

주

서문

1 Michael Kan, "Foxconn to Speed Up 'Robot Army' Deployment," *PC World*, June 26, 2013, http://www.pcworld.com/article/2043026/foxconn-to-speed-up-robotarmy-deployment-20000-robots-already-in-its-factories.html.

2 Inc. press release, "Gartner Identifies the Top 10 Strategic Technology Trends for 2014," October 8, 2013, http://www.gartner.com/newsroom/id/2603623.

3 James Manyika et al., "Disruptive Technologies: Advances That Will Transform Life, Business, and the Global Economy," McKinsey Global Institute, May 2013, http://www.mckinsey.com/insights/business_technology/disruptive_technologies.

4 Thomas H. Davenport, *Thinking for a Living: How to Get Better Performance and Results from Knowledge Workers* (Boston: Harvard Business School Press, 2005), 4.

5 Paul Beaudry, David A. Green, and Benjamin Sand, "The Great Reversal in the Demand for Skill and Cognitive Tasks," National Bureau of Economic Research, Working Paper No. 18901, March 2013.

6 William H. Davidow and Michael S. Malone, "What Happens to Society When Robots Replace Workers?" *Harvard Business Review*, December 10, 2014, https://hbr.org/2014/12/what-happens-to-society-when-robots-replace-workers.

7 Ben Hirschler, "World Economic Forum Warns of Dangers in Growing Inequality," Reuters, January 16, 2014, http://www.reuters.com/article/2014/01/16/davosrisks-idUSL5N0KP0QO20140116.

8 Bruce Weinberg, Eric Gould, and David Mustard, "Crime Rates and Local Labor Market Opportunities in the United States: 1979-1997," *Review of Economics and Statistics* 84, no. 1 (2002): 45-61.

9 "The Great Decoupling," interview with Robert Schiller, *McKinsey Quarterly*, September 2014, http://www.mckinsey.com/insights/public_sector/the_great_decoupling.

10 Dan Schwabel, "Gallup's Jim Clifton on the Coming Jobs War," *Forbes*, October 26, 2011, http://www.forbes.com/sites/danschawbel/2011/10/26/gallups-jim-clifton-onthe-coming-jobs-war/.

1. 컴퓨터가 여러분의 일자리를 노리고 있는가?

1 데이비드 포스터 월러스David Foster Wallace는 대단히 난해한 문장뿐만 아니라 장황하고 잦은 주석으로도 유명했다. 우리가 여기서 이런 얘기를 꺼내는 이유는 그런 전통을 기리기도 할 겸 당장 컴퓨터에게 '데이비드 포스터 월러스 방식'의 글을 쓰라고 주문하지는 못하겠지만 머잖아 그런 능력을 활용하지 못하리라는 법도 없다는 점을 지적하기 위해서다. 이 책 후반부에서 언급하겠지만 컴퓨터는 이미 글을 쓸 수 있으며, 심지어는 신랄하게 글을 쓰는 법도 배울 수 있다.

2 "Systems-Based Practice: The Role of the Case Management Physician Advisor," *Medical Staff Leader Insider*, September 1, 2011, http://www.hcpro.com/ MSL-270392-871/Systemsbased-practice-The-role-of-the-case-managementphysician-advisor.html.

3 Dan Townend, "Study Shows 40 Per Cent of Brits Rely on Autocorrect for Spelling," *Daily Express*, October 5, 2014, http://www.express.co.uk/news/uk/519111/Britsrely-on-autocorrect-for-spelling

4 Christopher Niesche, "The New Flavours of Auditing," IntheBlack.com, April 11, 2014, http://intheblack.com/articles/2014/04/11/the-new-flavours-of-auditing.

5 Catherine Rampell, "Want a Job? Go to College, and Don't Major in Architecture," *New York Times* Economix blog, January 5, 2012, http://economix.blogs.nytimes.com/2012/01/05/want-a-job-go-to-college-and-dont-major-in-architecture.

6 Frank Levy, "How College Changes Demands for Human Skills," OECD Working Paper, March 2010, http://www.oecd.org/edu/skills-beyond-school/45052661.

2. 스마트 기기는 얼마나 스마트할까?

1 Ray Kurzweil, *The Singularity Is Near* (New York: Viking, 2005), 206.

2 Thomas H. Davenport and Jeanne G. Harris, "Automated Decision-Making Comes of Age," MIT Sloan Management Review, Summer 2005, http://sloanreview.mit.edu/article/automated-decision-making-comes-of-age/

3 Patrick May, "Q&A: Surgeon, Inventor Catherine Mohr Pushes Robotic Surgery to New Heights," *San Jose Mercury News* June 13, 2014, http://www.mercurynews.com/business/ci_25959851/q-surgeon-inventor-catherine-mohr-pushesrobotic-surgery.

4 Farhad Manjoo, "Will Robots Steal Your Job?" *Slate*, Sept. 27, 2011, http://www.slate.

com/articles/technology/robot_invasion/2011/09/will_robots_steal_your_job_3.html.

5   Thomas H. Davenport, "Analytics 3.0," *Harvard Business Review*, December 2013, https://hbr.org/2013/12/analytics-30.

6   "Gartner Identifies the Top 10 Strategic Technology Trends for 2015," press release, October 8, 2014, http://www.gartner.com/newsroom/id/2867917.

7   Karen Tillman, "How Many Internet Connections Are in the World? Right. Now," Cisco blogs, July 29, 2013, http://blogs.cisco.com/news/cisco-connectionscounter.

8   "An Updated Survey of Health Insurance Claims Receipt and Processing Times," AHIP Center for Policy and Research, February 2013, http://www.ahip.org/survey/Healthcare-January 2013/.

9   Mary Lacity, Leslie Willcocks, and Andrew Craig, "Robotic Process Automation at Telefonica O2," London School of Economics case study, April 2015, http://www.umsl.edu/~lacitym/TelefonicaOUWP022015FINAL.pdf.

10 Interview with Paul Donaldson, then of Xchanging, and Leslie Willcocks, Mary Lacity, and Andrew Craig, "Robotic Process Automation at Xchanging," London School of Economics case study, June 2015, https://www.xchanging.com/system/files/dedicated-downloads/robotic-process-automation.pdf.

11 Jordan Novet, "South Korea's Team KAIST Wins the 2015 DARPA Robotics Challenge," VentureBeat, June 6, 2015, http://venturebeat.com/2015/06/06/koreasteam-kaist-wins-the-2015-darpa-robotics-challenge/.

12 Anna Solana, "The Next Frontier for Artificial Intelligence? Learning Humans' Common Sense," ZDNet, July 17, 2015, http://www.zdnet.com/article/the-next-frontierfor-artificial-intelligence-learning-humans-common-sense/.

13 Tom Walsh, "U-M Alum Takes IBM's 'Jeopardy!' Champ to New Worlds," *Detroit Free Press*, February 23, 2015, http://www.zdnet.com/article/the-next-frontier-forartificial-intelligence-learning-humans-common-sense/.

14 "Fanuc to Build Brainier Robots with Startup," *Nikkei Asian Review*, June 11,2015, http://asia.nikkei.com/Business/Companies/Fanuc-to-build-brainier-robots-withstartup.

15 Byron Reese, "Interview with Stephen Wolfram on AI and the Future," Gigaom website, July 27, 2015, https://gigaom.com/2015/07/27/interview-with-stephen-wolframon-ai-and-the-future/.

3. 자동화하지 말고 증강하라

1 Royal Astronomical Society, "Using Artificial Intelligence to Chart the Universe," *News & Press*, September 24, 2012, https://www.ras.org.uk/news-and-press/219news-2012/2171-using-artificial-intelligence-to-chart-the-universe.

2 Aaron Krol, "Berg and the Pursuit of the Body's Hidden Drugs," *Bio-IT World*, August 28, 2014, http://www.bio-itworld.com/2014/8/28/berg-pursuit-bodys-hiddendrugs.html.

3 Steve Jobs, in "Memory & Imagination: New Pathways to the Library of Congress" (TV movie), directed by Julian Krainin and Michael R. Lawrence, 1990, Accessed on YouTube, October 29, 2015, https://www.youtube.com/watch?v=ob_GX50Za6c. Jobs was referring to the article "Bicycle Technology," by S. S. Wilson, in Scientific American 228, no. 3 (1973).

4 Douglas C. Engelbart, "Augmenting Human Intellect: A Conceptual Framework," SRI Summary Report AFOSR-3223, prepared for Director of Information Sciences, Air Force, Office of Scientific Research, Washington 25, DC, Contract AF 49(638)-1024, SRI Project No. 3578 (AUGMENT,3906), October 1962, http://insitu.lri. fr/~mbl/ENS/FONDIHM/2012/papers/Englebart-Augmenting62.pdf.

5 Norbert Wiener, *The Human Use of Human Beings: Cybernetics and Society* (New York: Da Capo Press, 1988), 159.

6 Maddy Myers, "Google Glass: Inspired by Terminator," Slice of MIT, May 30, 2013, https://slice.mit.edu/2013/05/30/google-glass-inspired-by-terminator/.

7 David Scott, remarks at the opening of the Computer Museum, June 10, 1982, transcript accessed October 29, 2015, http://klabs.org/history/history_docs/ech/agc_scott.pdf.

8 David A. Mindell, *Digital Apollo: Human and Machine in Spaceflight* (Cambridge, MA: MIT Press, 2008).

9 John Maynard Keynes, *Essays in Persuasion* (New York: Norton, 1963), 358.73.

10 David H. Autor, "Polanyi's Paradox and the Shape of Employment Growth," prepared for the Federal Reserve Bank of Kansas City's economic policy symposium on "Reevaluating Labor Market Dynamics," September 3, 2014, http://economics.mit.edu/files/9835.

11 Tyler Cowen, *Average Is Over: Powering America Beyond the Age of the Great Stagnation* (New York: Dutton, 2013).

12 CareerSearch, "Career Advice on How to Become an Insurance Underwriter," http://
www.careersearch.com/careers/real-estate-and-insurance/insurance-underwriter/.

13 Mike Batty and Alice Kroll, "Automated Life Underwriting: A Survey of Life Insurance
Utilization of Automated Underwriting Systems," prepared for the Society of Actuaries,
2009, file:///C:/Users/jkirby/Downloads/research-life-auto-underwriting.pdf.

14 Thomas Arnett, "How Technology Displaces Teachers' Jobs," Clayton Christensen
Institute for Disruptive Innovation, November 19, 2014, http://www.
christenseninstitute.org/how-technology-displaces-teachers-jobs/#sthash.PyjrVrNk.
dpuf.

15 David Port, "Reckoning with Robo-Advisors," LifeHealthPRO, December 31, 2014,
http://www.lifehealthpro.com/2014/12/31/reckoning-with-robo-advisors.

4. 위로 올라서기

1 "Statement of Ronald J. Cathcart," Hearing Before the United States Senate Permanent
Subcommittee on Investigations of the Committee on Homeland Security and
Governmental Affairs, April 13, 2010, https://www.hsgac.senate.gov/downloads/stmt-
cathcart-ronald-april-13-2010-psi-fin-crisis-hrg.

2 John Cassidy, "Mastering the Machine: How Ray Dalio Built the World's Richest
and Strangest Hedge Fund," *New Yorker*, July 25, 2011, http://www.newyorker.com/
magazine/2011/07/25/mastering-the-machine.

3 Richard Feloni, "No, Bridgewater Didn't Just Build a Team of Robotic Traders. They'
ve Had Robot Traders for 32 Years," *Business Insider*, March 12, 2015, http:// www.
businessinsider.com/bridgewater-artificial-intelligence-development-2015-3.

4 "Systems Intelligence Self Evaluation," Systems Analysis Laboratory, Aalto University,
Finland, http://salserver.org.aalto.fi/sitest/2012/.

5. 옆으로 비켜서기

1 Walter Kirn, "The Tao of Robert Downey, Jr.," *Rolling Stone*, May 13, 2010.

2 Tricia Drevets, "How to Make Money Living off the Grid," *Off the Grid News*, June 25,
2014, http://www.offthegridnews.com/financial/how-to-make-money-livingoff-the-

grid/.

3 Heather Plett, "What It Means to 'Hold Space' for People, plus Eight Tips on How to Do It Well," Heather Plett blog, March 11, 2015, http://heatherplett.com/2015/03/hold-space/.

4 Steve Wozniak, "Does Steve Jobs Know How to Code?," response to email posted on Woz.org, http://www.woz.org/letters/does-steve-jobs-know-how-code.

5 Dan Ariely, *Predictably Irrational: The Hidden Forces That Shape Our Decisions*, revised and expanded edition (New York: Harper Perennial, 2010).

6 Howard Gardner, *Frames of Mind: The Theory of Multiple Intelligences*, 3rd ed. (New York: Basic Books, 2011).

7 Peter Salovey and John D. Mayer, "Emotional Intelligence," *Imagination, Cognition and Personality* 9, no. 3 (March 1990): 185.211.

8 John Markoff, "Skilled Work, Without the Worker," *New York Times*, August 18, 2012, http://www.nytimes.com/2012/08/19/business/new-wave-of-adept-robots-ischanging-global-industry.html?_r=0.

9 Michigan News, "Empathy: College Students Don't Have as Much as They Used To," May 27, 2010, http://ns.umich.edu/new/releases/7724-empathy-college-studentsdont-have-as-much-as-they-used-to.

10 Jean M. Twenge and W. Keith Campbell, *The Narcissism Epidemic: Living in the Age of Entitlement* (New York: Atria Books, 2010).

11 Kyung Hee Kim, "The Creativity Crisis: The Decrease in Creative Thinking Scores on the Torrance Tests of Creative Thinking," *Creativity Research Journal* 23, no. 4 (2011): 285.95.

12 Marc A. Brackett and Susan E. Rivers, "Transforming Students' Lives with Social and Emotional Learning," in *International Handbook of Emotions in Education*, 1st ed., edited by Reinhard Pekrun and Lisa Linnenbrink-Garcia (New York: Rout-ledge, 2014), 368.88.

13 Association for Talent Development, staff report, "$164.2 Billion Spent on Training and Development by U.S. Companies," December 12, 2013, https://www.td.org/Publications/Blogs/ATD-Blog/2013/12/ASTD-Releases-2013-State-of-theIndustry-Report.

14 Alex Silverman, "Suns' Ryan McDonough Discusses Unorthodox Path to GM, NBA's Rise of Analytics," *Sports Business Daily*, October 29, 2013, http://www.sportsbusinessdaily.com/Daily/Issues/2013/10/29/NBA-Season-Preview/McDonough.

aspxhttp://www.sportsbusinessdaily.com/Daily/Issues/2013/10/29/NBA-Season-Preview/McDonough.aspx.

15 Dan Shaughnessy, "For Suns GM Ryan McDonough, Sports Is in His Blood," *Boston Globe*, November 18, 2014, https://www.bostonglobe.com/sports/2014/11/18/for-suns-ryan-mcdonough-sports-his-blood/CeJzozAV7MGErB44Gn2ihK/story.html.

16 Eugene Sadler-Smith, "Using the Head and Heart at Work: A Business Case for Soft Skills," research report prepared for the Chartered Institute of Personnel and Development, November 2010, http://www.cipd.co.uk/NR/rdonlyres/18616949-CF6647F8-A088-7C8FF2D864E0/0/HeadandheartguideFINAL.pdf.

17 D. P. Weikart, D. Deloria, S. Lawser, and R. Wiegerink, "Longitudinal Results of the Ypsilanti Perry Preschool Project," Monographs of the High/Scope Educational Research Foundation (Ypsilanti, MI: High/Scope Press, 1970).

18 Peter Gray, "Early Academic Training Produces Long-Term Harm," *Psychology Today*, May 5, 2015, https://www.psychologytoday.com/blog/freedom-learn/201505/early-academic-training-produces-long-term-harm.

19 William Zinsser, *On Writing Well: The Classic Guide to Writing Nonfiction*, 30th Anniversary Edition (New York: Harper Perennial, 2006).

20 National Endowment for the Arts, "Artists and Arts Workers in the United States: Findings from the American Community Survey (2005.2009) and the Quarterly Census of Employment and Wages," NEA Research Note #105, October 2011, https://www.arts.gov/sites/default/files/105.pdf.

21 George Anders, The 'Soft Skill' That Pays $100,000+," author's LinkedIn blog, June 26, 2013, https://www.linkedin.com/pulse/20130626195513-59549-empathy-andjobs-that-pay-100-000.

22 Thomas O'Neill, "Don't Sack Your Copywriter Yet, but Are Machines Set to Take Over?," *Drum*, May 14, 2015, http://www.thedrum.com/news/2015/05/14/dontsack-your-copywriter-yet-are-machines-set-take-over.

23 Todd B. Kashdan, "What Really Makes You a Happy Person?," *Creativity Post*, October 29, 2015, http://www.creativitypost.com/technology/the_art_of_computational_creativity%20-%20sthash.HDvoEzx9.dpuf.

24 "IBM's Watson Is Out with Its Own Barbecue Sauce," NPR, July 1, 2014, http://www.npr.org/sections/thesalt/2014/07/01/327204491/ibms-watson-is-out-with-its-ownbarbecue-sauce.

25 Lewis Segal, "Merce Cunningham Dies at 90; Revolutionary Choreographer, *Los*

Angeles Times, July 28, 2009, http://www.latimes.com/local/obituaries/la-memerce-cunningham28-2009jul28-story.html.

26 Eleanor Tucker, "How Robots Are Helping Children with Autism," *Guardian*, February 1, 2015, http://www.theguardian.com/lifeandstyle/2015/feb/01/how-robotshelping-children-with-autism.

27 Thomas Claburn, "Artificial Intelligence Will Put Us Out of Work," *Information-Week*, January 30, 2015, http://www.informationweek.com/it-life/artificial-intelligencewill-put-us-out-of-work/d/d-id/1318875.

28 Paul Colford, "A Leap Forward in Quarterly Earnings Stories," Associated Press blog, June 30, 2014, https://blog.ap.org/announcements/a-leap-forward-in-quarterlyearnings-stories.

29 Geoff Colvin, *Humans Are Underrated: What High Achievers Know That Brilliant Machines Never Will* (New York: Portfolio, 2015).

30 Will Oremus, "The Prose of the Machines," *Slate*, July 14, 2014, http://www.slate.com/articles/technology/technology/2014/07/automated_insights_to_write_ap_earnings_reports_why_robots_can_t_take_journalists.html.

31 Philip Auerswald, "The Bifurcation Is Near," author's blog, May 19, 2015, https://medium.com/@auerswald/the-bifurcation-is-near-f60633de45b3#.3wvhop154.

6. 안으로 파고들기

1 David R. Meyer, *Networked Machinists: High-Technology Industries in Antebellum America* (Baltimore: Johns Hopkins University Press, 2006).

2 James Bessen, "Will Robots Steal Our Jobs? The Humble Loom Suggests Not," *Washington Post*, January 25, 2014, https://www.washingtonpost.com/news/the-switch/wp/2014/01/25/what-the-humble-loom-can-teach-us-about-robots-and-automation.

3 James Bessen, *Learning by Doing: The Real Connection Between Innovation, Wages, and Wealth* (New Haven, CT: Yale University Press, 2015), 17.

4 Thomas H. Davenport, *Mission Critical: Realizing the Promise of Enterprise Systems* (Boston: Harvard Business School Press, 2000).

5 "Dr. Doris Day with Melafind on Fox 5," Fox News New York, August 13, 2012, https://www.youtube.com/watch?v=Lw70cKKhft4.

6 Ralph Losey blog, http://e-discoveryteam.com/.

7 Lesley Mitler, "Entry-Level Jobs Are No Longer Entry-Level," SimplyHired, August 13, 2013, http://www.simplyhired.com/blog/jobsearch/career/entry-level-jobslonger-entry-level/.

7. 틈새로 움직이기

1 "Rat Attack!," *Nova*, Season 36, Episode 12, PBS, November 2009.

2 Craig Lambert, "The Art of Subtraction," *Harvard Magazine*, July.August 2013, http://harvardmagazine.com/2013/07/the-art-of-subtraction.

3 "Unusual and Highly Specialized Practice Areas," New York City Bar, http://www.nycbar.org/career-development/your-career-1/spotlight-on-careers/312-unusualand-highly-specialized-practice-areas.

4 예를 들어 다음을 참조하라. Michael J. A. Howe, *The Origins of Exceptional Abilities* (Cambridge, MA: Blackwell, 1990).

5 K. Anders Ericsson, Ralf Th. Krampe, and Clemens Tesch-Romer, "The Role of Deliberate Practice in the Acquisition of Expert Performance," *Psychological Review*100, no. 3 (1993): 363.406, http://graphics8.nytimes.com/images/blogs/freakonomics/pdf/DeliberatePractice(PsychologicalReview).pdf.

6 Mihaly Csikszentmihalyi, *Creativity: The Psychology of Discovery and Invention* (New York: HarperCollins, 1996).

7 McKinsey Global Institute, "Disruptive Technologies: Advances That Will Transform Life, Business, and the Global Economy," May 2013, file:///C:/Users/jkirby/Downloads/MGI_Disruptive_technologies_Full_report_May2013%20(2).pdf.

8 Syd Field, *Four Screenplays: Studies in the American Screenplay* (New York: Delta, 1994).

9 Edward Dolnick, *The Clockwork Universe: Isaac Newton, the Royal Society, and the Birth of the Modern World* (New York: Harper Perennial, 2012).

10 Greg Farrell and Andrew Martin, "How Goldman Banker Became NFL's Go-To Stadium-Finance Guy," *BloombergBusiness*, January 29, 2015, http://www.bloomberg.com/news/articles/2015-01-29/how-goldman-banker-became-nfl-s-go-to-stadiumfinance-guy.

8. 앞으로 나아가기

1 Thomas H. Davenport and D. J. Patil, "Data Scientist: The Sexiest Job of the 21st Century," *Harvard Business Review*, October 2012, https://hbr.org/2012/10/datascientist-the-sexiest-job-of-the-21st-century/.

2 Gil Press, "How Knowledge Workers Can Save Their Jobs in the 'Bring Your Own Robot' Age," *Forbes*, June 12, 2015, http://www.forbes.com/sites/gil-press/2015/06/12/what-should-knowledge-workers-do-in-the-age-of-bring-your-ownrobot/.

3 Cynthia Rudin, "Algorithms for Interpretable Machine Learning," proceedings of the 20th ACM SIGKDD international conference on knowledge discovery and data mining, 2014, 1519.

9. 증강을 관리하는 방법

1 Geoffrey Morgan, "How Canada's Oilsands Are Paving the Way for Driverless Trucks-and the Threat of Big Layoffs," *Calgary Herald*, June 8, 2015, http://business.financialpost.com/news/energy/how-canadas-oilsands-are-paving-the-way-fordriverless-trucks-and-the-threat-of-big-layoffs.

2 Martin Ford, *Rise of the Robots* (New York: Basic Books, 2015), 12.

3 Julia Kirby, "An Inside Look at Facebook's Approach to Automation and Human Work," *Harvard Business Review*, June 12, 2015, https://hbr.org/2015/06/an-insidelook-at-facebooks-approach-to-automation-and-human-work.

4 Anne Trafton, "A New Way to Model Cancer," *MIT News*, August 6, 2014, http://news.mit.edu/2014/new-technique-to-model-cancer-0806.

5 Kirsten Grind, "Vanguard Launches Robo Adviser, Sort Of," *Wall Street Journal*, April 6, 2015, http://www.wsj.com/articles/vanguards-partly-automated-servicejust-dont-call-it-robo-adviser-1428375815.

6 Doug Henschen, "IBM Watson Speeds Drug Research," *InformationWeek*, August 28, 2014, http://www.informationweek.com/big-data/big-data-analytics/ibmwatson-speeds-drug-research/d/d-id/1306783.

7 "Investor Alert: Automated Investment Tools," U.S. Securities and Exchange Commission and the Financial Industry Regulatory Authority, May 8, 2015, http://www.sec.gov/oiea/investor-alerts-bulletins/autolistingtoolshtm.html.

8 Henry Blodget, "CEO of Apple Partner Foxconn: 'Managing One Million Animals Gives Me a Headache," *Business Insider*, January 19, 2012, http://www.businessinsider. com/foxconn-animals-2012-1.

10. 유토피아인가, 디스토피아인가?

1 Joanna Bryson, "Ethics: Robots, AI, and Society," author's blog, http://www.cs.bath. ac.uk/~jjb/web/ai.html.

2 Dennis Pamlin and Stuart Armstrong, "12 Risks That Threaten Human Civilization: The Case for a New Risk Category," Global Challenges Foundation, February 2015, http:// globalchallenges.org/wp-content/uploads/12-Risks-with-infinite-impact.pdf.

3 Aaron Smith and Janna Anderson, "AI, Robotics, and the Future of Jobs," Pew Research Center, August 6, 2014, http://www.pewinternet.org/2014/08/06/future-of-jobs/.

4 Derek Thompson, "A World without Work," *Atlantic*, July/August 2015, http://www. theatlantic.com/magazine/archive/2015/07/world-without-work/395294/.

5 Thomas Claburn, "The Threat of Artificial Intelligence," *InformationWeek*, July 3, 2015, http://www.informationweek.com/mobile/mobile-devices/the-threat-ofartificial-intelligence/a/d-id/1321188.

6 John Frank Weaver, "We Need to Pass Legislation on Artificial Intelligence Early and Often," *Slate*, Future Tense blog, September 12, 2014, http://www.slate.com/blogs/ future_tense/2014/09/12/we_need_to_pass_artificial_intelligence_laws_early_and_often. html.

7 Jane Wakefield, "Does a Five-Year-Old Need to Learn How to Code?" BBC News, September 26, 2014, http://www.bbc.com/news/technology-29145904.

8 Shelly Palmer, "What Will You Do After White-Collar Work?," author's blog, August 1, 2015. ˝http://www.shellypalmer.com/2015/08/what-will-you-do-after-whitecollar-work/

9 Committee on OECD Legal Affairs Working Group on Legal Questions Related to the Development of Robotics and Artificial Intelligence, minutes of the meeting of May 26, 2015, in Brussels, https://polcms.secure.europarl.europa.eu/cmsdata/upload/14082ed0-a408-4d02-868a-05b717349c18/WG_Robotics_26%20May%20 2015_minutes.pdf.

10 John Seely Brown, "Cultivating the Entrepreneurial Learner for the 21st Century," keynote presentation at the 2012 Digital Media and Learning conference in San

Francisco, March 1, 2012.

11 Mark Scott, "After Nokia Layoffs, Tech Workers in Finland Regroup and Refocus," *New York Times*, August 9, 2015, http://www.nytimes.com/2015/08/10/technology/after-nokia-layoffs-tech-workers-in-finland-regroup-and-refocus.html.

12 National Trust for Historic Preservation, "HOPE Crew.Hands-On Preservation Experience: Engaging a New Generation of Preservationists," https://savingplaces.org/hope-crew/#.VjLRoLerTIU.

13 Yale Books Unbound, "Robots in Our Midst: A Conversation with Jerry Kaplan," Yale University Press blog, July 29, 2015, http://blog.yupnet.org/2015/07/29/robots-inour-midst-a-conversation-with-jerry-kaplan/.

14 David Brooks, "The Working Nation," *New York Times*, October 23, 2014, http://www.nytimes.com/2014/10/24/opinion/david-brooks-the-working-nation.html?_r=1.

15 Edward Moore Geist, "Is Artificial Intelligence Really an Existential Threat to Humanity?," Bulletin of the Atomic Scientists, July 30, 2015, http://thebulletin.org/artificial-intelligence-really-existential-threat-humanity8577.

16 Colin Marrs, "Artificial Intelligence Services," PublicTechnology.net, February 18, 2015, https://www.publictechnology.net/articles/features/artificial-intelligence-services.